企業価値を創造する
会計指標入門
FINANCIAL RATIOS THAT DRIVE CORPORATE VALUE CREATION
10の代表指標をケーススタディで読み解く

大津広一

ダイヤモンド社

● まえがき

会計指標の実践的な理解と活用をめざして
　本書は、会計指標を経営の視点から理解し、活用していくことを目的としている。一般の会計書では、すべての会計指標を説明した後に、それらの指標を同業他社などと比較し、その意味合いについて考察することが多い。しかし、経営の視点から会計指標を捉えるならば、どの指標に着目するかという段階で、すでに十分な考察が必要となるはずである。これを裏付けるように、企業は中期計画のなかで特定の会計指標を選択して経営目標として掲げ、ステークホルダー（利害関係者）に公約し、その達成に向けて企業活動を行っている。このように、会計指標ありきではなく、企業ありきの視点から会計指標を理解できる実践的な書籍を執筆したいというのが、本書のコンセプトの始まりであり、執筆を終えてからも変わらない目的となっている。

「企業価値向上」の本質を議論する
　企業経営の様々な局面において、「企業価値の向上」という言葉が聞かれる時代となった。企業価値を高めることが企業経営にとって不可欠ならば、それが声高に叫ばれるのは好ましいことである。ところが、「企業価値」という言葉は一般には抽象的であり、難解でもある。こうした言葉が先行するほど、肝心な中身の議論が曖昧になるばかりか、本当に企業価値が向上したかどうかの判断すら難しくなる。
　著者は長らく社会人のマネジメント教育に携わり、これまで数千名におよぶ多くのビジネスパーソンに対して、会計、財務に関わる講義を行なってきた。経理の専門学校ではなく、あくまで経営の視点から会計や財務を捉え、議論を通して理解を深めるクラスである。そこで常に重視しているのは、次の3点を自分自身や議論の相手に投げかけることである。

・WHY？（なぜそうなっているのか？）
・SO WHAT？（だから何が言えるのか？）
・HOW？（では具体的にどうするのか？）

これを「企業価値の向上」という言葉にあてはめると、以下のようになる。

・WHY？→なぜ企業価値の向上が必要なのだろうか。なぜ最近になってそれが声高に叫ばれているのだろうか？
・SO WHAT？→企業価値が向上すると、何が良いのだろうか。逆に企業価値が向上しないと、何か不都合があるのだろうか？
・HOW？→では具体的に、企業価値はどのようにして高めるものなのだろうか。自分の業務のなかで、企業価値の向上に貢献できるのはどこだろうか？

3つのキーワードの前提として、「WHAT？（そもそも企業価値とは何だろうか？）」を理解しておくことは言うまでもない。

もし企業がこうした理解や議論のないまま闇雲に「企業価値の向上」を語っているとすれば、そのメッセージの受信者である私たちは注意しなくてはならない。社内外の立場の如何を問わず、「WHY？」「SO WHAT？」「HOW？」の質問を、メッセージの発信者に問い続けなくてはいけない。

「企業価値向上」の代替としての会計指標

企業の究極の目的が「企業価値の向上」であるとすれば、すべての企業がそれを目標として掲げるのは必然となり、敢えてそれを口にする必要すらなくなる。議論の中心は、いかにして企業価値を高めていくのか、その判断基準となる代替指標と目標水準は何であるのかを明確化することになろう。この役割を担うのが、会計指標である。

会計指標は、誰もが理解しやすいこと、理解のしやすさがそのまま成否の判断のしやすさにもつながること、そして企業が十分にコントロールできることにおいて優れている。企業は自社の経営理念やビジョン、外部環境、自社の強み・弱み、そして今後の経営戦略に基づいて、適切な会計指標を選択し、目標

とすることで、自社の向かっている道筋を明らかにすることができる。そのメッセージの受信者であるステークホルダーも、「企業価値の向上」のための具体的ベンチマークを知ることとなり、それぞれの利害に関する適切な意思決定を下すことが可能となる。

本書の構成

　本書は、序章で「企業価値の向上」に関する4つのキーワード（WHAT？、WHY？、SO WHAT？、HOW？）を解説した後、第1章から第10章で代表的な10の会計指標を1つずつ取り上げて、「企業価値の向上」の代替としての会計指標を詳述していく。

　それぞれの章では、前半で各指標の基礎と理論的背景を理解してもらうため、①指標の算出方法、②読み方、③日本企業と米国企業の比較、④目標に掲げる際の意義と注意点、の順番に解説していく。続く後半では、その指標を経営目標に掲げている1社をケーススタディとして取り上げ、①当該企業における指標推移、②経営環境と経営課題、③当該企業の指標向上策、④指標推移に対する評価、を考察していく。そして各章末に、前半と後半の議論を踏まえて、その目標指標が果たしている役割をまとめる。

　本書は、詳細な計算術や会計用語の解説を目的とするものではなく、あくまで会計指標を経営目標として掲げるという用途にそって話を進めている。ここでも著者が心がけているのは、4つのキーワードの観点からの解説である。たとえば第1章のROE（株主資本当期純利益率）であれば、前半の解説と後半のケーススタディを読み進めながら、以下のようなポイントを考え、理解できる構成となっている。

● ROEのWHY？
・なぜ業界や業種を問わず、多くの企業がROEを目標に掲げているのか？
・なぜ米国企業に比べて、依然として日本企業のROEは低いのか？
・なぜ武田薬品工業のような業績の良い企業ほどROEが頭打ちとなるのか？
・なぜそのなかで、業績の良いトヨタ自動車のROEは上昇を続けたのか？

●ROEのSO WHAT?
・では、ROEが上がると何か良いことがあるのか（株価の上昇など）？
・ROEが低くても問題はないのか？　あるとすればどんなことか？
・では、我が社は何%のROEを目指せばよいのか？
・ROEを目標に掲げてはいけない企業は存在するのか？
●ROEのHOW?
・ROE向上のために企業はどのような努力を行っているのか？

　そして終章では、企業が置かれた経営環境や業界の特性に応じて、会計指標をどのように選択するべきかを考察する。また、会計指標の理想的なポートフォリオの組み方について触れると共に、目標指標を達成するために重要となる企業の仕組みづくりに言及する。さらに巻末には、10の代表指標では扱えなかった他の重要な会計指標を一覧として紹介しておく。

本書の読み進め方
　本書は、大きく2通りの読み方を想定しながら執筆を進めた。1つは、本書の構成にしたがって、序章を読んだ上で、第1章から第10章を「各指標の解説→ケーススタディ」の順番に読み進んでいただくものである。各章では、前章までの説明をもとに解説をすることもあるので、読者の時間が許すのであれば、こちらが好ましい。もう1つは、先に興味のある企業のケーススタディを読んだ上で、資本コストとの比較など理論的背景を必要とする場合に、序章や各章の解説部分を参照されてもよい。
　本書では資本コストの概念が頻繁に登場する。序章のコラムで企業価値算定のプロセスを解説しており、そこで資本コストに関しても触れているが、やや難解な計算式である。本書を読む上では「資本コストとは、①企業が達成しなくてはいけないリターン、②そのリターンの水準は資本提供者（株主、金融債権者）の要求リターンをもとに算出している」という2点を抑えておけば十分である。資本コストとは、文字どおり企業が資本を調達するために要したコスト（資金提供者の立場からすれば要求リターン）なので、企業としては中長期的には必ず上回らなくてはいけない水準となる。この水準は、あらゆる会計指

標に、直接的または間接的に反映されていなくてはならない。

本書を推薦したい方

　著者が会計や財務の講師として担当している企業内研修やビジネススクールでは、経営企画や財務・経理部門の方に限らず、営業、マーケティング、開発、製造、購買、人事など、所属部門を問わず、様々なビジネスパーソンが日々熱心に学んでいる。専門家だけが会計や財務を分かっていればよいというのは、右肩上がりの時代である。現在はいかなる職場にあっても、経営の視点から捉えた会計や財務を理解し、利益やキャッシュに対する意識を強く持って日頃の業務にあたる時代となっている。

　本書は、著者が常日頃から接しているそうした受講者の方々を想像しながら書き進めたものである。よって、会計や財務の基本的な用語や構造を理解している一般のビジネスパーソンであれば、実践的なケーススタディを中心として、誰もが読んでいただくに十分適切な水準となるように心がけた。普段クラスで重視している、①分かりやすさ、②事例の活用、③双方向形式、の3つを大切にして書き進めた。また、経営層の方には、様々な会計指標を具体的な企業の事例を介して捉えることで、自社への適用を検討する良い機会を提供できれば、誠に幸いである。

謝　辞

　本書には、これまで私が数千名を超えるビジネスパーソンに対して行ってきたクラスでの経験が大きく生きている。受講者から洞察力に富んだ質問を受けたときは、私自身のなかで考え直し、理論を整理する良い機会となった。クラスのなかで受講者に解説をして不可解な顔をされた時には、次のクラスで修正を図る機会を与えられた。そうした数え切れないほどの受講者との対話が、本書の礎となっている。この場を借りて、これまでクラスという場で出会ったすべての方々に対して、深く感謝の意を表したい。

　また、現在の業務を通してお世話になっている方々や、クライアント企業の経営者や従業員の方々との、日々のディスカッションのなかから生まれた考え方やアイデアも本書には数多く含まれている。著者がこれまでビジネスパーソ

ンとして出会ったすべての方々にも、心から御礼を申し上げると同時に、今後も叱咤激励を賜りたい。

　ダイヤモンド社には著者の構想に当初から快くご賛同いただき、また小川敦行氏には、的確な校正、データ収集の作業のみならず、時に孤独を感じる執筆作業において、常に励ましのお言葉を頂戴した。心から御礼を申し上げたい。

　著者にとっては、本格的な書籍の執筆は本書が初めてとなる。本書の内容について万一至らない部分があれば、それは著者の責に帰するところである。読者の率直なご意見やご感想など、ぜひお聞かせいただきたい。

　最後に、本書の校正作業がちょうど夏休みと重なり、小学校1年生の長男とはあまり遊んであげることができなかった。執筆を励ましてくれた妻と、我慢してくれた長男への感謝を記したい。また、出版を楽しみにしてくれている両親に、この場を借りて感謝を申し上げたい。

2005年9月　青山のオフィスにて

大津 広一

企業価値を創造する会計指標入門——目次

● まえがき 1

企業価値を創造する会計戦略　15
企業はなぜ会計指標を目標に掲げるのか

- **1**…企業経営者が語る会計指標　16
- **2**…「企業価値の向上」が求められる背景　18
- **3**…企業価値を理解し、算定する　24
- **コラム**　企業価値算定のプロセス　27
- **4**…企業価値を向上するための施策　30
- **5**…会計指標を目標に掲げる意義　33

第1章

ROE　37
株主のための投資収益性の指標

1 ● ROEの読み方と意義　38
- **1**…ROEの算出方法　38
- **2**…ROEの読み方　39
- **3**…日本企業と米国企業のROE　44
- **4**…ROEを目標に掲げる意義と注意点　44

2●ケーススタディ──武田薬品工業　47
1…武田薬品におけるROEの推移　47
2…武田薬品の置かれた経営環境　50
　①医薬品業界を取り巻く経営環境
　②武田薬品の経営戦略と課題
3…武田薬品が実施するROE向上策　56
4…武田薬品のROEを評価する　57

3●まとめ──ROEの役割　62
コラム　トヨタ自動車のROE　64

ROA
総資産に対する投資収益性の指標　69

1●ROAの読み方と意義　70
1…ROAの算出方法　70
2…ROAの読み方　72
3…日本企業と米国企業のROA　79
4…ROAを目標に掲げる意義と注意点　81

2●ケーススタディ──ウォルマート・ストアーズ　82
1…ウォルマートにおけるROAの推移　82
2…ウォルマートの置かれた経営環境　84
　①大手小売業界を取り巻く経営環境
　②ウォルマートの経営戦略と課題
3…ウォルマートが実施するROA維持策　88
4…ウォルマートのROAを評価する　91

3●まとめ──ROAの役割　95

ROIC
特定事業にフォーカスした投資収益性の指標

97

1 ROICの読み方と意義　98
   1…ROICの算出方法　98
   2…ROICの読み方　102
   3…日本企業と米国企業のROIC　104
   4…ROICを目標に掲げる意義と注意点　105

2 ケーススタディ──日産自動車　108
   1…日産自動車におけるROICの推移　108
   2…日産自動車の置かれた経営環境　109
      ①自動車業界を取り巻く経営環境
      ②日産自動車の経営戦略と課題
   3…日産自動車が実施するROIC向上策　115
   4…日産自動車のROICを評価する　124

3 まとめ──ROICの役割　129

売上高営業利益率
企業の存在意義を実証する収益性の指標

131

1 売上高営業利益率の読み方と意義　132
   1…売上高営業利益率の算出方法　132
   2…売上高営業利益率の読み方　132
   3…日本企業と米国企業の売上高営業利益率　136
   4…売上高営業利益率を目標に掲げる意義と注意点　138

2 • ケーススタディ──ソニー　140
1…ソニーにおける売上高営業利益率の推移　140
2…ソニーの置かれた経営環境　141
　①総合電機業界を取り巻く経営環境
　②ソニーの経営戦略と課題
3…ソニーが実施する売上高営業利益率の向上策　147
4…ソニーの売上高営業利益率を評価する　148

3 • まとめ──売上高営業利益率の役割　153

第5章
EBITDAマージン　155
設備投資の影響を除いた純然たる収益性の指標

1 • EBITDAマージンの読み方と意義　156
1…EBITDAマージンの算出方法　156
2…EBITDAマージンの読み方　156
3…日本企業と米国企業のEBITDAマージン　158
4…EBITDAマージンを目標に掲げる意義と注意点　159

2 • ケーススタディ──NTTドコモ　161
1…NTTドコモにおけるEBITDAマージンの推移　161
2…NTTドコモの置かれた経営環境　163
　①携帯通信業界を取り巻く経営環境
　②NTTドコモの経営戦略と課題
3…NTTドコモが実施するEBITDAマージン向上策　170
4…NTTドコモのEBITDAマージンを評価する　171

3 • まとめ──EBITDAマージンの役割　176

フリー・キャッシュフロー　177
企業価値の最大化をもたらす指標

1 ● フリー・キャッシュフローの読み方と意義　178
1…フリー・キャッシュフローの算出方法　178
2…フリー・キャッシュフローの読み方　179
3…日本企業と米国企業のフリー・キャッシュフロー　183
4…フリー・キャッシュフローを目標に掲げる意義と注意点　184

2 ● ケーススタディ──アマゾン・ドットコム　187
1…アマゾンにおけるフリー・キャッシュフローの推移　187
2…アマゾンの置かれた経営環境　190
　①インターネットサービス業界を取り巻く経営環境
　②アマゾンの経営戦略と課題
3…アマゾンが実施するフリー・キャッシュフロー向上策　195
4…アマゾンのフリー・キャッシュフローを評価する　200

3 ● まとめ──フリー・キャッシュフローの役割　203

株主資本比率　205
企業の安全性を評価する指標

1 ● 株主資本比率の読み方と意義　206
1…株主資本比率の算出方法　206
2…株主資本比率の読み方　206
3…日本企業と米国企業の株主資本比率　210
4…株主資本比率を目標に掲げる意義と注意点　211

2●ケーススタディ──東京急行電鉄 216
　1…東急電鉄における株主資本比率の推移 216
　2…東急電鉄の置かれた経営環境 218
　　　①私鉄業界を取り巻く経営環境
　　　②東急電鉄の経営戦略と課題
　3…東急電鉄が実施する株主資本比率の向上策 224
　4…東急電鉄の株主資本比率を評価する 225

3●まとめ──株主資本比率の役割 228

売上高成長率
既存事業にフォーカスした成長性の指標
231

1●売上高成長率の読み方と意義 232
　1…売上高成長率の算出方法 232
　2…売上高成長率の読み方 233
　3…日本企業と米国企業の売上高成長率 234
　4…売上高成長率を目標に掲げる意義と注意点 234

2●ケーススタディ──GE 237
　1…GEにおける前年度比成長率の推移 237
　2…GEの置かれた経営環境 239
　　　①巨大複合企業(コングロマリット)を取り巻く経営環境
　　　②GEの経営戦略と課題
　3…GEが実施する売上高成長率の向上策 245
　4…GEの売上高成長率を評価する 247

3●まとめ──売上高成長率の役割 251

EPS成長率 253
株主を向いた成長性の指標

1●EPS成長率の読み方と意義 254
- **1**…EPS成長率の算出方法 254
- **2**…EPS成長率の読み方 255
- **3**…日本企業と米国企業のEPS成長率 258
- **4**…EPS成長率を目標に掲げる意義と注意点 259

2●ケーススタディ──花王 263
- **1**…花王におけるEPS成長率の推移 265
- **2**…花王の置かれた経営環境 266
  - ①トイレタリー・化粧品業界を取り巻く経営環境
  - ②花王の経営戦略と課題
- **3**…花王が実施するEPS成長率の向上策 271
- **4**…花王のEPS成長率を評価する 276

3●まとめ──EPS成長率の役割 281

EVA® 283
資本コストを組み込んだ企業価値算定の指標

1●EVA®の読み方と意義 284
- **1**…EVAの算出方法 284
- **2**…EVAの読み方 287
- **3**…日本企業と米国企業のEVA 288
- **4**…EVAを目標に掲げる意義と注意点 291

2 ● ケーススタディ——松下電器産業　294
1…松下電器の置かれた経営環境　294
①家電業界を取り巻く経営環境
②松下電器の経営戦略と課題
2…松下電器が実施するEVA向上策　299
3…松下電器のEVAを評価する　305

3 ● まとめ——EVAの役割　312

会計指標の選択とポートフォリオ　315
企業価値の向上を目指して

1…「企業価値向上」の代替としての会計指標　317
2…経営指標としての会計指標の選択　320
3…ケーススタディ企業における経営指標の評価　328
4…経営指標の理想的なポートフォリオ　336
5…目標達成に向けての仕組みづくり　339

その他の会計指標一覧　341

用語解説　354

参考文献　367

索引　369

本文中の＊印の用語は、巻末の用語解説に収載した。
米国ドルの円換算表記は、便宜上1ドル＝100円で計算した。

序章

企業価値を創造する会計戦略

企業はなぜ会計指標を目標に掲げるのか

1…企業経営者が語る会計指標
●シーン1──トヨタ自動車　奥田碩取締役会長

「トヨタは過去5年間、成長性、効率性、健全性を大幅に向上して参りました。成長性としては、売上高は1.4倍になりました。営業利益は2.2倍にまで増加しております。効率性としては、収益の向上、自己株の買い受けが相まって、ROA、ROE共に大幅に向上しております。ここ数年、1兆円規模の設備投資、また7,000億円規模の研究開発を続けながら、毎期プラスのフリー・キャッシュフローを確保して、手元資金は増加いたしました。健全性も向上しております。（中略）

　毎期、配当、自己株式取得を合わせまして、積極的な株主還元を実施して参りました。今後も高水準な株主還元を維持していきたいと考えております」

――2004年11月1日の経営説明会より

　トヨタ自動車は、なぜROEやROAを取り上げ、自社の優位性、株主への貢献を説こうとしているのか。ROEやROAが成長すると、株主をはじめとするステークホルダーにはどのような恩恵がもたらされるのか。今や日本のトップ企業というだけでなく、世界の自動車産業をリードするトヨタが語っている以上、ROEやROAの向上はすべての日本企業が目指すべき経営目標なのか。ROEを経営指標として掲げる盲点はないのだろうか。

●シーン2──アマゾン・ドットコム　ジェフリー・P・ベゾスCEO（創業者）

「アマゾン・ドットコムの財務上のフォーカスは、1株当たりのフリー・キャッシュフローを長期的に拡大していくことです。アマゾン・ドットコムのフリー・キャッシュフローは主に、営業利益の向上に加えて、運転資本と資本的支出を効率的に維持することで生み出されています。（中略）

　こうしたフリー・キャッシュフローへのフォーカスは、アマゾン・ドットコムにとって新しいことではありません。我々は株式上場直後の1997

年、最初のアニュアルレポートでこれを明らかにしました。その際に語ったことは次のとおりです。『仮に、会計上の利益の最適化と、将来キャッシュフローの現在価値を最大化することの、どちらかを選択しなくてはいけないとすれば、我々はキャッシュフローを採用します』」

――2004年度アニュアルレポートより

　アマゾン・ドットコムは、なぜフリー・キャッシュフローの向上を自社の財務上のフォーカスにしているのか。そもそもフリー・キャッシュフローとは、どのように算出され、どのような企業努力によって向上するものなのか。会計上の利益よりも大切だとする同社のフリー・キャッシュフローには、どのような経営の意志が潜んでいるのだろうか。

◉シーン3――日産自動車　カルロス・ゴーン社長兼CEO

「日産バリューアップでも、その名称が目的を表しています。つまり、価値、バリューを上げ続けることです。日産バリューアップは業績を持続させることを目的としています。今まで築いてきたお客様との関係、拡販、価値創造、利益の増大、マネジメントの向上による効果を刈り取ると同時に、それをさらに発展させることが狙いです。（中略）
　2005年度から2007年度にわたる日産バリューアップには3つの重要なコミットメントが設けられています。1つ目は利益に関するコミットメントです。（中略）コミットメントは、2005年度から2007年度の毎年度、グローバル自動車業界トップレベルの売上高営業利益率を維持することです。（中略）次に、販売台数のコミットメントは、グローバル販売台数420万台を2008年度末までに達成することです。（中略）日産バリューアップの3つ目のコミットメントは、3年間平均で投下資本利益率（ROIC）20％以上を確保することです。（中略）
　皆様には、結果にもとづいて日産と、そして私ども1人ひとりの業績をご判断いただけると思いますが、今までもこれからも、大切なのは言葉ではなく、結果です」

――2005年4月25日の2004年度決算報告より

日産が経営指標の1つとして掲げる投下資本利益率（ROIC）とは何か。利益率の増加、販売台数の増加という分かりやすい目標に加えて、敢えてROICを3つ目の経営指標とする日産の意図とは何か。カルロス・ゴーンCEOのリーダーシップによって、日産は完全に再建を果たした。その間、「日産リバイバルプラン」「日産180」という中期経営計画を設定し、具体的な数値のコミットメントを開示して、その目標を達成してきた。ゴーン氏が常に中期経営目標を具体的な数値として掲げ、その達成プロセスを示してきた真の狙いは何か。アカウンティング（会計）を最も戦略的に活用したゴーン氏の手腕を探りたい。

　以上、企業経営者が会計指標を語った3つの象徴的なシーンをご覧いただいた。それぞれの企業の詳しい解説は第1章以降のケーススタディに委ねるが、いずれの経営者にも言えることは、会計指標という「共通言語」を用いながら自社の現状や将来への道筋を雄弁に説いていることである。
　では、なぜ企業は会計指標を目標として掲げるのか。結論から言えば、企業価値を向上させるためである。どれだけ高邁な理念やビジョンを持っていても、企業が存続できなければ、その実現は不可能となる。そして、企業が存続するためには、株主や金融債権者（銀行、社債購入者など）から調達した資本に対して、期待を上回る価値を創造しなければならない。会計指標は、それを成し遂げる上での重要な指針となる。
　次項からは、企業価値の考え方を理解した上で、会計指標を目標に掲げる意義を明らかにしていく。

2…「企業価値の向上」が求められる背景

　2005年2月に始まったフジサンケイグループとライブドアの株式取得合戦は、結局わずか2ヵ月後の4月18日に両社和解で決着した。一連の騒動についての賛否は分かれるところであるが、1つの肯定的な評価として、日本企業や投資家の企業価値への関心が高まったことが挙げられている。
　本当にそうだろうか。高まったのは、企業価値を奪われないための様々な買収防衛策の議論だけの気がする。いわば戦略なき戦術、しかも企業価値を向上

するための戦術ではなく、企業価値を奪われないための小手先の対処策が先行している。翌4月19日の日本経済新聞上でも、両陣営は揃って「企業価値の向上」を口にしている。

◉フジテレビ日枝久会長
「争うことが目的ではなく、あくまでも**企業価値を高めなければならない**という点では一致していた。早く合意したいと考えていた」
◉ライブドア堀江貴文社長
「フジには440億円も出資してもらうのだから、当社の業績が上がればフジの**企業価値向上**につながる」

　企業価値とは一体何か。なぜ企業は企業価値を高める必要があるのか。企業価値を高めるために、各企業は具体的に何を目標として企業活動を行っていくのか。少なくともこの3つについて明確に議論されることなく、「企業価値の向上」という言葉が先行している現在は、あまり健全な姿とは思えない。

　企業価値が何であるかを具体的に解説する前に、なぜ企業は企業価値を高める必要があるのかを考えていきたい。ここではとりあえず、企業価値を株価とイメージして読み進めてほしい。

　企業を考える際の1つの重要な言葉に「ゴーイング・コンサーン（Going Concern）」がある。日本語では通常、「継続企業」と訳される。ゴーイング・コンサーンとは、企業が永続的に存続することを前提として、あらゆる物事を考えようとする姿勢である。企業30年説と言われるように、企業は30年も経つと衰退するといった通説もあるが、それは結果論であり、初めから30年後に破綻するつもりで経営している企業はない。逆に30年で破綻する企業は、ゴーイング・コンサーンとしての十分な能力を保持していなかったと表現できる。

　主要国の監査基準や国際会計基準に合わせる形で、日本でも2003年3月期決算より、ゴーイング・コンサーンに関する情報開示が始まった。これは、各企業が年度または中間決算において、ゴーイング・コンサーンとしての能力を評価した結果、重大なリスクが生じていると判断した場合に、その旨を決算短

信や有価証券報告書上で開示しなくてはいけないというものである。重大なリスクが生じていると判断される具体的な事象として、売上高の著しい減少、継続的な営業損失の発生または当期純損失の計上、債務の返済の困難性、あるいはブランド・イメージの著しい悪化などが挙げられる。2005年3月期では新興市場を除く上場企業の30社近くが、このゴーイング・コンサーンとしての重大なリスク情報を開示している。

　では、なぜ企業はこのようなゴーイング・コンサーンとしての能力有無の判断に、常にさらされなくてはいけないのだろうか。その答えは、企業が資本と経営の分離によって成立していることに由来する。すべての企業は、投資家から資本を調達することから始まる。投資家があって、はじめて企業が成立しているのであり、企業があっての投資家ではない。そうでないと考える企業があるとすれば、今すぐ自社の株式時価総額[*]を株主に、有利子負債を金融債権者に全額返済して、事業が成り立つかを考えてほしい。おそらく大部分の企業が存続不可能となるだろう。

　よって、企業がゴーイング・コンサーンとして存続するためには、投資家への適切なリターンを還元していることが絶対の条件となる。どんなに理念やビジョンが素晴らしくても、投資家への適切なリターンがなくては、いつか投資

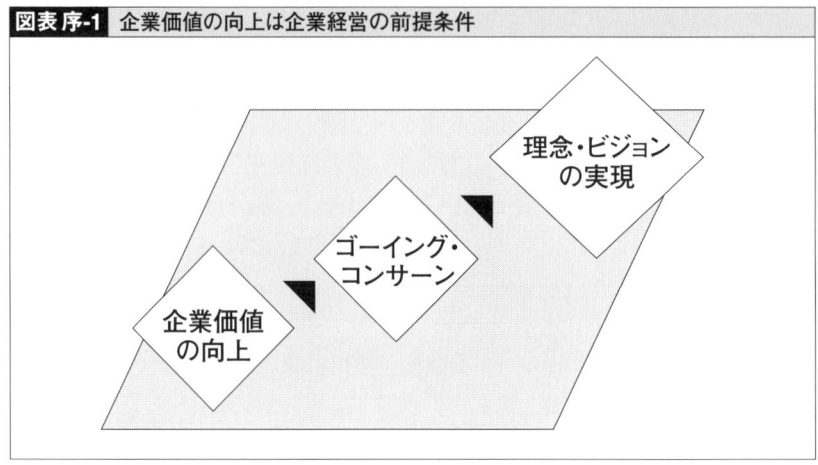

図表序-1　企業価値の向上は企業経営の前提条件

理念・ビジョンの実現

ゴーイング・コンサーン

企業価値の向上

家たちはその企業から離れていくだろう。その最たる例として、過去に日本を代表したような複数の企業が、2004年に入り実質経営破綻に陥ったことから産業再生機構に救済されるに至った。

ゴーイング・コンサーンとして企業が存続するためには、投資家に適切なリターンを還元することが条件となる。この適切なリターンを永続的に還元することこそ、「企業価値の向上」につながっていくものである。企業価値の向上が果たせない企業は、ゴーイング・コンサーンたり得ない。ゴーイング・コンサーンたり得ない企業は、理念やビジョンの実現は不可能である。

単純なようで、分かりにくい概念でもあるが、これを私たち人間の家計と比較すると、その違いが明らかとなる。

図表「序-2」のように企業と人間を比較してみると、私たち人間は実に厳しい条件で生活しているものの、寿命という絶対の期間があることに一抹の安堵感すら感じる。一方、企業に投資する資本は、有限責任、かつ途中参加と退出が自由といった、非常にドライな関係に基づいて成立している。しかも期間は永久を前提とするため、いついかなる時でも投資家に一定の満足を与え続けることができないと、前提とする「永続」の糸がプツリと切れかねない。あるいは経営の選択権を保有する資本によって、経営の交代が容易に行われる。

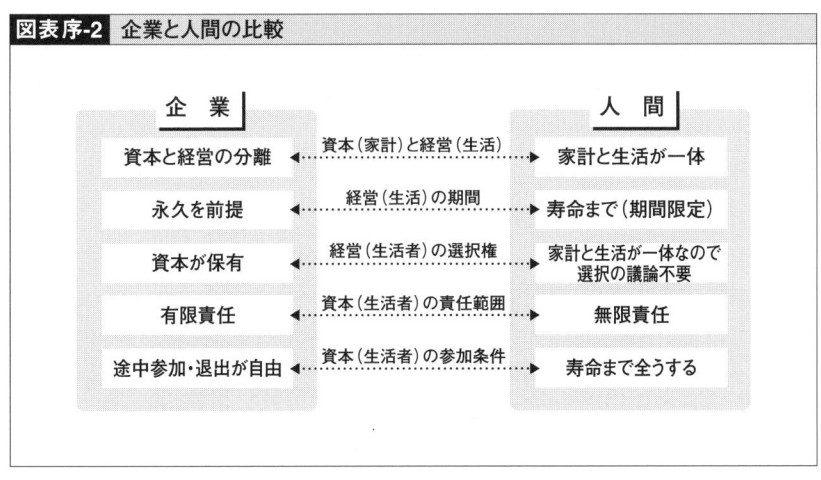

図表序-2　企業と人間の比較

では、企業価値の向上が株式会社を中心とする資本市場主義の根本的な前提条件ならば、戦後著しい復興を遂げた日本で、なぜこれまで企業価値の向上が重要視されてこなかったのか。これには大きく3つの背景が考えられる。

①重要視しなくてもそれが実現されている
②重要視しなくてはいけない人の意志や能力が欠けている
③最初からあきらめている

　③はさすがにないとしても、最初の2つは日本社会に大いに当てはまる。

①重要視しなくてもそれが実現されている
　戦後目覚ましい高度経済成長を遂げた日本では、GDP（国内総生産）、株式市場、不動産、そしてそこで活躍する企業のどれもが、永久に上昇を続けるといった観念の下にあった。いわゆる右肩上がり神話である。日本国そのものが右肩上がりを続け、しかもそれが永続的に継続すると考えられていた時代において、企業価値の向上を重要視する必要性は自ずと低い。言わば、企業価値の向上は、要求するものではなく、所与の前提であった。企業はその所与の前提に確実に乗り遅れないことが目的と化し、他社と同様の過剰投資、財テク、護送船団方式の道を辿った。

②重要視しなくてはいけない人の意志や能力が欠けている
　バブルの崩壊まで、事業会社同士、あるいは銀行との株式持ち合いが日本の資本構造の大きな特徴であった。図表「序-3」からも明らかなように、バブル崩壊時の90年には、事業会社と銀行によってほぼ半数の株式が保有されていた。「モノ言わぬ株主」とは、企業経営に対して、投資家としての責任を実行していないことを指す。企業価値は投資家自身に帰属するものでありながら、その向上について厳しく言わない株主は、その意志や能力が欠けていると考えざるを得ない。ただし、①で述べたような右肩上がり神話の時代である。時代背景があって、人々の行動様式が決まるのも致し方ない。
　では、昨今、急速に「企業価値の向上」が声高に叫ばれるようになったのは

なぜだろうか。

　図表「序-3」の推移を辿ると、「企業価値の向上」を叫ぶ顔が変わっていることが分かる。2005年3月期末に株式保有比率が最も高いのは外国人株主で、23.7%に及んでいる。個人株主の20.3%と合わせると半数近い。外国人株主と個人株主に共通するのは、株式持ち合いといった概念が基本的に存在しないことである。明確な保有目的、具体的には自身の資産価値の向上があり、そのための手段として彼らが保有する権利である「モノを言う」株主として機能する。企業価値の向上を正当に要求するわけである。

　こうした株主構成の大きな変化は、バブルの崩壊によってもたらされたものである。事業会社にしても銀行にしても、もはや「モノ言わぬ」株主として株式を持ち合うだけの余裕と体力がなくなった。自身の株主からも、非効率な株式の持ち合いについて、モノを言われる状況に陥ったのである。それでも、「失われた10年」と呼ばれる90年代はその変化はゆったりとしたものであったが、2005年3月末を期限とした金融庁による銀行の不良債権半減目標によ

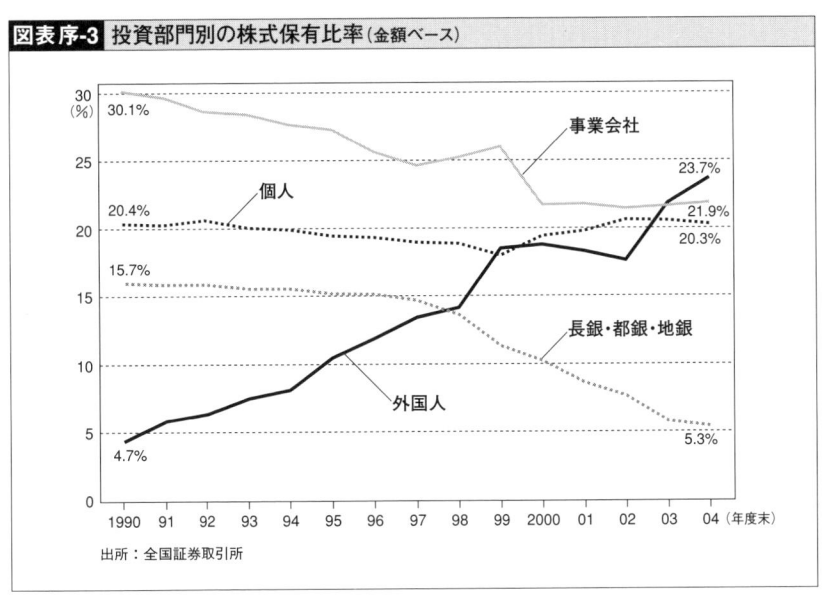

図表序-3　投資部門別の株式保有比率（金額ベース）

出所：全国証券取引所

って、資本の適正配分が加速された。

そして、時を同じくして、景気の回復によって日本企業の潜在的魅力が見直され、かつ世界的な金余り現象から投資ファンドの活動が活発化している。国内でも2002年のM&Aコンサルティング（村上ファンド）による東京スタイルへの株主提案、2003年のスティールファンドによるソトーとユシロ化学への敵対的TOB（株式公開買い付け）、そして2005年のライブドアによるニッポン放送の株式大量取得など、企業価値の向上が実現されていないと株主に判断された企業は、モノを言う株主から容赦ない注文を受ける時代となった。

忘れてならないのは、こうした株主の注文は株主の権利だということである。あるいは、経営破綻した企業の株主が、時に「株主責任」といった言葉で減増資などによる経済的損失を負わされることからすると、株主の権利を超えた、株主の義務と言ってよい。

時に、欧米式資本市場といった形容がされるが、資本市場主義に欧米式も日本式もない。株式を上場すること、投資家から資本を集めること、ゴーイング・コンサーンが絶対の前提であること、その前提に当たらない企業はいずれ破綻を来たすこと。どれをとっても欧米とは寸分たがわない。企業の存在意義は、その理念であり、ビジョンである。しかし、企業価値の向上なくして理念やビジョンを語っている企業があるとすれば、それは経営の無責任である。その結果、ゴーイング・コンサーンとしての会社の存続が脅かされることになれば、株主や金融債権者だけでなく、取引先や従業員などすべてのステークホルダーに対して迷惑をかけることとなる。

3…企業価値を理解し、算定する

ここからは、企業価値の考え方を理解し、実際の算定式を紹介していく。まず一言で言えば、企業価値は「企業が将来にわたって稼ぐ能力」に基づいて算出する。この表現において、すでに1つのことを否定している。それは、企業価値は企業が現在何を持っているか（持っていないか）で決まるのではなく、将来の稼ぐ能力に基づくということである。現在のストック*ではなく、将来のフロー*を評価する。

つまり、旧来は良い会社として評価されたような、手元にキャッシュが多い会社、無借金経営の会社、または株主資本比率が高い会社などは、「企業価値の向上」という判断基準においては、それだけで肯定されるものではないことになる。なぜなら、これらのどれもがストックに関する情報であり、肝心の将来のフローについて実証できる事実を提供していない。

企業価値を考える際に、将来のフローに着目するのはなぜだろうか。企業価値とは、言わば企業の値段である。そこで、読者が最近思い切って購入したモノと、その値段を思い浮かべてみてほしい。思い切って買ったからには、少々高価だったかもしれない。しかし、購入することで得られる将来の恩恵と値段を比較した上で、ご自身で購入の意思決定を行ったはずである（たとえ衝動買いでも、その時は将来の恩恵が値段を上回ると固く信じていたはず）。そもそもモノを購入するのは常に将来の恩恵があるからで、その将来の恩恵（企業の場合は、企業が将来にわたって稼ぐ能力）をもとに価値を算定するのは、買い手の立場からすれば実に合理的である。買い手にとって合理的ならば、売り手にとっても値段設定の選択肢が広がり、やはり合理的なものとなるはずである。

企業価値の算定では、この「企業が将来にわたって稼ぐ能力」に、企業が将来生み出すキャッシュフロー*（これをフリー・キャッシュフローと呼ぶ）を用いる。損益計算書（P/L）上の利益ではなくキャッシュフローを用いるのは、企業間で異なる会計方針の影響を排除し、かつ企業活動から実際に生み出されるキャッシュそのものに着目するためである。第6章のフリー・キャッシュフローで詳しく見るが、利益はキャッシュフローの重要な要素ではあるが、すべてではない。

将来における各年度のフリー・キャッシュフローの価値は異なるため、単純にその足し算をして企業価値と呼ぶことはできない。たとえば1年後にもたらされる1,000億円のフリー・キャッシュフローでも、今年の価値（現在価値）としては、金利分（仮に10％とする）を引き直した値として計算する。

$$1年後の1,000億円の現在価値 = \frac{1,000億円}{(1+10\%)} = 909億円$$

この金利分を引き直す作業を「割り引く」と言う。キャッシュフロー（CF）を割り引く（Discount）ので、Discounted Cash Flow（=DCF）法と呼ばれる手法である。仮に図表「序-4」のようなフリー・キャッシュフローを生み出す事業があるとする。この事業の価値は、単純にすべてのフリー・キャッシュフローを足し算した「▲50+10+20+20+30+40=70億円」ではない。

これでは、今年の1億円を5年後の1億円と同一の価値にしているが、実際はそうではない。今年1億円を受け取るのと、5年後に1億円を受け取るのと、どちらがよいかと問えば、皆が今年を選択する（今年受け取って金利分運用できるし、何より5年後では本当に1億円もらえるか分からない不確実性が高い）ように、明らかに今年の1億円のほうが価値が高いのである。

そこで、DCF法を用いてすべてのフリー・キャッシュフローを現在価値に割り引くことで、この時間による価値の違いを調整し、加減することが可能となる。図表「序-4」に示したDCF法によって、事業の価値は36億円と算出される。

以上の概念に基づいて、企業価値は算定される。企業価値算定のプロセスは

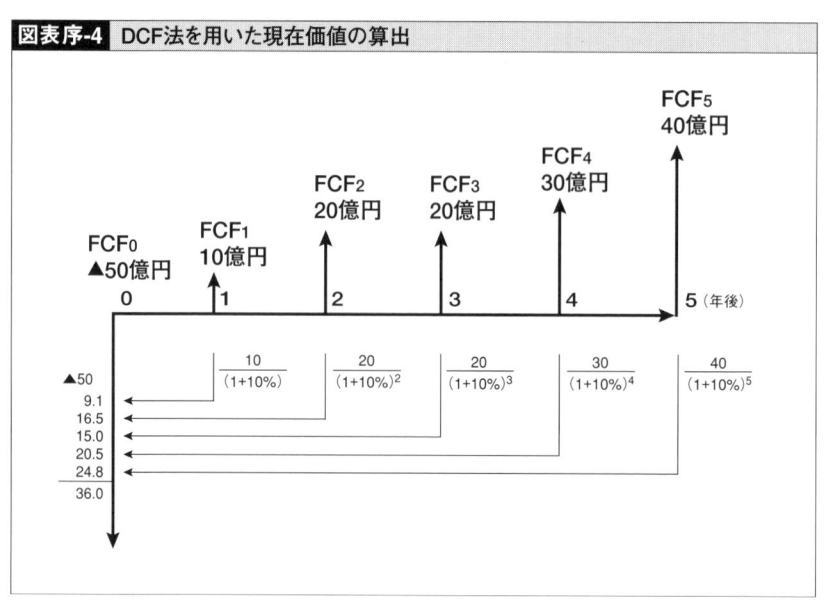

図表序-4　DCF法を用いた現在価値の算出

次のとおりとなる。

(1) 企業が将来にわたって生み出すフリー・キャッシュフロー（FCF）を予測する
(2) 企業への資金提供者（株主と金融債権者）が求めているリターン（企業にとっては資本コスト*＝加重平均資本コスト〈WACC：ワック〉）を計算する
(3) (1)の将来フリー・キャッシュフローを、(2)のWACCで割り引いて企業価値を算定する

　実際の算定式はやや詳細な内容に及ぶため、コラムとして掲載する。数式が苦手な方は読み飛ばしていただいて差し支えない。ただし、第1章以降の各指標の解説では、企業価値に言及したり、資本コストと比較する箇所がある。その際には、必要に応じてこのコラムを参照してほしい。

コラム●企業価値算定のプロセス

(1) フリー・キャッシュフローを計算する
　フリー・キャッシュフロー（FCF）については第6章で詳しく解説する。ここでは「企業が本業の事業活動によって1年間に生み出す、正味のキャッシュフロー」としておこう。これを将来の期間にわたって、各年度別に予測していくのが企業価値算定式の分子での作業である。計算式は以下のとおりとなる。

$$\text{フリー・キャッシュフロー} = \underbrace{\text{営業利益} \times (1-\text{実効税率}) + \text{減価償却費}}_{\text{税引後の営業キャッシュフロー}} - \underbrace{\text{追加設備投資} - \text{追加運転資本}}_{\text{企業経営に不可欠な投資資金}}$$

(2) 加重平均資本コスト（WACC）を計算する
　加重平均資本コスト（WACC：Weighted Average Cost of Capital）は、資金提供者（株主と金融債権者）が企業に資金を提供する見返りとして求めているリターンの加重平均値として計算される。なぜなら、企業側の立場に立てば、この資金提供

者の要求リターンこそが、企業が資本の調達コストとして、常に上回らなくてはならない利回りとなるからである。具体的な算定式は次のとおりとなる。

$$WACC = \frac{D}{(D+E)} r_d(1-T) + \frac{E}{(D+E)} r_e$$

D：有利子負債の時価総額（国内では簿価と考えてよい）
E：株式時価総額
r_d：有利子負債の利子率（金融債権者の要求リターン）
r_e：株主の要求リターン
T：実効税率

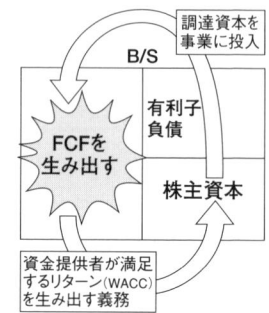

　有利子負債に付随する利息は税金の計算上損金として差し引くことができるため、節税効果がある。そのための（1−T）という項目が組み込まれているが、それ以外は単に有利子負債の利子率（r_d）と株主の要求リターン（r_e）をそれぞれの時価ベースの金額で加重平均したに過ぎない。
　株主の要求リターン（r_e）は、以下に示すCAPM（キャップエム）という算式によって計算される。

$$r_e = r_f + \beta \times (r_m - r_f)$$

↑ リスクフリーレート
↑ マーケットリスクをとった（リスクフリーの安全資産ではなく、リスクのあるマーケットポートフォリオを購入した）ことに対する、リターンのプレミアム

r_f：リスクフリーレート（長期国債の金利）
r_m：マーケットポートフォリオ（国内ではTOPIX）の要求リターン
$r_m - r_f$：リスクプレミアム。マーケットリスクをとったことに対する、リターンのプレミアム
β（ベータ値）：マーケットの動きに対して、個別の株式の感応度を示す指標

　有利子負債の利子率（r_d）より、株主の要求リターン（r_e）のほうが間違いなく大きい。なぜなら、元本割れを覚悟で投資する株主と、原則元本保証の金融債権者とでは、明らかにリスクが異なる。リスクが異なれば要求リターンも異なる。世の中、ハイリスク・ハイリターン、ローリスク・ローリターンである。

(3) FCFをWACCで割り引いて企業価値を求める
　こうして、(1)の株主・金融債権者に属する将来のFCFを分子に置き、それを(2)の

株主・金融債権者の要求する加重平均資本コスト（WACC）を分母に置いて割り引くことによって、株主・金融債権者にとっての価値、すなわち企業価値が求められる。企業価値という言葉が、株主価値や株価と同義語として使われることも多いが、厳密に言うとそれは誤りである。企業価値は株主と金融債権者に帰属するものである。無借金企業であれば、企業価値≒株主価値と考えてよいが、そうでない大部分の企業にとっては、両者は明らかに異なるものとなる。

$$\sum_{n=0}^{\infty} \frac{FCF_n}{(1+WACC)^n} = \sum_{n=0}^{\infty} \frac{株主・金融債権者に属するFCF}{株主・金融債権者の要求リターンで割り引く}$$

$$= 株主・金融債権者にとっての価値$$
$$\Downarrow$$
$$企業価値$$

企業価値＝株式時価総額＋実質有利子負債（有利子負債総額－手元流動性資金）

以上をまとめると、
- 企業価値とは、「企業が将来にわたって稼ぐ能力」である。つまり、現在のストックではなく、将来のフローの評価である
- 具体的には、企業が将来にわたって生み出すフリー・キャッシュフローを分子に置き、それを加重平均資本コスト（WACC）で割り引くことで算出する
- 企業価値は、株主と金融債権者に属するものであり、株主価値のみではない

なお、本書では資本コスト算出に必要となる各数値について、以下に挙げる数値を用いている。
　リスクフリーレート（rf）：2％（国内）、5％（米国）
　リスクプレミアム（rm － rf）：5％（国内）、7.5％（米国）
　β（ベータ値）：東京証券取引所、ブルームバーグ（国内）、Yahoo! Finance（米国）

これら数値の取り扱いについても、非常に多くの議論を要すると同時に、絶対の正解のない世界でもある。参考となる文献として、『企業価値評価　実践編』（鈴木一功著、ダイヤモンド社刊）を紹介する。そのなかで、資本コスト算出に当たって必要となる各数値の、国内での一般的な考え方や、著者の見解が詳しく網羅されている。本書では、そこの議論には立ち入らず、基本的に大き目の数値を採用することで、それでも各企業が資本コストを十分に上回っているかの検証に焦点を当てている。

4…企業価値を向上するための施策

コラムで紹介した算定プロセスを通して、企業価値が以下の算定式によって計算されることを導いた。

$$企業価値 = \sum_{n=0}^{\infty} \frac{FCF_n}{(1+WACC)^n}$$

算定式が明確となった今、「企業価値の向上」が具体的に何を意味するのかを議論するのは容易である。直近の単年度だけではなく、ゴーイング・コンサーンとして、分子のフリー・キャッシュフロー（FCF）を永続的に増加させることのできる企業、あるいは分母の資本コスト（WACC）を適切に低減することのできる企業が、実際に企業価値が向上する企業となる。

企業が生み出す将来の稼ぐ能力をFCFとして分子に置くのに対して、分母はリスクを反映した資本コストを置いている。よって、いくら分子のFCFが大きく期待できても、リスクが非常に高いため分母の資本コストが割高となる場合、企業価値はそれほど高まらないこととなる。逆に、分子のFCFがそれほど飛躍的に大きくならないとしても、分母の資本コストを適切に抑えることで、ある程度の水準の企業価値を保つことも可能となる。大切なのは、分子だけ、分母だけの議論ではなく、分子と分母の適切なバランスの下に、企業価値の向上が実現するということである。ここでFCFの計算式と資本コストを考察することで、両者が会計指標と密接に関係していることを見ておきたい。

●分子：フリー・キャッシュフローを増加する

①営業利益を高める

P/L上の営業利益を高めることが、企業価値の向上につながることには、異論がなかろう。営業利益の向上のためには、売上高の成長と営業費用（売上原価、販売費及び一般管理費）の削減が手段となる。この2つを合わせると、売上高営業利益率の向上として置き換えることも可能である。

図表序-5　分子のフリー・キャッシュフローを増加する施策

FCF ＝ 営業利益 ×（1－実効税率）＋ 減価償却費 － 追加設備投資 － 追加運転資本

 利益を高める　 実効税率を下げる　 利益を高めるための適切な設備投資を行う　　 売上債権、棚卸資産、仕入債務を適切に管理する

　ここで注意したいのは、企業価値は将来すべてのFCFの現在価値に基づくという点である。つまり、何らかの理由で直近の営業利益が減少し、FCFが一時的に伸び悩んだとしても、それによって将来のFCFの永続的な成長が見込めるのであれば、肯定的な評価も十分可能となる。たとえば、低価格戦略で市場シェアを一気に奪い、追って技術やサービスの付加価値を高め、利益総額を向上させることができたとする。この場合、直近の営業利益は低迷しているはずだが、将来のFCFがプラスとして成長し、それらすべての現在価値が最大化すると判断できるのであれば、一時的な営業利益の減少も企業価値向上のための手段と捉えることができるのである。

②税率を下げる

　2005年3月期の日本電産の実効税率*（税金支払額／税引前純利益）は20％台前半となった。税率の低い海外での生産が拡大していることがその主な原因である。過去の単年度の実効税率をそのままFCFの算定式に用いるわけではないが、少なくとも企業努力の一環として、支払い税金額を下げることは可能である。実質的な税率を下げることはFCFの算式が示すとおり、企業価値向上のための1つの手段である。営業利益と異なり、税率については直近であろうが将来であろうが、いついかなる時でも下げる努力が望まれる。企業にとっては、税金も立派な費用となる。国に支払うはずのキャッシュフローが企業内に滞留することとなり、その分だけ企業価値が向上する。

③利益を高めるための適切な設備投資を行う

　言うまでもないが、減価償却費※は設備投資の結果発生するものである。よって、（＋減価償却費－追加設備投資）の項が示すものは、単純に減価償却費を増やし、設備投資を減らすというものではない。「＋減価償却費」が示すものは、営業利益の計算過程で一旦差し引かれた減価償却費を足し戻すことにあり、この時点で減価償却費という非現金科目は相殺される。よって、ここで着目すべきは「－設備投資」の項となる。そもそも将来の永続的な営業利益を得るために設備投資を行うのだから、「利益を高めるための適切な設備投資を行う」という表現が相応しい。

　たとえば、2004年度は多くの日本企業が最高益を計上するほどの好況期であった。この傾向が今後も継続すると判断した企業では、2005年度に入っても、新規工場の建設など積極的な設備投資を行っている。そうした企業の直近単年度ベースの（＋減価償却費－追加設備投資）は、減価償却費以上の設備投資を行うことからマイナスになっている可能性が高い。その事象だけを捉えればFCFの向上に逆行するようであるが、企業は単年度のみで勝負しているわけではない。将来の永続的なFCFを得るための先行投資であり、それが適切と判断される限りは、これもまた企業価値向上のための行動と判断されよう。

④売上債権、棚卸資産、仕入債務を適切に管理する

　ここでもまた適切と言う表現を用いている。つまり、直近のFCFの向上だけを考えれば、売上債権※、棚卸資産※はできるだけ少なくし、仕入債務※はできるだけ多くすればよい。しかし、これらはすべて取引先相手があってのことである。長期的な関係を維持するために、これら運転資本について、時にFCFの向上とは逆行する策を採ることも必要となろう。たとえば、自社の資金繰りに比較的余裕のある企業であれば、その強みを生かして、売上債権の回収サイトを長期化するかもしれない。これによって、新規顧客の開拓、あるいは既存顧客からの値引き要請への拒否の見返りとすることも可能となる。

　突き詰めて言えば、営業利益、設備投資の議論と同様に、運転資本についてもゴーイング・コンサーンとして永続的にFCFを高めるためのマネジメントが望まれる。永続性が損なわれないことを前提とした上で、売上債権はできる

限り早く回収し、棚卸資産はできる限り少なくし、かつ仕入債務の支払いはできる限り長期化することは、FCFの向上、ひいては企業価値の向上につながる行動となる。

◉分母：資本コストを低減する

資本コストはどのような企業行動によって低減できるのであろうか。前述のように、有利子負債の利子率（r_d）より、株主の要求リターン（r_e）のほうが間違いなく大きい。であるならば、調達コストの安い有利子負債を増やし（Dを増加）、調達コストの高い株主資本を減らす（Eを減少）ことによって、資本コストWACCを引き下げることが可能なように直感的に思われる。

実はこれはファイナンス理論の世界では必ずしも正しくない。なぜなら、有利子負債を増やすと、株主が追加の財務リスク（支払利息の増加に伴って、株主の収益率の変動幅が増加する）を負担するため、株主の要求リターン（r_e）自体が上昇を始めると考える。この結果、資本構成の変化、つまりDとEの大きさを変化させることが、即資本コストの低減には結びつかないこととなる。

しかしもう1つの要素として、先に見たようにWACCの算式に組み込まれた（1-T）の項によって、有利子負債による資本調達には節税効果がもたらされる。これは国に流出するはずであったキャッシュフローを企業内に留めたものであり、その分だけ企業価値の向上に貢献することとなる。

現実には、資本構成の変化と、r_d、r_eの動きはここまで述べたほどに単純なものではない。また、企業は資本コスト以外の要素、具体的には格付け機関による自社への格付けや、いざという時の流動性の確保など、様々な要素をもとに、自社の最適な資本構成を追求するべきである。詳しくは、第7章の株主資本比率を参照されたい。

5…会計指標を目標に掲げる意義

企業の究極の存続理由は、理念やビジョンの実現である。そのためには、企業はゴーイング・コンサーンでなくてはならないこと、ゴーイング・コンサー

ンであるためには企業価値の向上が要求されることを解説してきた。また、企業価値とは「企業が将来にわたって稼ぐ能力」であること、企業価値の具体的な算定式は、将来のフリー・キャッシュフロー（FCF）を資本コストWACCで割り引くこと、さらにこの算定式をもとにして、企業価値を向上するとは具体的にどのような企業行動を指すのかを紹介した。これら企業行動のすべてが、B/S、P/L上で表現できることに着目してほしい。企業価値の向上は、突き詰めるところ、理想的なB/S、P/Lを作り上げていくことに置き換えられる。ここが、B/S、P/Lに代表されるアカウンティングと、FCFの現在価値を評価するコーポレート・ファイナンスとが出会う場所であるとも表現できる。

　企業が存続するために、企業価値の向上が必要十分条件であるとするならば、数多くの企業が「企業価値の向上」を語っている現在は、ある意味では健全な姿と言える。しかし、コラムで紹介したように、企業価値の概念とその算定は、実に複雑な世界である。企業価値算定式のプロセスを理解するのは、一般的にそれほど容易なものではない。また、将来の様々な予測値が入り込むため、算出された数値への信憑性に欠けることも少なくない。さらに、企業活動の過程において、実際に企業価値が向上しているかどうかを計測するのは容易ではないこと、企業価値の代替指標ともなりうる株価は、企業活動以外にも国内の景気環境などに影響され、コントロールが利かない部分が多いことなどにも、「企業価値の向上」のみを目標として謳う限界が露呈する。株価が上昇しても、それが国内景気の過熱感によるものであって、その企業の実力以上のものであるならば、株価はじきに下方調整することとなろう。

　こうしたことから、企業にとって必然の目標である「企業価値の向上」を、社内外の人間が理解しやすい言葉で表現すること、単年度ベースからの目標と実績管理に活用できること、さらに自社で十分にコントロールできる指標であるといった条件を十分に満たすものとして、会計指標を目標に掲げる意義が高まっていく。

　企業は「企業価値の向上」という至極当然の企業目標を語った後には、そのための具体的な手段と、結果として実現される会計指標を用いて、自社の目標を語るべきである。具体的な手段やゴールの提示がなく、単に「企業価値の向上」という言葉だけが語られている場合には、複雑で多岐にわたる企業価値算

定のプロセスと、向上のための施策の設定と検証を、企業は投資家をはじめとするステークホルダーにすべて丸投げしていることとなる。企業の無責任さの表れとも言える。従業員ですら、自社がどこに向かっているのか、何を判断基準として現場での意思決定をすればよいのか、確証を得ないまま業務にあたることとなる。

企業価値の向上は、突き詰めるところ、理想的なB/S、P/Lを作り上げていくことである。B/S、P/Lのアカウンティング言語、会計指標には、幸いにして我々は馴染みが深い。より具体的な会計指標を用いることによって、投資家をはじめとするステークホルダーは、その企業が企業価値を向上させるために何を目標としているのか、それが実現可能なのか、そして実現した暁には本当に企業価値が向上するのかを、具体的に検証する機会を得ることができる。

本書では10の代表的な会計指標を取り上げ、実際にこれを企業目標のベンチマークとして掲げている企業をケースとして紹介し、その目標会計指標と企業価値の向上がいかに結びつくかの検証を試みるものである。具体的な個別の検証を始める前に、企業が目標として掲げる会計指標に共通して重要となる論点を以下にまとめる。

①妥当性：「企業価値の向上」の代替指標であること

目標として掲げられる会計指標は、企業価値向上のためのベンチマークである。よって、この会計指標が達成された暁には、企業価値の向上が確実に実現されるものでなくてはならない。その会計指標の達成がなぜ企業価値の向上に結びつくのか、企業には明確な説明責任が求められる。終章では、業界や企業が置かれた経営環境と会計指標の適切な組み合わせについて、指標面・企業面からそれぞれ考察する。

②簡便性：メッセージとしてシンプルであること

会計指標の提示は企業と受信者のメッセージの交換であり、コミュニケーションである。ここで言う受信者は、社外だけではなく、社内の人間も含めている。コミュニケーションである以上は、受信者が十分に理解できる会計指標でなくてはならない。あまりに複雑で難解な会計指標は、企業にとっては意義が

大きくても、コミュニケーションの観点からすると問題である。実際にあまりに複雑な会計指標を提示したために、失敗した企業もある。こうした場合には、企業内と外への会計指標の表現を変えることも選択肢として考えられる。企業外には、メッセージとしてシンプルであり、その評価が容易に行えるものが好ましい。

③実現可能性：企業努力によって十分達成が可能であること
　目標会計指標の提示において、企業が犯すもう1つの失敗例には、目標ハードルがあまりに高過ぎることがある。こうした場合には、目標開示の瞬間に非現実的であると判断され、株価が下落するような局面に陥る企業も見受けられる。①の妥当性と③の実現可能性のバランスは実に難しいが、どちらを満たさなくても、市場からの信頼を失いかねない事実には、細心の注意が必要である。

　最後に、会計指標の選択や目標水準の設定に加えて、もう1つ重要な点は、目標設定の後にやってくることを伝えておきたい。これについては、2005年4月に日産自動車の取締役COO（最高執行責任者）に就任した志賀俊之氏の発言が端的に表している。志賀氏はNHKの番組（2005年4月10日放送）で、次のように述べている。
「大事なのは目標を掲げること自体ではない。掲げるだけでは達成できない。3ヵ年計画から1年、半年、1ヵ月へと達成すべき数値を落とし込み、それを実績と合わせ続けること、達成できない場合はその対策をすぐに打つことが大事である」
　至極当然のことであるが、こうしたフォローができていない企業が実に多い。その最たる例は、中期計画で目標として掲げた会計指標について、決算発表の場で一言も触れない企業である。妥当性、簡便性、実現可能性を備えた目標であっても、その後のフォローがなければ、まさに絵に描いた餅となりかねない。その後のフォローとは、企業内での予実管理はもちろん、ステークホルダーとのコミュニケーションの言語として会計指標を活用していくことを含んでいる。

第 ① 章

ROE
株主のための投資収益性の指標

ROEは株主のための指標である。いかなる企業も、中長期的にその水準を高めていく意識が求められる。同時にROEは興味深い指標である。業績の良い企業ほど伸び悩み、業績の悪かった企業ほど高い数値が算出されることがある。だからこそ、業績の良い企業が経営目標に掲げ、株主を向いた経営を目指すのは、意義が高い。本章では、国内でも有数の水準を誇る武田薬品工業のROEを読み解く。

1◦ROEの読み方と意義

1…ROEの算出方法

ROEはReturn On Equityの略で、その言葉のとおりReturn（当期純利益）をEquity（株主資本）で割って算出する。株主資本当期純利益率、または自己資本当期純利益率と呼ばれている。

$$ROE（株主資本当期純利益率） = \frac{当期純利益}{株主資本}$$

分子の当期純利益が損益計算書（P/L）からのフロー*の数値であるのに対し、分母の株主資本はバランスシート（B/S）からのストック*の数値である。よって、前期末と今期末の株主資本の平均値を分母に置くことで、擬似的に分母をフローの数値に近づけることができる。

これによって、特に株主資本の変動が激しい場合でも、フロー（P/L）と擬

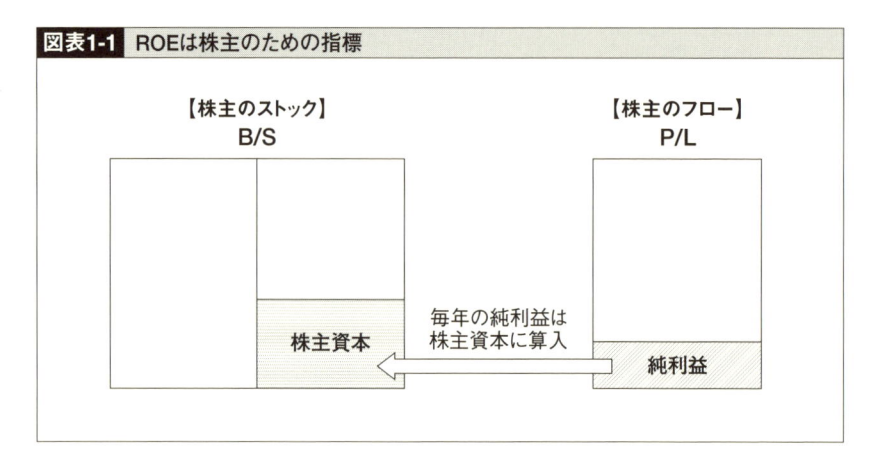

図表1-1　ROEは株主のための指標

【株主のストック】
B/S

【株主のフロー】
P/L

株主資本

毎年の純利益は株主資本に算入

純利益

似フロー（B/S）を比較することで、より実態に近い数値を算出することができる。これは今後解説を進める他の指標についても、B/Sからの数値にはいずれも適用されることである。

2…ROEの読み方

ROEは、ストックとして株主に帰属する株主資本に対して、今年度に新たに生み出された株主に帰属する純利益を計算するものなので、「株主のための指標」と言える。株主の視点に立った投資効率の指標であり、一般的にはこの指標が高いほど、株主にとっての投資収益性が高いと考える。

ROEの高低の源泉を詳しく分析するために、「デュポンシステム」と呼ばれるブレークダウンがよく行われる。米国化学会社のデュポン社が最初に実施した考え方であることから、このように呼ばれている。

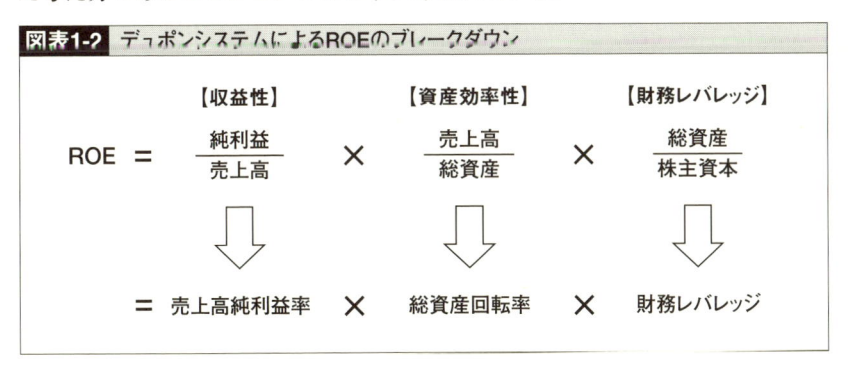

図表1-2　デュポンシステムによるROEのブレークダウン

$$ROE = \frac{純利益}{売上高}_{【収益性】} \times \frac{売上高}{総資産}_{【資産効率性】} \times \frac{総資産}{株主資本}_{【財務レバレッジ】}$$

$$= 売上高純利益率 \times 総資産回転率 \times 財務レバレッジ$$

「デュポンシステム」が示すように、ROEを高めるためには、①売上高に対する収益性を高める、②少ない資産で大きな売上高を達成する、③資本調達における株主資本の比率を下げる、の3つをそれぞれ実施することになる。そのためROEは、株主のための指標であると同時に、企業の総合力（収益性、資産効率性、財務レバレッジ）を分析する上でも大変有益な指標と言える。

たとえば、2005年3月期の連結決算でROE46.9％と高水準にあるヤフーを「デュポンシステム」によってブレークダウンすると、次ページのようになる。

> ROE ＝ 売上高純利益率 × 総資産回転率 × 財務レバレッジ
> 46.9% ＝ 　31.0%　 × 　1.11倍　 × 　1.36倍
> ※計算に用いているB/S上の項目（総資産、株主資本）は、2004年3月期と2005年3月期の平均値

　こうしてROEをブレークダウンすることで、ヤフーの総合力を収益性、資産効率性、財務レバレッジの観点から分析する足がかりを得ることになる。

●ヤフーの収益性

　全社売上高の8割を占める4つの主要事業（リスティング事業、オークション事業、全社共通事業、Yahoo! BB事業）は、売上高営業利益率で軒並み60％を超え、全社ベースの同比率も51.1％という高収益率を確保している。売上原価という概念がほとんど存在しない当社の事業構成のなか、売上高販管費率*を41.3％に抑えている。

　当社の販管費は業務委託費、販売手数料、ヤフー・インクへのロイヤルティ、情報提供料など、変動費的要素が多いので、収益率の管理は比較的行いやすいように思われる。しかし、最大の費用は販管費の2割近い人件費であり、また減価償却費や通信費といった短期的には固定費とも取れる費用が多いのも事実である。急成長企業ゆえの投資先行によって通常は収益性の低下が想定されるなか、投資とリターンのバランスを保ち、国内有数の収益性を実現している。

●ヤフーの資産効率性

　総資産回転率*は1倍を超えているものの、「持たざる経営」を連想させるインターネット企業にしては意外に低い水準と思われる。2005年3月期の総資産のうち、実に53.0％は手元の現預金689億円である。調達サイドでは、利益剰余金*が負債・資本合計の64.1％を占めており、過去に蓄積した利益のかなりの部分を、現預金として手元に置いていることを示している。これまでM&Aについては慎重路線を貫いてきたため、一見、資産効率が悪いようにも思われる。手元現預金が、今後の事業拡大やM&Aに向けた一時的な資金の確保となるのか、その動向の見きわめが必要であろう。なお、ヤフーは手元現預

金の20％弱に相当する120億円強を用いて、あおぞら信託銀行を事実上買収するのをはじめ、2005年度に入ってからM&Aを活発化している。

◉ヤフーの財務レバレッジ

　利益剰余金が潤沢であることから、2005年3月期の株主資本比率（財務レバレッジの逆数）は73.8％に達している。負債の主な科目も未払法人税や未払金などが大多数で、仕入債務や借入金は微々たるものである。一方、当社の株価の急成長性にはやや陰りが見え始めたこともあり、2005年3月期末に創業以来初の配当を実施した。ただし、連結純利益の10％程度の配当なので、財務レバレッジ面でのROE向上という観点では、影響はわずかなものとなる。

　ここで、ROEの数値をどのように読み取ればよいのかを考察する。ROEは株主資本（＝株主の持ち分）に対して、今期新たに株主のものとなる純利益の割合を計算するものである。よって、長期的に考えれば、ROEは株主が企業に対して求めているリターン（＝株主資本コスト）に近似していくものと考えられる。その観点から、ROEの水準についておおよその当たりをつけるために、ROEと株主資本コストを比較するのは意味のある検証である。一方、ROEと株主資本コストの比較は、ファイナンス理論の観点からするとあまりに単純化された議論でもある。その点も正確に認識した上で、両者を比較することが大切である。単純化のために犠牲になった論点には、以下の4つが挙げられる。

①期間の相違：ROEは直近の単年度ベースの株主資本利益率であるが、株主資本コストは本来株主が「ゴーイング・コンサーン」である企業に対して将来永続的に要求する平均リターンである。よって、対象期間の相違がもたらす、基準となる金利水準や金利カーブ*の相違を十分には考慮していないことになる。

②利益とキャッシュフローの相違：ROEは純利益を分子に用いているが、株主資本コストが割り引く対象となるものは、本来株主にもたらされるキャッシュフローである。利益とキャッシュフローの違いには、減価償却などの非

現金勘定や、運転資本が挙げられる。また、減価償却や在庫の評価法*などは企業によって会計方針が異なるので、採用した会計方針によって純利益の数値自体が異なってくる。このような理由から、純利益と株主へのキャッシュフローが大きく異なるほど、両者を比較する意味が薄れる。

③簿価と時価の相違：ROEは簿価ベースの株主資本を分母に用いているが、株主はあくまで現在の時価に対するリターンを念頭に置いて投資しているはずである。しかし、単純にROEの分母を株式時価総額に置き換えればよいというものでもない。この論点については、本章の第2節で武田薬品工業の具体的な数値を用いて解説する。

④資本コストと株主資本コストの相違：企業は、その資本コスト（WACC）を上回るフリー・キャッシュフローを永続的に生み出すことで企業価値を向上させていくことを使命としている。そのための方策としては、有利子負債の活用による節税効果など、WACC自体を引き下げる企業努力の余地もある。よって、仮にROEが株主資本コストを下回ったとしても、投下資本利益率（ROIC：第3章で詳述）がWACCを永続的に上回っていれば、企業価値は向上し、株主は満足する。

とはいえ、ROEの水準についておおよその当たりをつけるために、ROEと株主資本コストを比較することは意味のある検証である。前述した「単純化のために犠牲になった論点」について以下のような前提に目処がつくほど、比較の意義は大きいと言える。

①現在の金利水準と将来にわたる長期金利水準の差が比較的小さいと予測される。

②純利益が株主キャッシュフローと長期にわたって近似できる。具体的には「純利益≒（営業利益－支払利息）×（1－実効税率）＋減価償却費－追加設備投資－追加運転資本」となるので、追加設備投資が減価償却費とほぼ同額で安定し、かつ毎年の運転資本に大きな変化がない場合。さらにP/L上のその他の営業外収支、特別損益、税効果会計*などの影響が小さいほど、純利益と株主キャッシュフローは近似できる。

図表1-3　ROEと株主資本コストの関係によるROE向上策の違い

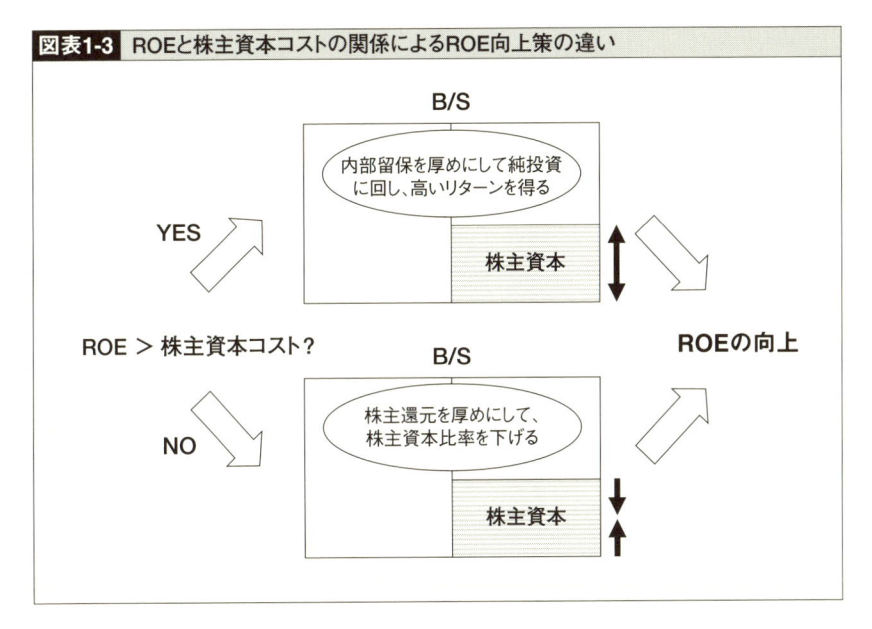

```
                        B/S
          ┌─────────────────────────┐
          │  内部留保を厚めにして純投資  │
          │   に回し、高いリターンを得る  │
   YES⇗   │                         │  ⇘
          │              ┌──────────┤
          │              │  株主資本 │ ↕
          └──────────────┴──────────┘
ROE > 株主資本コスト?              ROEの向上
                        B/S
          ┌─────────────────────────┐
   NO⇘   │  株主還元を厚めにして、     │  ⇗
          │  株主資本比率を下げる       │
          │              ┌──────────┤
          │              │  株主資本 │ ↓↑
          └──────────────┴──────────┘
```

③簿価ベースの株主資本が適切な水準にある。なお、「適切な水準」についての評価はファイナンス理論においても未だ十分には確立されていないが、参考となる考え方は第7章の株主資本比率で解説する。

④実質無借金の会社であれば、有利子負債の影響を憂慮する必要はない。WACCが株主資本コストに近似されており、ROEと株主資本コストを比較する意義も高くなる。

　前述した「単純化のために犠牲になった論点」については十分な注意を要するものの、長期的な視点で捉えれば、ROEは株主資本コストを上回っているべきである。株主資本コストを上回るROEを得ることができれば、儲けた利益のより多くが企業内部に留保され、次の投資に向かう。その結果、高いリターンを獲得することでROEの分子である純利益は増え、ROEがさらに向上する。逆に、株主資本コストを下回るROEしか得られなければ、儲けた利益のより多くが配当や自己株式取得*によって株主に還元される。その結果、ROEの分母である株主資本は減り、ROEがさらに高まっていく。

3…日本企業と米国企業のROE

2005年3月期の日本企業のROEはバブル後最高となる8％を超え、米国企業の平均値である10％台前半に着実に近づきつつある（図表1-4）。

しかし、歴史的に日本企業のROEが米国企業を下回っている事実は変わらない。この原因を解明するには、「デュポンシステム」のブレークダウンごとに、日米を比較していくことが必要となる。第4章の売上高営業利益率で収益性（ROEブレークダウンの1つ目）、第7章の株主資本比率で財務レバレッジ（ROEブレークダウンの3つ目）に関する考察を深めるが、結論だけを述べれば日米間に未だ大きな溝が存在しているのは、収益性である。

4…ROEを目標に掲げる意義と注意点

ROEは株主のための指標である。よって、上場をしているすべての企業は、株主への貢献を代表する指標として、長期的にROEを高めていく必要がある。しかし、短中期的に捉えると、すべての企業が常に目標として掲げるべき指標とは必ずしも言えない。これも「デュポンシステム」の3つのブレークダウンに分けて考えると分かりやすい。

◉収益性（売上高純利益率）：売上高に対する収益性を高める

売上高に対する収益性を主な目標にしないのは、どのような企業であろうか。たとえば、市場が急成長している業界では、競合に先んじて市場シェアを獲得することが急務となる。市場の成長に追いつくための生産供給体制の確立、人材確保、ブランドの確立には、初期に多大な設備投資、人件費、広告宣伝費や販売促進費などを要する。将来の果実のために現在の投資がかさむのであれば、売上高純利益率が一時的に下落するのはやむを得ない。競合に対する技術やブランドの圧倒的な優位性を獲得しているだけでなく、やがて市場が成熟して価格競争が訪れても、規模の経済や学習効果によるコストリーダーシップが他社に比べて実現できていれば、長期的な勝ち組として存続することもできる。

図表1-4　日米企業のROE推移

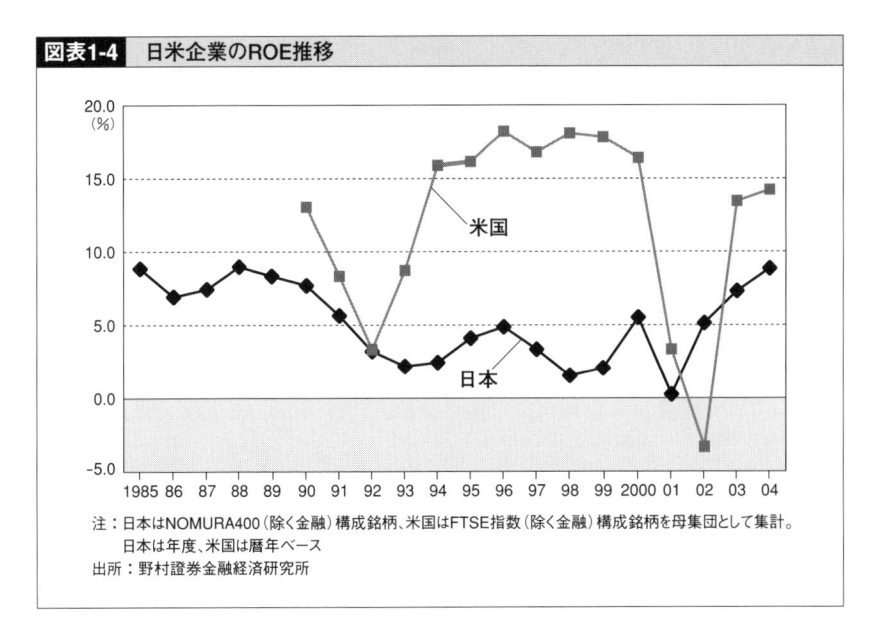

注：日本はNOMURA400（除く金融）構成銘柄、米国はFTSE指数（除く金融）構成銘柄を母集団として集計。
日本は年度、米国は暦年ベース
出所：野村證券金融経済研究所

●資産効率性（総資産回転率）：少ない資産で大きな売上高を達成する

　総資産回転率の低迷が、過剰な設備、不良な在庫、意義の薄い持ち合い株、使途不明な現預金や長すぎる売上債権サイトなどに起因しているとすれば問題である。一方、これらが戦略的背景によって一時的に膨らんでいるとすれば、それもまた必然的な結果と言える。市場の好機を捉えた設備投資や生産在庫の拡大、M&Aを控えた手元流動性＊の確保、顧客へのマーケティング策の一環としての売上債権サイトの長期化などが考えられる。ただし、このどれもが無意味に長期化することは避けるべきであり、業界他社との比較などによって資産効率性を常に監視する必要はある。資産が膨らめば、それだけ資金調達が必要となる。調達する資金はタダではない。

●財務レバレッジ：資本調達における株主資本の比率を下げる

　財務レバレッジの逆数は株主資本比率である。後述のように株主資本比率の向上、あるいは有利子負債の削減やD/Eレシオの低下を経営指標に掲げる企業は多い。では、財務レバレッジを高めてROEの向上を目指すより、株主資

本比率の向上を目指すのは、どのような企業であろうか。

　株主資本比率は、企業の安全性を判定するための代表的な指標である。安全性とは「いざという時に、この企業は大丈夫か？」という視点であり、主に債権者（営業債権者、金融債権者）の視点である。よって、過去の経営不振などから株主資本が毀損したものの、リストラが奏功してようやく利益を計上できる体質に転じた企業などは、株主資本を強固にすることを第一目標として掲げる意義がある。

　財務レバレッジについては、例を挙げてもう少し詳しく見てみよう。
　2004年3月期決算の上場企業（除く金融、新興市場）のうち、ROEが最も高かったのは、いすゞ自動車である。ただし、いすゞ自動車のROE80.4％という水準は明らかに特異値と言える。
　いすゞは業績不振により、2000年3月期から2003年3月期にかけて4期連続の純損失を計上し、その累計は3,580億円を超えていた。その間、1999年3月期に1,777億円あった株主資本が、2003年3月期にはわずか264億円へと毀損していた。こうした過去の業績不振からリストラを断行し、売上高の回復も相まって、2004年3月期には当社の連結決算開示以降の最高額となる547億円の純利益を計上するに至った。過去の負の遺産である分母と、直近の好決算の分子、この両者の時間軸のズレによって表れた一時的なROE80.4％である。
　当時、いすゞにとっては10.2％（2004年3月期現在）まで下落した株主資本比率を高めることが急務であり、ROEはその分母が上昇することでむしろ下落していくべき指標となる。株主資本を増やして十分な安全性を確保した上で、復配による株主還元を開始することが切望されていた。実際、いすゞの2005年3月期のROEは44.8％まで下落している。いすゞは本決算期をもとに、配当を再開している。

2◉ケーススタディ──武田薬品工業

1…武田薬品におけるROEの推移

　武田薬品は2001年3月期の終了後、向こう5年間という比較的長期にわたる経営計画について、49〜50ページに挙げた内容を発表している。計画項目の多くが具体的な数値で述べられており、目標の妥当性に関する分析や実現合否の判断を容易に行うことができる。2005年度の半ばを迎える現時点においても、武田のホームページ上トップページからたった1回のクリックで「中期計画」という文字を見つけることができる。医薬品業界は一定の規制に守られている業界なので、中長期的な目標を設定しやすいのは事実である。しかし、そのなかでも言行一致、長期的な公約という姿勢を貫いている企業は稀であり、

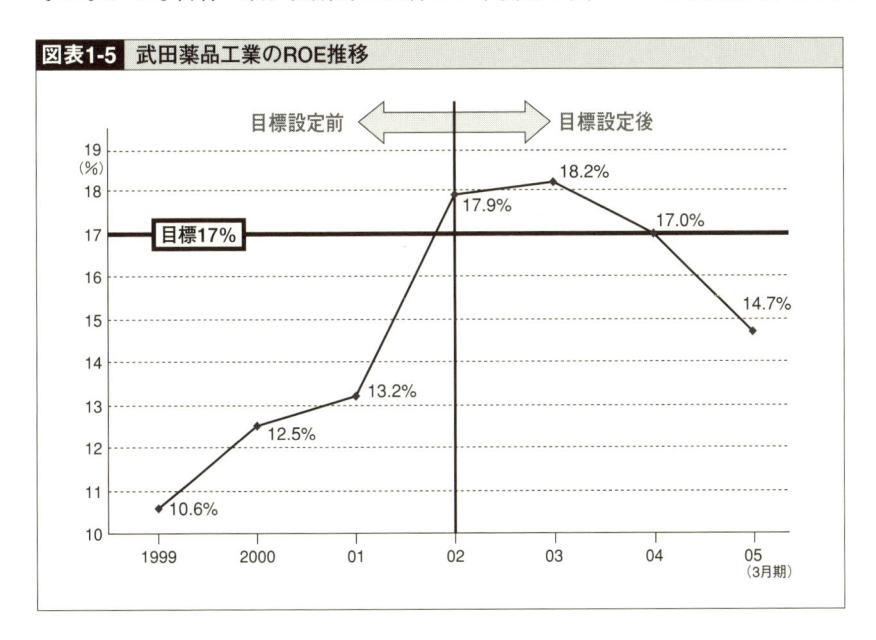

図表1-5　武田薬品工業のROE推移

年度(3月期)	ROE
1999	10.6%
2000	12.5%
01	13.2%
02	17.9%
03	18.2%
04	17.0%
05	14.7%

目標設定前 ← | → 目標設定後　目標17%

経営姿勢としても高いモラルを感じさせる。

　それでは、武田の経営指標としてのROEを分析していきたい。「01-05中期計画」にあるとおり、武田は連結ROE17％を目標に掲げている。本来であればROEのみを抽出するのではなく、中期計画全体の評価のなかでROEを位置づけるべきであるが、本書の目的からROEを中心に議論を進める。

　まず、過去7年間の武田の連結ROE推移を見てみよう。

　前ページの図表1-5から分かるように、武田は中期計画の策定以降、3年間にわたってROE17％の目標をクリアしたものの、2005年3月期に14.7％まで急降下し、目標を下回った。武田はこの2005年3月期において、14期連続の増収、13期連続の営業増益を達成したが、それまで続いていた10期連続の純利益増益は途絶えた。これは、米国持分法適用関連会社TAPファーマシューティカル・プロダクツからの持分法投資利益（持分法適用会社であるTAP社が計上する利益のうち、武田の株式持分に相当する50.0％分を営業外収益に計上）が大幅に減少したことが大きい。

　しかし、仮に持分法投資利益が2004年3月期並みに獲得できたとしても、ROE17％の目標は達成できなかった可能性が高い。これは、1期前の2004年3月期の状況から類推できる。

　2004年3月期は、純利益ベースで増益であったにもかかわらず、ROEはすでに目標とする17％にまで下落を始めていた。この点は、増収増益イコールROEの向上とは必ずしもならないこと、ROEが株主のための指標であるとすれば、増収増益イコール株主の利益とは言い切れないことを示唆している。

　では、「デュポンシステム」によって武田のROEをブレークダウンし、目標達成の源泉を経年で探ってみる。

　51ページの図表1-6から、武田のROE上昇の源泉は売上高純利益率の向上にあることが明らかとなる。一方、総資産回転率と財務レバレッジに関しては、1999年3月期以降、緩やかながら右肩下がりを継続している。2004年3月期にROEが減少したのは、売上高純利益率の上昇幅が、総資産回転率と財務レバレッジの継続的な下降幅を埋め切れなかったためとも言える。

　さらに詳しく見ていこう。武田の売上高純利益率が2002年3月期に飛躍的に上昇しているのが目を引く。これは自社医療用医薬品の国内外での売上高伸

武田薬品工業の中期計画

　タケダは今、まさに真の製薬企業としての創生期に位置しており、2001年度、新たな歴史の第一歩として「世界的製薬企業」に向けた新たな挑戦をスタートさせるべく、5ヵ年中期経営計画「01-05中期計画」を策定しました。
　「優れた医薬品の創出と世界への供給」を通じて、「世界の人々の健康と医療の未来に貢献する」という理念の実現を目指してまいります。

01-05 中期計画
－「世界的製薬企業」に向けた新たな成長のステージへ－

〈業績目標〉
○**医療用医薬品事業**
　・自社医療用医薬品売上高 1兆円以上
　・進出地域市場シェア 3.0%以上
　・年平均1,500億円以上の新規製品売上の創出を可能にする体制の構築
　・売上高営業利益率 35%以上

○**全社（01-05期間）**
　・連結EPS（1株当り連結純利益）の持続的成長 年平均10%以上
　・連結ROE 17%

〈経営課題〉
1.「1兆円構想」の実現
　(1) 自社医療用医薬品売上高1兆円の達成
　　・国内：自社品シェアNo.1の達成
　　・米国：TPNA社の経営安定化
　　・欧州：事業基盤の徹底強化を通じた関係会社の自立
　(2) 1兆円企業にふさわしいグローバルな組織運営体制の確立
　　・世界レベルでのコストミニマムを可能にするグローバル生産体制の構築
　　・スリムで戦略的な本社体制の構築（200名以下体制）

2. 世界的製薬企業に向けた「成長の源泉」の創出
　(1) 自社研究開発の効率化・スピードアップ
　　・ゲノム創薬や社内外の研究資源の積極活用を通じた創薬ターゲットの増強
　　・研究活動のスピードアップと開発期間の短縮

> (2) 導入・アライアンス戦略の積極展開
>   ・自社研究と同等のパイプライン供給源としての資源投入
> (3) 製品ライフサイクルマネジメントの強化
>   ・効能追加・剤形追加やデータ蓄積を通じた製品価値の最大化
>
> 3. 医薬外事業の「完全なる自立」
>   (1) 将来の発展を期しうる最適事業運営体制の構築
>   (2) 新合弁会社における運営体制の早期定着と融合の促進
>
> 4. 世界的製薬企業としての「制度・仕組み」の構築
>   (1) グループ全般にわたる人事革新
>   ・世界的製薬企業に向けた武田グループトータルの人的資源の強化
>   ・質と量の両面にわたる真の「適正人員」の実現
>
> 出所：武田薬品工業「01-05中期計画」（2001年5月21日）より抜粋

長（一部円安による増収効果もあり）による粗利益の大幅な上昇に加えて、医薬外事業の切り離しによる全社収益性の向上、さらには持分法投資利益の増加などが起因している。

　売上高の直近4年間の平均成長率が3.9％であるのに対して、総資産の同比率は9.9％、株主資本は13.3％である。武田はこの期間に増資を一切行っていないので、総資産回転率と財務レバレッジの継続的な下落基調の要因は、毎年生み出される利益の多くがB/Sの株主資本として蓄積されたためと判明する。同期間に武田の手元流動性（現預金と有価証券の合計額）は8,000億円弱増加しており、手元流動性の平均成長率は実に20.4％にも達する。2005年3月期末現在、手元流動性は1兆5,000億円に達している。

2…武田薬品の置かれた経営環境

①医薬品業界を取り巻く経営環境

　国内医薬品業界は、これまでにない激動の時代を迎えている。2005年4月

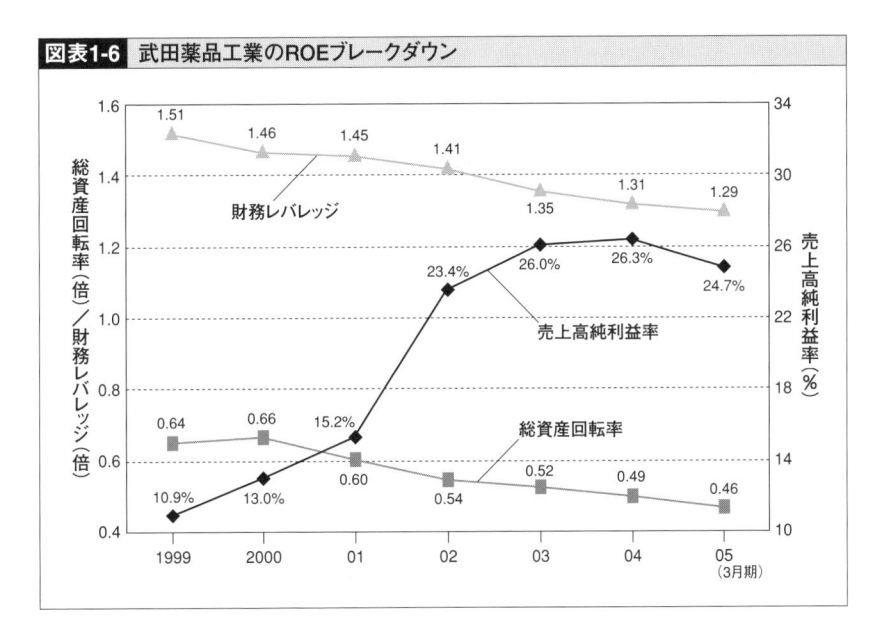

図表1-6　武田薬品工業のROEブレークダウン

に業界売上高3位の山之内製薬と同5位の藤沢薬品工業が合併してアステラス製薬が誕生し、同年9月には三共（同2位）と第一製薬（同6位）の経営統合で第一三共が誕生した。国内医薬品業界が規模の獲得による生き残り策に打って出たと言えるが、こうした流れは海外ではいち早く起きている。世界売上高トップのファイザー（米）は2000年にワーナー・ランバート、2003年にファルマシアをそれぞれ吸収合併している。同社の2004年度の売上高は525億ドル（5兆2,500億円）に達し、武田の実に5倍近い規模である。売上高上位に名を連ねるサノフィ・アベンティス（仏）やグラクソ・スミスクライン（英）なども、その名が示すとおり大手製薬会社が幾度もの合従連衡を経て今日に至ったものである。

　製薬会社が規模を追求するのは、医薬品業界の競争優位の源泉と言える研究開発投資を拡充し、将来にわたって収益性の高い自社開発医薬品を主体とする企業成長を実現する狙いからである。事実、ファイザーの研究開発費は2004年度に76億ドル（7,600億円）に及び、1,414億円の武田の5倍を優に超える。ファイザーの研究開発費は、2004年度の日本の製薬大手10社の合計をも上回

るという圧倒的な規模である。研究開発費以外にも、規模の獲得によって製造やオペレーションの効率化とコスト削減を追求する狙いもある。また、その実効性の判断は別として、業界他社や投資ファンドなどによる敵対的な買収から自社を守るための企業規模拡大という観点もある。いずれにしても、市場自体に急激な成長が望めない以上、M&Aによって時間を買い、規模の獲得を実現する意義は大きい。

　高齢化社会が進んでいるのに、製薬市場の成長性が限られている1つの理由は、日米欧問わず薬価の引き下げ圧力が年々高まっていることが背景にある。日本では医療保険制度で定められている薬価の改定が2年ごとに実施されており、2004年4月には薬価ベースで平均4.2％の引き下げが行われている。これは医療費全体の0.9％に相当する。米国には日本のような公定薬価は存在しないが、「ジェネリック」と呼ばれる特許権満了時の後発品の使用を連邦・州政府などが促進しており、これによって薬価の引き下げが、日本をはるかに上回って進行している。その他国内では、医療費の本人負担増による受診率の低下も、医薬品業界にダメージを与えている。

　医薬品業界は売上高に対する収益性がずば抜けて高い業界ではあるが、それは優良な自社開発医薬品を保有して初めて実現できることである。まず特許として認められるまでに険しい道のりがあり、副作用の問題などからその審査の厳しさは一段と増している。次に、仮に特許権を取得し、優良な自社開発医薬品を上市し、巨額な研究開発投資からの果実が得られたとしても、特許権満了後は、特に米国では後発品によって市場が一気に奪われることも多い。

　見た目は規制に守られ、収益性が高く妙味の多い業界に見えるが、実際には長期にわたる莫大な投資、しかも結果の白黒が最後まで分からない長期大型投資を多数同時進行で永続的に行わなければならない厳しい業界である。競合・市場ともにグローバル競争に突入しており、その激しさは今後ますますエスカレートしていくと予想される。

②武田薬品の経営戦略と課題

　こうした厳しい競争環境にある医薬品業界において、武田は2005年3月期に14期連続の増収、13期連続の営業増益を達成した。売上高、営業利益とも

に国内ナンバーワンで、アステラス製薬や第一三共の誕生でも及ばない水準にある。その強みの源泉は、高い収益性を獲得できる大型自社開発医薬品を4製品保有していることである。主力4製品が売上高の実に8割を占めているため、高い売上高総利益率を獲得できるだけでなく、広告宣伝費や営業担当者の人件費などで効率化が実現し、世界的に見ても随一の売上高営業利益率を達成している（図表1-7）。こうした売上規模と収益性の高さから、2005年3月期において武田は国内で唯一、1,000億円超の研究開発投資を行っている。

主な会計指標について、武田と国内医薬品業界の平均値を比較することで、これまでの議論が数値で確認できる。

次ページの図表1-8をご覧いただきたい。武田のROE、売上高営業利益率、そして増収率は業界内で群を抜いている。売上高営業利益率34.3％と業界平均値（19.4％）との差は14.9％に及ぶが、これは売上高原価率[*]で8.8％、売上高販管費率で6.1％に分解できる。このことからも、強力な自社開発医薬品の保有によって、高い売上高総利益率の獲得と販管費の効率化という2つの優位性を築いていることが改めて分かる。

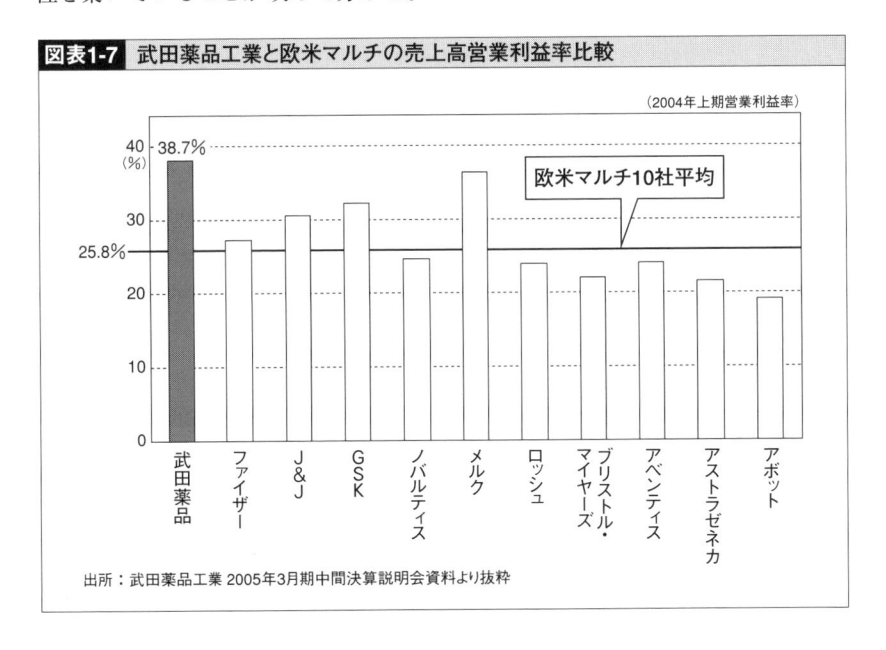

図表1-7　武田薬品工業と欧米マルチの売上高営業利益率比較

（2004年上期営業利益率）

出所：武田薬品工業 2005年3月期中間決算説明会資料より抜粋

次に、株主資本比率が高いのは武田固有の状況ではなく、むしろ業界全体の傾向であることが分かる。武田をはじめ、医薬品業界には実質無借金の企業が多い。一方、総資産回転率は5つの指標のなかでは武田が唯一業界平均値に劣る指標であり、先の潤沢な手元流動性による資産効率の低迷は、業界比で見ても当社に顕著な事象であることが分かる。

　では、こうした国内随一の収益性と成長率を誇ってきた武田を、株式市場はどのように評価してきたのか。図表1-9で示した武田の株価推移を確認してみる。

　増収増益の傾向とは対照的に、株価は2000年をピークに2003年に至るまで、右肩下がりを続けている。増益下での株価下落なので、株価収益率（PER*＝株価／1株当たり純利益）が継続して下降していることになる。興味深いのは、武田のROEが一気に上昇した2002年3月期においても、株価は下降を続けていたという点である。いわばROE17.9％への躍進という事実を、株式市場は必ずしも高くは評価しなかったことになる。

　株価はあくまで企業の将来性に対する評価である。高い業績を実現しても、

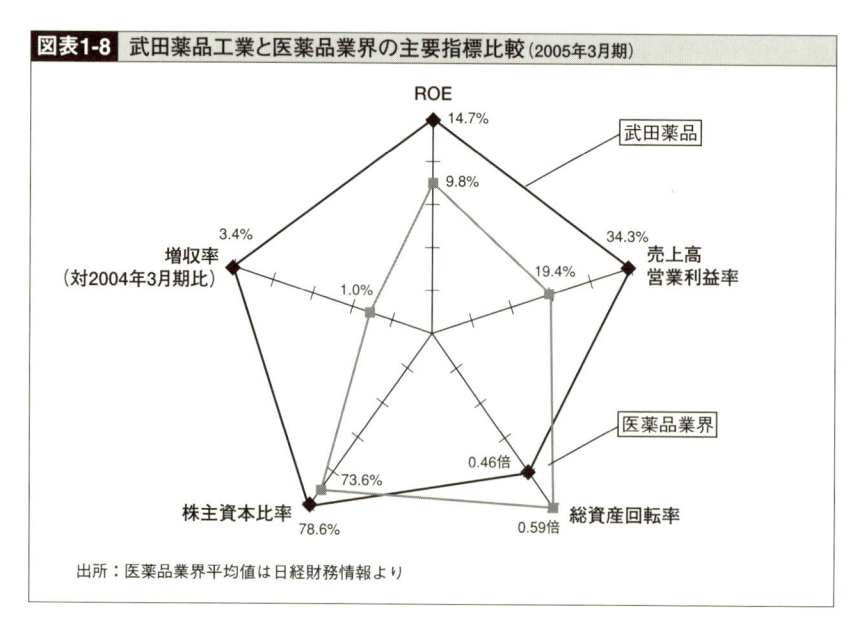

図表1-8 武田薬品工業と医薬品業界の主要指標比較（2005年3月期）

ROE: 武田薬品 14.7%、医薬品業界 9.8%
売上高営業利益率: 武田薬品 34.3%、医薬品業界 19.4%
総資産回転率: 武田薬品 0.46倍、医薬品業界 0.59倍
株主資本比率: 武田薬品 78.6%、医薬品業界 73.6%
増収率（対2004年3月期比）: 武田薬品 3.4%、医薬品業界 1.0%

出所：医薬品業界平均値は日経財務情報より

それが将来にわたって継続発展するという説得性が薄いと、株式市場はポジティブには反応しないこともある。同期間はTOPIX（東証株価指数）自体が下落基調にあったこともあるが、武田の株価の動きは、基本的には国内医薬品業界（東証業種別株価指数：医薬品）と動きを一にしているため、マクロで見れば武田固有というより、業界そのものへの将来性の評価と言えよう。

　武田にとっての今後の大きな課題は、これまで当社の競争優位を支えてきた主力製品が、成長余力の最も高いと言われている米国市場において、2009年以降に特許権の満了を順に迎えていくことにある。業界2位（当時）の三共が第一製薬との統合に踏み切った背景には、自社のメガ製品であった高脂血症治療薬「メバロチン」の特許満了を2002年に迎えて、2004年度に入り減収減益傾向に陥ったことが大きく影響していることは否めない。特許の満了に先駆けて、あくまで武田単独で大型自社開発医薬品を上市していくのか、あるいは他社同様に大型合従連衡も視野に入っているのか、業界リーダーとしての武田の動向が注目されている。

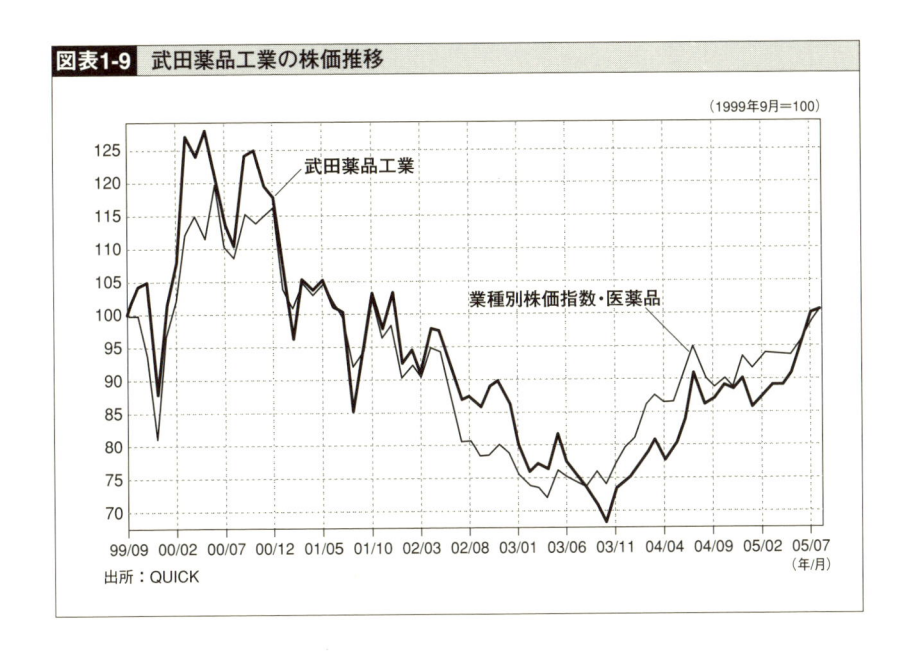

図表1-9　武田薬品工業の株価推移

（1999年9月＝100）

出所：QUICK

3…武田薬品が実施するROE向上策

　武田は大型自社開発医薬品の恩恵による高い収益性に安住することなく、ROEを高め、それを維持するために、数多くの施策を同時に実施している。これも「デュポンシステム」の3つのブレークダウンによって解説する。

●武田の収益性

　武田が高い収益性を維持しているのは、製品の優位性のみに起因するわけではない。本社機能のスリム化などの徹底したコスト削減策も、世界No.1の営業利益率に貢献している。また、中期計画でも述べているように医薬外事業の「完全なる自立」を目指し、医療用医薬品事業に比べて収益性の低かった動物薬、化成品、農薬、ビタミン、食品の5つの多角化事業から撤退を進めている。こうして医療用医薬品事業に経営資源をより集中し、高収益体制を確立した上で、既存大型薬品の特許権満了に備えて収益性の高い自社新製品を開発・上市していく意向である。加えて、製品ライフサイクルの延命化や導入・アライアンス戦略の推進も、リスクとコストを抑えた収益拡大の施策と捉えられる。

●武田の資産効率性

　多角化事業からの撤退による資産効率の改善は幾分あるものの、当社の内部留保の大きさから、51ページの図表1-6で見たように総資産回転率に関する改善は見られない。

●武田の財務レバレッジ

　配当は、2001年3月期より50円、60円、65円、77円と増配傾向にあり、2005年3月期の88円は配当性向[*]28％に相当する。ただし、同期間における配当の平均成長率は15.2％に留まり、純利益の平均成長率17.2％には及ばない。2006年3月期には配当性向を30％まで高める方針を打ち出しており、高水準の利益に連動する増配という形で、株主還元をますます強めていく計画である。これは同時にROEを高めるための施策と言える。

　一方、株主還元策としてはより柔軟性がある自己株式の取得を、当社は

2005年3月期現在、実施していない（ただし、自己株式取得を取締役決議で行えるように定款を変更済み）。三共や山之内が自己株式の取得を直近期にも行っていることと比べると対照的である。この点について武田薬品の長谷川閑史社長は2005年3月期決算発表の場で、「目標達成の帳尻合わせをするための自社株買いはしない」「国内の株式市場は自社株買いへの感応度が低く、株主のためになるかどうか疑問」（共に「日経金融新聞」2005年5月12日）と述べている。

前者のコメントについては、収益性に加えて自社株買いはROEを向上するための有効な手段であり、必ずしも帳尻合わせとは言えない。逆に、収益性が十分でないので即ROE達成が不可能では、何のための目標設定かと思われかねない。B/Sの概念を目標達成の手段に含めないというのであれば、営業利益率の目標だけで十分となる。

後者のコメントについても、自社株買いへの感応度は企業によって明らかに異なる。実際、株価が大幅に向上するケースも数多く見受けられる。「国内」と一般化するより、武田薬品の自社株買いを市場がどう受け止めるかについて説明することが、より意義が大きいであろう。

なお、国内上場企業は、2000年度より導入した金融商品に関する時価会計制度によって、長期保有目的の投資有価証券を、期末の時価をもとにB/S上で時価評価している。これは同時に株主資本の「その他有価証券評価差額金[*]」を膨らませる。武田の保有株の多くを占める銀行株が2004年3月期以降、堅調に推移したことも、武田のROEを下げる要因の1つになっている。

4…武田薬品のROEを評価する

こうした背景を踏まえて武田薬品の中期計画を改めて見ると、納得性がより高いものとなる（次ページ再掲）。既存大型製品の特許権満了に備えて、2001年冒頭の時点で新たな成長の源泉を積極的に獲得していくことを謳っている。

同時に設定された経営指標が、売上高営業利益率35％以上、EPS（1株当たり純利益）の持続的成長年平均10％以上、そしてROE17％である。他の指標には「以上」という言葉が付いているのにROEが実数で終わっているのは興

- 自社医療用医薬品売上高 1兆円以上
- 年平均1,500億円以上の新規製品売上の創出を可能にする体制の構築

2. 世界的製薬企業に向けた「成長の源泉」の創出
(1) 自社研究開発の効率化・スピードアップ
- ゲノム創薬や社内外の研究資源の積極活用を通じた創薬ターゲットの増強
- 研究活動のスピードアップと開発期間の短縮

(2) 導入・アライアンス戦略の積極展開
- 自社研究と同等のパイプライン供給源としての資源投入

(3) 製品ライフサイクルマネジメントの強化
- 効能追加・剤形追加やデータ蓄積を通じた製品価値の最大化

出所:武田薬品工業「01-05中期計画」(2001年5月21日)より抜粋

味深い。実際そうであったように、ROEについては17％から著しく躍進させる予定は最初からないという意思の表れとも取れる。

売上高営業利益率35％以上は、世界No.1レベルの数値であり、これを長期にわたって維持するという表明は力強い。2004年3月期、2005年3月期の同比率は34.2％、34.3％で、目標をほぼ達成している。また、EPS成長率10％以上といった成長性を目標に掲げるのは、成熟産業と見られがちな医薬品業界においても規模の拡大が十分可能であることを示している。この点も、力強さを感じさせるものである。

では、いよいよ経営指標としてのROEの評価に入ろう。

まず目標設定の一貫性という観点については、2001年5月の発表から4年超が経過しているにもかかわらず、同一の目標を掲げていることに企業経営の高いモラルを感じさせる。企業経営には朝令暮改もあって然るべきだが、安定性が比較的高い業界であれば、長期にわたるある程度の一貫性が望まれる。目標がコロコロ変わる、しかもネガティブな方向に変わるのでは、かえってステークホルダーからの信頼を失いかねない。

次に、ROE17％という水準について評価したい。先に見たように、武田は中期計画の設定以降、3年連続で17％の目標をクリアしたものの、2005年3

月期は14.7％まで急降下し、大幅未達に終わった。中期計画が発表された2001年前後は日本企業のROEがわずか5％程度であったので、非常に積極果敢な目標設定であったと言える。ROE17％という水準は、2005年3月期でも国内平均値（8％台）の2倍相当であり、むしろグローバル優良企業の水準に近いとも言える。

　武田にとって、ROE17％という数値はどのような意味があるのか。2005年3月期決算における武田の株価純資産倍率（PBR*＝株式時価総額／株主資本）は2.3倍である。そこから2005年3月期の時価ベースのROEを計算すると、「時価ベースROE＝14.7％÷2.3＝6.4％」となる。一方、下記の条件で武田の株主資本コストを算出すると、5.5％となる。

$$\text{株主資本コスト} = \text{リスクフリーレート}^* + \beta^* \times \text{リスクプレミアム}^*$$
$$= 2.0\% + 0.7 \times 5\% = 5.5\%$$

※β値は、ブルームバーグ社のデータを参照。＊巻末の用語解説を参照

　時価ベースのROEと株主資本コストを単純に比較すると、2005年3月期に生み出した時価ベースROEは株主資本コストを十分に上回っているように思われる。しかし、この結論は明らかに誤りである。武田の連結PBRの2.3倍という数値は直近では最低水準にあり、この低さが時価ベースROEの高さを演出している（2000年3月期のPBRは6.4倍あった）。言わば、株価が伸び悩んでいるために時価ベースROEが株主資本コストを上回ったように見えているに過ぎず、これは自己矛盾であり、論点としては成立しない。実際には理論的に適正と考えられる時価ベースの最適資本構成を見きわめる必要があるが、これは容易なことではない。最適資本構成については、第7章の株主資本比率で解説する。

　一方、業界が異なればお金の使い方がまったく異なるため、単純に国内企業の平均値や欧米企業の平均値と比較して、武田のROEが十分に高いと結論づけるのも尚早である。そこで、海外の大手製薬企業の直近ROEがどのような水準にあるのか見てみたい。

　世界売上トップの米国ファイザーは2002年にはROE46％台を誇っていたが、2003年にファルマシアを買収したことによって株主資本が膨らみ、現在

のROEは武田が目標とする17％にある。そこで、直近では大型買収を行っていない米国ジョンソン・エンド・ジョンソンの2004年度ROEを「デュポンシステム」でブレークダウンし、武田と比較する。2004年度のジョンソン・エンド・ジョンソンの売上は473億ドル（4兆7,300億円）で、武田のほぼ4倍の規模に相当する。

米国ジョンソン・エンド・ジョンソン（2004年12月期）
ROE　　＝　売上高純利益率　×　総資産回転率　×　財務レバレッジ
29.0％　＝　　18.0％　　　×　　0.93倍　　　×　　1.73倍

武田薬品工業（2005年3月期）
14.7％　＝　　24.7％　　　×　　0.46倍　　　×　　1.29倍

「デュポンシステム」のブレークダウンでジョンソン・エンド・ジョンソンと比較することで、武田のROEの特徴が解明できる。まず、売上高純利益率では武田がジョンソン・エンド・ジョンソンを大きく上回っている。先に見たように、売上高営業利益率ベースで世界トップにある武田が、売上高純利益率でもリードしていることが分かる。しかし、武田の総資産回転率は、逆にジョンソン・エンド・ジョンソンの2分の1に留まっている。さらに、財務レバレッジでもジョンソン・エンド・ジョンソンの7割強に留まっている。その結果、ROEで15％近く差をつけられている。

　この傾向は、他の欧米大手製薬企業と比べても類似しており、国内トップクラスにある武田のROEも、グローバルレベルでは実は最下位の水準にあることになる。少々うがった見方をすれば、高い売上高純利益率に隠れて、株主への貢献という視点が希薄になっていると取れなくもない。

　武田には劣るものの一般的に見れば非常に高い収益性を誇るジョンソン・エンド・ジョンソンが、総資産回転率や財務レバレッジにおいて、武田と相反するROE向上の動きを見せている原因は、配当と自己株式取得を巧みに活用した株主貢献策にある。ジョンソン・エンド・ジョンソンは、2004年度にキャッシュベースで46億ドル強の株主還元策（配当と自己株式取得）を打ってい

る。これは、2004年度の純利益である85億ドルの54％に相当する。配当性向で未だ30％未満にある武田と比べると、この数値がいかに大きいかが分かる。こうして見ると、武田がROEを中期的な経営指標として掲げた意義は大きいが、17％という水準は、グローバル水準から見ると決して賞賛に値する数値とは言えないことが分かる。

　ここで、武田薬品が本拠を置く日本国内の低金利と、欧米各国の高金利水準に違いがあるため、ROEをそのままの実額で比較してはいけないという論点もある。しかし、これは企業側からの視点であり、投資家の立場に立てば、国が異なっても投資銘柄の1つに過ぎない。2005年3月期時点で武田の外国人持ち株比率は41.0％に達している。外国人株主が皆同じ投資行動を取るわけではないが、顧客獲得だけではなく株主獲得もまたグローバルベースで競争していることを、常に意識することが重要である。

　一般的に、高収益でありながら市場自体の急成長が見込めない業界では、ややもすると毎年の潤沢な利益が内部留保として企業内に積み上がり、ROEは低迷・下落する傾向に陥る。そうした企業がROEを経営指標に掲げることは、高収益企業である実態を株主還元という形にまで結びつける表明をしている表れであり、評価に値する。しかしながら武田の場合、ROE17％（2005年3月期は未達）のベースは業界の収益性の高さから実現されているものであり、資産効率性や財務レバレッジにおいては顕著な努力はこれまでのところあまり見えていない。また、収益性の高さについても、継続的な薬価引き下げ、特許権満了に伴う後発医薬品の台頭、外国製品の国内参入による競争激化によって、いつ優位性が崩されるとも分からない。

　武田の今後の課題は、先に述べたとおり、来たる特許権の満了に向けて万全の対策を打つことにある。その1つは、中期計画にも挙げられている製品ライフサイクルマネジメントの強化である。米国と比べて後発品への切り替えが急速ではない日本では、既存製品の延命策は特に重視される。そして、強力な自社開発医薬品を新たに上市していくことが重要なのは、言うまでもない。それには自社研究開発以外にもM&Aや他社の優良薬品候補群の購入などが想定されるが、どれも相応の投資を必要とする。そのための原資としての蓄えが現在のROEを17％に留めている理由であるとポジティブに考え、武田がいかに永

続的な成長を確立していくのかに注目したい。

　商法改正に伴い、日本企業がM&Aの脅威にさらされる時期も近づきつつある。「安定成長・成熟産業」「確固たる製品とブランド」「豊富な手元現預金」「株価の長期低迷」「株式取引の流動性」といった、M&Aのターゲットになりやすい企業の要素を武田は少なからず抱えている。株主を意識した経営、株主に貢献する経営目標の確立が、これまで以上に望まれていくであろう。それはROEの水準でもあり、配当性向や自己株式取得の目標水準であるとも言える。自社開発医薬品を拡大するための原資確保と、株主を向いた経営は、長期的には必ず一致するゴールではあるが、短期的には相反する可能性もある。急成長市場でないがゆえに、これまで以上に難しい手綱さばきが要求されよう。

3 ● まとめ——ROEの役割

　ROEが向上しても、短期的には株主価値が必ずしも向上するわけではない。それでもまだROEを目標に掲げる意義はあるのか。以下の2点から、その意義は大きいと考える。

① 企業は株主のものである

　改めて述べるまでもないが、企業の所有者は株主であり、経営者は株主のエージェントである。エージェントが行う企業活動がどのようにプリンシパルである株主に貢献するのかを、株主の概念が入った経営指標で述べることは合理性が高い。特に安定事業、成熟産業の業界では、一定の収益性が毎年担保されているため、そこに安住して株主還元への意識が希薄になりがちである。こうした業界にある企業こそ、株主に対する還元の宣言として、ROEを目標に掲げる意義は大きい。

　株主は、最終的には株主価値（株価の成長と配当）が自身の期待以上に高まることで満足する。短期的なROEの向上が必ずしも株主価値の向上につながるわけではないが、長期的に見れば適切な水準にまでROEを高めて維持・成

長することは、株価の成長、株式価値の向上に結びついていくはずである。

②ROEは企業の総合力をチェックする

ROEは企業の収益性、資産効率性、財務レバレッジを高めることで向上していくことを見てきた。これはとりもなおさず、この3つの行動が株主貢献につながることを示している。特定の事象に偏らず企業の総合力を高めていくためにROEを経営目標に掲げることは、実現のためのプロセスを見据えた場合、その意義は大きいと言える。

最後に、あくまで参考データに過ぎないが、1996年から1998年までの3年間の加重平均ROEと株価（株主資本の市場価値／簿価）の相関性を調査した結果を下記に掲載した。このグラフからも、おおむねROEと株価の相関性の存在を読み取ることができる。

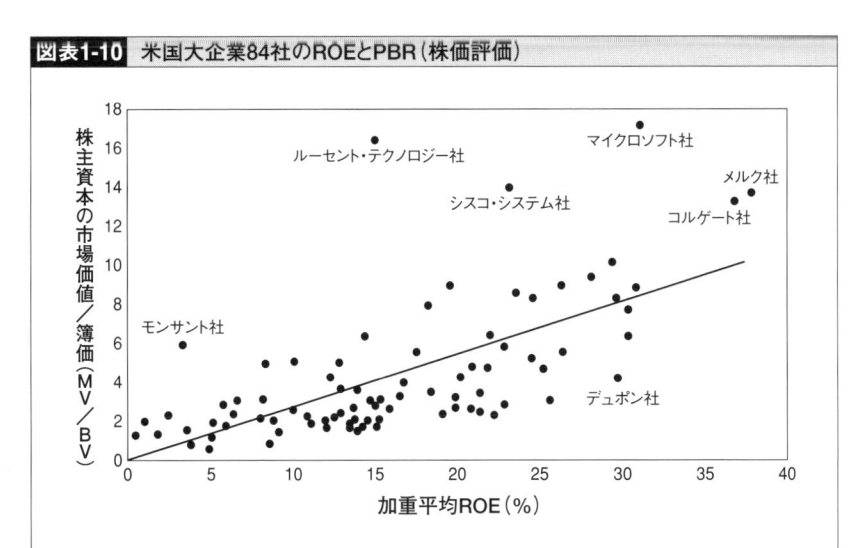

図表1-10　米国大企業84社のROEとPBR（株価評価）

縦軸：株主資本の市場価値／簿価（MV／BV）
横軸：加重平均ROE（％）

主なプロット：ルーセント・テクノロジー社、マイクロソフト社、シスコ・システム社、メルク社、コルゲート社、モンサント社、デュポン社

注：これらの企業は、アメリカの大企業の株価指数であるS&P100指数に挙げられた企業である。マイナスの値やROEが40％を上回る異常値を示す企業は除外した。回帰方程式はMV/BV＝0.27＋0.26ROEとなる。この式において、MV/BVは1998年末における株主資本の簿価に対する市場価値の倍率であり、ROEは1996年から1998年までの3年間の加重平均ROEである。調整済R^2＝0.44

出所：『新版 ファイナンシャル・マネジメント』（ロバート・C・ヒギンズ著、ダイヤモンド社刊）

コラム◉トヨタ自動車のROE

　序章の冒頭で触れたように、トヨタ自動車の奥田取締役会長は、2004年11月に行われた経営説明会の場で、ROEの飛躍的な上昇について高らかに語っている。ROEが目標とする経営指標だとは明言していないものの、トヨタが意識している指標の1つであるのは間違いない。そこでまず自動車大手3社について、ROEの推移と「デュポンシステム」によるブレークダウンを見てみよう。

```
トヨタ自動車（2005年3月期）
ROE   ＝  売上高純利益率  ×  総資産回転率  ×  財務レバレッジ
13.6%  ＝     6.3%       ×    0.80倍     ×    2.69倍

本田技研工業（2005年3月期）
15.8%  ＝     5.6%       ×    0.98倍     ×    2.86倍

日産自動車（2005年3月期）
22.8%  ＝     6.0%       ×    0.97倍     ×    3.94倍
```

　日産自動車のROEが1社飛びぬけているのは、財務レバレッジの大きさに起因することが分かる。これは、ルノーの資本参加による経営改革の開始にあたり、2000年3月期に6,843億円という巨額の純損失を計上したため、株主資本が大きく毀損したことによる。また、3社のなかでトヨタのROEが最も小さいのは、総資産回転率や財務レバレッジの差によるもので、売上高純利益率は逆にトップである。
　トヨタとホンダのROEはほぼ同水準であるが、ここ数年のトヨタの急進は目覚ましい。そこで、トヨタとホンダを取り上げて、トヨタがいかにしてホンダのROE水準に追いついてきたのかを、収益性、資産効率性、財務レバレッジの順に見てみよう。
　66ページのように3つのグラフを描くことで、次の点が読み取れる。

◉トヨタの売上高純利益率の伸びがホンダを大きく上回っており、2003年3月期以降は逆転している
◉ホンダの総資産回転率が継続して下降するなかで、トヨタはほぼ横ばいの水準を維持している
◉財務レバレッジについては、トヨタ、ホンダ共に同じような上昇傾向を描いている（2005年3月期は両社共に下落）

自動車大手3社のROE推移

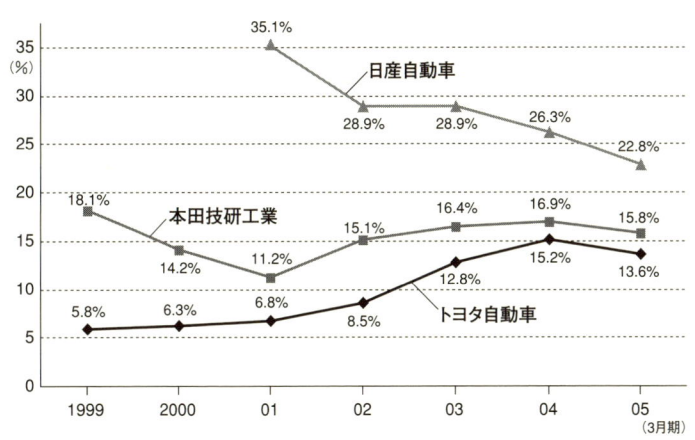

- 日産自動車: 35.1% (01) → 28.9% (02) → 28.9% (03) → 26.3% (04) → 22.8% (05)
- 本田技研工業: 18.1% (1999) → 14.2% (2000) → 11.2% (01) → 15.1% (02) → 16.4% (03) → 16.9% (04) → 15.8% (05)
- トヨタ自動車: 5.8% (1999) → 6.3% (2000) → 6.8% (01) → 8.5% (02) → 12.8% (03) → 15.2% (04) → 13.6% (05)

(3月期)

注：日産自動車は1999年3月期と2000年3月期は赤字決算のため算出不可

　同期間の両社の売上高平均成長率は、共に7％台という高い水準にあるが、トヨタの売上高純利益率が飛躍的に伸びている要因には、トヨタの得意とする原価低減の一層の進展が挙げられる。加えて、収益性の高い北米事業の売上高が伸長し、グループ各社が軒並み過去最高益を達成したことが大きい。円高の影響や研究開発投資の増加によってホンダの収益性の伸びが若干鈍ったのに対し、国内トップシェアのトヨタはそれらさえも吸収してしまうほどの規模と成長を実現していることが窺える。

　資産効率性の高さでは一日の長があるホンダではあるが、トヨタとの差は総資産回転率の推移に見られるように年々縮小してきている。トヨタの総資産回転率がほぼ横ばいということは、売上の成長と同水準で総資産が増加しているということである。また、そうした状況下で財務レバレッジが上昇を続けるということは、トヨタ、ホンダ共に株主資本以上に負債が増加していることになる。これは先の武田薬品工業には見られなかった現象である。武田の場合も同様に、売上が増加し、総資産がそれ以上に増加していたが、その原因は潤沢な株主資本の蓄積であって、負債の増加ではなかった。トヨタ、ホンダ共に販売金融事業を行っていることが、負債を増加させている主な要因ではあるが、それだけではない。

　両社の財務レバレッジが増加（株主資本比率が減少）している理由は、自己株式取得の積極化と継続的な増配によるものである。トヨタは2005年3月期に、株式数6,300万株、総額2,662億円（純利益1兆1,700億円の22.7％に相当）の自己

トヨタ自動車VS本田技研工業のROEブレークダウン

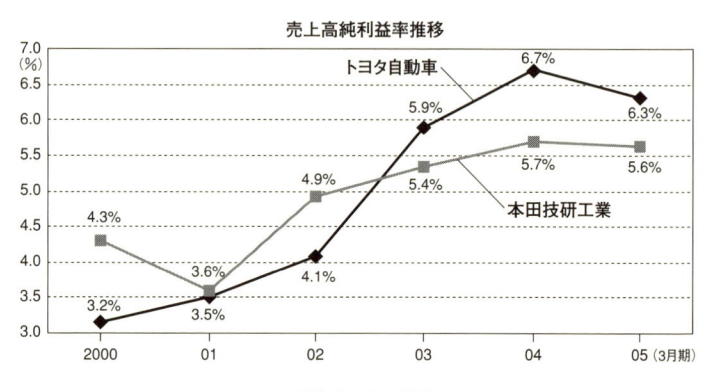

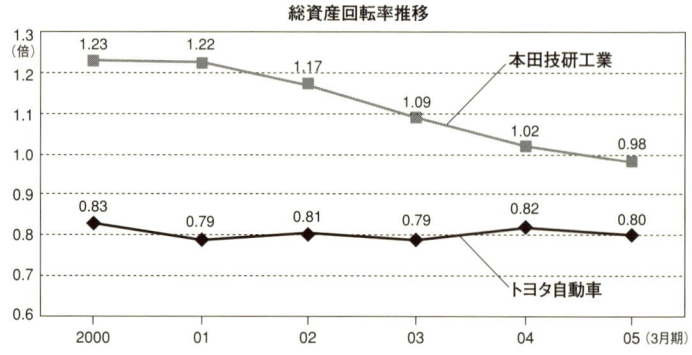

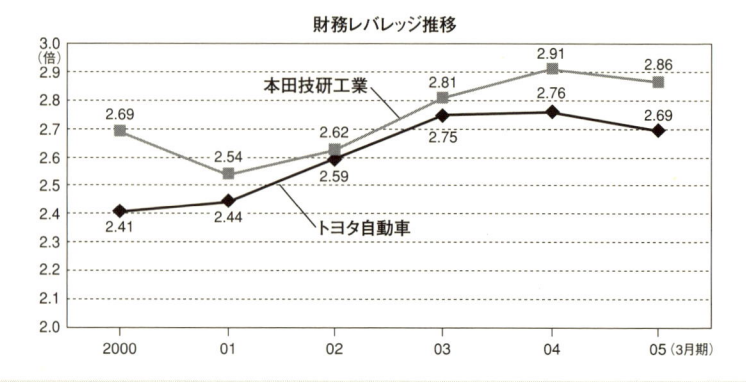

売上高純利益率推移

年度(3月期)	トヨタ自動車	本田技研工業
2000	3.2%	4.3%
01	3.5%	3.6%
02	4.1%	4.9%
03	5.9%	5.4%
04	6.7%	5.7%
05	6.3%	5.6%

総資産回転率推移 (倍)

年度(3月期)	トヨタ自動車	本田技研工業
2000	0.83	1.23
01	0.79	1.22
02	0.81	1.17
03	0.79	1.09
04	0.82	1.02
05	0.80	0.98

財務レバレッジ推移 (倍)

年度(3月期)	トヨタ自動車	本田技研工業
2000	2.41	2.69
01	2.44	2.54
02	2.59	2.62
03	2.75	2.81
04	2.76	2.91
05	2.69	2.86

株式取得を実施している。また、同期の1株当たり配当金65円は連結配当性向18.3％に相当するので、株主還元比率（純利益に対する、自己株式取得と配当の合計額の比率）は41％に達する。

　自己株式取得を行わない武田の場合、比較対象となる数値は配当性向であるが、武田が目標としている30％と比べても、株主還元の姿勢に大きな違いが見られる。業界が異なり、置かれた環境が異なるので、単純に比較できる数値ではないが、武田のROEが伸び悩んでいるのに対して、トヨタのROEが2004年3月期まで急成長を遂げたのは、まさにこの財務レバレッジの活用の違いにあると言える。

　このように、同じ安定事業のトップ企業でも、財務戦略の違いによってROEの推移が大きく異なることを理解しておくのは重要である。そのトヨタも、2005年3月期には再びROEが下落している。しかし、これはホンダにも見られた共通の現象である。共に事業が好調のなか、2005年度の果敢な設備投資を控えての、株主還元策の一定の抑制に起因するものである。長期的にはこの設備投資による永続的な利益創出と、株主還元拡大の継続によって、トヨタのROEは高水準で維持・成長すると期待される。

　ROEは株主のための指標である。それは、分母に株主資本、分子に株主に帰属する純利益を乗せることからも自明である。株主の指標でありながら、武田薬品工業の例で見たように、企業が利益を計上すればするほど伸び悩む指標でもある。だからこそ、経営指標としてのROEが果たす役割は大きい。なぜなら、堅実な収益性を持つ企業がROEを目標に掲げることで、獲得した利益の株主還元までをコミットメントしているからである。

　確かに、ROEが成長してもそれが短期的に株主にとってのメリット、つまり株価上昇による株主価値の増加につながるとは言えない。業界の環境によって、ROE向上の優先順位は異なるであろう。しかし、長期的な視点で捉えれば、企業はROEを向上させるための企業活動、すなわち収益性の向上、資産効率性の向上、そして財務レバレッジの有効活用を行うことで、株主価値の向上を目指すべきである。長期的な視点でもROEを高められない企業は、株主の財産を浪費しているに過ぎない。投資家が株式という高いリスクを取って企業に投資していることを忘れてはならない。

第 2 章

ROA
総資産に対する投資収益性の指標

ROA(総資産利益率)は、事業に投じた総資産に対して、どれだけの利益を生み出したかを判断する指標である。ある2社が同じ100億円の利益を計上しても、1,000億円の資産を投じた企業のROAは10%、1兆円の資産を投じた企業のROAはわずか1%となる。企業経営が資本の調達と投資に基づくからこそ、ROAは最も根本的な投資収益性を判断する指標となる。本章では、収益性を維持しながら成長を続ける米国ウォルマートのROAを考察する。

1●ROAの読み方と意義

1…ROAの算出方法

ROAはReturn on Assetの略で、その言葉のとおりReturn（利益）をAsset（総資産）で割って算出する。（使用）総資産利益率、または（使用）総資本利益率と呼ばれる。

$$ROA（総資産利益率） = \frac{利益}{総資産}$$

分母の総資産には、常にバランスシート（B/S）の資産合計額が用いられる（ROEと同じく、前期末と今期末の総資産の平均値を分母に置いて、総資産をフロー化することも多い）。それに対して分子の利益には、様々な利益が用いられる。ROAに限らず、分母にB/Sの勘定、分子に損益計算書（P/L）の勘定を用いて投資効率を判断しようとする指標（ROE、ROICなど）では、分母と分子の対象を可能な限り一致させることが重要である。

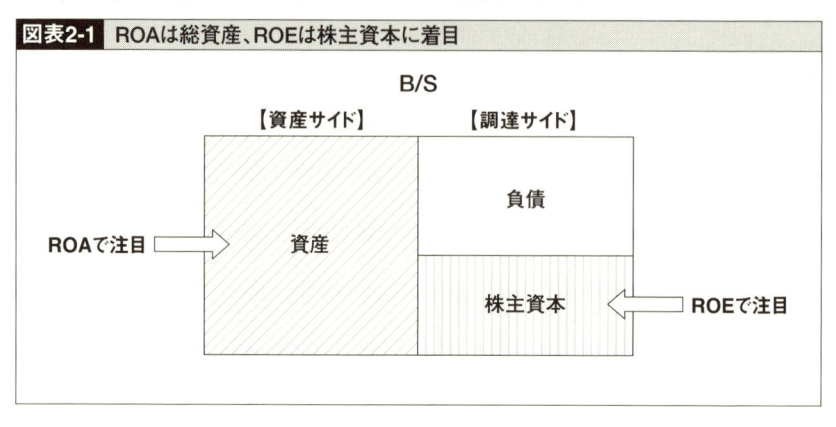

図表2-1　ROAは総資産、ROEは株主資本に着目

B/S
【資産サイド】／【調達サイド】
ROAで注目 → 資産 ｜ 負債／株主資本 ← ROEで注目

ROEを例に取れば、分母に株主資本、分子に株主に帰属する純利益を用いることで、分母にあるストックの所有者と、分子にあるフローの帰属先が一致している。ここでROEの分子に営業利益を使ってしまうと、分母の資本は株主だけのものなのに、分子の営業利益は支払利息も税金も差し引かれる前なので、金融債権者、国、株主のものとなる。つまり、分母と分子がまったく一致しておらず、計算された数値にはほとんど意味がない。

　ROEはB/Sの調達サイドに着目し、そのなかでも株主資本に対する投資効率を見ている。それに対して、ROAはB/Sの資産サイドに着目し、その投資効率の判断を試みている。

　ROAは、B/Sの資産サイドに着目するので、資本の調達が株主資本中心なのか、有利子負債が多いのかといった資本構成の違いは、分母に影響を与えない。このことから、分子にも資本構成の影響を可能な限り与えないことが望まれる。つまり、ROAの分子には、有利子負債の結果として発生する支払利息を足し戻す、すなわち「支払利息控除前経常利益」を用いることが1つの解となる。

　支払利息控除前経常利益は、経常利益に支払利息を足し戻して算出する。営業利益に支払利息以外の営業外収支をすべて加減するよりも、手間としては楽である。これによって有利子負債の有無や大小が、ROA算定式の分母にも分子にも影響を与えなくなる。

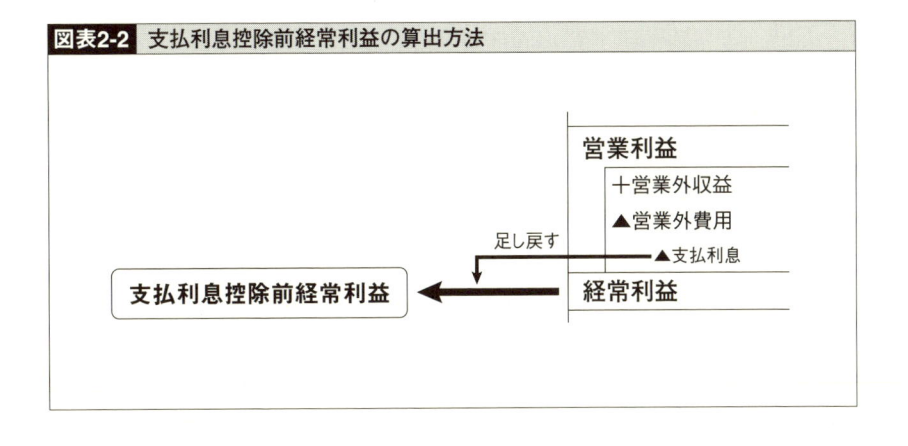

図表2-2　支払利息控除前経常利益の算出方法

```
                                        営業利益
                                        ＋営業外収益
                                        ▲営業外費用
                        足し戻す        ▲支払利息
支払利息控除前経常利益  ←──────        経常利益
```

$$\text{ROA（総資産利益率）} = \frac{\text{支払利息控除前経常利益}}{\text{総資産}}$$

2…ROAの読み方

　支払利息控除前経常利益を分子において計算することで、名実ともに総資産利益率、すなわち所有総資産に対する収益性を見ることが可能となった。では、こうして計算したROAの意義について、例を挙げて考えてみよう。

　ある企業A社が、B社の買収を検討しているとする。B社の技術や顧客基盤を取り込むことでA社グループのさらなる発展を目論む戦略的買収だとすれば、A社がB社に抱いている最初の興味は、あくまでB/Sの資産サイドとその収益性のはずである。仮にB社がバブル崩壊の余波から抜け出せず、有利子負債過多、支払利息過剰の状態にあるとしても、それはB社の買収後にA社が自社の信用力を活用して有利子負債を借り替えるなど、改善することは可能である。あるいはB社の第三者割当増資*を行って株主資本を強化し、有利子負債はある程度返済してしまってもよい。もちろん、その前に銀行に対する債権放棄や、減資などによる既存の株主責任を要求することもあろう。

　いずれにしても、A社がB社に抱いている最初の興味はROA、すなわちB

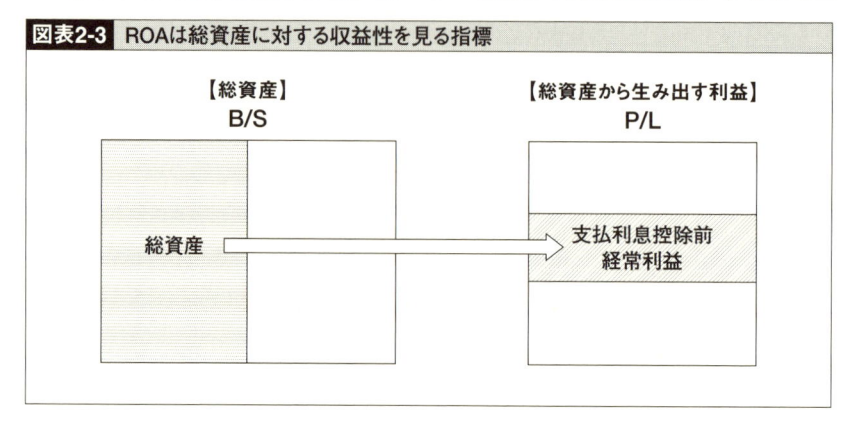

図表2-3　ROAは総資産に対する収益性を見る指標

【総資産】 B/S	【総資産から生み出す利益】 P/L
総資産 →	支払利息控除前 経常利益

社の所有資産とその収益性から生まれているはずである。よって、そのROAの計算には、たまたま信用力のないB社の現状の有利子負債や支払利息の影響を含める必然性はない。

　実際には、ROA算定式の分子に、様々な利益を用いるケースも多い。その多くは、支払利息控除前経常利益への馴染みのなさ、分かりにくさ、あるいは計算の手間から来るものである。しかし、それぞれの利益を用いた場合のメリットもあるはずである。なかでも特によく見られる、営業利益、経常利益、純利益を用いてROAを計算した場合のメリットとデメリットを考察する。

●営業利益を用いたROA

　支払利息を差し引く前の利益という点では、支払利息控除前経常利益と一致している。違いはその他の営業外損益（受取配当金、受取利息、為替差損益、持分法投資損益など）であるが、これらを除外することで、純粋に本業の事業に焦点を絞った資産収益性を判断できる。事業セグメントごとのROAを計算する場合などに用いられることが多い。デメリットとしては、分母にはすべての資産を置いているのに対して、分子には金融資産からの収支が含まれていないため、分母と分子が完全には一致していないことが挙げられる。

●経常利益を用いたROA

　支払利息を足し戻していないことを除くと、支払利息控除前経常利益と一致している。営業利益を用いた場合のデメリットである金融収支も、分子に含まれている。デメリットとしては、ROAの本来の目的は「資産に対する収益性」を見ることにあるのに、資本構成の違いによる支払利息の大小がROAに影響を与えてしまうことが挙げられる。

●純利益を用いたROA

　経常利益の後に計算されるものなので、経常利益のメリットとデメリットがそのまま適用できる。経常利益との違いは、特別損益と税金が加減されることにある。特別損益と税金は毎年の一時的な要因で大きくぶれる可能性があるため、その影響がそのままROAに及び、ROAが安定しなくなる可能性が高まる。

メリットとしては、ROEと同じく純利益が分子となるので、ROAとROEを比較する意義が出ることが挙げられる。この場合、ROEは必ずROAを上回るが、財務レバレッジが大きい（総資産が株主資本を上回る）ほど、その度合いが大きくなる。

ROAも、ROEと同じように「デュポンシステム」によるブレークダウンがよく行われる。

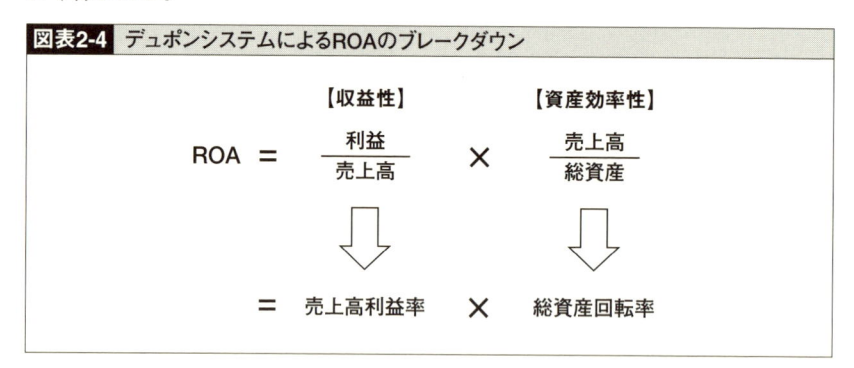

図表2-4　デュポンシステムによるROAのブレークダウン

$$ROA = \frac{\text{利益}}{\text{売上高}} \times \frac{\text{売上高}}{\text{総資産}}$$

（収益性）　　　　　（資産効率性）

$$= \text{売上高利益率} \times \text{総資産回転率}$$

上記の計算式が示すように、ROAを高めるためには、①売上高に対する収益性を高める、②少ない資産で大きな売上高を達成する、の2つをそれぞれ実施することになる。ROEの計算式の3つ目の要素として登場した財務レバレッジが、ROAの計算式には表れない。先に述べた、資本構成はROAに影響を与えないという議論と合致している。また、ROAはROEを高めるためのコンポーネントと言うこともできる。

ヤフーの2005年3月期における連結ROAは56.8％に及ぶ。これをブレークダウンすると、次のようになる。

$$ROA = \text{売上高支払利息控除前経常利益率} \times \text{総資産回転率}$$
$$= 51.2\% \times 1.11\text{倍}$$

※計算に用いているB/S上の項目（総資産）は、2004年3月期と2005年3月期の平均値

ヤフーの2005年3月期における支払利息はわずか700万円なので、上記のROAは実質的に総資産経常利益率に等しい。収益性、資産効率性の中身につ

いてはROEの解説を参照されたい。

　収益性と資産効率性が共に高い企業が必然的にROAも高くなるわけだが、両者の間にはそれほど顕著ではないものの、緩やかな負の関係が存在する。つまり、収益性の高い企業の総資産回転率は低く、収益性の低い企業の総資産回転率は高くなる傾向がある。図表2-5は、国内上場企業の2005年3月期決算のデータを用いて、業界ごとに売上高経常利益率と総資産回転率をプロットしたものである。

　負の関係となる原因の1つとして、収益性の高い製品やサービスを提供している企業は、ある程度の資産を保有して付加価値を獲得しているのに対して、収益性があまり高くない企業は、所有する資産をできるだけ抑えて、売上を大きくすることで勝負していることが挙げられる。あるいは、特に日本では、収益性の高い企業が、稼いだ利益の多くを内部留保することによって、「収益性が高い企業≒資産効率が低い企業」となって表れる傾向もある。

　両者の関係は業界の特徴として表れやすく、前者では通信会社、後者では総合小売業などが挙げられる。そこで、日本電信電話（NTT、2005年3月期）

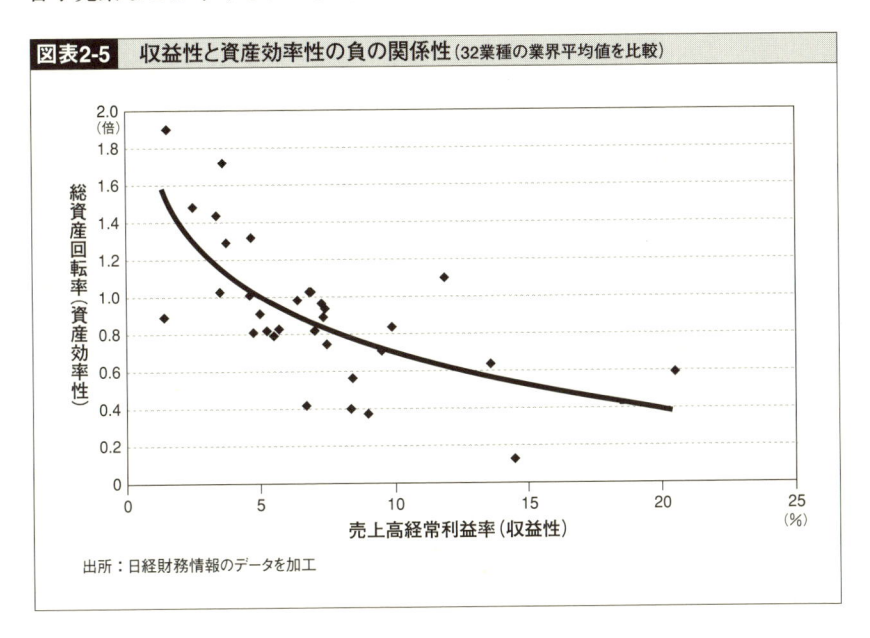

図表2-5　収益性と資産効率性の負の関係性 (32業種の業界平均値を比較)

出所：日経財務情報のデータを加工

とイトーヨーカ堂（2005年2月期）の連結ROAを例にとって比較してみよう。

通信業界のように巨額の設備投資が前提となるビジネスでは、総資産回転率は低い値（NTT 0.56倍）となるが、安定需要と限定された競合間での競争から、売上高支払利息控除前経常利益率では高い水準（同16.8％）に達している。一方、総合小売業は薄利多売という言葉が示すとおり、収益性は薄利（イトーヨーカ堂5.9％）であるが、これを多売（同1.44倍）で吸収することで、ROAを高めようとしている。この結果、算出されるNTTとイトーヨーカ堂のROAは、1％も違わない。同じROAの水準でも、その創出手段は業界によって大きく異なるのである。

さらに言えば、同じ業界内でこうした二極化の傾向があるとすれば、それは経営戦略の違いから来るものである。たとえば同じ専門商社でも、A社は自社で配送センターなどを保有してサービスの質を高め、収益性の向上を実現しているとする。この結果、有形固定資産*を自社で保有することになり、総資産回転率は低くなる。一方のB社は、徹底した外部委託策を取っているため、総資産回転率は高くなる。しかし、サービスではなく主に価格で勝負していることや、外部委託費の流出などから、収益性はA社に劣る可能性が高い。この結果、仮にA社とB社のROAが同水準になったとしても、それは経営戦略の相違であって、巧拙ではない。このようにROAをブレークダウンすることで、同業他社間の戦略を数値から分析することも可能となる。

次に、ROEとROAの関係を考えるために、2005年3月期のROAと財務レバレッジの関係を描いたものが図表2-7である。

図表2-6　NTTとイトーヨーカ堂のROA比較

	NTT	イトーヨーカ堂
売上高支払利息控除前経常利益率	16.8％	5.9％
総資産回転率	0.56倍	1.44倍
ROA	9.4％	8.5％

類似のROA、異なる構成要素

注：NTTは2005年3月期、イトーヨーカ堂は2005年2月期

ROAと財務レバレッジも、やはり緩やかな負の関係を示していることが分かる。つまり、ROAの高い企業は財務レバレッジが低く（株主資本比率が高く）、ROAの低い企業は財務レバレッジが高く（株主資本比率が低く）なる傾向がある。これには以下のような2つの背景が挙げられる。

①事業活動の原資としてのROA

ROAが高い、すなわち所有する資産に対して十分な利益を生み出している企業であれば、有利子負債にそれほど頼らなくても潤沢な内部留保をもとに事業活動が行える。一方、ROAの低い企業は自己の生み出す利益が十分ではないため、有利子負債に頼り、財務レバレッジが高くなる。

②リスクとリターンの整合性

ROAの低さが経営の巧拙にあるのではなく、リスクの低い安定事業を営んでいることに起因するならば、リスクとリターンの関係性から、ROAの低い企業はローリスクを好む資金、すなわち有利子負債を中心とした資金調達を行

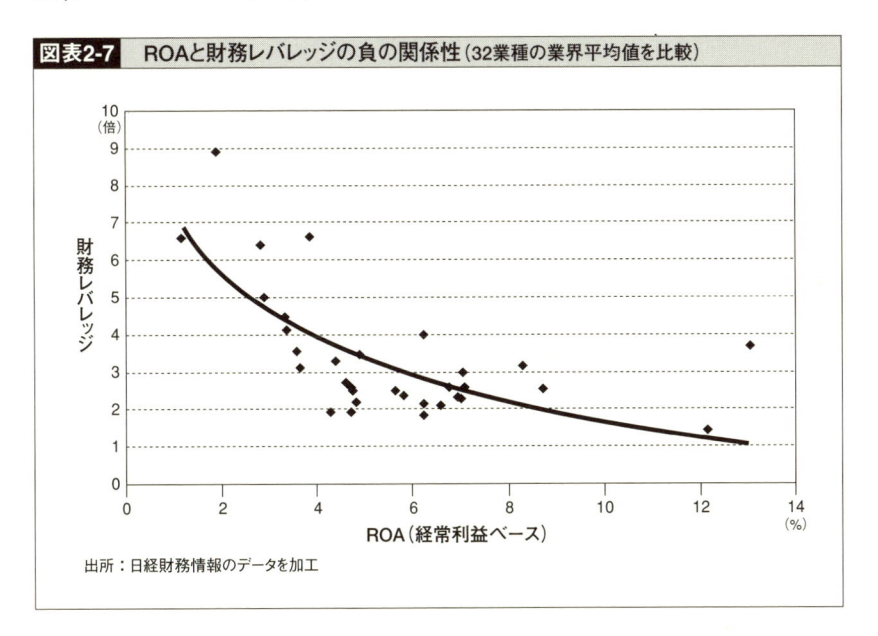

図表2-7　ROAと財務レバレッジの負の関係性（32業種の業界平均値を比較）

出所：日経財務情報のデータを加工

うことが望まれる。よって、ROAの低い企業ほど財務レバレッジは高くなる。一方、ROAの高い企業はハイリスクを好む資金、すなわち株主資本を中心とした資金調達によって、財務レバレッジは低くなる。

ROEでは、様々な単純化を前提としながらも、ROEと株主資本コストを比較する意義について解説した。一方、ROAの分母には株主資本だけでなく負債も含まれているため、ROAの比較対象となるのは株主資本コストではなく、負債コスト*も含めた加重平均資本コスト（WACC、以下単に資本コストと呼ぶ）となる。ただし、資本コストが割り引く分子のフリー・キャッシュフローは税引後ベースなので、同じようにROAの分子にも税引後ベースの利益を用いる必要がある。

$$\text{ROA（税引後ベース）} = \frac{\text{税引後純利益}+(1-\text{税率})\times\text{支払利息}}{\text{総資産}}$$

※支払利息を足し戻す際に税金分だけ控除しているのは、税引後純利益を計算する際に、すでに差し引かれた支払利息に対する節税効果が織り込まれているためである。分子は「(税引前純利益＋支払利息)×(1－税率)」と表記してもよい

ROAと資本コストを比較する際には、ROEでも取り上げたように、①対象期間のズレから来る金利水準の相違、②利益とキャッシュフローの相違、③簿価と時価の相違、については単純化している（41ページ参照）。

競争が激しく、かつ商品やサービスの差別化が難しい業界では、企業は資本コストを大幅に上回るような利益は上げられないと予測される。『コーポレート・ファイナンス第6版』（リチャード・ブリーリー、スチュワート・マイヤーズ著、日経BP社刊）によると、もし突出したROAを計上する企業があるとすれば、その独占的な地位を利用して過大な価格設定をしているとするための1つの根拠として引用される場合が米国ではあるということである。たとえば公益委員会が、公共事業会社の課している料金が適正か否かを決定する際には、ほとんどの議論がROAと資本コストの比較に集中するようである。

最後に、ここまでの議論を否定するようではあるが、資本コストと比較するための会計指標として、実はROAには他に弱点が存在する。資本コストとの

比較において、ROAよりも優れた指標はROICである。詳しくは第3章のROICの解説（102〜103ページ）を参照されたい。

3…日本企業と米国企業のROA

　日米企業のROAを比較すると、米国が日本を1％程度上回っているものの、過去と比べればその差は縮小している。この背景を紐解くために、「デュポンシステム」を用いてROAをブレークダウンしてみよう（次ページ図表2-9）。

　収益性については、ネットバブルの崩壊とテロに見舞われた2001〜2002年の期間を除くと、米国の売上高税引前利益率は、ほぼ10％前後の水準で推移している。日本の特別損益に該当するような勘定（固定資産売却損益、減損損失など）が、米国会計基準では税引前利益の段階ですでに算入されている（そもそも米国会計基準には、経常利益が存在しない）。よって、年度間での差が発生するこうした一時的な勘定が含まれる米国の税引前利益は、日本の経常利益に比べて変動が激しくなっている。これに対して、日本の経常利益には年度

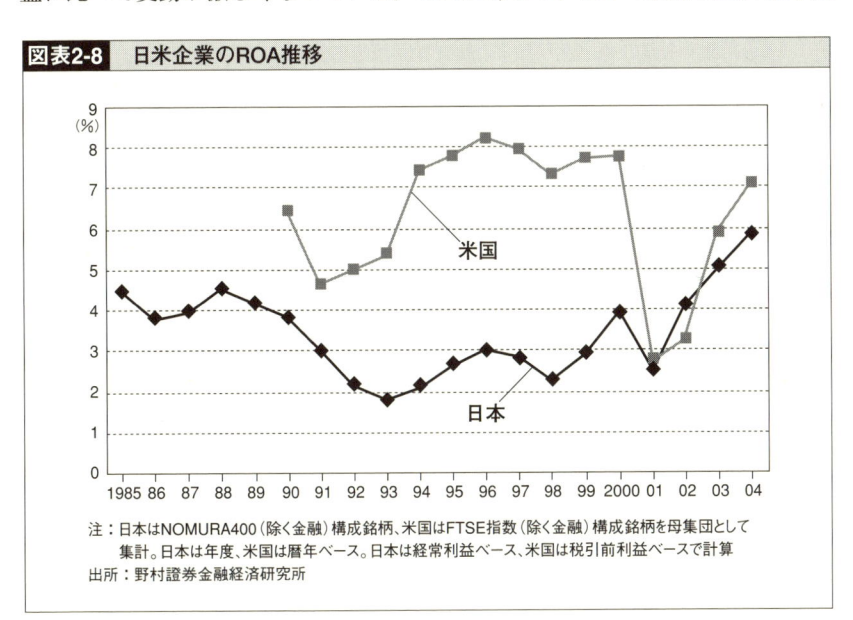

図表2-8　日米企業のROA推移

注：日本はNOMURA400（除く金融）構成銘柄、米国はFTSE指数（除く金融）構成銘柄を母集団として集計。日本は年度、米国は暦年ベース。日本は経常利益ベース、米国は税引前利益ベースで計算
出所：野村證券金融経済研究所

の一時的要因は含まれず、純粋な経常活動からの収益性を示している。日本企業の売上高経常利益率は、着実に上昇を続けていることが分かる。昨今の事業再編やリストラによって事業構造の改革を断行し、収益性が改善された日本企業は、未だ米国の水準には及ばないものの、その差を詰めている。しかし、一般には特別利益より特別損失が多額となることを加味すると、米国企業のROA（税引前利益率ベース）と実態的により近い日本企業のROA（税引前利益率ベース）は、図表で示した経常利益ベースより、その水準は全体に小さくなる。

　総資産回転率は日米共に直近で若干の改善傾向を示しており、その水準はわずかではあるが、日本が米国をリードしている。

　最後に、国内の業界別ROAに触れておこう。2005年3月期のROA（経常利益ベース）で10％を超えている業種（日経財務情報参照）は、景気回復によって輸送量が大幅に増加した海運（13.0％）と、第1章で見た医薬品業界（12.1％）である。また、鉄鋼（8.3％）や自動車（7.1％）では、日本企業のROAは米国の同業他社を上回っている。国内全業種の平均値は5％台である。

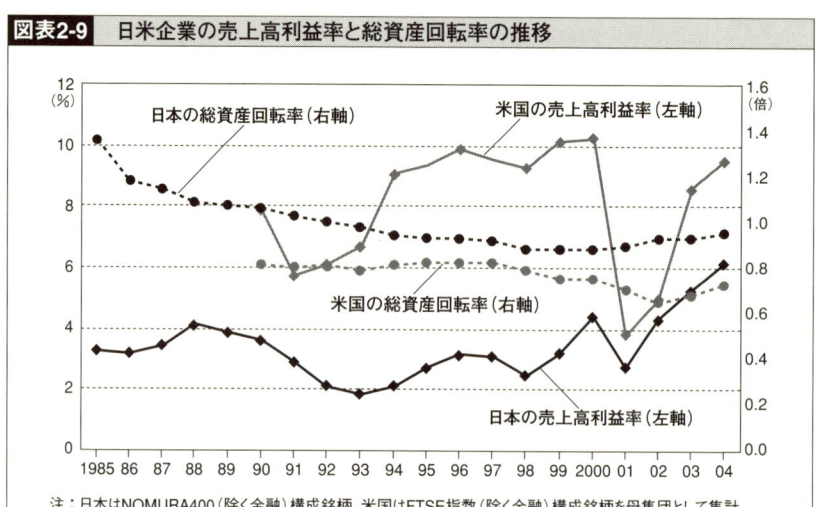

図表2-9　日米企業の売上高利益率と総資産回転率の推移

注：日本はNOMURA400（除く金融）構成銘柄、米国はFTSE指数（除く金融）構成銘柄を母集団として集計
　　日本は年度、米国は暦年ベース。売上高利益率は、日本は経常利益ベース、米国は税引前純利益ベースで計算
出所：野村證券金融経済研究所

この後ケーススタディで取り上げる日本の小売業は4.9%なので、ウォルマートの目標指標と同様の税引後ベースにすると、わずか3%前後の低水準となる。

4…ROAを目標に掲げる意義と注意点

ROAは、企業が事業活動を行うために保有しているすべての資産に対して、年間に計上した利益がどれくらいの収益性に相当するかを計算する指標である。企業が株主資本、あるいは広く負債という形で調達してきた資金は、最終的にはその出し手に帰属する。資金の出し手は無償奉仕しているわけではなく、有形無形のリターンを企業に期待している。企業はこれらの資金を言わば一時的に預かった上で、あらゆる資産に投資しているわけである。このように考えると、どのような企業であれ、ROAを意識しない経営はあり得ない。資金の出し手である株主や債権者を無視していることになりかねないからである。

こうした背景から、日米を問わずROAを目標に掲げる企業は実に多い。逆に、ROEを目標に掲げながらROAを掲げていない企業があれば、株主をより

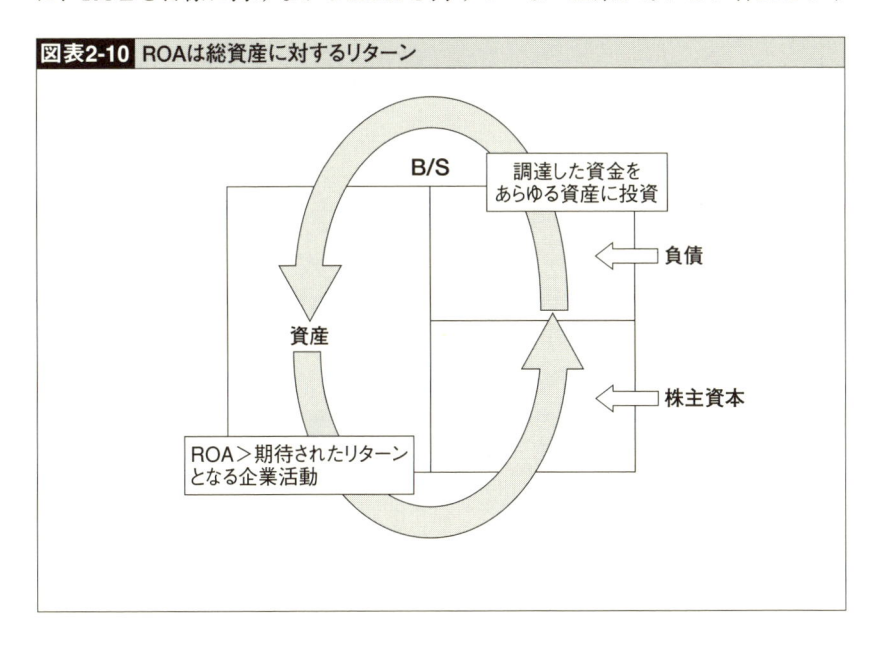

図表2-10 ROAは総資産に対するリターン

意識した経営と肯定的に評価できる一方で、過剰な資産が多いことを暗に認めている裏返しかもしれない。株主にとっては、仮にROEが一時的に高くても、資産全体から見た経常的な活動での収益性、すなわちROAが十分でないと、自らの資産価値が高まったことにはならない。

　ROAを経営指標として掲げる際の注意点は、ROEで収益性と資産効率性に分けて解説した点は共通である。他には、ROEは分母の株主資本、分子の純利益共に不動なのに対して、ROAはどの利益を分子に算入するかで、企業の対応が分かれることも多い。これまで議論した点に十分注意した上で、その利益を分子に算入することで当該企業に意義のあるROAとなるのかを見きわめる必要がある。また、分母についても、もし総資産ではなく一部の資産のみを算入しているとすれば、ROAではなくむしろROICの概念に近づく可能性が高い（詳しくは第3章のROICを参照されたい）。

　「ROAはすべての企業が意識すべき指標」と先に述べたが、その企業や業界の競争優位の源泉がB/Sにない場合には、その重要性は劣る。これはROAというよりB/Sの限界でもあるが、卓越した経営陣、優れたブランド力、強力な営業力、突出した人材・組織力などは、B/S上には直接的に表れない。こうした特徴が企業や業界の強みとなっているほど、ROAを意識する意義は小さくなる。

2●ケーススタディ──ウォルマート・ストアーズ

1…ウォルマートにおけるROAの推移

　ウォルマート・ストアーズ（Wal-Mart Stores）が経営指標として独自に算出しているROAは、「少数株主利益を除く継続事業からの利益を、総資産の平均値で割り算」したものである。「継続事業からの利益」には、支払利息を含むすべての金融収支を算入しているため、日本の経常利益（米国会計基準では

経常利益は存在しない)に類似する。また、これに毎年の実効税率を掛けることで、税引後ベースで算出している。なお、P/L上の純利益の計算過程では「少数株主利益」が差し引かれているが、これはROAで着目する資産サイドではなく、調達サイドにある勘定なので、ROAの分子で足し戻すことで資産サイドの影響を1つ排除することになる。ウォルマートがROAの算出に用いているこの利益を、以降は「税引後経常利益」と呼ぶことにする。

ウォルマートのアニュアルレポートには、過去11年間にわたる売上高、総資産をはじめとする主な数値が記載されている。ウォルマートのwebサイトでは、1972年からのすべてのアニュアルレポートを見ることができる。著者はこれまで数多くの米国企業のアニュアルレポート、日本企業の有価証券報告書をweb上で検索してきたが、ここまで過去に遡って開示している企業は他に類を見ない。これは、企業理念や経営戦略の一貫性と、過去の持続的な成長に対する自信の表れと言えるのではなかろうか。

図表2-11から、ウォルマートのROAが過去11年間にわたって、8～10％というわずか2％の幅の中で推移していることが確認できる。この間の平均値

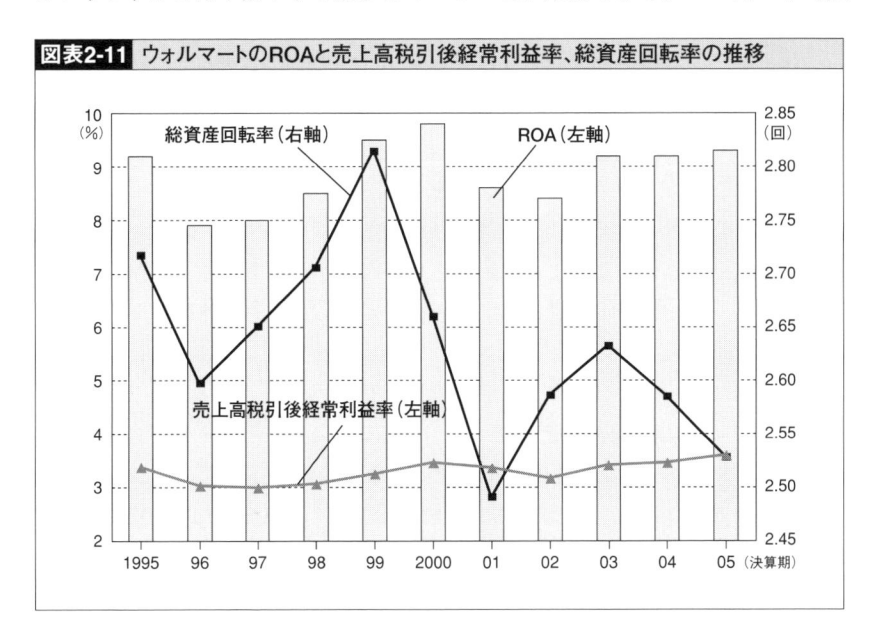

図表2-11 ウォルマートのROAと売上高税引後経常利益率、総資産回転率の推移

は8.9％である。また、そのわずかな変動幅のほとんどが、総資産回転率の動きから来ていることも確認できる。売上高税引後経常利益率は、11年間で上下0.6％の幅に留まっている。

2…ウォルマートの置かれた経営環境

①大手小売業界を取り巻く経営環境

図表2-12は、2004年の世界の食品・雑貨小売業上位20社を示したものである。ウォルマートの売上が他を圧倒的に引き離していることに目を奪われる。それと同時に、GDP世界第2位の日本から1社もトップ10にランクインしていないことも分かる。このことから、日本では総合小売業、専門小売業を問わず、多くのプレーヤーが激しい競争を繰り広げているのに対して、海外では合従連衡を繰り返しながら大手グループへの統合が進んでいることが分かる。

景気動向を最も直接的に受けると思われる小売業界では、早くから優良企業と不振企業が二極化し、合従連衡を繰り返してきた。最近では、かつて米国小売業の売上高トップにもなったKマートが経営破たんし、同じく過去に売上高トップであったシアーズに経営統合された。

日本経済新聞（2005年1月21日）によると、全米小売業協会（NRF）は、2004年の小売売上成長率6.7％に対して、2005年は3.5％へ低下すると予測している。その主な理由として、これまでの消費で家計の貯蓄率が大幅に低下していること、金利高騰に対する警戒感、原油高懸念などが挙げられている。景気の低迷と市場の飽和によって、売上高の成長が頭打ちとなるなか、世界の小売業界は、いかに確実に利益を上げていくかという難しい舵取りを迫られている。

②ウォルマートの経営戦略と課題

ウォルマートの創業は、1962年のディスカウントストアとしての第1号店オープンに遡る。8年後の1970年には株式公開を行っている。2005年8月末現在、米国内に4つの業態で合計3,773店舗（1,258店のディスカウント・ストアーズ、1,866店のスーパーセンターズ、555店のサムズ・クラブ、94店の

ネイバーフッド・マーケッツ）を展開している。また、海外ではメキシコの722店、英国の293店、カナダの261店を筆頭に、中国と韓国を含む8ヵ国1地域で合計1,643店舗を展開している。この数値には、2005年8月現在、株式の42.4％を所有（2007年末までに66.7％まで保有できる新株予約権を確保）している日本の西友（2004年12月末現在、西友グループ全体として404店舗、うち株式会社西友として209店舗を保有）の店舗数は含めていない。

　ウォルマートの経営戦略は、EDLP（エブリデイ・ロープライス）に代表される。EDLPと言っても、メーカーや卸を買い叩いてコモディティ（汎用品）を安価で仕入れ、それを薄利多売しようという単純な手法ではない。むしろウォルマートは、単なる値引きや販売促進費の要求は行わず、あくまでメーカーや卸と一体になった商品開発や商品提供を目指している。

図表2-12　世界の食品・雑貨小売業上位20社

(100万ドル)

順位	社名	国	売上高	
1 (1)	ウォルマート・ストアーズ	米	285,222	(309,414)
2 (2)	カルフール	仏	90,284	(113,046)
3 (4)	メトロ	独	70,065	(77,768)
4 (3)	ロイヤル・アホールド	蘭	64,588	(89,417)
5 (6)	テスコ	英	62,219	(68,165)
6 (5)	クローガー	米	56,434	(58,647)
7 (8)	レーベ	独	50,677	(54,788)
8 (9)	コストコ・ホールセール	米	47,146	(51,199)
9 (7)	ターゲット	米	46,893	(53,949)
10 (11)	ITM（アンテルマルシェ）	仏	44,002	(46,705)
11 (14)	シュバルツ	独	42,557	(45,913)
12 (10)	アルディ	独	41,868	(45,883)
13 (13)	アルバートソンズ	米	39,897	(41,975)
14 (17)	イオン	日	38,789	(50,921)
15 (15)	ウォルグリーン	米	37,508	(39,458)
16 (16)	オーシャン	仏	37,319	(50,451)
17 (12)	セーフウェイ	米	35,823	(39,112)
18 (18)	イトーヨーカ堂	日	33,497	(63,190)
19 (23)	ルクレール	仏	32,762	(35,476)
20 (19)	エデカ	独	31,802	(39,184)

注：順位のカッコ内は前年度順位、売上高のカッコ内はチェーン全体の売上高
出所：プラネット・リテール

その根底には、世界一とも言えるサプライチェーン・マネジメント（SCM）によって実現する、顧客への最大価値の提供がある。店頭の棚からメーカーや卸との物流までを一貫するSCMの実現に早くから着手し、ITをフルに活用して売れ筋商品を見きわめ、メーカーとの販売情報の共有、在庫回転率の向上などに努めてきた。なかでも、「リテール・リンク」と呼ばれるデータウェアハウスを介して、メーカーは翌日午前4時にはウォルマート全店舗における自社商品の販売状況をつかむことができる。当社が米国企業に与えた生産性向上の影響は計り知れないものがある。

　図表2-13は、ウォルマートの1994年以降の店舗数推移を描いたものである。1992年に創業者サム・ウォルトン氏が死去した後も成長の勢いは衰えず、直近5年間の店舗数は年間6％の勢いで増加を続けている。しかし、業態の構成比率には年々変化が見られる。ウォルマートの原型とも言えるディスカウント・ストアーズは1996年をピークに減少している。代わって、2005年現在で最も店舗数の多い業態はスーパーセンターズである。

　ディスカウント・ストアーズが日用品を中心（一部の食品も扱う）に販売す

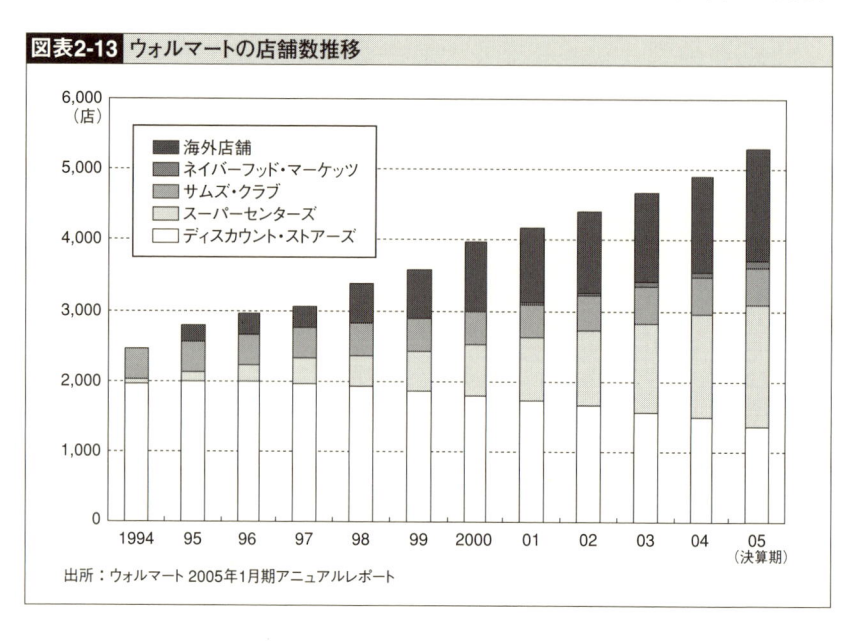

図表2-13　ウォルマートの店舗数推移

出所：ウォルマート2005年1月期アニュアルレポート

るのに対して、スーパーセンターズは食料品もフルラインで提供し、売り場面積も前者の2倍に及ぶ。スーパーセンターズの拡大には、新規出店に加えて、ディスカウント・ストアーズからの業態転換が積極的に進められている。一方、ネイバーフッド・マーケッツは食料品中心のスーパーで、店舗数は少ないが、これも当社が拡大している業態である。主にスーパーセンターズの周辺に出店することで、物流などの効率化が実現するドミナント（地域集中出店）戦略を推進している。サムズ・クラブは1983年に始めた会員制のホールセールクラブ（法人向けクラブ）で、他の店舗と比べるとやや異質ではあるが、2005年1月期末時点で全社売上の13％を占めている。ホールセール向けの徹底した低価格戦略に根ざしているため、利益率は他の3業態よりも劣る。最後に、国際部門の売上は同時期に全社の19.7％に達している。

　このように一言でウォルマートと言っても、規模や取扱商品、さらには顧客（個人、ホールセール）によって振り分ける、店舗のポートフォリオを保有している。ポートフォリオ内の店舗同士が相乗効果で事業を拡大している一方、顧客嗜好の変遷によって、ポートフォリオのなかでの組み替えも頻繁に起きている。

　ウォルマートは2004年現在、売上高ではエクソン・モービルに次いで世界第2位、株式時価総額でも常に世界10位以内にある。売上高は米国内の全小売業の10％程度に相当し、2005年1月期で2,852億ドル（28兆円5,200億円）にのぼる。2005年1月期には小売業として初めて純利益が100億ドル（1兆円）を超えた。圧倒的な強さを誇る当社は、これまで進出地域の地場に根ざしたスーパーや専門店を破産に追い込むほどの影響を生み出してきた。その脅威に対して、出店予定地域からの反対や規制強化、あるいは労働条件を不当とする従業員からの訴訟など、数々の弊害を生んできたことも事実である。

　こうした背景からの人件費の上昇、原油高による米国消費者（特にウォルマートが主なターゲットとする低所得者層）の購買力減退など、2005年に入り市場環境は必ずしも芳しいものではない。しかし、当社は2005年6月3日に行われた株主総会の場で、期間は明言しないものの、米国市場のみで2,700店をさらに新規出店する構想を明らかにした。当社の拡大戦略には、今後も一寸のブレも見えていないのが現状である。

3…ウォルマートが実施するROA維持策

　ウォルマートがROAと同時に掲げている経営指標は3つある。それぞれの指標がROA高水準の維持にどのような役割を果たしているかを見ていこう。

①既存店の売上高成長率

　店舗の拡大や再立地などを前年から一切行っていない店舗だけを対象に、前年度比の売上高成長率を算出し、その推移を重視している。これを各地域における小売業の売上高の動向と比較することで、ウォルマートが出店地域において着実にシェアを獲得できているかどうかを確認できる。EDLPという自社の戦略が、提供側の論理ではなく、顧客に価値として確実に浸透しているかを端的に表す指標と言えよう。特に、次項の「売上高の成長以上の利益成長」が約束されていれば、売上成長イコール利益率の成長となり、ROAのブレークダウンにおける1つ目の要素である「売上高利益率の向上」につながる。

　新規出店や店舗改装・拡大は一時的に売上高利益率を押し下げるケースが多いが、当社の成長戦略や顧客嗜好の変化への対応として、これらは避けて通れない。そのためにも既存店の確実な成長は、ウォルマート全社の成長、ROAの高位維持を支える礎と言えよう。

②売上高の成長以上の利益成長

　売上高が成長し、それ以上に利益が成長すれば、売上高利益率は上昇し、ROAの向上につながる。既存店だけではなく、新店舗、改装店舗、閉鎖店舗をすべて含めた全社レベルの売上と利益の議論なので、この結果がストレートにROAの動向に反映される。

③棚卸資産の伸び率が売上高成長率の半分以下

　ウォルマートは、2005年1月期末で294億ドル（2兆9,400億円）の棚卸資産を保有している。これは総資産の4分の1、売上原価の約51日分に相当する。棚卸資産の伸び率を売上の成長以下に抑えるということは、棚卸資産の回転をより速くし、在庫として眠っている日数を短くするということにほかならない。

> **当社の経営指標――ウォルマート**
>
> 　経営陣は、当社の業績を評価するために数多くの指標を用いている。その中でも特に頻繁に議論されるものとして、以下が挙げられる。
>
> ○店舗売上高を比較する指標は、既存店が着実に市場シェアを伸ばしていることを確認するためのものである。店舗売上高の前年度同期間比での成長率を計測している
>
> ○営業利益の成長率が、売上高の成長率を上回ることは、我々にとっての成功の証として長い間確立されている
>
> ○在庫の成長率を、売上高成長率の半分以下に抑えることは、我々の効率性を測る上で重要な指標である
>
> ○我々は巨額の資産を抱える企業として、保有する資産が常に生産的であり続けることに、神経を集中している。総資産利益率（ROA）を現在の水準に保つことは、我々にとって非常に重要なことである。ROAは、少数株主持分控除前の継続事業からの利益を、総資産の平均値（著者注：前年度末と今年度末）で割って算出している。2005年度、2004年度、2003年度のROAは、それぞれ9.3％、9.2％、9.2％となっている
>
> 出所：ウォルマート2005年度1月期アニュアルレポートより抜粋

　在庫が速く回転していれば、在庫の陳腐化や値下げリスクを回避できるため、資産の効率化、キャッシュの有効活用はもちろん、収益性の向上ももたらされる。全米にわたる店舗網、広大な売り場面積から、当社の棚卸資産がある程度の金額で常態化するのは避けられない。棚卸資産の伸びを抑制し、ROAを向上することは、当社にとってサプライチェーン・マネジメント（SCM）の真価を発揮する場となっている。

　ウォルマートの総資産のなかで2大要素を占める、棚卸資産と有形固定資産の対総資産比率の推移を描いたのが次ページの図表2-14である。日本の総合小売業のB/Sに馴染んでいる読者は、棚卸資産と有形固定資産が全資産の8割強を占めている事実に、違和感を覚えるかもしれない。どちらも小売業として

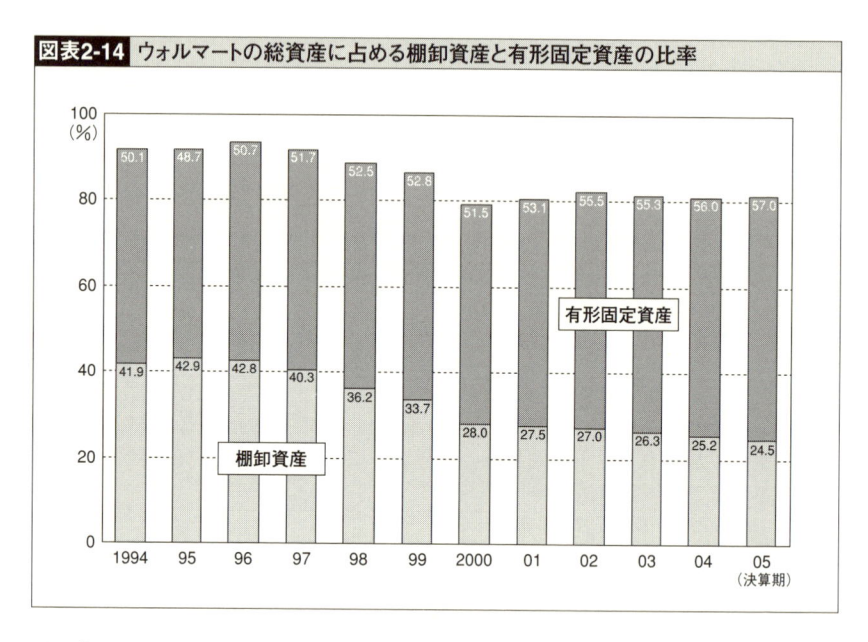

図表2-14 ウォルマートの総資産に占める棚卸資産と有形固定資産の比率

決算期	1994	95	96	97	98	99	2000	01	02	03	04	05
有形固定資産	50.1	48.7	50.7	51.7	52.5	52.8	51.5	53.1	55.5	55.3	56.0	57.0
棚卸資産	41.9	42.9	42.8	40.3	36.2	33.7	28.0	27.5	27.0	26.3	25.2	24.5

はできるだけ小さくしたい勘定であって、ウォルマートが非効率のようにすら思わせる。しかし、ウォルマートの総資産回転率が2005年1月期に2.53倍という非常に高い水準にあることを忘れてはいけない。

つまり、ウォルマートの場合、B/Sが徹底的に圧縮され、そのなかで多い資産として、本業の棚卸資産と有形固定資産が浮き彫りになっているのである。イトーヨーカ堂のB/Sでは、現預金や投資有価証券など、本業とは直接的に関係がないとも思われる資産が非常に多いため、相対的に棚卸資産と有形固定資産がそれほど多くないように見えているだけである。イトーヨーカ堂の総資産回転率が1.44倍と、ウォルマートを1倍以上下回ることが、それを端的に示している。総資産回転率はROAの「デュポンシステム」における2つ目の要素であり、同比率を高く維持することは、ROAの維持・向上に直結する。

ウォルマートの総資産に占める棚卸資産と有形固定資産の比率を見ると、棚卸資産が継続的に減少するなか、有形固定資産の構成比は少しずつ増加していることが分かる。B/Sだけではなく、P/Lの数値も用いて有形固定資産回転率（売上高を平均有形固定資産で除した値）を計算すると、1995年に5.51倍あ

った同比率が2005年には4.47倍となっており、継続的な減少傾向（有形固定資産が売上高以上に増加）にあることが分かる。

もちろんこれは、当社の有形固定資産投資の効率性が悪くなっているのではなく、むしろ売上の拡大によって実現される棚卸資産の効率化を、店舗や配送センター、さらにはITによる質の向上に向けてさらなる投資を行い、当社の強さを不動なものにしていると肯定的に捉えるべきであろう。先に見たように、収益性（売上高税引後経常利益率）が同期間にわたってほとんどぶれていないことが、何よりの根拠となる。

さらに、ROAの高位維持に大きな貢献を果たしているのが、積極的な自己株式取得と増配に見られる財務戦略である。2005年1月期のウォルマートのキャッシュフロー計算書を見ると、自己株式取得に45億ドル（4,500億円）、配当に22億ドル（2,200億円）、合計67億ドルのキャッシュを株主還元に用いていることが分かる。これは当期の営業活動からのキャッシュフロー（150億ドル）の45％、純利益（102億ドル）の実に65％超に相当する。これらの株主還元に使われたキャッシュが、ROAを計算する分母の総資産から減少していることになる。これら株主還元を一切行っていない場合と比べて、ROAを0.3％押し上げる効果を生んでいるのである。

4…ウォルマートのROAを評価する

成熟業界と見られがちな大手小売業において、未だ年間10％超の売上成長を見せるウォルマート。2004年の全米主要小売業（全店ベース）の売上成長率が前年度比6.7％（全米小売業協会＝NRF調べ）のなか、売上が30兆円に達する世界トップ企業が、業界の倍近いペースで成長しているのは、驚愕に値する。

直近でも、たった1年間で売上を約3兆円増加させたわけで、これはウォルマートのなかにイトーヨーカ堂が1年間で2社新しく誕生した規模に相当する（イトーヨーカ堂の2005年2月期の単独決算における売上高は1兆4,000億円）。利益率では、ウォルマートがイトーヨーカ堂を圧倒的に上回っている。

このように、ウォルマートは巨大な規模を誇りながら、未だ高水準での成長

を実現している。今後もこの成長目標には変化がないため、毎年の継続的かつ大規模な設備投資は当社にとって不可欠なものである。一方、すべての投資がすぐに既存事業に匹敵するような収益性や資産効率性を生むわけではなく、投資規模の大きい会社ほど、ROAにバラツキが発生しやすい。加えて、小売業は景気や顧客嗜好の動向を最も直接的に受けるため、もともと事業体として利益推移が安定しているものでもない。最近の日本の大手総合小売業が本業で苦戦していることを見れば一目瞭然である。

ウォルマートはその巨大な企業規模、継続的な設備投資を必須とする環境、加えて小売業という景気の動向を受けやすい業界において、敢えて高水準のROAを経営指標として掲げている。「ウォルマートが投下する資本は、すべて現行レベルでの収益性や資産効率性に結びつく」ことを予め公約していると言える。この公約を、既存店舗のさらなる成長、新規店舗の早期収益性アップ、店舗業態のポートフォリオの組み換えなどを最適に行いながら、実現しようというわけである。

ここまで見てきたように、一言でROAの高位維持といっても、売上高の成長、売上原価と販管費の抑制、支払利息や実効税率の維持・低減、棚卸資産の抑制、設備投資の拡大、自己株式取得や増配といった株主還元の活用など、あらゆる企業活動を総合して達成を目指すものである。競争の激しい業界だからこそ、ROAのように一見安定事業でないと継続的・安定的に維持することは

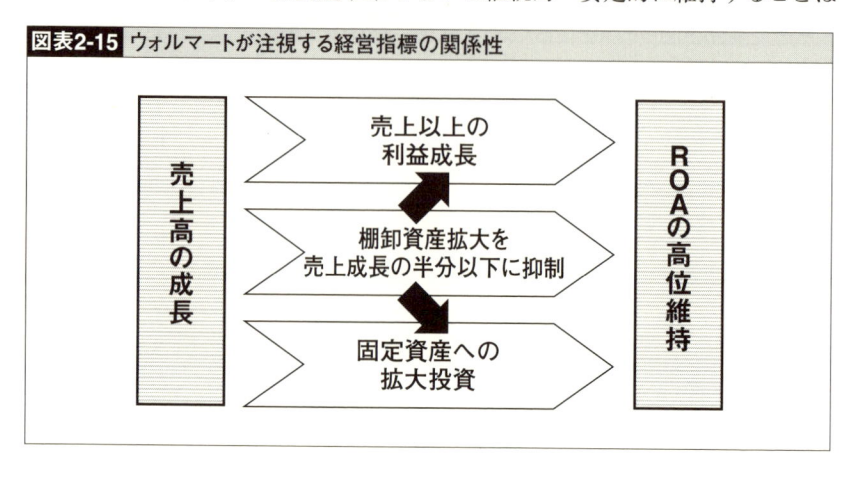

図表2-15 ウォルマートが注視する経営指標の関係性

売上高の成長 → 売上以上の利益成長 / 棚卸資産拡大を売上成長の半分以下に抑制 / 固定資産への拡大投資 → ROAの高位維持

難しい指標を掲げることに、ウォルマートの成長と業績に対する深いコミットメント、そして強い自信を感じさせる。

では、ウォルマートが過去11年間にわたって計上してきたROAの8～10%という数値は、どのような意味を持つのか。ウォルマートの2005年8月現在における資本コスト（WACC）を算出して、その比較を試みる。株主資本コスト、資本コストを以下のように算出する。

株主資本コスト ＝ リスクフリーレート ＋ β × リスクプレミアム
　　　　　　　＝ 5.0% ＋ 0.4 × 7.5% ＝ 8.0%

WACC＝時価株主資本比率×株主資本コスト＋時価負債比率×負債コスト×（1－実効税率）
　　　＝ 87% × 8.0% ＋ 13% × 6.3% ×（1－34.7%）
　　　＝ 7.5%

※リスクフリーレートは2005年8月現在の30年物長期国債の水準である4%台中半を参考に5%とした
※リスクプレミアムは1920年～1990年の単純平均である7.5%を採用した（『企業価値評価』（トム・コープランド、ティム・コラー、ジャック・ミュリン著、ダイヤモンド社刊）
※時価株主資本比率、時価負債比率は、ウォルマートが長期的に目指している（当社2005年1月期アニュアルレポートに記載）簿価ベースの対調達資本有利子負債比率の40%（2005年1月期実績は39%）、および2005年8月時点のウォルマートのPBR4.3倍をもとに算出した。D＝40%÷（40%＋60%×4.3）＝13%
※支払利息は2005年1月末時点で当社が保有する銀行借入れのうち、固定金利のものをその元本によって加重平均して6.3%と算出した
※実効税率は2005年1月期の34.7%を採用した

算出されたウォルマートの資本コスト7.5%に対して、2005年1月期のROAは9.1%に達しており、十分に上回っていることが分かる。ここで、前述のとおりウォルマートはROAを支払利息控除後で計算しているが、本来資本コストと比較するべきROAは支払利息控除前のものである。よって、支払利息控除前経常利益で算出するウォルマートのROAは、若干ではあるが大きくなる。ウォルマートのROAは、資本コストをさらに余裕を持って上回っていることとなる。

ウォルマートのROAが資本コストを上回っている理由を探ると、ウォルマートのβ^*値が0.4という非常に低い水準にあることも大きく寄与している。日本のイオンやイトーヨーカ堂のβ値は軒並み1倍を超えている。また、ウォルマートの競合であるターゲット、コストコ、JCペニーなどのβ値も0.8以上あ

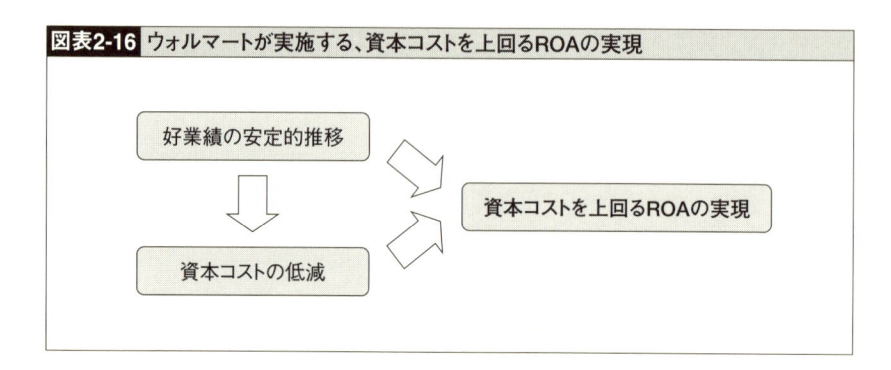

図表2-16　ウォルマートが実施する、資本コストを上回るROAの実現

好業績の安定的推移
　↓
資本コストの低減
　→
資本コストを上回るROAの実現

り、ウォルマートのβ値が米国内でも突出して低いことが分かる。β値が低いということは、米国の株式市場全体の動きに対して、ウォルマートの株価の動きが鈍いことを示している。米国の株式市場が米国の景気動向を忠実に表しているとすれば、景気変動に対するウォルマートの業績のブレが少ないことを示していると言える。この点はウォルマートのROAが長期的に安定推移していることからも実証されており、こうした資本コストの低減にROAの安定推移が貢献していることも見逃せない。

　ROAを適切な水準に維持するためには、その算式の分子にある利益と分母にある総資産を管理することはもちろん、上記のプロセスで扱った、実効税率、目標とする負債比率、支払利息の金利水準、株価動向（時価純資産倍率）なども影響を与える。つまり、いくらROAが高くても、それが資本コストを下回っていては、適切なROAを導いているとは言えないことになる。経営者及び財務担当者は航空機のコックピットに座っているように、刻々と変化を続ける様々な内的・外的変数をチェックし、その調整を行いながら、企業を巡航速度で操縦しなければならない。それらを統轄する指標として、ウォルマートではROAが重要な経営指標になっている。

3●まとめ──ROAの役割

　ROAは、総資産に対する収益性を判断する指標である。ROA向上のためには、売上高の成長、売上原価と販管費の抑制、実効税率の低減、棚卸資産の抑制、設備投資と利益貢献へのバランス、自己株式取得や増配といった株主還元策の活用など、あらゆる企業活動を総合して達成を目指すものであることを、ウォルマートのケースを通して解説した。また、資本コストと比較することで、ROAの適切な水準を想定できることも見た。

　ROAの分母はB/S上の総資産の合計値なので、B/Sにある程度の資産を持つことを前提にして事業活動を行う業界や企業であるほど、ROAを目標に掲げる意義は大きい。ここで述べている「ある程度の資産」とは、通常は有形固定資産を指すが、それだけではない。むしろ現預金や有価証券といった手元流動性、売上債権や棚卸資産といった運転資本、あるいは事業投資や株式持ち合いから来る投資有価証券などが、業界として、または業界のなかでも特に自社が多い場合などは、ROAを意識した経営姿勢を示すことの意義は大きいと考える。

　ROAは、その分母が常に総資産であるため恣意性が入りにくいのに対して、分子には様々な利益が用いられることが多い。資本コストと比較する場合などは、支払利息控除前税引後純利益を用いるべきであるが、そうでない場合には、どの利益が分子に使われているか、なぜその利益で算出するのかを、企業側、それを分析する側共に強く認識する必要がある。実際、ウォルマートでは分子の利益を継続事業に絞り、また税引後ベースにすることで、実質的な数値として資本コストと比較しやすい形式にしていた。大切なのは常に同じ条件でROAを算出する一貫性であって、特定の利益を用いて必ずROAを算出しなくてはいけないというものではない。

　企業の成り立ちが投資家（株主や金融債権者）からの資本調達に始まる以上、

投資家を意識しない経営はあり得ない。そして、投資家を意識するための単刀直入な姿勢は、経営指標にB/Sの概念を含めることである。なぜなら、B/Sの右側は資本調達そのものであり、これが膨らむということは、それだけ投資家の存在が大きいからである。B/Sの概念を含む経営指標は数多く存在するので、自社の企業価値を高める上での、代替となる指標を入念に選択、作成していくことが望まれる。

　B/Sの概念を改めて意識するスタート地点として、まずはROAベースで自社が継続的にコミットメントできる数値、達成しなくてはいけない数値を見出すことから、始めてみてはどうであろうか。過去の趨勢はどうだったか、現在の水準は満足水準か、その水準は資本コストに見合う数値で、目標達成の暁には企業価値が向上する水準だろうか。そして、ROA向上に向けて、本質的な利益の源泉は何か、そのために必要な資産とそうでない資産は何なのかについて、より踏み込んだ議論を起こすきっかけを与えてくれるはずである。

第3章

ROIC
特定事業にフォーカスした投資収益性の指標

特定事業にフォーカスして投資収益性を算出するROIC（投下資本利益率）こそ「企業価値の向上」を単年度ベースで評価する指標である。企業が目指すべきは、単にROICを高めることではなく、ROICが資本コストを上回ることである。ROICを高めるための企業活動も、ハードルとなる資本コストを下げるための企業活動も、すべて「企業価値の向上」に結びつく。本章では、妥協なき再建策でROICを急上昇させた日産自動車の戦略を読む。

1・ROICの読み方と意義

1…ROICの算出方法

　ROICはReturn on Invested Capitalの略である。つまり、投下した資本（Invested Capital）に対して、どれだけの利益を計上したかを算出するものである。投下資本利益率、または投下資産利益率と呼ばれる。

$$\text{ROIC（投下資本利益率）} = \frac{\text{利益}}{\text{投下資本}}$$

　ROICを理解するには、第2章で詳述したROAと対比させながら考えると分かりやすい。まず分子から見ていくと、ROAと同じく、ROICの分子には様々な利益を用いることがある。ROAで解説したように、資産に対する投資収益性を判断する指標で最も大切なことは、分母のバランスシート（B/S）勘定と分子の損益計算書（P/L）勘定の対象をできる限り一致させることである。つまり、分母に算入する投下資本によって獲得できる利益のみを、分子の利益に用いる。逆に、投下資本に含まれない資産から生み出される利益は、分子に含めない。

　次に、分母の投下資本は、どのように算出すればよいのか。ROAでは分母は常に総資産であったが、ROICでは分母の投下資本についても決まった定型式はない。

　ROAは、分母に総資産、分子に支払利息控除前経常利益を置いた。企業が保有するすべての資産に対して、企業の経常的活動から得られる利益（ただし、資本構成の影響を排除するため、支払利息を足し戻した）の収益性を測定したものであり、企業全体を言わば1つの塊として捉えて算出するものである。これに対してROICは、企業を1つの塊として見るのではなく、特定の事業にフ

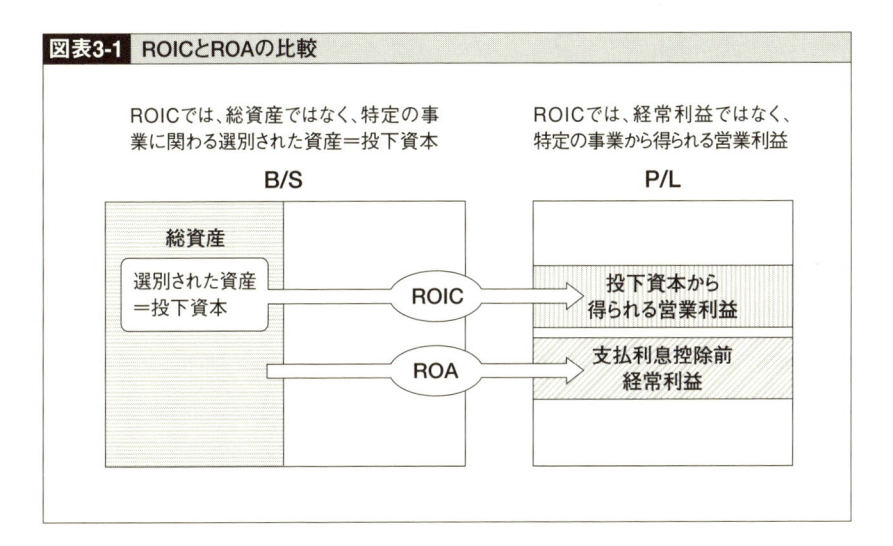

図表3-1　ROICとROAの比較

ROICでは、総資産ではなく、特定の事業に関わる選別された資産＝投下資本

ROICでは、経常利益ではなく、特定の事業から得られる営業利益

B/S

P/L

総資産
　選別された資産
　＝投下資本　→ ROIC → 投下資本から得られる営業利益

　　　　　　　→ ROA　→ 支払利息控除前経常利益

ォーカスしたものと言える。分母には総資産ではなく、特定の事業のために投下された資産を選別し、分子には経常活動からのすべての利益ではなく、特定の事業から得られる営業利益を選別して算入するのである。

　なお、B/Sの調達サイドにある、有利子負債と株主資本の合計を分母に置いて算出する指標（営業利益／〈株主資本＋有利子負債〉）をROICと呼ぶ企業も多い。しかし、本書では「投下資本」をあくまでB/Sの資産サイドに着目したものとして解説を進めることで、事業投資に対する収益性指標となるROICの意義をより明らかにしていく。有利子負債と株主資本の合計を「投下資本」としたものは、ROCE（Return on Capital Employed）、またはROTC（Return on Total Capital）などとも呼ばれる。

　では、分母の投下資本に算入する項目を、より具体的に見ていこう。ROICは、特定の事業活動における投下資本利益率を測定するのが目的なので、分母にはその事業活動に要した流動資産（手元流動性、正味運転資本、その他）と固定資産（有形固定資産、無形固定資産、投資その他）を含める。余資運用に相当するような使途の定まらない現預金、あるいは事業活動に寄与しない有形固定資産や投資有価証券などは、全社資産として認識し、ROICの分母に含めないのが一般的である。繰り返すが、あらゆる資産を分母に含めて企業全体の

収益性を判断したい場合には、すべての資産を分母に含めるROAで十分である。ROICでは、あくまで特定の事業にフォーカスしている点を忘れてはならない。

$$\text{ROIC（投下資本利益率）} = \frac{\text{投下資本から得られる営業利益}}{\text{特定事業への投下資本}}$$

※投下資本：事業活動に要した流動資産（手元流動性、正味運転資本、その他）と固定資産（有形固定資産、無形固定資産、投資その他）

ここで1つ、ROAと比較した場合のROICの優位性について解説する。

ROAでは、資産の内容や保有目的にかかわらず、そのすべてを分母に算入した。一方、それに合わせて分子では支払利息控除前経常利益を用いることで、調達サイド（ここでは資本構成）の影響を排除し、あくまでB/Sの資産サイドに着目した収益性指標となるように調節した。しかし、実はたったこれだけの調節では十分ではない。たとえば、他の調達サイドの例として、買掛金や支払手形といった仕入債務の多い企業を考えてみよう。仕入債務が多いということは、その分、仕入先への支払いに時間を要しているため、結果として手元の現預金などの資産が多くなる。その反面、一般的には仕入コストが割高となり、業界他社に比べて利益率が低くなると想定される。

このような状況を無視して算出されたROAには、不具合が生じている。な

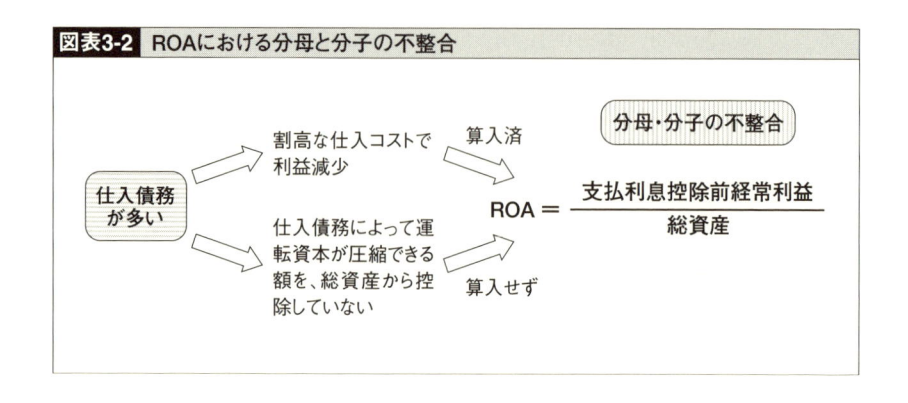

図表3-2　ROAにおける分母と分子の不整合

仕入債務が多い
→ 割高な仕入コストで利益減少（算入済）
→ 仕入債務によって運転資本が圧縮できる額を、総資産から控除していない（算入せず）

分母・分子の不整合

$$\text{ROA} = \frac{\text{支払利息控除前経常利益}}{\text{総資産}}$$

ぜなら、ROAはあくまで資産サイドに着目した収益性の指標なので、本来であればB/Sの調達サイドの影響はROAの分子からすべて排除するべきであるが、支払利息控除前経常利益にはすでに割高な仕入コストが算入されている。ROAは、B/Sの資産サイドに着目した投資収益性を計る指標と言っておきながら、実は分子にB/Sの調達サイドの影響が入り込んでいる。これを調節するためには、業界他社の仕入債務と仕入コストの状況を把握し、その影響を適切に取り除くことが必要となるが、それほど簡単な作業ではない。

これに対して、ROICでは分母に正味運転資本（売上債権＋棚卸資産－仕入債務）を用いる。これによって、支払利息を伴わない調達資本（ここでは仕入債務）の相当額を、分母の投下資本から排除することとなる。この背景には、仕入債務は売上債権（売掛金と受取手形）や棚卸資産などの運転資本として有効活用されており、その分については新たな投下資本は発生していないという考え方がある。実際、仕入債務が存在する分、企業は追加の有利子負債や株式での調達を行わずに済んでいる。この圧縮できた投下資本が、分母から正確に排除されるわけである。

この結果、分母では仕入債務までを考慮した、実際に事業活動に要した正味の運転資本が算入され、分子でも仕入コストとして仕入債務の影響までを含んだ営業利益を用いることとなる。分母と分子において仕入債務の大小の影響を加味したという点において、ROICの分母と分子は一致しており、ROAに比べてより正確な指標と言うことができる。

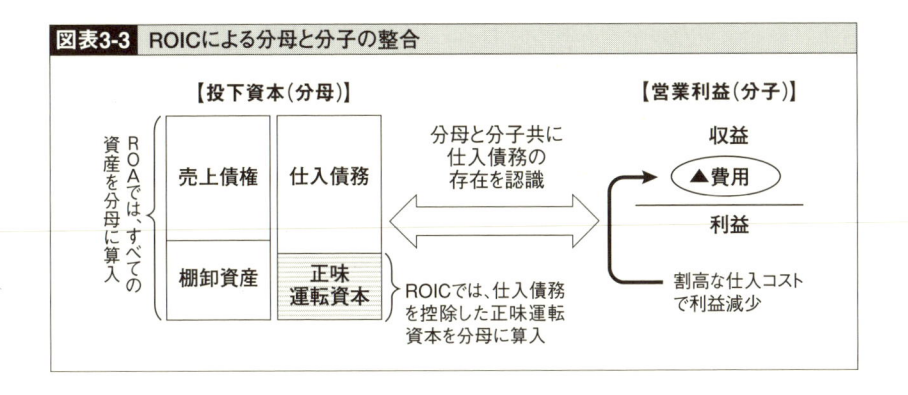

図表3-3　ROICによる分母と分子の整合

2…ROICの読み方

　第1章ではROEと株主資本コスト、第2章ではROA（税引後ベース）と資本コスト（WACC）を比較し、それぞれの適正水準について議論を進めた。ROICは資産サイドに着目して投下資本に対する収益性を測定するものであり、ROAと同じく資本構成の影響は排除している。よって、ROICと比較すべきは、ROA同様、WACCとなる。その際、ROAと同様、ROICを税引後ベースで算出することは言うまでもない。

　ROEと株主資本コスト、ROAとWACCをそれぞれ比較する際には、①対象期間のズレから来る金利水準の相違、②利益とキャッシュフロー（CF）の相違、③簿価と時価の相違、などにおいて、単純化を前提としていることを解説した（41ページ参照）。この点については、ROICとWACCを比較する際も同じである。また、どの指標も単年度の会計上の数値を用いているため、会計方針の影響を受けることも一致している。しかし、それ以外の点においては、ROICをWACCと比較することは、ROE、ROAを用いるよりも意義が高いと言える。その理由は次の2点である。

①ROEと株主資本コストの比較の限界

　企業は、その資本コスト（WACC）を上回るフリー・キャッシュフローを永続的に生み出して企業価値を向上させていくことを使命としている。そのための方策としては、有利子負債の活用による節税効果など、WACC自体を引き下げる企業努力の余地もある。よって、仮にROEが株主資本コストを下回ったとしても、ROICがWACCを上回ることは十分に可能である。企業価値が向上し、結果として株主価値が向上している分には、株主は満足である。

②ROAと資本コスト（WACC）の比較の限界

　先に見たように、ROAは分母と分子が完全に一致していない点で指標として劣っており、WACCと比較する上ではそのことを常に念頭に置く必要がある。加えて、事業活動に寄与していない資産までをすべて分母に含めて計算するROAは、その数値の水準自体に意義を見出しにくい場合もある。たとえば、

図表3-4 ROIC、ROA、ROEの比較

	ROIC	ROA	ROE
目的	特定事業に関する投資収益性を評価	企業全体を1つの塊として捉えた投資収益性を評価	株主資本に対する投資収益性を評価
分母	特定事業に関わる投下資本	総資産	株主資本
分子	投下資本から得られる営業利益	支払利息控除前経常利益	税引後純利益
比較対象	資本コスト（WACC）	資本コスト（WACC）	株主資本コスト
メリット	特定事業にフォーカスした収益性であるROICを、その事業遂行のために調達した資本コスト（WACC）と比較。妥当性が最も高い	遊休資産を含めた全資産に対する収益性であるROAを、資本コスト（WACC）と比較。会社レベルで調達資本に対する責任を明確化できる	株主に帰属する純利益を株主資本で割ったROEを、株主が求める株主資本コストと比較。株主の立場に立った一貫性ある評価が可能
注意点	投下資本は特定の事業に関するものを算入するが、その「特定」の選別において経営の意図が入り込む余地がある	仕入債務の扱いで分母と分子が一致しない等、指標として不完全。分母に遊休資産など様々な資産が入り込み、WACC未達でも原因の特定が困難	ROEが株主資本コストを下回っても、ROICがWACCを上回ることは十分可能。ROICがWACCを上回る限り、株主は満足である

　遊休資産が多いほどROAは必然的に下がる。その場合、仮に特定の事業の収益性が資本コストを十分に超過していても、ROAベースでは超過できない可能性がある。資本コスト以上のリターンを求めている資本提供者の立場に立てば、特定の（複数でも可）事業の収益性が資本コストを超過している分には満足なはずだが、ROAを用いるとそのように判断できない。「事業活動からの利益が満足水準、すなわち資本コストに達しているか」を判断するという目的からすると、ROAはその機能を果たさない。

　もちろん、企業が調達した資本、あるいは生み出した利益を有効活用せずに、過剰な遊休資産として内部に抱え込んでいるとすれば、それは別の経営上の課題とも取れる。敢えて遊休資産までも含めて資本コスト超過の可能性を判断するというのであれば、ROAをWACCと比較する意義を完全に否定するものではない。逆説的に言えば、ROICの分母に算入する投下資本は、「特定の事業に関わる選別された資産」であるため、その選別において経営の意図が入り込む可能性が否定できないことも付け加えておく。

　最後に、ROICもROEやROAと同様に、「デュポンシステム」によるブレ

図表3-5　デュポンシステムによるROICのブレークダウン

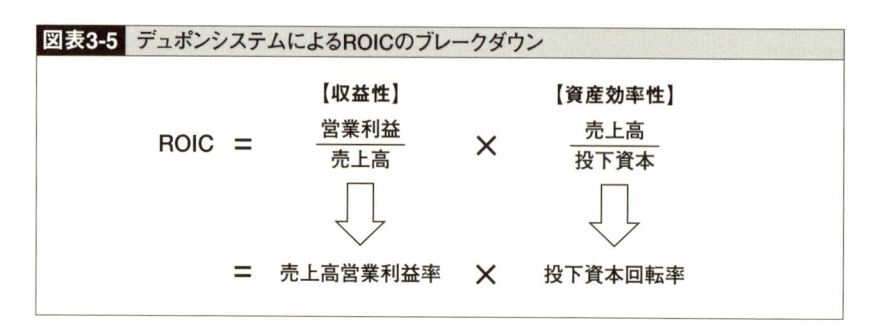

$$\text{ROIC} = \underbrace{\frac{\text{営業利益}}{\text{売上高}}}_{\text{【収益性】}} \times \underbrace{\frac{\text{売上高}}{\text{投下資本}}}_{\text{【資産効率性】}}$$

$$= \text{売上高営業利益率} \times \text{投下資本回転率}$$

ークダウンが可能である。売上高に対する収益性と、資産に対する効率性へのブレークダウンは、ROAとまったく同じである。ROICではこのブレークダウンが、特定の事業にフォーカスして行われることとなる。

3…日本企業と米国企業のROIC

　ROICは特定の事業に関する投資収益性の指標なので、全社レベルでの日米のROIC推移自体が、厳密には存在し得ない。ここでは、営業利益ベースのROA（営業利益／総資産）推移をROICとして想定し、日米の全社レベルでのROICの動きを検討する。第2章で示した経常利益ベースのROAと比較すると、財務活動の影響を除外していることから、本業の収益性により注目した資産収益性の動きと判断できる。図表3-6から、両国のROICは、おおむね類似の動きを示していることが分かる。特に、直近3年間は、両国間で3％前後の差を保ちながら、共に右肩上がりの傾向にある。

　3％の違いは両国間の金利水準の差におおむね等しく、許容範囲と取れなくもない。しかし、グローバル市場でのプレゼンスの高い企業や、国内における海外企業との競争が激しい企業であれば、そのような楽観的な判断は禁物である。ROICの違いは、製品やサービス、あるいはコスト管理において、自社が優位性に劣る現れかもしれない。あるいは、保有資産の効率化に関する経営の甘えの現れかもしれない。計上する利益の違いは、そのまま株主還元の違いや、将来の投資体力の違いへと発展していく。なぜ海外競合に比べて投資収益性（ROIC）が低いのか、収益性、資産効率性の両面からの検証が必要となる。

図表3-6 日米企業のROIC推移

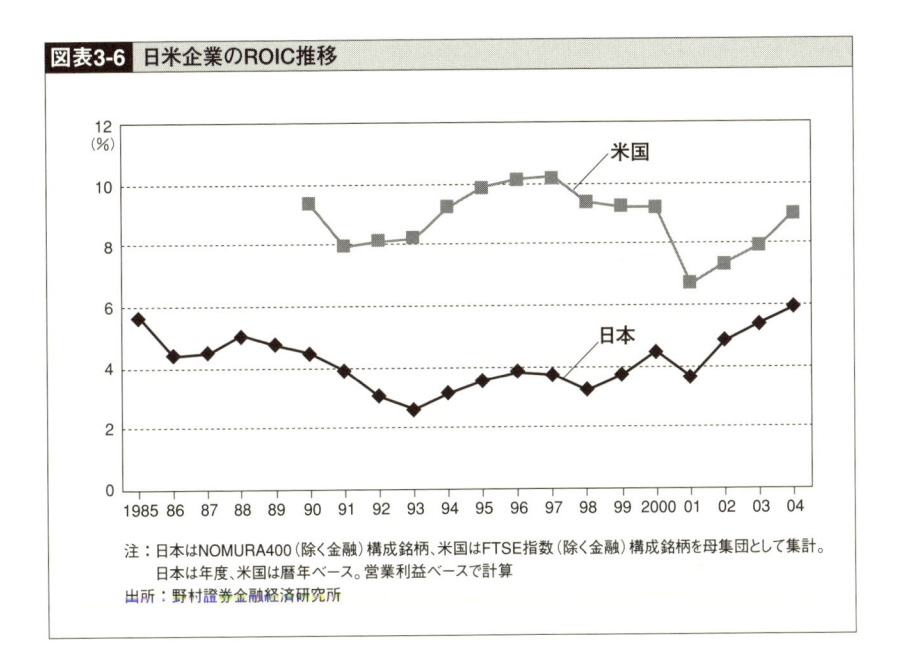

注：日本はNOMURA400（除く金融）構成銘柄、米国はFTSE指数（除く金融）構成銘柄を母集団として集計。
日本は年度、米国は暦年ベース。営業利益ベースで計算
出所：野村證券金融経済研究所

4…ROICを目標に掲げる意義と注意点

　一般的に認知度の高いROAやROEを用いずに、敢えてROICを目標に掲げるとすれば、それを支持するのに十分な理由があって然るべきである。ROICが他の2つの指標と異なり、かつその優位性を発揮するのは、特定の事業にフォーカスした収益性の指標という点である。特定の事業に要した投下資本を分母で明確にし、そこから得られる利益を分子に置くことで、当該事業が資本コストに見合った収益性を上げているかを適切に判断することができる。

　当該事業に要する投下資本、なかでも有形固定資産や運転資本がある程度の規模に達する事業の場合、ROICを目標に掲げる意義は大きいと言える。逆に、B/Sに一定の資産勘定を保有することが必ずしもその業界の前提条件とはならない場合（たとえば、オンライン小売業やコンサルティング業）、ROICを意識する意義は比較的低いと言える。ROICで明確に管理することによって、資産を余剰に抱え込むのを抑制し、あくまで目標とするリターンに結びつくため

の投資を条件とすることができる。この目標リターンの基準となるのが、企業に要求された資本コスト（WACC）となる。

　1つの企業のなかで複数の事業を行っている場合でも、ROICはその真価を発揮する。この場合には、各事業に要求される資本コストをあらかじめ設定することから始まる。各事業の資本コストを設定する際には、以下の2つの考え方がベースとなる。

①各事業の資本コストは、それぞれの事業のリスクを反映したリターンに基づくものとなる。他社で当該事業のみを行っている企業があればそれを活用する。ただし、資本構成は企業によって異なり、資本構成の違いも資本コストそのものに影響を与えることに注意しなければならない。具体的には、他社の資本コストをもとに、資本構成の違いを調整した後で、自社の個別事業の資本コストとして採用することとなる。そのためには、事業ごとの社内バランスシートを設定することが前提となる。

②事業別に算出される資本コストを、各事業に用いた投下資本で加重平均した値は、遊休資産などの余剰な資産が存在しない限りにおいて、全社の資本コストと一致するべきである。これは、企業が複数の事業から構成される集合体と考えれば、必然的な姿である。

全社資本コスト（WACC）＝ $W_X \times WACC_X + W_Y \times WACC_Y + W_Z \times WACC_Z$
※$W_X + W_Y + W_Z = 1$　　W：投下資本の構成比

　こうして設定された事業別の資本コストに対して、各事業のROICを比較することとなる。ROICが資本コストを中長期的に上回ることのできない事業は、やがては事業ポートフォリオのなかから淘汰されることとなろう。

　次に、市場が急成長している業界では、設備投資が初期に多大に発生する可能性が高い。急成長業界ではないにしても、設備投資が周期的であったり、あるいは不規則に毎年の規模が変化したりすることは通常起こりうる。このような場合には、投下資本が大きい時期のROICは低くなる一方、年を追うごとに減価償却が進み、その分の投下資本が小さくなるためROICは大きくなってい

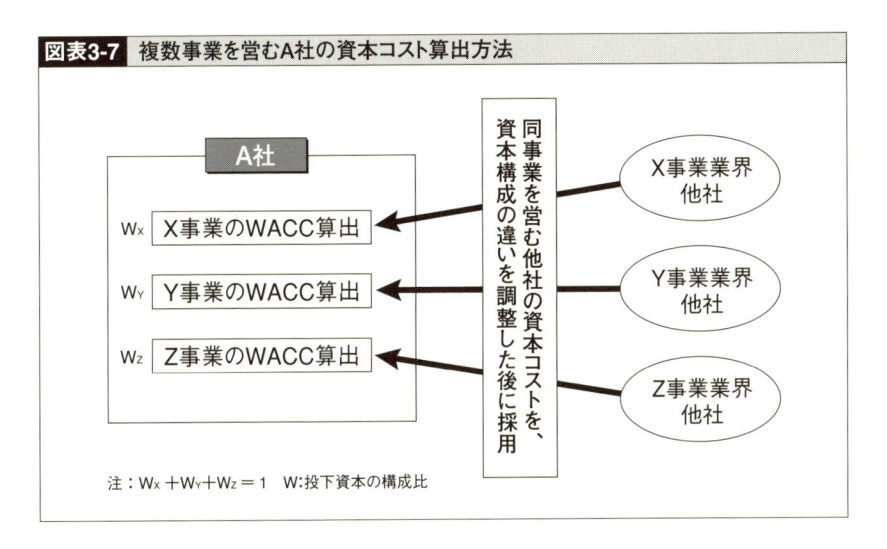

図表3-7　複数事業を営むA社の資本コスト算出方法

```
┌─────────────────────────┐
│         A社              │      同事業を営む他社の       ┌─────────┐
│                          │      資本コストを、           │ X事業業界 │
│  Wx │X事業のWACC算出│◄──┤      資本構成の違いを        │  他社    │
│                          │      調整した後に採用         └─────────┘
│  Wy │Y事業のWACC算出│◄──┤                              ┌─────────┐
│                          │                              │ Y事業業界 │
│  Wz │Z事業のWACC算出│◄──┤                              │  他社    │
│                          │                              └─────────┘
└─────────────────────────┘                              ┌─────────┐
                                                          │ Z事業業界 │
注：$W_x + W_y + W_z = 1$　W:投下資本の構成比              │  他社    │
                                                          └─────────┘
```

く。しかし、減価償却の進行によるROICの向上には、実質的な意味はない。こうしたケースであれば、投下資本に敢えて減価償却控除前の有形固定資産を使い続けることで、その影響を排除することができる。

　ROICを目標に掲げる際には、具体的な数値をハードルとして掲げる場合と、単に「WACC以上」として具体的な数値を掲げない場合が考えられる。本質的には後者で十分であるが、後者は分かりにくいため、具体的な数値で掲げる企業が多い。ただし、WACC自体が時間の経過と共に常に変化することに注意しなければならない。

　たとえば、金利水準の低下や、有利子負債の調達による節税効果の増大などによって、WACCが下がったとしよう。本来であればROICの目標水準を切り下げて然るべきだが、一旦設定した目標数値を下方修正するのは、企業の見え方として必ずしも好ましいものではない。分かりやすさの前者と、実質の後者のどちらを取るかは企業次第である。今後、資本コストの概念が日本でも確実に根付くことを想定し、また企業側も投資家に対して資本コストの概念を浸透させていく義務と責任を保有していることから、「WACC以上のROIC」を主なメッセージとして伝えることを勧めたい。

　以上、ROICは、ROAやROEと比べて様々なメリットがあることを解説し

てきた。これに対してROICの最大のデメリットは、指標としての馴染みの薄さである。少なくともROICを目標に掲げる企業は、分母の投下資本と分子の利益をそれぞれどのように算出しているのか、そして、なぜその算出法を取ることが自社にとって意義が大きいのかを明らかにすることが必要である。目標に掲げる以上は、その目標が達成された時点で、企業価値の向上に結びつかなくてはいけない。その因果関係を明らかにするためにも、ROICを経営指標として用いる場合には、ROICの構成要素と目標とする水準について、十分な事前の考察と検証が求められる。

2●ケーススタディ──日産自動車

1…日産自動車におけるROICの推移

図表3-8は、日産自動車が2005年4月25日に行った2004年度決算発表において、カルロス・ゴーン社長兼CEOが使用したプレゼンテーション資料の1枚である。1999年度（2000年3月期）は、ルノーによる出資が行われた後の最初の決算期であったが、当時のROIC1.3％から順調な右肩上がりを示し、2002年度に目標とするROIC20％の水準にほぼ到達、以降2004年度まで、目標水準をクリアしている。グローバルレベルで成長を続ける自動車業界において、日産は今後もROIC、つまり投下資本に対する営業利益率20％という水準を維持しながら、利益ある成長を目指していくことを公約している。

ここまで解説したように、ROICは、特定の事業における投下資本に対して、どれだけの利益を計上したかを算出するものである。日産が目標として掲げるROICは、自動車事業にフォーカスしたものであり、もう1つの日産の柱である販売金融事業は除外している。一方、ROEやROAと異なり、ROICはその分母・分子に何を算入するかの選択の自由度が高いため、日産がどのように算出しているかを正確に理解しておく必要がある。ROICの算式には正解がない

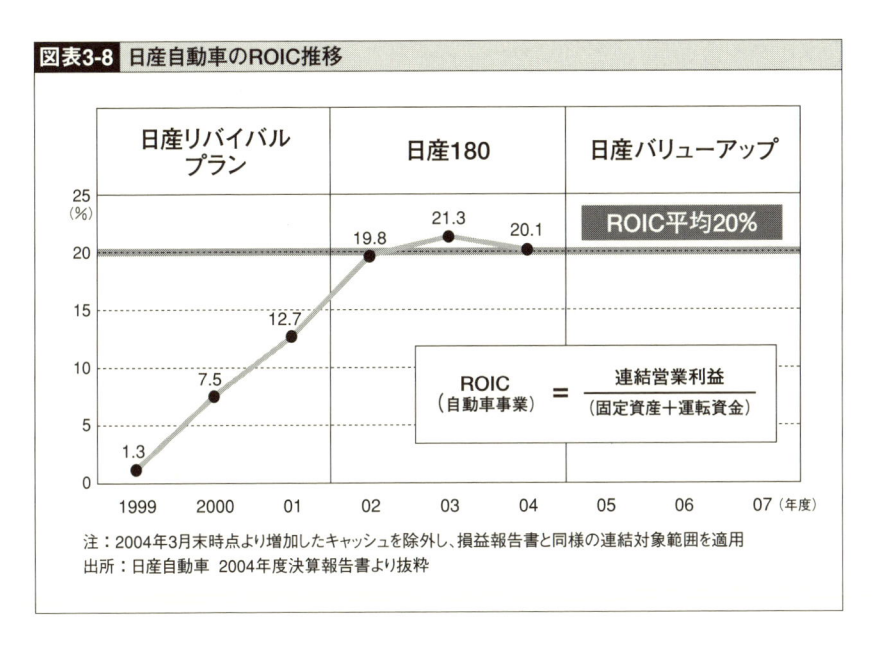

図表3-8 日産自動車のROIC推移

日産リバイバルプラン: 1999年 1.3%、2000年 7.5%、01年 12.7%、02年 19.8%
日産180: 03年 21.3%、04年 20.1%
日産バリューアップ: 05〜07年度 ROIC平均20%

$$ROIC（自動車事業） = \frac{連結営業利益}{固定資産＋運転資金}$$

注：2004年3月末時点より増加したキャッシュを除外し、損益報告書と同様の連結対象範囲を適用
出所：日産自動車 2004年度決算報告書より抜粋

ので、「何が正解か」ではなく、「なぜ日産はそのような算出を行っているのか」に注意を傾ける必要がある。

日産は自動車事業にフォーカスした上で、分母の投下資本に固定資産と運転資本（日産の資料では「運転資金」と記されているが、本書では「運転資本」に用語を統一）、分子の営業利益には自動車事業の営業利益を使用している。計算式は以下のとおりである。

$$日産自動車のROIC = \frac{自動車事業からの営業利益}{自動車事業への投下資本（固定資産＋運転資本）}$$

2…日産自動車の置かれた経営環境

①自動車業界を取り巻く経営環境

現在のグローバル市場における自動車業界は、「米国大手3社（GM、フォ

ード、ダイムラー・クライスラー）の凋落と、日本大手3社（トヨタ自動車、日産自動車、本田技研工業）の躍進」と端的に表現できる。年間約1,700万台の米国新車市場のシェアを見ても、2004年度は米国3社が初めて60％の大台を割る58.7％に下落した一方、日本3社の合計が初めて30％を上回る32.5％に達した。日産はこのうち6.0％のシェアを占めている。

　米国の産業史そのものと言える自動車業界の凋落には様々な要因が挙げられるが、突き詰めて言えば、米国製自動車からの消費者離れの表れである。具体的には、米国大手の収益源の中心であった大型スポーツ・ユーティリティ・ビークル（SUV）の不調が大きい。来るべき環境問題や、燃料費高騰へのリスク対策などにおいて、米国大手の対応が後手後手に回った感は否めない。特に

日産バリューアップ

2005年度から2007年度に亘る当社の新3ヵ年事業計画—日産バリューアップ—は2005年4月1日より実行されており、以下の三つの重要なコミットメントが設けられています。

1. 2005年度から2007年度の毎年度、グローバル自動車業界トップレベルの売上高営業利益率を維持すること
2. グローバル販売台数420万台を2008年度末までに達成すること
3. 3年間平均で、投下資本利益率20％以上を確保すること

日産バリューアップ期間には28の新型車が全世界で投入されます。
日産バリューアップを実施するにあたり、日産は四つのブレークスルー、打開策を追求します。
・インフィニティをグローバルに展開し、一流のラグジュアリーブランドにすること
・小型商用車の販売を強化すること
・LCC（リーディング・コンペティティブ・カントリー、競争力のある国々からの部品・サービスの調達を拡大すること）
・大幅な地理的拡大を実施すること

出所：日産自動車 2004年度決算報告書より抜粋

GMは複雑な労組関係や年金問題を抱えているため、工場等のリストラが行いにくい環境にあったことも、将来への先行投資や収益体質の向上策が遅れた要因と考えられている。

　米国企業が90年代に大型車を中心に積極販売している間、日本企業は得意の中小型車を中心に利益体質を高め、得られた利益を環境問題や北米専用大型車の投資につぎ込んだ。この結果、燃費効率や環境に優しい、大型車から中小型車までの製品ラインナップを実現し、そうした自動車への社会的ニーズが強まるにつれて、先行投資を見事に開花させている。

　米国大手企業は、売れない製品を安売りやインセンティブ（報償金）の増加によって回避しようとするため利益が減少し、将来への投資が抑制され、魅力的な車が生まれないという完全な悪循環に陥っている。また、こうした業績の不振から、2005年5月には米国格付会社S&Pによって、GM、フォード共に長期債格付けを投機的水準、いわゆるジャンク債へと引き下げられた。唯一好調であった両社の金融子会社も同時に投機的水準に引き下げられたため、今後の資金調達コストが増加し、収益性をますます圧迫する状況に追い込まれている。

　これに対して、2005年3月期決算における日本の大手3社は、前年度比で増収増益を達成したのは言うまでもないが、トヨタが3期連続、日産が5期連続、ホンダが4期連続で、純利益の史上最高益を実現している。今後の環境問題やBRICs（ブラジル、ロシア、インド、中国）を中心とする新興成長市場への投資において多大な投資資金のニーズが発生するなか、強い者はより強く、弱い者はより体力を失うという構図がさらに強まる可能性が高い。

　では、日本の大手3社にとって、今後の不安要因は何か。1990年代の米国大手に見られたように、強すぎるがゆえの慢心、将来への投資の見誤りは最も警戒が必要である。一方、強すぎるがゆえのリスクとして、日米貿易摩擦の再燃や、急激な円高進行も懸念されている。トヨタがGMとの技術開発を積極的に進めようとしているのも、こうした事情が1つの背景にある。

　現地生産だけでなく国内生産の輸出分を含めると、今や国内大手3社が稼ぐ利益の7割は、北米市場からのものとなっている。市場の規模のみならず、収益性、あるいは今後の成長性の観点からも、米国市場での継続的な発展が、日

本の自動車業界の将来を約束することに変更の余地はない。このように、圧倒的な強さから来る死角のない状況と、そうであるがゆえの自制、この両者の手綱をうまくさばきながら魅力的な自動車を提供し続けることが国内大手に求められている。トヨタ、日産、ホンダにとって、現在は最も輝いていると同時に、最も経営の難しい時代である。

②日産自動車の経営戦略と課題

　日産自動車の2004年度におけるグローバル連結販売台数は338万台である。これはトヨタの740万台の半分にも及ばないが、ホンダの324万台を若干上回っている。また、日産にとって2004年度は、1990年度に記録した過去最高販売台数（310万台）を15年ぶりに更新した記念すべき年度でもあった。2005年4月にスタートした新3ヵ年事業計画「日産バリューアップ」では、4年後の2008年度にグローバル販売台数を420万台まで伸ばすことを明確に掲げている。これは年率平均で5.6％の成長に相当する。2003年、2004年と、前年度比10％以上の成長を示してきた当社の販売台数からすると、実質的には成

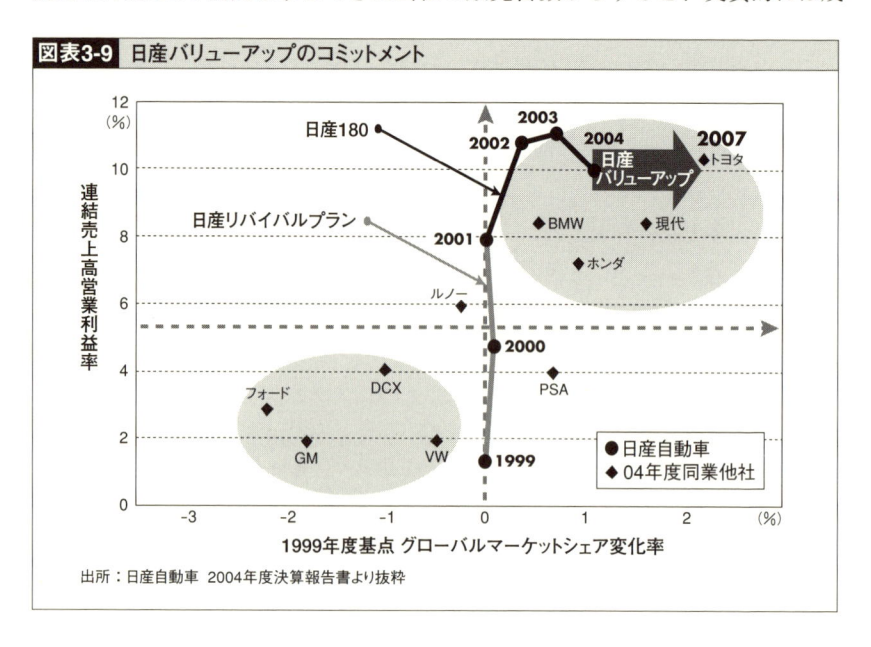

図表3-9　日産バリューアップのコミットメント

縦軸：連結売上高営業利益率（％）
横軸：1999年度基点 グローバルマーケットシェア変化率（％）

出所：日産自動車　2004年度決算報告書より抜粋

長の勢いが徐々に鈍化していくことを示している。

　1999年のルノーによる日産自動車への資本参加と経営参画以降、非常に短期間において、日産は再建を果たした。この期間の経営戦略は大きく2つのステージに分けることができる。初期の再建ステージと、現在の成長ステージである。これを端的に示すのが、日産が2005年3月期決算の発表の場で示した前ページのスライド（図表3-9）である。

　ルノーが経営参画を始めた1999年度からの3年間は、売上高営業利益率が継続的に向上したものの、グローバルシェアに大きな変化はなかった。つまり、この時期の再建ステージは、成長なき利益の追求と言える。一方、売上高営業利益率が10％を超えた2002年度以降は、利益率に大きな変化はないが、グローバルシェアを着実に伸ばしている。言わば、成長による利益の獲得がこの成長ステージである。どちらのステージも最終的な目的は利益を獲得することであるが、その手段が明らかに異なっているわけである。

　今となっては想像するのさえ難しいが、ルノー参画直前の1999年3月には日産の有利子負債は4兆3,000億円超に達し、支払利息が1,000億円を優に超

図表3-10　日産自動車「卓越した企業への軌跡」

日産リバイバルプラン	日産180	日産バリューアップ
"会社の再生"	"再建を完了し、利益ある成長へ軸足を移動"	"更なる発展と価値創造"
コミットメント		
・00年度の黒字化 ・02年度までに売上高営業利益率>4.5% ・02年度までに自動車事業実質有利子負債50%削減	・05年9月末までグローバルで100万台増販 ・売上高営業利益率8%達成 ・自動車事業実質有利子負債ゼロ	・08年度に420万台 ・業界トップレベルの売上高営業利益率を維持 ・投下資本利益率（ROIC）期間平均20%

出所：日産自動車　2004年度決算報告書より抜粋

えていた。同期の日産の連結営業利益は1,100億円に満たないので、実質的には、利息を支払うためにすべての事業を回しているという状況にあった。ダイムラー・クライスラーとの提携交渉の打ち切りを受け、米国格付会社S&Pからは長期債格付けを投機的水準に引き下げる旨の警告を受けている状況にあった。1991年度に6.6％あったグローバルシェアも、1998年度には4.9％に落ち込んでいた。過大な有利子負債と本業の不振による株主資本の毀損によって、日産は絶体絶命の危機に瀕していた。

　このような環境下で、ルノーは日産への総額6,430億円（うち日産本体へは5,857億円の出資により、36.8％の株式を取得）の注入と経営参画を行った。日産リバイバルプランの変遷については、ROICの観点から捉えた上で次項「日産自動車が実施するROIC向上策」で詳しく見ていく。

　ルノーの経営参画から6年が経過した2005年度初頭にあたり、日産はこれまでの経営戦略をさらに推し進めていく。これについてゴーン氏は、2005年4月25日に行われた2004年度決算発表の場において、次のように語っている。「2004年度は、為替レートの悪化、原材料の市況の高騰、インセンティブの増加や金利の上昇など多くの逆風を伴う厳しい事業環境のなかで、諸課題に果敢にチャレンジし、過去最高の業績を上げることができました。当社の事業基盤は強固であり、商品はお客様にとって魅力的なものとなっています。日産は将来の持続的な利益ある成長に向けて態勢が整っています」

　日産バリューアップの実施にあたり、日産は4つのブレークスルー（打開策）として以下を掲げている。

・「インフィニティ」をグローバルに展開し、一流のラグジュアリーブランドにすること
・小型商用車の販売を強化すること
・LCC（リーディング・コンペティティブ・カントリー、競争力のある国々からの部品・サービスの調達を拡大すること）
・大幅な地理的拡大を実施すること

　日産バリューアップは、日産の経営戦略そのものである。2005年以降、ま

すます困難な時代に直面するなか、日産バリューアップによって、日産は成長と利益の二兎を追い続ける姿勢である。

3…日産自動車が実施するROIC向上策

日産自動車のROIC向上のための施策については、ROICを構成する要素を分子と分母に、さらに分母は固定資産、運転資本、現預金に分けて、それぞれ具体的にどのような施策を行ったのかを見ていく。これに先立ち、まずは2005年3月期において、どのような構成比率から自動車事業のROIC20.1％が達成されたのかを確認しておきたい。

なお、日産は毎年度、自動車事業と販売金融事業の事業セグメント別のP/L、B/S、CF計算書を連結決算と同時に発表している。2004年3月期までは、この自動車事業のP/L、B/Sの数値をそのまま用いてROICを算出していた。しかし、2005年3月期は、中国の東風汽車有限公司と、台湾の裕隆日産汽車股分有限公司を連結子会社としたことで、B/Sが膨らんだことから、これら2社の連結による影響をB/Sから切り離してROICを算出している。また、2006年3月期以降は、ROICの算出には、現預金を含めない意向のようである。この意味については、次項の「日産自動車のROICを評価する」で触れてみたい。

日産の2005年3月期のROICは、次の計算式で表される。

$$\text{ROIC} = \frac{\text{営業利益}}{\text{固定資産} + \text{運転資本} + \text{現預金}}$$

$$= \frac{7,876 \text{億円}}{33,823 \text{億円} + 3,568 \text{億円} + 1,873 \text{億円}}$$

$$= 20.1\%$$

ここで、営業利益を20ポイントとして分母の100ポイントを構成要素に分けると、次ページのようになる。

$$\text{ROIC} \atop (20\%) \quad = \quad \frac{20(\text{営業利益})}{86(\text{固定資産}) \; + \; 9(\text{運転資本}) \; + \; 5(\text{現預金})}$$

よって、分母の投下資本のなかでは、固定資産の動きがROICの水準に最も大きなインパクトを与えることが分かる。それでは、日産のROICについて、その固定資産から順番に、式を構成する要素別に経年の動きを見ていこう。

図表3-11は、2002年3月期以降の日産の自動車事業セグメントにおける固定資産と固定資産の構成要素（有形固定資産、投資有価証券、その他の固定資産）の推移を表したものである。なお、2001年3月期以前は、自動車事業の売上高、営業利益、資産のどれもが全社の90％を超えており、有価証券報告書上に事業の種類別セグメント情報が記載されていないため、割愛した。この図表より、固定資産は4年間で年率平均8％の成長をしていること、固定資産の約8割を占めるのは有形固定資産であり、基本的に有形固定資産の増減の動きが固定資産全体の増減となって表れていること、さらに投資有価証券はこの4年間でわずかながら減少していることが分かる。

次に運転資本を見ていこう。運転資本は「売上債権（受取手形及び売掛金）＋棚卸資産－仕入債務（支払手形及び買掛金）」によって算出している。図表3-12は自動車事業における各運転資本の動き（2002年3月期～2005年3月期）と、売上高運転資本比率（このデータのみ2000年3月期から表示）を表したものである。売上高運転資本比率は2001年3月期をピークに2004年3月期まで右肩下がりを続けている。2005年3月期には上昇に転じたが、2001年3月期の9％と比較すると、その半分以下の4％という水準である。

2002年3月期以降において、売上高が平均年率で12％の成長を示すなかで、運転資本は10％のマイナス成長を示している。構成要素別に見ると、棚卸資産は10.4％、仕入債務は15％の平均成長率であった一方、売上債権はわずか0.8％の成長に止まっている。図表3-12の下に記された数値からも明らかなように、売上の継続的な成長に反して、2004年3月期までは売上債権は減少を続けた。言わば、売上高の成長に対して、仕入債務はそれ以上のスピードで支払いを延ばす一方、売上債権はそれまでにないスピーディ回収を実現したこ

第3章●ROIC

図表3-11 日産自動車の自動車事業における固定資産の推移

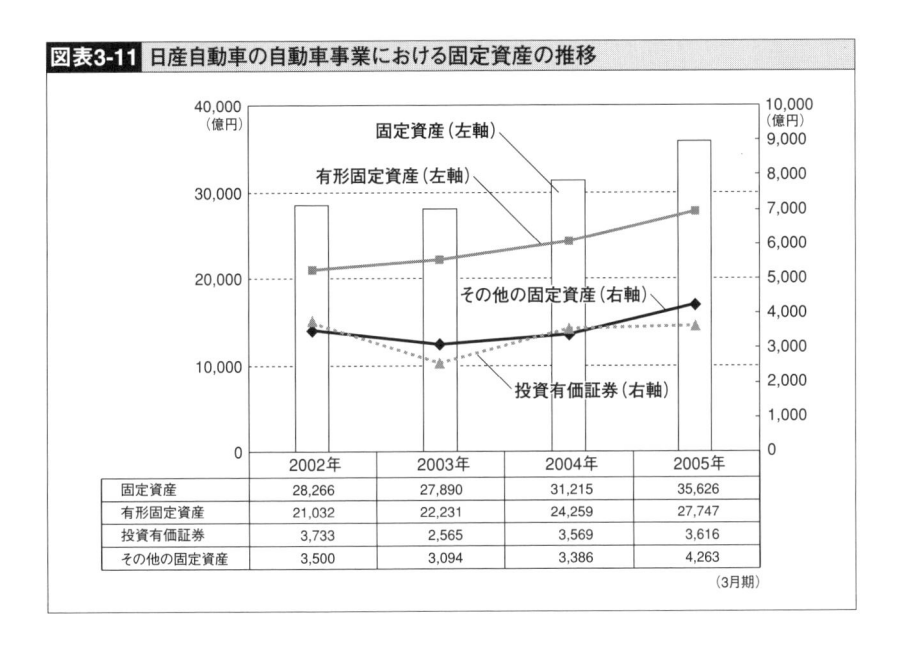

	2002年	2003年	2004年	2005年
固定資産	28,266	27,890	31,215	35,626
有形固定資産	21,032	22,231	24,259	27,747
投資有価証券	3,733	2,565	3,569	3,616
その他の固定資産	3,500	3,094	3,386	4,263

(3月期)

図表3-12 日産自動車の自動車事業における運転資本の推移

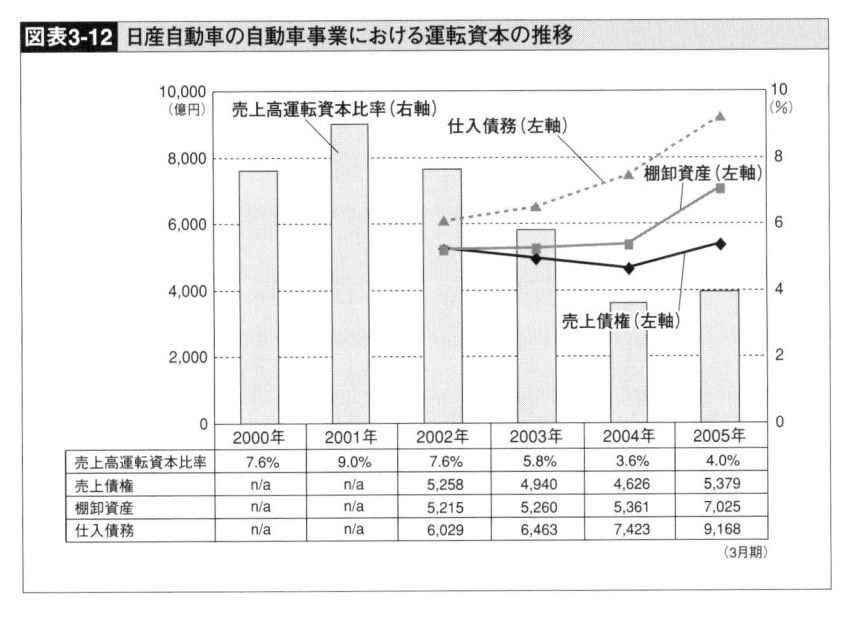

	2000年	2001年	2002年	2003年	2004年	2005年
売上高運転資本比率	7.6%	9.0%	7.6%	5.8%	3.6%	4.0%
売上債権	n/a	n/a	5,258	4,940	4,626	5,379
棚卸資産	n/a	n/a	5,215	5,260	5,361	7,025
仕入債務	n/a	n/a	6,029	6,463	7,423	9,168

(3月期)

とになる。このように、ROIC20％超を実現するために、対売上高で運転資本を継続的に減少させた意義は大きい。そのなかでも、売上債権が単に対売上高比率で減少したのではなく、金額そのものが減少を続けたわけである。その背景と具体的な施策については、次項の「日産自動車のROICを評価する」で見ていく。

図表3-13の現預金の推移は、自動車事業ではなく、全社の数値を用いている。全社と自動車事業セグメントの現預金の金額は大きく異ならないので、図の推移が過去6年間にわたる自動車事業セグメントの現預金の推移をほぼ近似していると考えて差し支えない。2004年3月期までの5年間では、現預金は平均年率で20.6％のマイナス成長を示している。

なお、厳密に言うと、短期保有目的の有価証券も本来は現預金と考えるべきである。日産が保有する有価証券の金額は、直近では微々たるものであるが、2000年3月期だけは、ルノーからの資本注入もあり、有価証券単独で別途2,600億円を保有していた。このため、図に示した以上に、実際には2000年3月期の手元流動性は大きかったことになる。

最後に、分子の営業利益を見ていこう。過去4年間において、自動車事業の営業利益は平均年率20.4％の成長を示している。しかし、直近の2005年3月期では、自動車事業の同比率は3.6％に留まっている。同期の全社営業利益は4.4％、販売金融事業は13.5％の成長率をそれぞれ達成している。

ここまでの解説をまとめると、ROICの分母に算入する固定資産は過去4年間（2002年3月期〜2005年3月期）で平均年率8％の成長、運転資本は10％のマイナス成長、現預金は20％のマイナス成長であったのに対して、分子の営業利益は20％の成長を実現している。こうして、2003年3月期までに20％の目標水準に達した日産のROICは、各構成要素の動きがやや緩やかとなった2004年3月期、2005年3月期においても、20％を上回る水準で推移している。ROICとその構成要素の年平均成長率（↑）、減少率（↓）を式にまとめておく。

$$\frac{20\%\uparrow（営業利益）}{8\%\uparrow（固定資産）+10\%\downarrow（運転資本）+20\%\downarrow（現預金）} \Rightarrow \text{ROIC20\%達成}$$

第3章●ROIC　119

図表3-13 日産自動車の全社現預金の推移

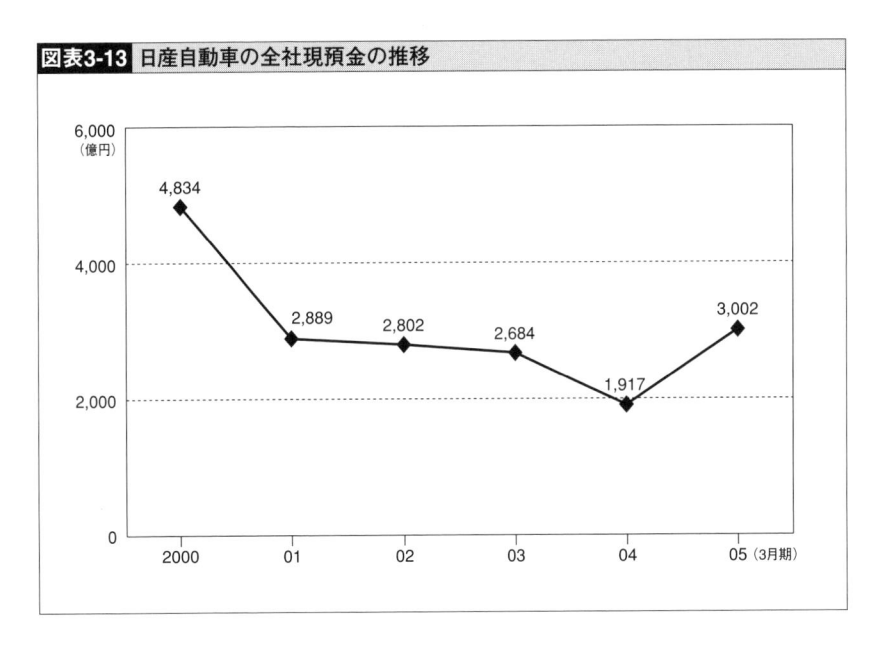

(億円)

年	2000	01	02	03	04	05 (3月期)
現預金	4,834	2,889	2,802	2,684	1,917	3,002

図表3-14 日産自動車の営業利益の推移

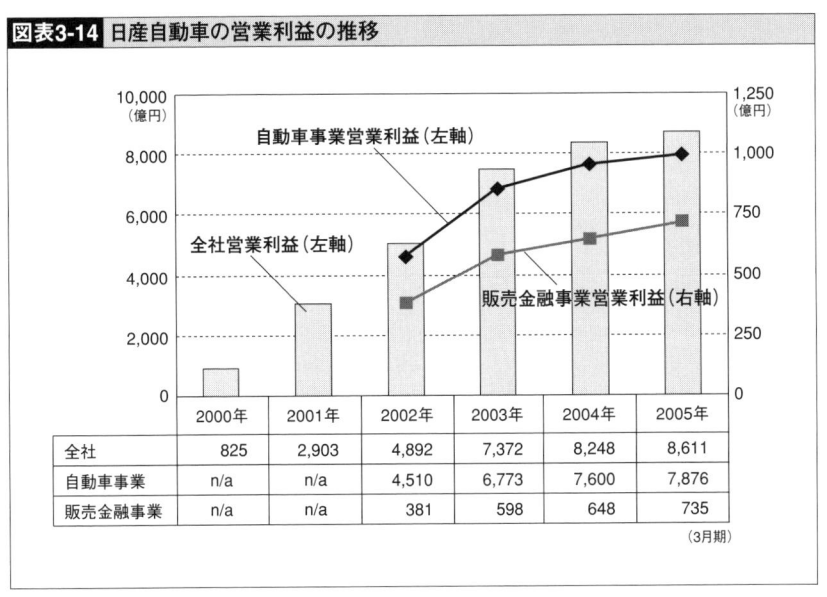

	2000年	2001年	2002年	2003年	2004年	2005年
全社	825	2,903	4,892	7,372	8,248	8,611
自動車事業	n/a	n/a	4,510	6,773	7,600	7,876
販売金融事業	n/a	n/a	381	598	648	735

(3月期)

それでは、日産リバイバルプラン（NRP）の数々の施策を中心として、具体的にどのような目標設定と実施策がROICの各構成要素の改善に結びつき、ROICの向上が実現されたのかを見ていこう。
　日産リバイバルプランにおける固定資産、運転資本、現預金の減少、および営業利益の増加は、日産が掲げた以下の目標とその実行によって実現されたものである。

●固定資産の減少
①有形固定資産
・2001年3月に村山工場、日産車体京都工場、愛知機械工業港工場を閉鎖し、7工場から4工場体制へ（NRP計画）⇒4工場体制（2001年度末）
・2002年3月にユニット工場の久里浜工場、九州エンジン工場を閉鎖（NRP計画）⇒閉鎖（2001年度末）
・ノンコアの不動産を売却（NRP計画）⇒2年間で1,600億円を売却（2001年度末）
②投資有価証券
・1,394社の保有株式の大半を売却（NRP計画）⇒2年間で3,740億円を売却（2001年度末）
・2000年度、2001年度の合計で資産売却総額（有価証券、不動産）は5,300億円に上る

●運転資本の減少
・2002年度までに3,000の国内営業拠点の10％（300拠点）を削減（強い販売チャネルへの集中とその育成、売上債権管理の効率化）（NRP計画）⇒300拠点を削減（2000年度末）⇒355拠点を閉鎖し2,650拠点へ（2001年度末）
・30％の在庫削減（NRP計画）

●現預金の減少
・グローバルレベルでの会計、資金、キャッシュ管理の構築（NRP計画）⇒

グローバル・キャッシュ・マネジメント・システムの確立により、グローバルレベルでの手元の現預金を必要最小限に絞り込む（2001年度末）

●営業利益の増加

- 2002年度までに20％の購買コストの削減、2000年度はそのうち8％（NRP計画）⇒2000年度に目標の8％を上回る11％の削減（2000年度末）⇒目標の20％削減を1年前倒しで達成（2001年度末）
- 1,145社の部品・資材調達先を2002年度までに600社以下に削減（集中購買による単位当たり購買コストを低下）（NRP計画）⇒810社（2000年度末）⇒40％削減（2001年度末）
- 6,900社ある設備・サービス調達先を50％以下の3,400社以下に削減（集中購買による単位当たり購買コストを低下）（NRP計画）⇒40％削減（2000年度末）⇒60％削減（2001年度末）
- その他、仕様の削減と標準化、ルノーとの提携によるグローバル調達も寄与
- 24あるプラットフォームを2002年度までに15、2004年度までに12に削減（NRP計画）⇒15のプラットフォームへ（2001年度末）
- 工場の閉鎖によって、稼働率を51％から2002年度には8割まで上昇（NRP計画）⇒稼働率は全工場平均で75％にまで向上（2001年度末）
- 2002年度までに販管費を20％削減（ブランド向上によるインセンティブ削減、グローバル化による広告費の削減、販売網のスリム化）（NRP計画）
- 3,000拠点の国内営業所を2002年度までに10％削減、子会社ディーラー数の20％削減（中間マージンなどの流通コストの削減）（NRP計画）⇒300拠点を削減（2000年度末）⇒355拠点を閉鎖し2,650拠点体制へ（2000年度末）
- 研究開発費投資の効率化（グローバルレベルでの組織の集中化、Nissan3-3-3プログラム〈購買部門、エンジニアリング部門がサプライヤーと協力して推進〉、コアテクノロジーへの資源集中、ルノーとの提携）⇒17％向上（2000年度末）
- 2002年度までに全従業員14万8,000人の14％に相当する2万1,000人（製造で4,000人、国内ディーラーで6,500人、一般管理で6,000人、事業売却

による異動で5,000人、開発で500人）を削減し、12万7,000人体制へ（NRP計画）⇒13万3,800人（2000年度末）⇒12万5,100人（2001年度末）

このようにまとめると、日産リバイバルプランがいかに妥協のない再建策であったかが確認できる。そして、その施策のすべてが、短期的にも長期的にも日産のROICを向上させることに確実に寄与している。日産がROICを公式に経営目標として掲げたのは日産バリューアップからであるが、ROIC向上のための施策については、日産リバイバルプランのスタート時から推進されていたことが分かる。

この妥協のない日産リバイバルプランが、最後まで妥協なく実行された理由はどこにあるのか。ゴーン氏のリーダーシップと、クロスファンクショナルチーム（部門横断型チーム）を設けて権限委譲を大幅に進め、現場からの変革を促したことは数多く語られている事実である。同時に、自動車事業が保有する実質有利子負債を2002年度末までに半減（7,000億円以下）すると明言したことが、大きな推進力として寄与したと考える。

当時の日産にとって最も切実な課題は、有利子負債が過剰で、事業からの利益水準では到底説明できない規模に達していたことである。有利子負債の削減なくして日産の再建を成し遂げることはできない。そのためには、これを具体的な数値として当初から明言し、過剰資産（固定資産、投資有価証券、運転資本）の圧縮（ROICの分母）と利益水準の向上（ROICの分子）によるキャッシュの創出を、断行することが不可避であった。生み出されたキャッシュの多くが、有利子負債の返済へと充てられる。

有利子負債の圧縮という最優先の課題を大目標に掲げることで、その後に起きる痛みが再建のために不可避であることを示したのも、ゴーン氏ならではの再建のリーダーシップと言える。日産は当初の計画を1年前倒しして、2001年度末には、自動車事業の実質有利子負債を半分以下の4,530億円まで圧縮することに成功した。さらに翌2002年度からスタートした「日産180」の初年度末には、同事業の実質有利子負債をゼロにしている。

日産リバイバルプランの目標が、過剰な有利子負債を適正な規模に圧縮し、

通常の販売活動によって利益が生まれる体制を作り上げることであったのに対して、2002年度からスタートした日産180は、初めて「成長」を公に語った経営戦略である。ここからは成長によって収益性を向上させ、資産効率性をさらに改善することによって、ROICの向上を持続しようとするものである。ROICが収益性と資産効率性の掛け算で算出されることは、前節で述べたとおりである。日産180においては、以下のような柱となる施策が設定されている。

◉成長
- 2001年度の販売台数（259万台）に対して100万台の増加（2005年9月における年間グローバル販売台数359万台、シェア目標6.1％）
- 3年間で28の新型車を投入

◉収益
- 販売台数の増加による利益額と利益率の向上
- 地域ミックスの最適化による利益体質の強化
- 強いブランド・アイデンティティによる販売諸費の低減
- コスト競争力強化目標を、継続して具体的な数値で設定：購買コストを15％削減、製造・物流コストを3年間で12％削減、総流通コストを現在の27％から24％に削減、開発コストを20％削減、デザイン決定から生産開始までの期間の半減
- ルノーとのシナジーの加速による、さらなる成長と利益の追求

その後、2005年4月にスタートした日産バリューアップにおいても、新車28車種（10の新規と18のモデルチェンジ）を投入し、2007年度にグローバル販売台数を420万台まで引き上げるなど、果敢な成長戦略は健在である。販売チャネルの統合による効率化など、コスト削減の手綱も緩めていない。こうした成長と収益性のさらなる追求によって、日産はROIC20％を重要な経営指標として維持していくことを表明している。

4…日産自動車のROICを評価する

では、日産のROIC20％という目標水準をどう評価するべきか。それを探るために、競合のトヨタ、ホンダのROICが同じ条件でどの程度のROICとなるかを見てみたい。

先に紹介したように、日産は2社の海外新規連結子会社の影響を、自動車事業のバランスシートから切り離してROICを算出している。よって、ROICを構成している個々の詳細データを外部からつかむことができない。そこで、ここでは、日産が開示している自動車事業のP/L、B/Sの数値をそのまま用いて、2005年3月期のROICを算出（2004年3月期までは、実際に日産はそのようにROICを算出していた）し、各科目の比較を行うこととする。この場合、日産のROICは20.1％ではなく、18.9％となる。それでも、同条件で計算したトヨタ、ホンダの自動車事業ROICはそれぞれ12.1％、14.7％であり、日産の同指標での優位性が突出していることに変わりはない。

売上高に対する現金及び現金同等物の比率を計算すると、日産の3.5％に対

図表3-15　自動車大手3社の自動車事業ROICとその構成要素（2005年3月期）

（100万円、％）

自動車事業	日産	トヨタ	ホンダ	日産	トヨタ	ホンダ
損益計算書					対売上高比率	
売上高	8,164,332	17,800,357	8,394,364	100.0%	100.0%	100.0%
営業利益	787,603	1,489,817	541,019	9.6%	8.4%	6.4%
貸借対照表						
現金及び現金同等物	288,208	1,873,917	757,894	3.5%	10.5%	9.0%
受取手形及び売掛金	537,912	1,640,155	422,673	6.6%	9.2%	5.0%
棚卸資産	702,534	1,306,709	862,370	8.6%	7.3%	10.3%
▲支払手形及び買掛金	916,820	1,847,036	1,022,394	11.2%	10.4%	12.2%
運転資本	323,626	1,099,828	262,649	4.0%	6.2%	3.1%
固定資産	3,562,689	9,383,895	2,670,418	43.6%	52.7%	31.8%
有形固定資産	2,774,719	4,579,052	1,564,762	34.0%	25.7%	18.6%
投下資本　合計	4,174,523	12,357,640	3,690,961	51.1%	69.4%	44.0%
ROIC	18.9%	12.1%	14.7%			
売上高営業利益率	9.6%	8.4%	6.4%			
投下資本回転率	1.96倍	1.44倍	2.27倍			

注：トヨタ自動車は有価証券が巨額であるが、実質現預金と同等と判断し、「現金及び現金同等物」に含めている。
　　日産自動車のROICは、自動車事業のB/S上の資産勘定をそのまま用いて計算しているので、20％を割っている

して、トヨタはその3倍の10.5％を保有している。ホンダの同比率も9.0％に達しており、日産に比べてトヨタ、ホンダのROICを押し下げる要因となる。

次に売上高運転資本比率を見ると、ホンダが3.1％で最も効率的であり、次に日産の4.0％が続く。ホンダは売上債権（受取手形及び売掛金）を売上高の5.0％に押さえ込む一方、仕入債務（支払手形及び買掛金）を売上高の12.2％に拡張していることが大きく寄与している。日産の売上高運転資本比率は4.0％で、ホンダには劣るものの、トヨタの6.2％と比較すると、運転資本の圧縮を着実に行っていることが確認できる。棚卸資産については、対売上高比率でホンダの10.3％を下回る8.6％まで圧縮している。トヨタの棚卸資産は、圧倒的な規模とトヨタ生産システムの恩恵により、3社のなかで最も低い7.3％である。しかしながら、トヨタの売上債権、仕入債務に関しては、他社に比べて最も非効率に見える。潤沢な現預金があるからこその運転資本の拡張というトヨタの戦略の表れとも言えるが、ROICの観点からすれば、現預金と並んで、運転資本の大きさがトヨタのROICの低迷を導いている。

固定資産についても、ホンダ、日産、トヨタの順に効率化が実現されていることが、売上高固定資産比率（ホンダ31.8％、日産43.6％、トヨタ52.7％）の計算で確認できる。ただし、固定資産のなかの有形固定資産のみで対売上高比率を計算すると、ホンダは18.6％、トヨタは25.7％、日産は34.0％となり、日産とトヨタの順番が逆転する。つまり、日産の固定資産の効率化は有形固定資産以外の固定資産（投資有価証券、無形固定資産、その他）の圧縮によって実現されており、有形固定資産が売上高にどれだけ結びついているかという観点においては、3社のなかで最も劣っていることが分かる。逆にトヨタの固定資産の大きさは、投資有価証券などの大きさによってもたらされている。

これらを総じて、3社の自動車事業の投下資本回転率[*]（売上高／投下資本）を計算すると、ホンダが2.27倍でトップ、次いで日産の1.96倍、トヨタの1.44倍となっている。

最後に、分子の営業利益であるが、売上高営業利益率は日産が9.6％でトップにある。日産リバイバルプランで進めた徹底的な収益性向上の結果が表れている。逆に投下資本回転率が最も高かったホンダは、売上高営業利益率が6.4％と最下位にあるため、ROICで日産に劣る結果となっている。

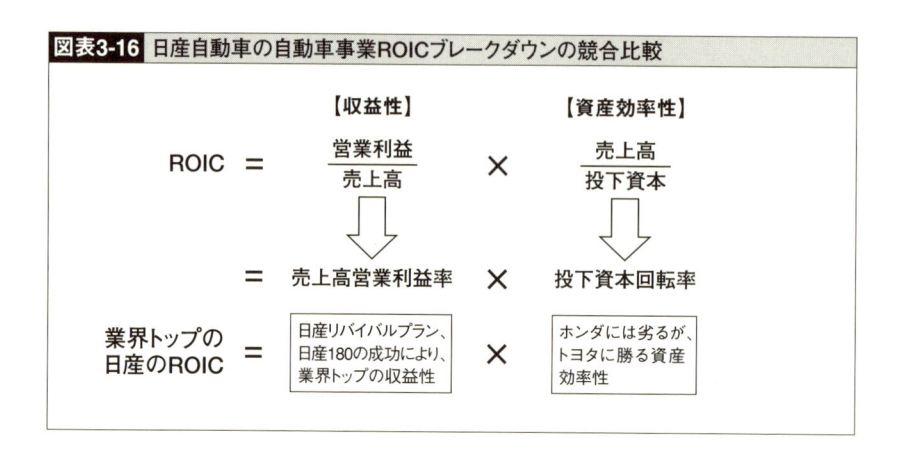

図表3-16　日産自動車の自動車事業ROICブレークダウンの競合比較

$$ROIC = \underbrace{\frac{営業利益}{売上高}}_{【収益性】} \times \underbrace{\frac{売上高}{投下資本}}_{【資産効率性】}$$

$$= 売上高営業利益率 \times 投下資本回転率$$

業界トップの日産のROIC ＝ [日産リバイバルプラン、日産180の成功により、業界トップの収益性] × [ホンダには劣るが、トヨタに勝る資産効率性]

　以上をまとめると、日産のROICとその構成要素を競合と比較することによって、以下の点が明らかとなった。

・日産が目標とする自動車事業のROIC20％という水準は、グローバル市場をリードする国内競合3社のなかでもトップに位置する高い水準である
・その源泉は、現預金、運転資本、投資有価証券の圧縮と、業界トップの売上高営業利益率によって実現されている
・運転資本については、売上債権と仕入債務はホンダに劣り、棚卸資産はトヨタに劣る。個別に見ると、未だ努力の余地はある
・有形固定資産については、未だその水準が業界中最も大きい（稼働率が低い）ことが確認され、日産の課題の1つとして指摘できる

　ROIC20％という水準は、トヨタ、ホンダをも上回ることを見たが、日産という企業そのものにとって、どのように捉えることができるのか。
　ROIC（税引前ベース）が20％ということは、税率を40％と仮定すると、税引後ベースで12％となる。自動車事業という比較的安定性の高い事業（β値は1倍程度）のなかで大手3社の一角を占める日産は、再建の成功によって発行体としての格付けも継続的に改善しており、資本コスト（WACC）は12％と比較してもはるかに小さいはずである。税引後ベースのROICの水準

を資本コストに照らして評価する上では、少なくとも以下の2点について、より詳しく分析することが必要となる。

①販売金融事業が全社資本コストを押し下げる

自動車大手3社のもう1つの柱となる事業は、販売金融事業である。販売金融事業は、有利子負債の調達による事業拡大が一般的であり、また自動車事業に付随する事業であるため、要求される資本コスト（WACC）は自動車事業そのものと比較すると、それほど高くない。企業全体の資本コストは、この販売金融事業も含めた全社のリスク・リターンと比較されるべきであって、自動車事業のみのROICと全社資本コストを比較するのは誤りである。β値1倍にしても、あくまで連結日産として、自動車事業、販売金融事業を総合した株式市場の評価と考えなくてはいけない。

トヨタ、ホンダに比べると、日産の販売金融事業の規模は最も小さい。仮に他の条件は一定としてこの事象だけを捉えると、大手3社のなかで日産の資本コスト（WACC）が最も高くなる。ここから判断すると、日産の自動車事業のROICが最も高いことも、要求された結果であると捉えることもできる。

②ROICの分母（投下資本）に含まれないものに注意する

ROICを資本コストと比較する上では、事業に使用された資本をすべてROICの分母の投下資本に算入する必要がある。2006年3月期より、日産がROICの計算式から現預金を含めない意向であるように、ROICの計算には経営の恣意が入る余地がある。よって、ROIC20％という数値を用いる前に、含まれていない資産や費用の存在を確認し、必要に応じて分母、分子に加減する必要がある。

日産の現預金については、先に見たように、競合3社のなかで対売上高比で見ても最も抑制された水準にあるため、現預金を含めてROICを計算したほうが、トヨタやホンダに対する優位性を表現しやすい。それでも敢えて現預金を外そうという背景の1つは、ROIC20％という数値に固執するためではないかと推測する。

数値というものは得てして一人歩きする。20％という目標をたとえば18％

に下げた上で、「業界トップクラス、トヨタやホンダより優れている」と言うほうが、過剰な現預金を持たないという点まで含まれ、日産にとって実質的な価値は高い。しかし、目標数値を20％から18％に下げるということは、メッセージとして必ずしも好ましくない。むしろ計算の条件を変更し、日産の強みである手元現預金の抑制を計算式から外すことになっても、「ROIC20％の維持」を謳うことを選択したのではないかと推察できる。あるいは、今後の日産の手元現預金が増加傾向となることに先立つ打ち手かもしれない。

しかしながら、今後の手元流動性が過剰となって株主から敬遠されないように、2004年度には1株当たり24円の配当を、2007年度には40円まで増加することをいち早く表明している。これは年率平均18.6％の成長に相当するので、同期間の売上高年率平均成長目標である5.6％の実に3倍を上回る増配ベースとなる。

さらに、日産のROICを評価する際には、それが日産バリューアップにおける目標の1つであることを十分認識した上で検討するべきである。販売台数の増加という「成長」を謳うことで企業としての魅力を十分に語り、売上高営業利益率の維持を謳うことで「利益」ある「成長」を語っている。そして、仮に売上と利益が成長しても、そのために巨額な投下資本が注入されたのでは、株主をはじめとする資金提供者の立場からすれば好ましいものではない。その点

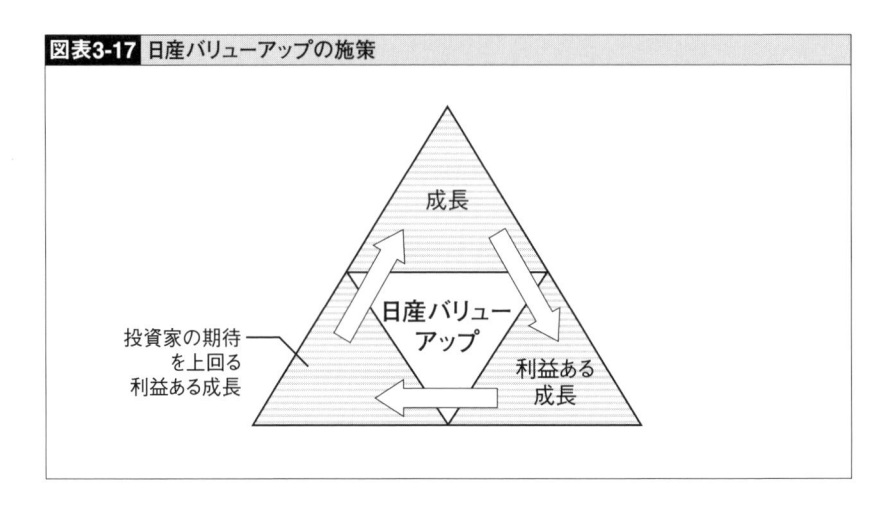

図表3-17　日産バリューアップの施策

を担保するために、投下資本に対する利益の割合を業界トップレベルに設定すること、すなわち自動車事業のROIC 20％の目標が存在するわけである。「成長」と「利益」と「投下資本に対する収益性」を同時に謳っているからこそ、日産バリューアップには価値があり、その一角をなすROIC 20％が本来の意義を発揮するのである。

　日産の再建プロセスにおいて、コミットメント、V字回復など、いくつかのキーワードが多用された。中長期的な目標を具体的な数値で社内外のステークホルダーに対してコミットメントすること、その実現のためには痛みと犠牲を伴うこと、あるいはV字回復の言葉に見られるような、会計を十二分に理解した経営者の演出も重要なスキルとなることが明らかとなった。

　コミットメントとして掲げる目標は、ステークホルダーを引きつけるのに十分シンプルであり、挑戦するに値するだけの十分な妥当性があり、かつ実現可能であると十分納得できるものでなくてはならない。同時に、立てっぱなしの目標ではなく、常にその進捗について一貫性を持って示していくことが求められる。言った者勝ちの世界ではないのである。

　日産のゴーン氏こそ、会計を駆使した本質的な言語を用いて、株主をはじめとするステークホルダーとのコミュニケーションを図った真の経営者と言える。ゴーン氏からは「企業価値の向上」といった体の良い言葉はほとんど聞こえてこない。経営者が「企業価値の向上」という言葉を使うことをやめ、達成が明確に判断できる会計指標で経営を語ったときこそ、「企業価値の向上」を真剣に考えていると判断するべき時代が望まれる。

3●まとめ——ROICの役割

　ROICは特定事業にフォーカスした上で、事業からの利益を分子に、その事業遂行のために投下した資本を分母に置いて算出する。資本コストをベースとした特定の利回り以上にROICを向上・維持することを目標に掲げるのは、企

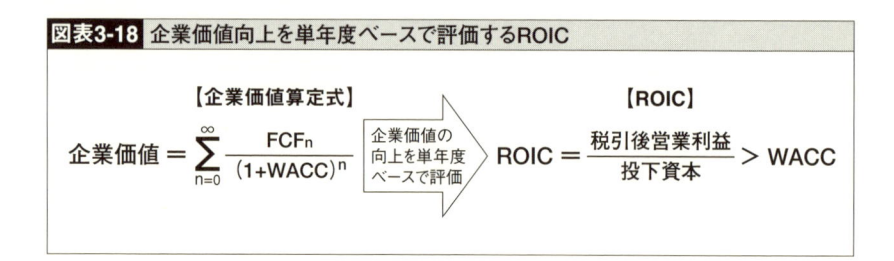

図表3-18　企業価値向上を単年度ベースで評価するROIC

【企業価値算定式】

$$企業価値 = \sum_{n=0}^{\infty} \frac{FCF_n}{(1+WACC)^n}$$

企業価値の向上を単年度ベースで評価

【ROIC】

$$ROIC = \frac{税引後営業利益}{投下資本} > WACC$$

業価値の向上を単年度ベースで評価していこうとするものにほかならない。

　企業価値は、あくまで「将来すべてのフリー・キャッシュフロー」を資本コストで割り引いて算出するものである。しかし、将来すべてのキャッシュフローではあまりに長期間に及び、しかも予測の域を出ないことから、企業や投資家としては短期間での達成度合いが判断しにくい。ある程度の事業の安定性がある企業であれば、これを単年度ベースに置き換えて、企業価値の向上が確実に実現しているかを判断するべきである。そのためのツールとして、ROICが貢献する。なお、第10章のEVA（経済付加価値）も、基本的にはROICと同様の概念に基づいて成立している。ROICを意識しながらEVAを読み進めてほしい。

　このように、「企業価値の向上」と言うのではなく、「ROIC20％」という具体的な目標を公約することで、企業価値向上のための方向性が明らかとなる。企業価値の向上が企業の究極の目標ではあるが、手段のない目標では、絵に描いた餅に過ぎない。事業ごとの投資収益性、すなわちROICをより意識した経営が必要とされる時代である。

第 **4** 章

売上高営業利益率
企業の存在意義を実証する収益性の指標

営業利益は本業から計上される利益であり、将来の投資の源泉である。その営業利益が売上高からいかに効果的に生み出されているかを示す売上高営業利益率は、自社の存在意義を実証する指標と表現できる。競争の激しい業界であるほど、この指標を高めることが勝者として生き残るための必須条件となる。本章では、売上高営業利益率10％を目指すソニーの変革プランを振り返る。

1●売上高営業利益率の読み方と意義

1…売上高営業利益率の算出方法

営業利益を売上高で割って算出する。つまり、損益計算書（P/L）上の数値のみから算出できる指標である。

$$売上高営業利益率 = \frac{営業利益}{売上高}$$

2…売上高営業利益率の読み方

売上高営業利益率は、P/L上の数値のみから計算できる簡易な指標である。支払利息などの財務活動までを含めた経常的活動を示す経常利益や、最終的に株主が獲得する純利益と異なり、営業利益は企業がその本業である事業から稼

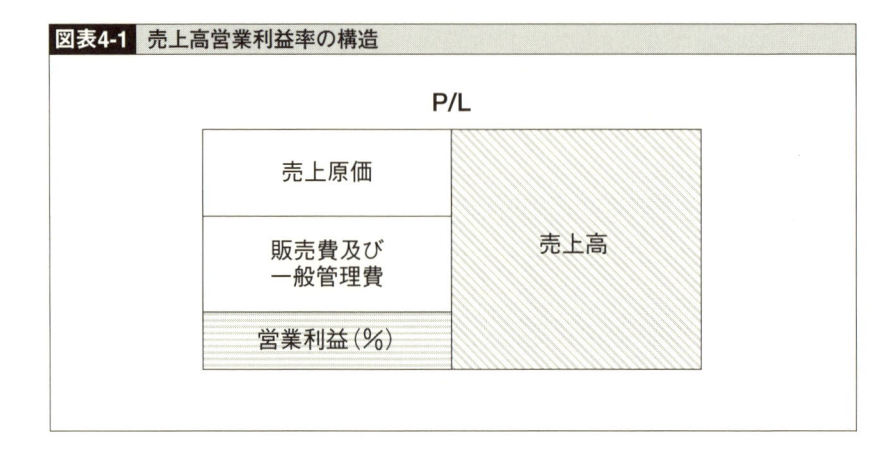

図表4-1　売上高営業利益率の構造

P/L

売上原価	売上高
販売費及び一般管理費	
営業利益（％）	

ぎ出す利益である。よって、売上高営業利益率は、本業の収益性に特化した指標となる。本業の収益性を示すということは、事業面から捉えた「自社の存在意義」そのものを評価する指標と言っても過言ではない。

一般的には営業黒字が当然であるが、BSE（牛海綿状脳症）事件発生後の吉野家ディー・アンド・シーなど、特殊な事情によって一時的に営業赤字に陥る会社もある（当社は2005年2月期で12億円の営業赤字）。営業赤字が複数年にわたって続くようでは、会社としての存在意義そのものが問われると言わざるを得ない。

売上高営業利益率を高める手段を端的に表せば、売上を伸ばすか、費用を減らすことである。ここでは財務会計上の区分である売上原価と販管費ではなく、管理会計上の区分と言える変動費と固定費によって売上高営業利益率を分解してみよう。

$$売上高営業利益率\uparrow = \frac{営業利益}{売上高}\uparrow$$

$$= \frac{売上高 - 変動費 - 固定費}{売上高}\uparrow$$

$$= 1 - \frac{販売数量 \times 変動費単価 - 固定費}{販売数量 \times 販売単価}\downarrow$$

$$= 1 - \frac{変動費単価}{販売単価}\downarrow - \frac{固定費}{販売数量 \times 販売単価}\downarrow$$

$$= 1 - 変動費率\downarrow \quad - 売上高固定費率\downarrow$$

$$= 限界利益率\uparrow \quad - 売上高固定費率\downarrow$$

こうした式の分解によって、売上高営業利益率の向上を目標にするということは、以下のような経営努力を公約していると置き換えられる。

◉変動費率を下げる
・変動費単価を下げる
・販売単価を上げる
◉売上高固定費率を下げる
・固定費を下げる
・販売数量を増やす
・販売単価を上げる
◉限界利益率を上げる
・変動費単価の上昇以上に販売単価を上げる
・変動費単価の下落以内で販売単価を下げる

　上記の1つ1つを独立して行った場合に、売上高営業利益率が上昇する。場合によっては固定費の変動費化のように、変動費単価は上昇するものの売上高固定費率をそれ以上に削減することで、売上高営業利益率の向上を目指す場合もある。

　図表4-2は、横軸に販売数量（個）、縦軸に金額（円）を取り、売上高線（点線）と総費用線（実線）を描いたものである。2つの線が交差する点が損益分岐点となる。売上高線が総費用線を上回っている距離が営業利益となる。

　図表からも確認できるように、売上高営業利益率を向上するとは、所与の売上高に対して、グラフ上の営業利益の距離をできるだけ長くすることにほかならない。その実現のためには、販売数量、販売単価、変動費、固定費というわずか4つの変数を変化させて、①売上高固定費率を下げる、②限界利益率*を上げる（販売単価上昇、変動費単価下落の他に、販売単価上昇幅＞変動費単価上昇幅、販売単価下落幅＜変動費単価下落幅も含む）という2つの施策を実現することとなる。

　仮に企業が設備投資や人材採用によって固定費を大幅に増やし（短期的には売上高固定費率の上昇）、かつ価格競争を仕掛けた場合（短期的には限界利益率が下落）、当然ながら売上高営業利益率は下落する。しかし、これによって市場シェアを獲得し、圧倒的な売上規模を獲得することができれば、中長期的には売上高固定費率は下落するはずである。売上高固定費率の下落が、限界利

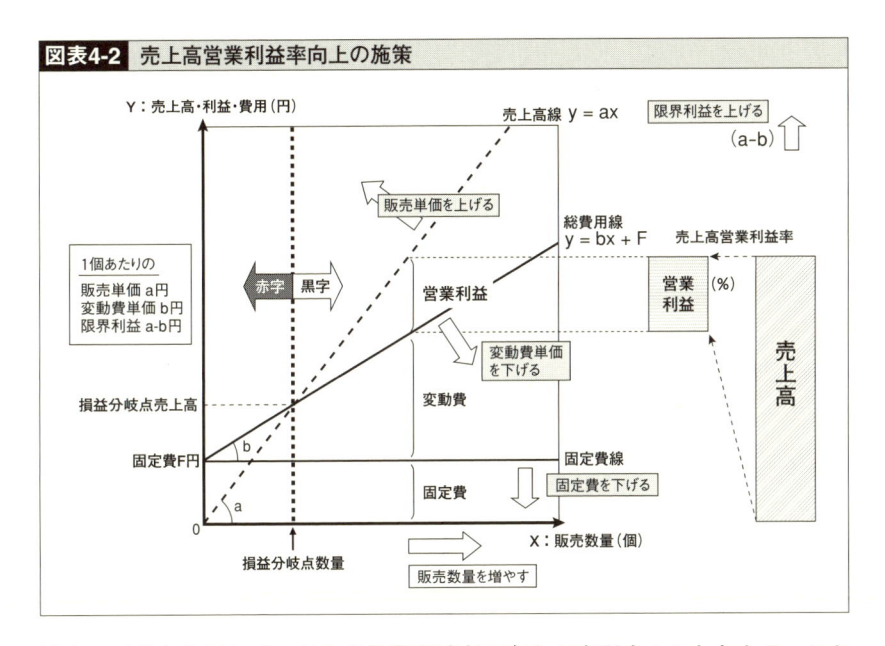

図表4-2　売上高営業利益率向上の施策

図中ラベル：
- Y：売上高・利益・費用（円）
- 売上高線 y = ax
- 限界利益を上げる (a-b)
- 販売単価を上げる
- 1個あたりの　販売単価 a円／変動費単価 b円／限界利益 a-b円
- 赤字　黒字
- 総費用線 y = bx + F
- 売上高営業利益率
- 営業利益
- 営業利益 (%)
- 変動費単価を下げる
- 変動費
- 損益分岐点売上高
- 固定費F円
- 固定費線
- 固定費
- 固定費を下げる
- 売上高
- 損益分岐点数量
- 販売数量を増やす
- X：販売数量(個)

益率の下落を上回れば、売上高営業利益率の向上が実現することとなる。これは、先行投資によって長期的な競争優位性と収益性を確保したと捉えられる。ADSL事業者が数年前に行った低価格戦略の狙いは、これに類するものである。

　次に、企業が売上高営業利益率を操作できる点を見ておきたい。連結P/Lでは関連会社（一般的に議決権の20％以上50％以下を保有している場合）の純利益のうち、自社が議決権を保有する比率分のみの純利益（または純損失）が持分法による投資損益として営業外収支に計上される。よって、優良な関連会社であれば議決権の過半数を握って子会社化することで、自社の売上高、営業利益を増加し、売上高営業利益率の上昇を目論むことができる。その逆も可能で、不採算な子会社の議決権保有比率を50％以下に下げることで、連結法から持分法適用会社に移行し、売上高営業利益率を改善することもできる。こうした株式の保有比率を変更することも、売上高営業利益率向上に向けた広義の施策と捉えることができる。

　最後に1つ注意したいのは、売上高の概念である。業界によって、時には企業によって、何を売上高と考えるかは異なることが多い。たとえばセブン－イ

レブン・ジャパンは、2005年2月期決算で売上高営業利益率34.0％という高水準を誇っている。コンビニ業界リーダーの同社の収益性が高いのはうなずけるが、それにしても類似の商品を販売する親会社イトーヨーカ堂の単独決算書上の同比率がわずか0.6％であることを考えると、あまりにも大きすぎる数値である。

これは、セブン-イレブンを小売業ではなく、小売業を営む店舗群を束ねるフランチャイズ・ビジネス事業と捉えれば納得できる。すなわち、セブン-イレブンの売上高は、1万店を超える全店舗の合計売上高2兆4,000億円ではない。全社売上高5,025億円のうち、7割近くはフランチャイズ加盟店から得るロイヤルティ収入である。言い換えればセブン-イレブンの売上高は実質売上総利益のようなイメージであり、計算される売上高営業利益率はオペレーティング・マージン（営業利益／売上総利益）にむしろ近いものである。必然的に総合小売業と比較して、非常に高い売上高営業利益率が算出される。

他にも、商社の売上高は商品取扱高なので大きな数値となる反面、売上高営業利益率は小さくなる傾向がある（ただし米国会計基準を採用する総合商社では、仲介事業について実質的な利益〈手数料〉をもって売上高とするように変更済みなので、売上高営業利益率は高い）。このように、業界によって売上高の概念はまったく異なる。

こうしてみると、国内全企業の売上高営業利益率の平均値といった数値が、実はあまり意味をなさないことも見えてくる。目標数値としての売上高営業利益率の妥当性について考察する場合、まずは売上高の実態が何なのかを明確にしなくてはいけないという教訓であろう。

3…日本企業と米国企業の売上高営業利益率

2001年は同時多発テロとインターネットバブル崩壊直後の年であったため、米国の売上高営業利益率の落ち込みが顕著であるものの、日本よりも大きく優位にあることは変わらない。米国会計基準は、日本会計基準に比べて特別損失の計上に関して厳しいと言われる。日本では特別扱いされる有形固定資産や投資有価証券の売却損も、米国では営業費用の一部として扱われるのが一般的で

図表4-3 日米企業の売上高営業利益率推移

[製造業] / [非製造業]

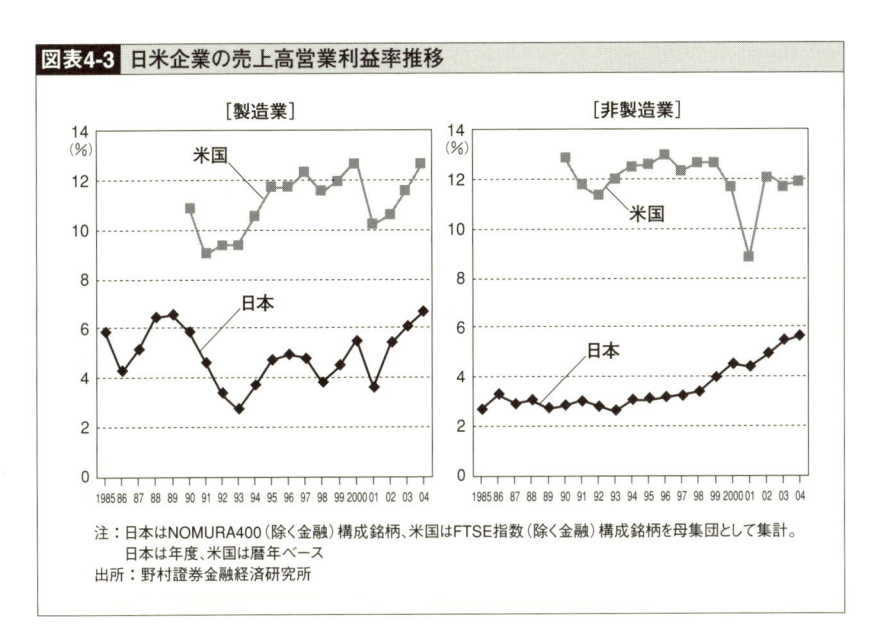

注：日本はNOMURA400（除く金融）構成銘柄、米国はFTSE指数（除く金融）構成銘柄を母集団として集計。
　　日本は年度、米国は暦年ベース
出所：野村證券金融経済研究所

ある。これら日本では特別な損失と考えられる費用が、営業利益の計算時点ですべて差し引かれてしまうことを鑑みると、数値に表れる以上に、日米の売上高営業利益率の差は大きいと言えよう。

　また、日本では売上高営業利益率10％超が優良企業の1つのベンチマークとして取り上げられることが多いが、米国では株式時価総額10位以内に入るような大企業（日本企業でも、同比率で20％を超えることの多い医薬品、金融を除く）には、同比率で20％前後に達する企業が数多く存在している。例として、インテル（29.6％）、GE（21.6％）、アルトリアグループ（旧フィリップモリス）（16.9％）〈以上、2004年12月期〉、マイクロソフト（36.6％）、P&G（19.3％）〈以上、2005年6月期〉などが挙げられる。

　さて、再び図表4-3に目を戻すと、日米の差は製造業・非製造業共に約6％ある。製造業では日米の差の推移にほぼ変化はないが、非製造業ではその差がわずかながら縮小してきている。2005年3月期の同指標において大部分の業界で米国が優位であるなか、鉄鋼と輸送用機器については日本が米国を凌駕している。どちらの業界もグローバルレベルの競争環境にいち早く置かれるなか

で、収益性についてもグローバルレベルでリードする水準にまで企業努力を行ってきた表れと言える。

見方を変えれば、グローバル市場で勝者となるためには、長期的には売上高営業利益率もグローバル水準でひけをとらないレベルにする必要があるとも取れる。

4…売上高営業利益率を目標に掲げる意義と注意点

先に述べたとおり、売上高営業利益率は自社の存在意義の実証にフォーカスした指標である。その意味では、あらゆる企業が経営指標としての採用を検討するに値すると同時に、これを外部に対して開示・公約することは、それだけの自信と責任を要する。また、売上高営業利益率は、業界他社比較によって本業の競争優位性の評価を行うことが多い指標でもある。よって、同種の製品やサービスを扱う企業間での競争環境が激しい業界で、かつ生き残りの条件が収益性を高めることに大きく集約される企業であるほど、売上高営業利益率を目標として掲げる意義は大きくなる。

次に、経営指標として売上高営業利益率を捉えた場合に、考慮すべきポイントを3つ挙げる。

①タイミングの問題

ROEにおける収益性の解説（44ページ参照）で述べたとおり、市場が急成長している業界では投資が先行するため、売上高営業利益率のような年度ベースの収益性を追求する指標はフィットしない。成長性と収益性の向上は時に相反するため、市場の成長ステージによっては収益性向上の優先順位は下げるべきである。安定市場、成熟市場に移行するにつれて、収益性向上の優先順位を高めていくことが望まれる。

②規模の問題

売上高営業利益率はP/Lのみから計算する指標なので、もし同比率を上昇させることだけを目的とするならば、極端な場合、目標数値をクリアしている事

業のみを残して、それ以外の事業から撤退することで即座に達成が可能となる。指標計算にB/Sの勘定が直接的には入ってこないため、見栄えする数値を人為的に作るのが比較的容易である点には注意が必要である。規模の概念がまったく失われた結果、収益性が実現できても企業価値は大きく毀損することになりかねない。

③調達資本の問題

　規模の欠落とも関連するが、売上高営業利益率の計算には、事業を行うために調達した資本（有利子負債や株主資本）に対する利益還元の概念が欠落している。そもそも売上高に対する利益率は、ROEを「デュポンシステム」によってブレークダウンした際に1つ目に表れる項目に過ぎない。よって、資産効率性や財務レバレッジの観点は、売上高営業利益率という指標では直接的には考慮されていないことになる。

　それゆえ、この指標を目標に掲げている企業を評価する際には、資産効率性や財務レバレッジについては適正な水準に十分コントロールできており、営業利益率の重要性を前面に出したいためなのか、それとも資産効率性や財務レバレッジについては適正な水準にコントロールできないため、敢えて指標から外しているのかを見きわめる必要がある。前者であればその意義は大きいが、後者は他にも解決すべき課題を抱えており、優先順位として売上高営業利益率が正しいのかをまず評価しなければならない。

　では、売上高営業利益率の水準は、どのように読み取ればよいのか。すでにROICで見たように、事業活動から生み出される税引後営業利益は、企業が調達した資本に対して、永続的に実現しなくてはいけない資本コスト（WACC）を上回っている必要がある。調達資本があり、資本コストが定まれば、企業が生み出さなくてはいけない営業利益の額も自ずと決まってくる。

$$資本コスト（WACC） \leq \frac{税引後営業利益}{調達資本} \quad \leftarrow 逆算によって算出$$

このように、企業が生み出すべき営業利益は、本来は売上高ありき（ひいては売上高営業利益率ありき）で設定されるものではなく、調達資本ありき（ひいては投下資本利益率ありき）で設定されるものである。もちろん、その調達資本の額自体は、自社の売上予測や、設備投資、運転資本の必要性などから算出されるものである。しかし、調達資本から要求される資本コストを満たすだけの利益が見込めないのであれば、たとえ売上や利益を減らすことになっても、資本コストを確保する投資とリターンの関係を築かなくてはいけない。企業が自社の売上高や営業利益を減らしてでも、低収益な事業を売却する理由はここにある。この結果、売上高営業利益率も上昇するであろうが、それ以前に、資本コストを上回る投下資本税引後営業利益率が達成されているはずである。

2● ケーススタディ――ソニー

1…ソニーにおける売上高営業利益率の推移

　ソニーの過去6年間における、3つの売上高営業利益率の推移を見てみよう。
　図表4-4より、ソニーの全社売上高の6割以上を占めるエレクトロニクス事業の売上高営業利益率の推移が、全社営業利益率、あるいはソニーが目標としている金融事業を除いた営業利益率（本書では「実質営業利益率」と呼ぶ）の推移をほぼ形成していることが読み取れる。2005年3月期は、エレクトロニクス事業の営業利益率が継続して下落し、2年連続マイナスの値であったのに対して、実質営業利益率が向上に転じている。これはソニー・ピクチャーズエンタテインメントが、映画「スパイダーマン2」の大ヒットなどによって過去最高の営業利益を計上したことによる。2004年3月期からのエレクトロニクスの営業利益率下落の背景には、構造改革のために約1,000億円の費用を計上したことも起因している。これは当期の売上高比で1％超に相当する規模である。

図表4-4 ソニーの売上高営業利益率推移

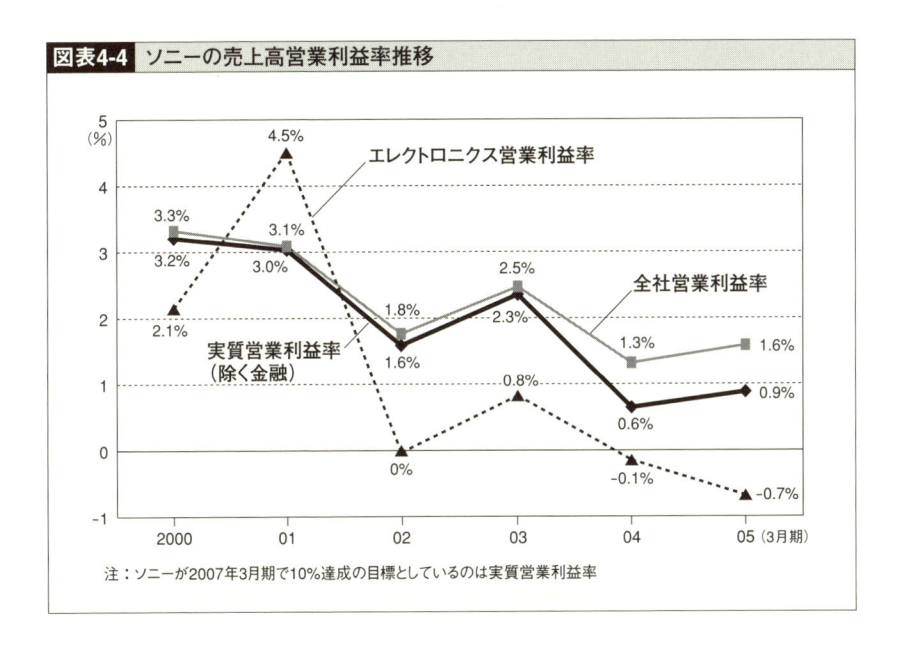

エレクトロニクス営業利益率: 2000年 4.5%, 01年 3.0%, 02年 0%, 03年 0.8%, 04年 -0.1%, 05年 -0.7%
全社営業利益率: 2000年 3.3%, 01年 3.1%, 02年 1.8%, 03年 2.5%, 04年 1.3%, 05年 1.6%
実質営業利益率（除く金融）: 2000年 3.2%, 01年 3.0%, 02年 1.6%, 03年 2.3%, 04年 0.6%, 05年 0.9%
補足: 2000年 2.1%

注：ソニーが2007年3月期で10％達成の目標としているのは実質営業利益率

2…ソニーの置かれた経営環境

①総合電機業界を取り巻く経営環境

　総合電機業界と言っても、取り扱う製品やサービスの範囲は実に広い。白物家電やAV機器など広く家電をはじめとして、重電、半導体や液晶などの電子デバイス、パソコンやサーバー、通信機器、ゲーム機、携帯電話、さらにはソフトウェアまでを含めて、各企業は様々な製品やサービスを扱っている。

　一方、これに反するように、最近の業界の大きな流れは、これまでの「総合型」から、いわゆる「選択と集中」によって自社のコアコンピタンス（中核的能力）を生かした事業峻別を進めていることが挙げられる。これまではたとえ収益性の低い事業でも、他の強い事業に隠れて見過ごされてきた場合が多かったが、競争環境が激しくなり、強い事業の維持すら難しくなるなか、経営資源の集中が必須となってきている。典型的な例としては、1999年12月にNECと日立製作所のDRAM事業の統合でエルピーダメモリが発足して以降、業界

大手の合従連衡が軒並み起きた半導体事業が挙げられる。

また、もう1つの傾向として、業界の垣根を越えた激しい競争がある。たとえばデジタルカメラ業界には、キヤノン、オリンパス、ニコンのようなカメラメーカーだけでなく、富士写真フイルムのようなフイルムメーカー、さらにはソニーや松下電器産業のような総合電機メーカーまでが混在した競争環境を形成している。このため、成長市場であっても比較的短期間で過当競争の状態となり、早い時期から価格競争に陥ってしまう。各製品のトップシェアクラスの企業を除いては、収益性の柱として事業を継続するのが難しくなってきている。

一般的に総合電機大手10社と言うと、図表4-5の企業を指す場合が多い。2005年3月期における売上高営業利益率の大きい順に並べると、図表のようになる。

先に述べたように、総合電機大手10社と言っても、その事業構成は驚くほど異なる。単純にこのランキングをもって、経営の巧拙を語ることはできない。しかしながら、音楽、映画、金融など、売上高営業利益率の数値が比較的大きめに出てくる事業構成のソニーがランキングの下位に位置しているのは、いかにソニーのエレクトロニクスが不調であるかをいみじくも示している。

海外に目を転じると、韓国サムスン電子は2004年12月期決算において、アジアの製造業ではトヨタ自動車に続いて2番目となる、純利益100億ドル（1

図表4-5　総合電機大手10社の売上高営業利益率ランキング（2005年3月期）

(億円)

企業名	売上高	営業利益	売上高営業利益率	純利益
シャープ	25,398	1,510	5.9%	768
松下電器産業	87,136	3,084	3.5%	584
三菱電機	34,106	1,206	3.5%	711
富士通	47,627	1,601	3.4%	319
日立製作所	90,270	2,790	3.1%	514
NEC	48,551	1,311	2.7%	678
東芝	58,361	1,548	2.7%	460
三洋電機	25,865	423	1.6%	-1,371
ソニー	71,596	1,139	1.6%	1,638
パイオニア	7,336	25	0.3%	-87

兆円）を達成した。国内大手10社の純利益をすべて足しても、サムスン電子1社の純利益に及ばないことになる。サムスン電子の同期の連結売上高営業利益率は14.3％（単体では20.9％）に達しており、この水準も日本の総合電機業界に圧倒的な差をつけている。

②ソニーの経営戦略と課題

　2003年4月24日に発表されたソニーの2003年3月期決算は、「ソニーショック」と呼ばれるほどの大幅な株価下落を誘発した。年度決算自体は、前年度比減収ではあったものの、営業利益は37.7％増、純利益は167％増と、大幅な増益決算であった。しかしながら、わずか3ヵ月前の1月末に発表された業績予測に比べると、営業利益で約1,000億円下回っており、2002年第4四半期（2003年1－3月）だけで1,165億円という異例の営業赤字（うち、エレクトロニクス部門で1,161億円の赤字）を計上した。また数値自体の驚きに加えて、決算発表まで数値の落ち込みが明らかにされなかったことも、ショックをさらに大きくする結果となった。

　そして2003年10月28日、ソニーショックを受けて経営の抜本的な変革プランとして発表されたのが、ソニーグループの経営方針「トランスフォーメーション60」である。そこでの具体的な経営指標が、2007年3月期に売上高営業利益率10％（金融を除く）を達成するというものである。

「選択と集中」「業界を超えた競争の激化」「グローバルレベルの強力な競合の台頭」といった環境下で、ソニーはハードとソフトの融合、エレクトロニクスとエンタテインメントの融合を柱として、競合他社とは一線を画す事業展開をこれまで行ってきた。当社の2005年3月期における事業セグメントを見ても、エレクトロニクス、ゲーム、音楽、映画、金融といった総合電機のイメージとは距離を置く内容となっている。参考までに松下電器の事業セグメントは、AVCネットワーク、アプライアンス、デバイス、電工・パナホーム、日本ビクター、その他となっており、基本的にはエレクトロニクスを細分化した内容である。ソニーは、特に米国では電器機器メーカーである以上に、むしろゲーム、音楽、映画を主体とするエンタテインメント事業の確固たるブランドを構築するなど、その多角化戦略は一定の成功を収めてきたと言える。

ソニーグループ経営方針

ソニーグループ経営方針「トランスフォーメーション60」
～最強のコンスーマーブランド確立に向けて～

ソニーは、21世紀においても、魅力的な商品、コンテンツ、サービスをお客様に提供する最強のコンスーマーブランドであり続けるために、グループ全般に渡る抜本的な変革プランである「トランスフォーメーション60」を開始しました。

「トランスフォーメーション60」は、
(1) 事業の場の明確化と技術、リソースの集中による成長戦略の実行
(2) 事業収益構造の変革
を中核とし、**2006年度に営業利益率10％（金融を除く）**を達成することを目指すとともに、2006年度以降の新たな価値創造と更なる飛躍の基盤を築きます。

これらのポイントは以下の通りです。

(1) 事業の場の明確化と成長戦略の実行

・エレクトロニクス事業の融合
　ホームエレクトロニクスとモバイルエレクトロニクス、そしてそれを支える半導体技術をエレクトロニクス事業の中核領域と定義し、「技術のソニー」の基盤を再強化します。

・エンタテインメント事業の融合
　映画、音楽、ゲームなどソニーグループの保有するさまざまなコンテンツアセットの融合を促進するとともに、エレクトロニクス事業との連携も強化し、グローバル・メディア＆コンテンツカンパニーを目指します。

・金融事業の融合
　ソニー生命、ソニー損保、ソニー銀行の3社を傘下におく中間金融持株会社を2004年4月を目処に設立し、グループ内における金融事業の最適な経営体制を構築し、金融事業の一層の強化を図ります。

(2) 事業収益構造の変革
抜本的にソニーの収益構造を変革させるため、エレクトロニクス、エンタテイ

> ンメント事業等、グループ横断的に第2次構造改革を実施します。
>
> 　　戦略事業への集中、製造部門の変革加速、間接および販売部門を中心としたスリム化、非生産材の調達改革などを通じて、2006年度までに、固定費を連結で約3,300億円削減します（2002年度比）。これにより連結営業利益率を4%改善する効果を見込んでいます。
>
> 　現在の実質営業利益率4%に、上記の固定費削減効果およびその他の構造改革効果を加え、エレクトロニクスの商品力強化等により、2006年度に連結営業利益率10%（金融を除く）以上の達成を目指します。
>
> 出所：ソニーグループ経営方針「トランスフォーメーション60」（2003年10月28日）より抜粋

　しかし、全社売上高の6割以上を占めるのは、依然としてエレクトロニクス事業である。全社の収益性がエレクトロニクス事業に大きく左右されることは否めない。ソニーのエレクトロニクス部門は、オーディオ、ビデオ、テレビ、情報・通信、半導体、コンポーネント、その他に分かれている。以前は、ブラウン管テレビや携帯型オーディオ（ウォークマン）など、複数の分野で圧倒的な強さを誇る商品を抱えていた同部門であるが、現在はシャープの液晶テレビのような、収益の確固たる柱となる製品が存在しない。映画や音楽はその事業特性から収益の変動が激しいことも相まって、毎年の収益性のブレが他社に比べて大きいこともソニーの特徴となっている。

　ソニーの最近の不調原因の1つとして、フラットパネルテレビの市場動向を読み間違えたことが挙げられる。2005年度上半期の時点でも、液晶を収益性の低い他社製品に依存しているため、販売台数が大幅に伸びてもそれほどの利益がついてこない。過去の成功体験であるブラウン管テレビ「トリニトロン」に過度に傾注したため、新製品投資への意思決定が遅れたとも言われている。DVDレコーダーについても、ブルーレイ・ディスク（ソニー、松下電器産業、フィリップスなど日韓欧メーカーが策定した次世代光ディスク規格）の開発優先が災いし、他社に比べて参入のタイミングが遅れている。また、高いブランド力に依存して、エレクトロニクス事業の収益性向上に向けた総合的な施策が

遅れたことも否めない。

　P/L上で計算できる各収益性指標と、ROEの構成要素になる指標、さらに増収率について、電気機器業界の平均値と比較してみる。

　図表4-6を見ると、業績不調と言われるソニーも、電気機器業界の中では健闘しているように一見思える。しかし、ソニーは2005年3月期に米国子会社の評価性引当金679億円を取り崩したことで、税金費用が減少している。このことで税引後純利益が一時的に増加した影響を除くと、売上高純利益率とROEも実質的に業界平均を下回っており、ソニーが業界平均を上回っているのは、実質的に売上高総利益率のみとなる。売上高総利益率は業界平均値を3％上回ってはいるが（業界平均27.1％に対して、ソニーは30.2％）、これは金融事業を中心として売上原価が存在しない、あるいは原価率の低いビジネスがソニーの売上高に多いためである。金融ビジネスとその他営業収入を除いた純売上高に対する売上高総利益率を計算すると23.8％となり、逆に業界平均値を3％強下回る。

　加えて、売上高販管費率が業界平均と比べて大きい。ソニーの場合、映画、

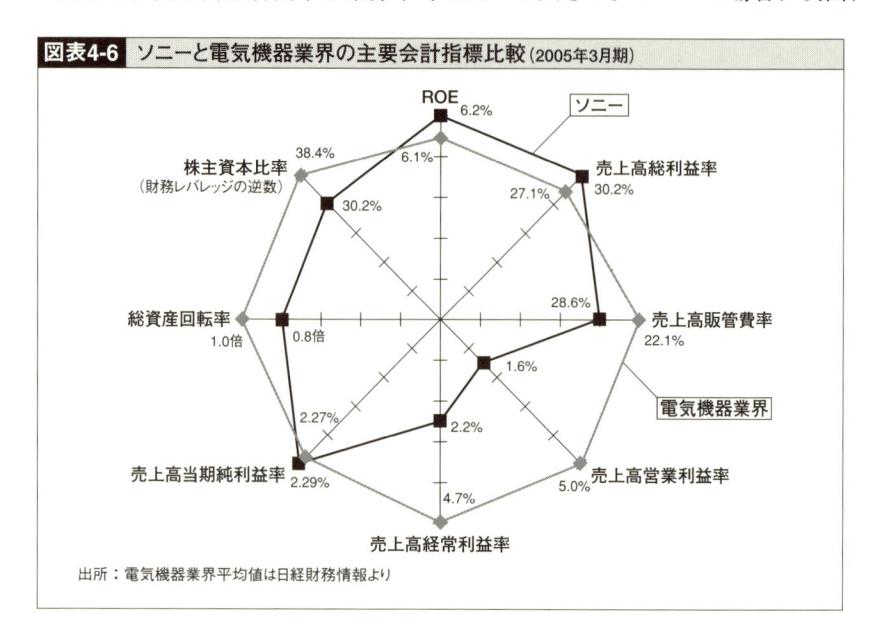

図表4-6　ソニーと電気機器業界の主要会計指標比較（2005年3月期）

指標	ソニー	電気機器業界
ROE	6.2%	6.1%
売上高総利益率	30.2%	27.1%
売上高販管費率	28.6%	22.1%
売上高営業利益率	1.6%	5.0%
売上高経常利益率	2.2%	4.7%
売上高当期純利益率	2.29%	2.27%
総資産回転率	0.8倍	1.0倍
株主資本比率（財務レバレッジの逆数）	30.2%	38.4%

出所：電気機器業界平均値は日経財務情報より

音楽、金融など、売上原価よりも販管費に多大な投資を行う事業が多いのは事実ではあるが、販管費率の業界平均との差額である6.5%は売上高総利益率の差額である3%を補って余りある大きさである。このため、売上高営業利益率は業界平均の5.0%を下回る1.6%となっている。総合電機大手のなかでは、同時期にシャープが液晶テレビの成功によって売上高営業利益率5.9%を達成している。

3…ソニーが実施する売上高営業利益率の向上策

　ソニーは2005年3月7日、経営不振から、経営陣の刷新を断行した。会長兼グループCEOにハワード・ストリンガー副会長、社長には中鉢良治副社長が、6月の株主総会を機にそれぞれ就任した。新たな中期経営計画は2005年9月に発表される予定である。その時点でソニーが売上高営業利益率を目標の1つとして掲げるかは定かではない。ここでは、ソニーショック以降の約2年間において、ソニーが重視し、前面に打ち出してきた売上高営業利益率10%を捉え、ソニーが実現に向けて掲げた施策について解説する。ソニーにとっての売上高営業利益率の意義は、次項の「ソニーの売上高営業利益率を評価する」で解説する。
　ソニーはエレクトロニクス事業における独自の技術・デバイスに支えられた強力商品群の投入によって、収益性の抜本的な回復を目指している。「トランスフォーメーション60」ではフラットパネルテレビ、ホームサーバー、モバイル機器など37製品群を戦略カテゴリーと位置づけ、エレクトロニクス部門売上の7割、営業利益の8割までを稼ぎ出す計画であった。また、中長期的な成長のための投資として、IBM、東芝と共同で次世代半導体「CELL」の開発を進めており、3年間で5,000億円の投資を行うことも同時に表明している。
　以上は、売上高営業利益率を高めるための3つの施策（変動費率を下げる、売上高固定費率を下げる、限界利益率を上げる）として取り上げたなかで、主に「限界利益率を上げる」施策と言えよう。先行投資によって固定費が上昇することに加え、一定の変動費単価の上昇も想定される。しかし、これを補って余りある、商品の差別化による販売単価の上昇を実現することで、限界利益率

を高めようとしている。

　一方、コスト削減策についても、「トランスフォーメーション60」において具体的な数値を打ち出している。売上高営業利益率を高めるための固定費削減と変動費削減に分けてまとめてみる。

◉固定費を下げる
- グループ全従業員15万4,500人の13％に相当する2万人（含む国内7,000人）を2006年3月期までに削減する
- 間接部門や販売部門の間接機能の共通化とロケーション集約による効率性向上。2万人のうち、間接部門人員が1万1,000人
- 国内外の製造や物流、サービス拠点を現在の200ヵ所から3割減らす
- 非生産材関連についてグループ横断で調達管理の強化、集中購買システムの効率化徹底、業務の外部委託窓口の統合などにより、技術業務委託コスト、一般購買／リースレンタルコストなどの固定費を2002年度比で約12％削減する

◉変動費単価を下げる
- 2005年から韓国サムスン電子と液晶テレビ用パネルの合弁生産を韓国で開始。液晶テレビにおける自社開発製品比率を高める
- 約84万点の登録部品数を2005年度末までに約10万点に削減し、部品標準化を徹底する
- 部品や原材料のサプライヤーを約4,700社から2005年度末までに約1,000社に集約し、戦略的なコストダウン体制を確立する

◉その他
- 不採算事業や戦略分野以外から撤退する
- 経営の実態を迅速に把握するための組織編成と管理体制を確立。予算計画を四半期化に早めると同時に、経営実績情報処理を週次化する

4…ソニーの売上高営業利益率を評価する

　これまで述べてきたように、ソニーが目標とする売上高営業利益率は金融事

業を除いて計算している。金融事業の売上高は、取扱高ではなく実質的な利益となるため、売上高営業利益率の数値は必然的に大きめに出る傾向がある。また、比較的業績好調のソニー・エリクソン・モバイルコミュニケーションズは持分法適用会社なので、売上高営業利益率の向上には一切寄与していない。

ソニーが金融事業を除き、営業利益のみにフォーカスした経営目標を設定したのは、まさに売上高営業利益率の本来の狙いである、自社の存在意義の実証にフォーカスしたと言える。エレクトロニクス事業のみの営業利益率目標の設定という選択肢も想定されるが、エレクトロニクスとエンタテインメントの融合が今やソニーの事業ドメインであり、これ自体が後戻りすることはないため、金融以外をすべて包含した営業利益率の向上を目指すのは合理性が高い。いずれにしても、不振であるエレクトロニクス事業の建て直しを明確に打ち出し、具体的な指標で公約したことは経営姿勢として評価できるのではないだろうか。

次に、売上高営業利益率10％という水準についても簡単に考察してみよう。ROE、ROA、ROICの章ですでに解説したように、会計指標と資本コストとの比較においては様々な単純化を行ってはいるが、その弊害を認識した上でレベル感を確認するのは意義がある。

ソニーは金融事業を除く要約B/Sと要約P/Lを、連結決算と同時に発表している。それによると、2005年3月期の金融事業を除く売上高は6兆6,327億円、総資産は6兆279億円、よって総資産回転率は1.10倍と計算される。ここから、売上高営業利益率で10％を目指すということを、総資産税引後営業利益率（ROA）ベースに置き換えると、次のようになる。

$$\text{総資産税引後営業利益率} = \frac{\text{税引後営業利益}}{\text{売上高}} \times \frac{\text{売上高}}{\text{総資産}}$$

$$= 10\% \times (1 - 40\%) \times 1.10\text{倍}$$

$$= 6.6\%$$

※税率には、一般的な法人税率として40％を用いている

一方、次ページの条件でソニーの株主資本コストを算出すると、8.0％となる。

```
株主資本コスト = リスクフリーレート + β × リスクプレミアム
              =     2.0%         + 1.2 ×    5%
              =     8.0%
```
※β値は、東京証券取引所の「2000年4月－2005年3月」のソニーのデータをもとに算出

また、下記の条件でソニーの資本コスト（WACC）を算出すると、

```
資本コスト＝負債比率×負債コスト×(1－実効税率)＋資本比率×株主資本コスト
        =  19%  ×  1.6%  × （1-40%） + 81%  ×   8.0%
        =  6.7%
```
※負債コストは2005年3月期末にソニーが所有している社債の平均利付により1.6%と算出した。負債比率、資本比率は本来は金融事業を除いて算出する必要があるが、当該事業のみの株式時価の算定が困難なため、2005年3月期の全社ベースでの有利子負債金額と直近の株式時価総額を用いて算出した

となる。ここで、総資産税引後営業利益率の分母には、すでにROICで見たように、本来は事業に要した投下資本のみを算入するべきである。しかし、要約B/Sからでは推測が難しいため、敢えて総資産全額で計算した。分母にすべての資産を含めるので、総資産税引後営業利益率は、本来のROICより若干小さめに算出されているはずである。

売上高営業利益率10%が達成した暁には、ソニーの総資産税引後営業利益率は6.6%となり、これは資本コスト（WACC）として算定された6.7%にほぼ等しい。このことから、売上高営業利益率10%は資本コストの観点から判断すると、達成しなくてはいけない水準であることが分かる。

実際には、2005年3月期の実質営業利益率は0.9%に留まった。それも映画事業の過去最高益という追い風が吹いた結果であり、これがなければ営業利益率はさらに落ち込んでいた。2005年3月期のエレクトロニクス低迷の要因には、フラットパネルテレビへの需要移行によるブラウン管テレビの低迷、ハードディスクおよびフラッシュメモリ内蔵型への需要移行による携帯型オーディオの低迷などが挙げられている。また、DVDレコーダー、ビデオカメラなども価格の下落が続いており、限界利益が縮小している。こうして、2005年3月期のエレクトロニクス部門の営業赤字は、前期比275億円悪化の343億円と

なっている。

　事業セグメント別の売上高営業利益率（2005年3月期）を計算しても、全社利益率の1.6％を下回っているのは営業赤字のエレクトロニクス事業のみである。全社売上高の6割以上を占めるエレクトロニクス事業の収益性が飛躍的に向上しない限り、ソニー全社の復活はありえない。

　一方、過去最高益を達成した映画事業にしても、売上高営業利益率は10％に達していないことから、ソニーの掲げた目標が、現在の収益費用構造では、いかに高いハードルであったかを察することができる。

　以上より、現状ではソニーの売上高営業利益率10％の2007年3月期における達成は事実上不可能であると予測されるが、資本コストの観点からすれば、いずれにしても早晩ソニーが達成しなくてはいけない利益水準である。

　2005年4月29日の日本経済新聞によると、競合の松下電器産業の中村邦夫社長は「松下は決して勝ち組ではない。営業利益率が5％にほど遠い事実を直視せよ」と、4月22日に行われた定例のグループ常務会でクギを刺したとのことである。松下は2007年3月期に同比率5％（2005年3月期は3.5％）達成

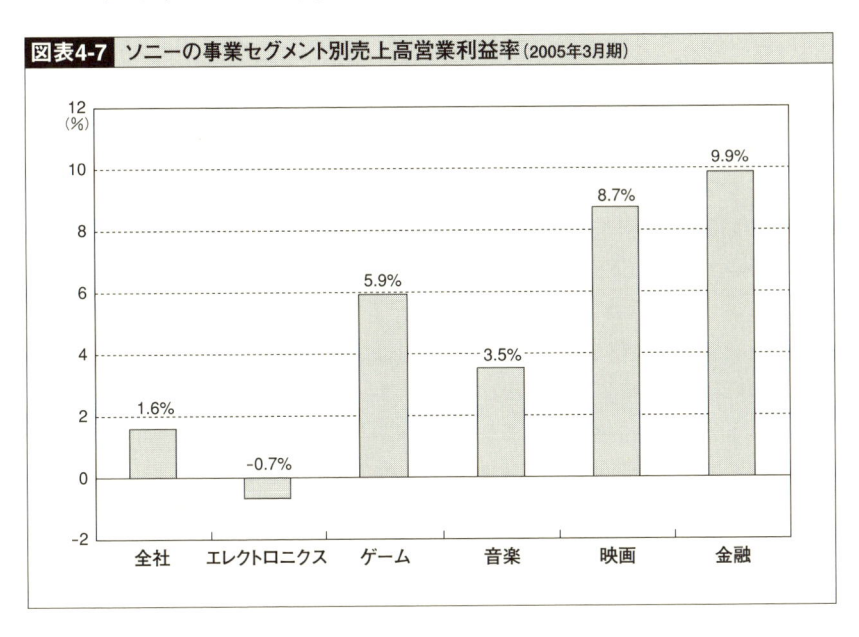

図表4-7　ソニーの事業セグメント別売上高営業利益率（2005年3月期）

セグメント	売上高営業利益率
全社	1.6%
エレクトロニクス	-0.7%
ゲーム	5.9%
音楽	3.5%
映画	8.7%
金融	9.9%

を中期目標として掲げている。しかしその後は、松下にとっても売上高営業利益率10％は超えなくてはならないハードルとなっていこう。

ソニーの本目標については2003年5月の開示当初から、アナリストなど市場関係者からは達成困難と指摘されてきた。実現可能性の低い目標を打ち出せば、かえって市場の信頼を損なうことになりかねない。しかし、この点について、出井伸之会長（当時）は日経ビジネス誌（2003年11月10日号）のインタビューで記者の質問に次のように答えている。

記者　5％ならともかく、現状では10％との乖離は大きい。達成できなかった場合、ご自身がマネジメントの立場から離れるくらいの覚悟をお持ちなのでしょうか。

出井　（前略）10％の旗を捨てて5％でいいと思った途端、ソニーは単なるコモディティー（汎用品）を作る会社の中に埋没します。数％の利益に慣れてしまうのが一番怖いんです。ソニーの製品やサービスがユニークだと認められない限り、会社自体のアイデンティティーがなくなってしまう。

これもまた経営者の姿勢であり、ゲーム、映画、音楽などで一定の成功を収めてきた出井会長の経営スタイルでもあろう。よって、目標設定についても、結果論だけで一概には否定すべきものではないと考える。

ソニーは2005年3月7日、経営不振から、ついに経営陣の刷新を断行した。新たな中期経営計画は2005年9月に発表される予定であるが、売上高営業利益率についてはどのような対処をするのであろうか。2005年5月3日の日本経済新聞で、ソニーの井原勝美副社長は、記者の「目標にしていた2007年3月期の売上高営業利益率10％は無理では？」との質問に、「エレクトロニクス以外は、10％近い営業利益率を出す事業に育ってきた。しかし、エレクトロニクスが利益率10％に急回復するシナリオは描けない。新しい経営陣になったら、現状を踏まえた目標を設定したい」と答えている。

しかし、ここまで見たように、ソニーにとって売上高営業利益率10％は、もはや「実現したい数値」ではなく、その資本コストと調達資本の規模からも、「実現しなくてはならない数値」である。エレクトロニクス以外の10％が十分

育っているのなら、エレクトロニクス事業における思い切った断行を行う時期なのかもしれない。こうした点からも、2005年9月発表予定の中期経営計画が期待される。ソニーがソニーらしさを取り戻す道筋を示すことができるのか、その意思表明に注目したい。

3 まとめ──売上高営業利益率の役割

　売上高営業利益率は、本業にフォーカスした収益性の指標である。本業以外の収益や特別利益の計上などで調整できる収益性ではない。自社の存在意義そのものと言える売上高営業利益率での目標設定は、それだけの自信と責任に裏付けられているべきである。達成できなかった場合の失望も、それだけ大きい。

　売上高営業利益率の設定数値に資本コストの概念を含めることで、調達資本に対する収益性の責務までを考慮した指標としての判断が可能となる。輸送用機器と鉄鋼業界のみが米国に対して売上高営業利益率で勝っているのは、単なる偶然とは言えない。顧客や資本市場のグローバル化の進展が避けられない以上、企業はその収益性においてもグローバル水準で勝者とならない限り、永続的な企業存続は難しくなっていくと捉えるべきである。

第5章

EBITDAマージン
設備投資の影響を除いた純然たる収益性の指標

毎年の設備投資の規模は必ずしも一定しない。また、設備投資は単年度のためではなく、長期的な収益を獲得するために行うものである。さらに、減価償却の方法は企業に選択の余地が与えられている。よって、本業の純然たる収益性を判断したい場合に、営業利益から設備投資の影響を排除したEBITDAに着目することは、特に設備投資の大きい企業や業界の評価において、有益な指針を与える。本章では、競争の激しい通信業界で勝ち残りをかけるNTTドコモのEBITDAマージンを読み解く。

1・EBITDAマージンの読み方と意義

1…EBITDAマージンの算出方法

　EBITDAを売上高で割って算出する。売上高営業利益率と同じく、損益計算書（P/L）上の数値のみから算出できる指標である。

$$\text{EBITDAマージン} = \frac{\text{EBITDA}}{\text{売上高}}$$

　EBITDAは「イービットディーエー」または「イービットダー」と読む。支払利息控除前・税金控除前・減価償却費控除前の利益（Earnings Before Interest, Taxes, Depreciation and Amortization）なので、企業が本業から生み出す税引前キャッシュフローと言える。EBITDAは、営業利益に減価償却費を足し戻すことで簡易に算出できる。

　なお、本章の事例として取り上げるNTTドコモの場合は、EBITDAの算出で、さらに有形固定資産売却・除却損を足している。日本会計基準では、一般的に有形固定資産売却・除却損は営業外費用あるいは特別損失に計上されるため、営業利益には影響を与えていない。しかし、ドコモが採用している米国会計基準では、有形固定資産売却・除却損が通常は営業利益の計算時点ですでに差し引かれているので、これらも営業利益に足し戻すことで経常的な企業活動におけるEBITDA値を算出しようというものである。

2…EBITDAマージンの読み方

　EBITDAのEBIT（Earnings Before Interest and Taxes）までは、支払利息控除前・税金控除前の利益、すなわち営業利益に近似できる。よって、

EBITDAは営業利益と同じように企業の本業の収益性にフォーカスした指標と言える。そして、一般的に分かりやすい売上高営業利益率ではなく、敢えてEBITDAマージンに着目するのは、残りの減価償却費を控除前に調整することを特に重視していることとなる。ここで、Depreciationは有形固定資産、Amortizationは無形固定資産のそれぞれ減価償却費を指す。

　では、減価償却費控除前の利益に重きを置くのは、どのような企業や業界であろうか。有形固定資産の減価償却費に絞って議論すると、言うまでもなく減価償却費は設備投資の結果として発生するものである。設備投資額の大きい時期には減価償却費も大きくなり、営業利益は小さくなる。逆に、投資額を抑えている時期には減価償却費も少なくなり、営業利益は大きくなる。このように、P/L上の利益である営業利益だけに着目すると、その時々での企業の設備投資の動向によって、ある程度のブレが発生する。設備投資はその規模と性質上、毎年一定額というより、年度によってブレが発生するのが通常である。

　そもそも、売上高営業利益率やEBITDAマージンは、本業の収益性を評価するための指標である。これら指標の経年の推移を見ることで、その企業の収益性が着実に維持・成長しているかが判断できる。よって、経年比較の妥当性を、できる限り維持していることが望ましい。

　こうした背景から、毎年の設備投資、すなわち減価償却費の額が大きい業界や企業では、売上高営業利益率ではなくEBITDAマージンを用いることで、経年評価の妥当性をより高めようとすることが多い。つまり、毎年のブレが大きい設備投資によってもたらされる減価償却費のブレを、営業利益の計算から取り除く（減価償却費を営業利益に足し戻す）ことで、本業の事業活動が生み出す利益（実質的にはキャッシュフローに近い）を経年で評価しようとするのである。しかも、企業間の減価償却方法の違い（定率法や定額法）といった会計方針の影響も排除している。通信業界はその際たる例で、EBITDAやEBITDAマージンによって、業績を評価したり、目標設定したりするのが一般的である。他にも、電力、鉄道、航空会社など、資産に占める有形固定資産の規模が大きい企業では、EBITDAやEBITDAマージンの算定意義は大きい。

　上記は有形固定資産に絞って議論しているが、無形固定資産に関しても同じことが言える。ソフトウェアや営業権の減価償却費の影響をEBITDAでは完

全に排除しているため、ソフトウェアの取得や企業買収動向といった年度間の格差が比較的大きい項目の影響を指標から外し、本業の収益性の評価にフォーカスしていることになる。

営業利益が企業の一時的な事情によって赤字に陥る可能性は第4章で述べたとおりである。それに対して、EBITDAは減価償却費を足し戻すという計算プロセスからして、EBITDA赤字に陥る可能性は一般にきわめて低い。しかし、営業赤字で、かつ減価償却費が小さい企業であれば、EBITDA赤字に陥る可能性はある。この場合は営業赤字と同じく、複数年にわたって赤字が続くようでは、会社としての存在意義そのものが問われていると判断されよう。

減価償却費を足し戻すので、EBIDAマージンは売上高営業利益率よりも大きな数値となって表れる。営業利益率は本業での収益と費用を足し引きして算出した実質的な対売上高の収益性と言えるが、EBIDAマージンの場合は最大の費用である設備投資についてまったく控除していないため、大きな数値が算出されてしまう。そのため、同業他社のEBITDAマージンを比較したり、企業におけるEBITDAマージンを経年推移で評価するのは大きな意味があるが、数値の水準については、最大の費用である減価償却費が一切入っていないことを念頭に置いて判断することが望まれる。

その他、下記は売上高営業利益率の解説で述べたことであるが、EBITDAマージンを読み取る際にも成立する。

・営業外収支や特別損益の影響を受けないため、自社の存在意義、すなわち本業の収益性の実証にフォーカスした経営指標である
・変動費と固定費に分解して指標を評価することが望まれる
・売上高の概念は業界によって大きく異なるため、当該企業では何が売上高なのかに常に注意を払う必要がある

3…日本企業と米国企業のEBITDAマージン

第4章で描いた売上高営業利益率以上に、EBITDAマージンの推移は両国共に安定しており、その結果として両国間の差がほぼ4%の水準で平行移動して

図表5-1　日米企業のEBITDAマージン推移

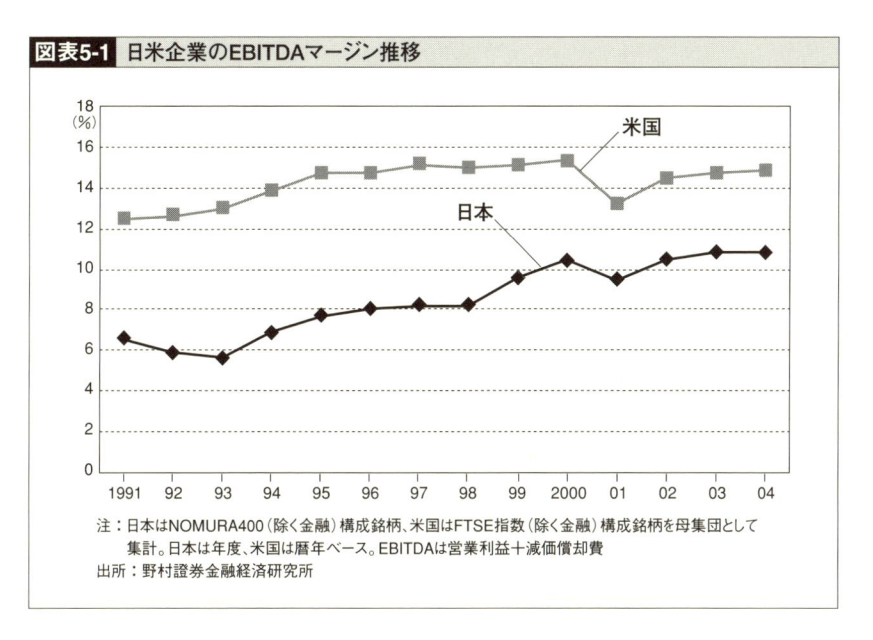

注：日本はNOMURA400（除く金融）構成銘柄、米国はFTSE指数（除く金融）構成銘柄を母集団として集計。日本は年度、米国は暦年ベース。EBITDAは営業利益＋減価償却費
出所：野村證券金融経済研究所

いる。売上高営業利益率の両国の差はほぼ6％であったのに対して、EBITDAマージンの差が4％に縮んだのは、米国に比べ日本が売上高に対する減価償却費の割合が大きいことを示している。日本国内の建設コストが大きいことも影響しているが、売上高に結びつく固定資産保有の効率性を追求するという点で、米国が大きくリードしている裏づけとも言える。さらに米国会計基準では、キャピタル・リース（日本ではファイナンス・リース）が原則資産計上され、減価償却されることを加味すると、実態以上に両国の固定資産効率性の差は存在している。

4…EBITDAマージンを目標に掲げる意義と注意点

　企業価値の算定式において分子にP/L上の利益ではなくフリー・キャッシュフローを用いたように、企業の価値創出の源泉はキャッシュフローである。その観点からも、P/L上の利益の対売上高比率である売上高営業利益率ではなく、キャッシュフローに近いEBITDAを分子に置いたEBITDAマージンを用いる

ことは、企業価値向上のための経営指標として合理的と考えられる。実際、EBITDAで企業価値（株式時価総額と純有利子負債の和）を割り算して算出されるEV／EBITDA倍率を、同業他社間で比較するなどして、株価の妥当性やM&Aの定量的評価を行うことが多い。

売上高営業利益率では、タイミングの問題、規模の問題、調達資本の問題の3つを挙げた。まずタイミングの問題については、EBITDAでは営業利益に減価償却費を足し戻すことで、設備投資の年度間の格差を吸収している。よって、設備投資の周期というタイミングの問題を1つ解決している点で優れた指標と言えよう。一方、規模の問題と調達資本の問題については、売上高営業利益率の議論がそのまま適用できる。P/Lのみから計算できる指標ゆえに、縮小均衡にならないことと、資本提供者に対するリターンの概念を含めることの2点を、いつも意識するのが肝要である。

EBITDAを扱う際の注意点は、フリー・キャッシュフローと比較すると分かりやすい。EBITDAはフリー・キャッシュフローと異なり、税金、投資、運転資本といった、企業を永続的に維持・成長させるために不可欠となるキャッシュの費消を算定に入れていない。有形・無形固定資産への継続的な投資や、運転資本への機動的な投資がなくては、永続的な企業の存続はあり得ない。また、利益を計上している以上、税金は払わなくてはならないが、EBITDAではこれらすべてを外して計算している。

よって、EBIITDAマージンは本業が生み出すキャッシュフローの収益性の指標と言えるが、同時に企業存続のために不可欠なキャッシュの費消のすべて

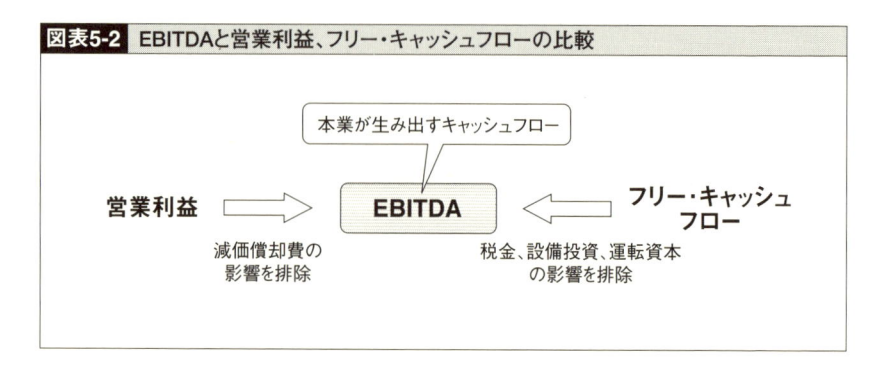

図表5-2　EBITDAと営業利益、フリー・キャッシュフローの比較

営業利益　→　EBITDA　←　フリー・キャッシュフロー

本業が生み出すキャッシュフロー

減価償却費の影響を排除

税金、設備投資、運転資本の影響を排除

を考慮に入れていないことを十分認識した上で、数値の水準を評価していく必要がある。

次に、EBITDAは営業利益と比べると、多くのステークホルダーにとって馴染みの薄い指標である。よって、減価償却費が比較的小さい場合などは、営業利益をEBITDAに置き換える意義がそれほどないため、一般に分かりやすい売上高営業利益率を経営指標に用いることが好まれよう。EBITDAと異なり、営業利益は設備投資の支出を減価償却費という形で控除しているため、実際に企業が正味稼いだ収益性の指標として、好ましいという判断もあろう。

その他注意すべき点として、次のようなケースが挙げられる。たとえば、まったく同じ事業展開をしていながら、自社の保有資産としての設備投資を行っているA社と、リースなどのオフバランス資産*を活用しているB社があるとする。毎年の減価償却費とリース料が仮に同額とすると、売上高営業利益率には差が生じないが、EBITDAマージンは減価償却費を足し戻す分、A社のほうが大きくなってしまう。このように減価償却費の影響を排除する目的で行ったことが、企業評価において別の弊害を生む可能性もある。EBITDAマージンを企業間で比較する場合は、特にオフバランス資産の存在について注意する必要がある。

2●ケーススタディ──NTTドコモ

1…NTTドコモにおけるEBITDAマージンの推移

巨大かつ恒常的な設備投資を前提とする通信業界において、EBITDAマージンを経営指標に掲げるのは一般的である。NTTドコモの平田正之常務（2005年現在、同社代表取締役副社長）は2002年6月4日の日経金融新聞で、記者の「最も重視している財務指標は何か」という質問に対して、次のように答えている。

「国際的な物差しであるEBITDAとEBITDAマージンだ。確かに今期は連結営業利益が過去最高になる見通しだが、これは他社と比較する際に国内でしか使えない。減価償却費や税率が異なる海外の携帯電話会社と比較する際にはEBITDAを使うのが適当だ」

NTTドコモのホームページには、図表5-3のようなEBITDA算出プロセスが掲載されている。

売上高営業利益率、あるいは売上高純利益率と比較しても、EBITDAマージンは最もブレが小さいことが確認できる（EBITDAマージンの標準偏差は1.9%、売上高営業利益率は2.5%）。また、5年間の上下の振れ幅をそれぞれ見ても、EBITDAマージンが4.6%なのに対して、売上高営業利益率は数値の水準が小さいにもかかわらず5.8%に及んでいる。この差は、図表5-3に見られる、各年度の減価償却費と有形固定資産売却・除却損、さらには減損損失（米国会計基準を採用しているドコモでは、これら費用のすべてを営業利益の計算の際に控除している）の違いに起因している。

こうした振れ幅の小ささがEBITDAマージンの特徴であり、経年推移を評

図表5-3　NTTドコモのEBITDAマージン算出プロセス（各年3月期）

（億円、%）

	2001	2002	2003	2004	2005	標準偏差	上下幅
a.EBITDA	14,253	16,806	18,363	18,589	16,257		
減価償却費	-5,956	-6,405	-7,492	-7,210	-7,354		
有形固定資産売却・除却損	-511	-392	-303	-350	-457		
減損損失	—	—	—	—	-604		
営業利益	7,786	10,009	10,567	11,029	7,842		
営業外費用（純額）	-205	-445	-138	-18	5,041		
法人税等	-3,173	-3,996	-4,545	-4,291	-5,277		
持分法による投資損失	-178	-6,440	-3,242	-220	-129		
少数株主損益	-213	-290	-160	0	-1		
会計原則変更による累積的影響額	—	—	-357	—	—		
b.当期純利益	4,018	-1,162	2,125	6,500	7,476		
c.営業収益	41,781	46,593	48,091	50,481	48,446		
EBITDAマージン	34.1%	36.1%	38.2%	36.8%	33.6%	1.9%	4.6%
売上高営業利益率	18.6%	21.5%	22.0%	21.9%	16.2%	2.5%	5.8%
売上高当期純利益率	9.6%	-2.5%	4.4%	12.9%	15.4%	7.2%	17.9%

出所：NTTドコモホームページ（一部加筆修正）

価する上でのメリットである。金額が大きく、かつ毎年の振れ幅が比較的大きいこれらの費用を除いているため、それ以外の要因（販売活動、人材の採用など）にフォーカスした上で、自社の経年比較、あるいは同業他社との比較が可能となる。

図表5-4に示すとおり、ドコモのEBITDAマージンは、2002年3月期以降3年連続で目標水準35％を上回ってきたが、2005年3月期は4年ぶりに目標を下回る33.6％となった。減価償却費、有形固定資産売却・除却損、そして減損損失の影響は、すでにEBITDAマージンから外されているため、それ以外の費用（人件費、販売促進費など）、あるいは収益そのもの（販売単価×数量）に原因が潜んでいることになる。

2…NTTドコモの置かれた経営環境
①携帯通信業界を取り巻く経営環境

過去に急成長を見せてきた国内の携帯電話契約数だが、その勢いは急速に失

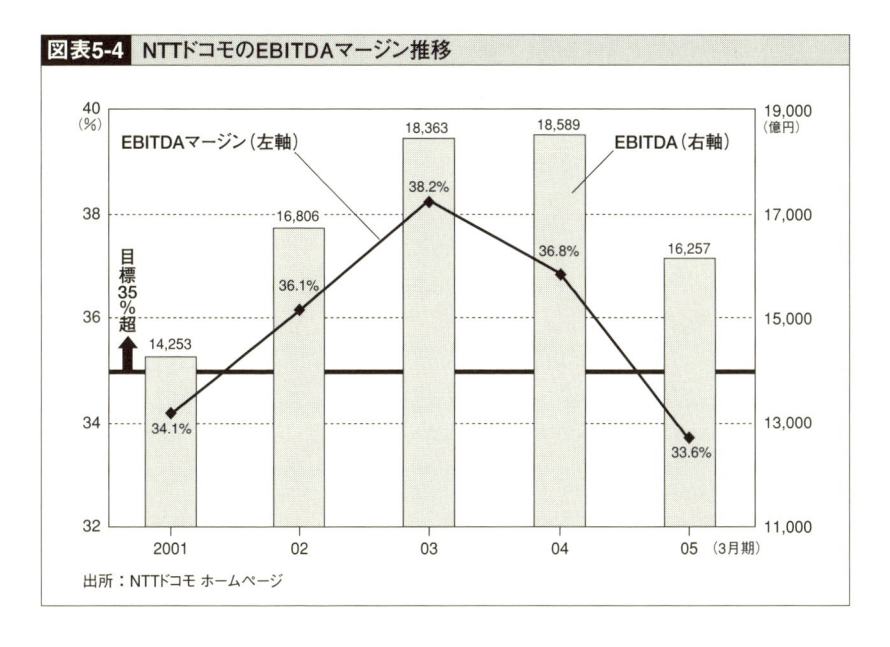

図表5-4　NTTドコモのEBITDAマージン推移

3月期	2001	02	03	04	05
EBITDAマージン（左軸）	34.1%	36.1%	38.2%	36.8%	33.6%
EBITDA（右軸、億円）	14,253	16,806	18,363	18,589	16,257

目標35％超

出所：NTTドコモ ホームページ

われつつある。2005年8月末時点の携帯電話契約数は全人口の3分の2以上に相当する8,883万件に達している。また、図表5-5に示すとおり、契約数の年間成長率は1996年の109.6％から著しく鈍化しており、2004年には6.6％に留まっている。市場は着実に飽和状態に近づいている。

国内には現在、NTTドコモ、au（KDDI）、ボーダフォン、ツーカー（KDDI）の4つの携帯電話通信事業者グループが存在する。市場が成熟化するにつれて事業者間の競争は激しさを増している。2004年12月末時点で56.1％という圧倒的なシェアを誇るドコモにしても、2003年、2004年と2年連続して契約純増数（増加契約数－解約数）でau（シェア同21.9％）に敗れている（図表5-6）。このことからも、競争要因は規模だけではないと分かる。

auはドコモの第3世代FOMAでの出遅れを突いて、「着うた」などの新サービスや、斬新な携帯端末デザイン、さらにデータ通信の定額制導入などを市場に先行して打ち出し、若年層や主婦を中心に新規契約者数を伸ばすことに成功した。また、図表5-6の携帯電話事業者には含まれないが、PHS最大手のウィルコムが2005年に入り音声定額制を導入するなどして、契約を伸ばしてい

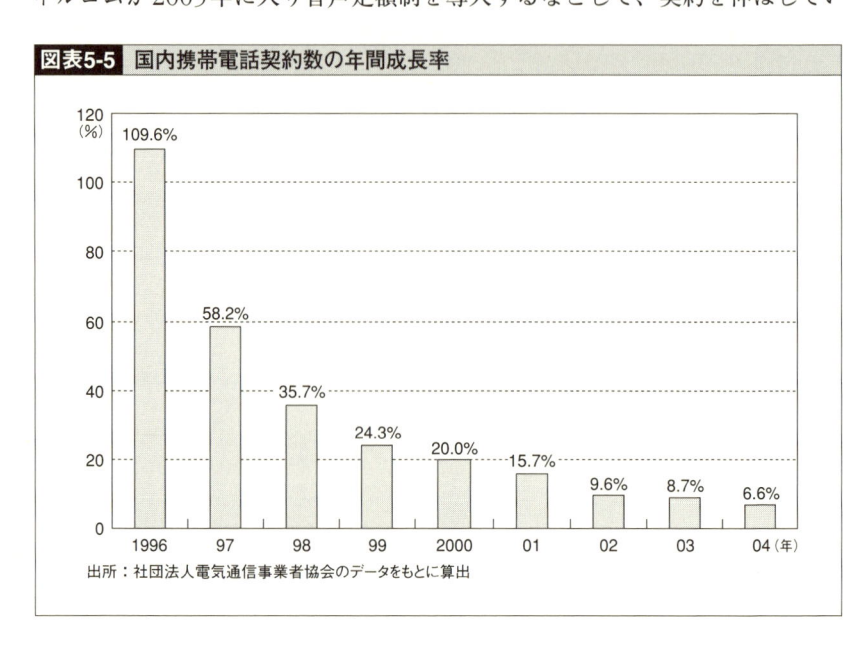

図表5-5　国内携帯電話契約数の年間成長率

年	成長率
1996	109.6%
97	58.2%
98	35.7%
99	24.3%
2000	20.0%
01	15.7%
02	9.6%
03	8.7%
04	6.6%

出所：社団法人電気通信事業者協会のデータをもとに算出

図表5-6 通信事業者別の国内携帯電話契約数

	2004年契約純増数	伸び率	2004年末総契約数	シェア
NTTドコモ	2,179,300	4.8%	47,914,200	56.1%
au (KDDI)	2,781,700	17.4%	18,759,000	21.9%
ボーダフォン	437,000	3.0%	15,211,000	17.8%
ツーカー (KDDI)	-70,400	-1.9%	3,599,600	4.2%
4社合計	5,327,600	6.6%	85,483,800	100.0%

出所：社団法人電気通信事業者協会

る（2005年8月末時点で336万件の契約数）。携帯電話事業者にとっては、潜在的な脅威である。

　2005年にも予定されている携帯用電波の新規事業者への割り当て、2006年からは事業者を変更しても携帯電話番号を変更しないで済む番号ポータビリティの導入など、市場は成熟化する一方で、競争環境はますます激しくなる要素をはらんでいる。特に、番号ポータビリティの導入は、ユーザーの通信事業者変更をこれまで以上に容易にするため、シェアNo.1のドコモにとって危機感は強い。既存の事業者にとっては、市場の成熟化と競争の激化を前に、現在の顧客の満足度をいかにして高め、長期的な関係を築いていけるかが最大の課題となっている。

　日本は通信事業者が携帯端末メーカーから端末を買い取って自ら販売するという点において、海外にはない独自のシステムをとっている。市販の端末価格を安く抑えることで、初めて携帯電話を購入する人への障壁をできる限り低くし、その後の使用量に応じた従量課金システムによって継続的な収益を安定的に得るという事業モデルである。市場の成長が保証されているなかでは、こうした「損して得取る」モデルでも、通信事業者は十分な収益性を確保することが可能であった。さらに、通信事業者が携帯端末メーカーに研究開発費を、販売代理店に販売奨励金を補助することで、業界全体が市場の急成長からの恩恵を得ることが可能であった。

　ところが現在では、各通信事業者は定額制の導入による実質値下げに踏み切る一方、収益の落ち込みを防ぐために、携帯端末メーカーや販売代理店への補

助を削減する動きが広がっている。業界全体において、収益性の悪化が進行しつつあるのが現状である。新規参入と番号ポータビリティの導入で、その傾向は今後ますます強まると予測されている。

②NTTドコモの経営戦略と課題

　NTTドコモの前身は、民営化（1985年4月）前の日本電信電話公社が、1968年にポケットベルサービスを開始し、その後自動車電話サービスに参入した移動体通信事業部である。民営化後の日本電信電話（NTT）からの営業譲渡によって、1992年7月に正式発足した。会計基準の変更などを除くと、ドコモは2005年3月期に創業以来初の減収減益（営業利益ベース）決算を迎えた。先に見たように、国内の契約数は前年度比6.6%の成長を示し、ドコモ自身も4.8%の契約数増加を示した。それでも減収減益に陥ったのは、1契約当たりの収益と利益が落ち込んだからにほかならない。

　移動通信事業者は1契約当たり月間平均収入（ARPU＝アープまたはアルプ）を経営指標の1つとして重視している。ドコモの2005年3月期のARPU（第3世代FOMAと第2世代movaの合計）は7,200円（音声ARPUが5,330円、パケットARPUが1,870円）となり、2004年3月期の7,890円と比べて690円もダウンしている。単純に考えて、契約者総数の成長率（ドコモは4.8%）よりARPUの下落率（同8.7%）が上回っていれば、減収減益とならざるを得ない。市場が成熟化するなかで、既存顧客の満足度を高め、解約率を低減するために、定額制をはじめとする実質値下げ策を矢継ぎ早に投入した結果である。2005年3月期のEBITDAマージンの35%未達も、突き詰めればここに起因している。

　こうした環境下でドコモが打ち出しているのが、168〜169ページに挙げた経営戦略である。第3世代FOMAサービスの普及拡大を基本に、マルチメディア化、ユビキタス化、グローバル化の3つの軸を掲げている。2005年3月末時点の第3世代FOMA契約数は1,150万件であるが、これはドコモの全契約数の24%に過ぎない。2006年3月末までに50%に高める方針ではあるが、ライバルのauはすでに同比率が92%に達している。第3世代への顧客の移行促進のための費用が、しばらくの間ドコモの重石となるのは避けられない。

一方、音声とデータの通信収益のみに頼らない新たな収益源として、ICカード機能を搭載した携帯電話で料金決済ができる「おサイフケータイ」の市場浸透を積極的に推進している。これに伴って2005年7月には、三井住友カードの発行済株式数34％に相当する普通株式を増資引き受け等により約980億円で取得した。これに先立つ6月の株主総会では、定款を変更してクレジットカード業を事業目的に加えた。「おサイフケータイ」を利用した新クレジット決済サービス事業を三井住友フィナンシャルグループと共に推進していく予定である。

　一方、2004年6月にクイックキャスト（無線呼出）の新規受付を終了し、2007年3月を目処にサービスの終了を予定している。PHSサービスについても、2005年4月をもって新規受付を終了すると同時に、2005年3月期決算において、撤退に伴う減損処理*を行った。こうした不採算事業からの撤退を決め、FOMAへの経営資源の集中と全社収益性の向上を図っている。

　グローバル化については、過去に世界の移動通信事業者へ矢継ぎ早に資本参加（総額1兆9,000億円の投資）したものの、通信バブルの崩壊で大きな損失を被り、本来の目的であった事業提携にもその多くが至らなかった。こうした反省を踏まえて、出資ありきではないW-CDMA方式による第3世代携帯電話システムやiモードの技術供与、さらには国際ローミングサービスの拡大などによる、グローバルビジネスの創出と拡大を目指している。

　ドコモの親会社であるNTTは、2005年3月期末でドコモの株式を63.0％保有している。NTTの同期の連結決算における営業利益のうち、6割以上はドコモの貢献である。NTTの業績のかなりの部分が、ドコモの業績によって左右されると言っても過言ではない。それゆえ、NTTがドコモの経営戦略に対してある程度の影響力を及ぼすのは避けられない。実際、ドコモは2005年3月期の有価証券報告書に、「当社の親会社である日本電信電話株式会社が、当社の他の株主の利益に反する影響力を行使することがあり得ること」をリスク情報の1つとして挙げている。

　NTTグループとKDDIの組織体制は大きく異なる。NTTグループは全体を束ねる純粋持ち株会社NTTの傘下にて、固定と携帯の別会社化、固定の地域や長短距離通話に基づいた別会社化を行っている。一方、KDDIは固定と携帯

NTTドコモ「経営戦略」

1. 経営の基本方針
　当社グループは、「新しいコミュニケーション文化の世界を創造する」という企業理念のもと、「FOMA」サービスの普及拡大を基本にコアビジネスの充実強化を図るとともに、お客様の生活やビジネスに役に立つサービスの提供を通じてモバイルマルチメディアを推進していくことで、活力ある豊かな社会の実現に貢献し、株主の皆様やお客様から高い信頼と評価を得られるよう、企業価値の最大化を図ることを経営の基本方針としております。

2. 中長期的な経営戦略
　移動通信市場は、携帯電話等の人口普及率の高まりやお客様ニーズの多様化に加え、2006年度に予定されている携帯電話の番号ポータビリティ導入等を控え、事業者間の競争が今後ますます激化すると想定されます。
　このような市場環境のなか、当社グループは、「お客様第一」の視点に立ち、多様化するお客様のニーズを迅速かつ的確にとらえた事業展開を進め、端末・サービス・料金・エリア品質・アフターサービス等総合的な取り組みを展開していくことによりコアビジネスの充実強化を図ってまいります。また、不採算事業の見直しに向け取り組むとともに、引き続き端末調達コスト・ネットワークコストの低減及び代理店手数料の効率的な運用等をはじめとした事業の効率化を進め、更なる経営体質の強化を図ってまいります。
　新たな収益源創出に向けた取り組みとしては、「マルチメディア化」「ユビキタス化」「グローバル化」の3つを軸とする事業領域の拡大に引き続き努めてまいります。

　(1)マルチメディア化
　　「iモード」サービスや高速・大容量データ通信を可能とする「FOMA」サービスの更なる普及拡大を目指し、お客様ニーズを捉えた商品ラインアップの充実を図るとともに、ビジュアルコミュニケーションならびに映像・テキストの配信サービス等、高度で多様なサービスの開発・提供に努めてまいります。また、「FOMA」サービスの更なる高度化を目指して、高速パケット通信技術であるHSDPA（High Speed Downlink Packet Access）システムの開発を進めております。

　(2)ユビキタス化
　　従来から取り組んできた情報家電の遠隔操作、自動車向け情報配信（テ

レマティクス）等の更なる推進による利用機会の拡大に加え、携帯電話が持つ非接触型ICチップ・バーコード・赤外線等を用いた外部とのインターフェース機能を活用し、当社サービスと様々な商取引とを連携させる「リアル連携」を、関連する他企業とともに推進してまいります。

(3) グローバル化

　当社グループは移動通信の競争環境がグローバル規模で進展する中、従来に引き続き「iモード」アライアンスの拡大やW―CDMA方式をベースとしたグローバル端末の提供等により、一層のユーザ利便性を高め、収益拡大に努めてまいりたいと考えております。またグローバルな競争環境を踏まえ、通信事業者のみならず有力技術を有する企業や移動通信周辺事業企業への出資・提携についても総合的な効果を勘案し幅広く検討していく方針でございます。

　さらに、お客様の生活やビジネスに役立つ「生活ケータイ」をキーワードに、携帯電話に電子マネー・クレジット決済機能・乗車券機能等を搭載するなど携帯電話サービスを進化させ、通信料収入の枠組みに依存しない収益源の創出に取り組んでまいります。

　当社グループを取り巻く経営環境の変化及び競争の激化に機動的に対応していくため、携帯電話サービスのさらなる進化を図るとともに、事業領域の拡大に積極的に取り組み、今後も企業価値の向上をめざしてまいります。

（中略）

6. 目標とする経営指標

　わが国の移動通信市場は安定成長期を迎え、当社グループは、一層の経営体質強化に向けて、利益重視の観点からEBITDAマージンを重要な経営指標とするとともに、投下資本の効率性を推進する観点からROCEについても重要な経営指標といたしております。**EBITDAマージンは35％以上**、ROCEは20％以上を目標値としてその達成に努め、企業価値の最大化を図ってまいります。

（注）
EBITDAマージン：EBITD÷売上高
EBITDA：営業利益＋減価償却費＋有形固定資産売却・除却損＋減損損失
ROCE：営業利益÷（株主資本＋有利子負債）＜株主資本・有利子負債は前期末・当期末の平均値＞

出所：NTTドコモ「経営戦略」（2005年5月10日）より抜粋

や地域、通話距離の区別なく、その大部分を1つのKDDIという会社のなかで行っている（ツーカーや海外は別会社）。携帯電話市場の急成長期にはドコモが独立企業としての機動力を生かして、市場の成長をリードし、シェアの獲得に成功してきた。しかし、携帯電話市場の成熟化に加えて、固定電話市場の衰退化、IP電話網といった新たな通信技術の台頭もあり、NTTドコモの経営戦略に対する親会社NTTの影響は、今後強まることこそあれ、緩和されることは想定しにくい。

3…NTTドコモが実施するEBITDAマージン向上策

　競争環境がますます激しくなるなか、ARPUの継続的な下落により、ドコモは2005年3月期に初の減収減益（営業利益ベース）決算を迎えた。経営指標であるEBITDAマージン35％以上も、4期ぶりに未達成となった。こうしたなかでドコモは、顧客の第3世代FOMAへの早期移行を促進するための施策を次々に打っている。FOMAのARPUもすでに下落基調にはあるが、それでも2005年3月期実績で9,650円という高い水準を確保している。同期の第2世代movaのARPU6,800円に比べても、2,850円（約30％）高い。

　以下に挙げるFOMAへの移行促進策は、どれも短期的にはEBITDAマージンを減少させるものではあるが、FOMAへの早期移行を図ることで、将来の収益力を強化し、中長期的なEBITDAマージンを向上するための施策と捉えることができる。

①FOMAへの早期移行促進策＝短期的なEBITDAマージンの下落
・FOMA拡販のための販促費、広告宣伝費の大型投入
・FOMA携帯端末のラインナップの充実と早期値下げ開始
・FOMAのiモード定額制導入（パケ・ホーダイ、パケットパック）
・家族向け割引、無料通話くりこし、固定電話から携帯電話への通話料値下げ等の割引サービスによる、顧客のつなぎとめ策（これら割引サービスは第2世代movaでも利用可能）
・屋内外のFOMA通信可能エリアの拡充など、ネットワーク品質の向上によ

るサービス向上

②FOMAユーザーの長期的な確保＝長期的なEBITDAマージンの向上

　第3世代FOMAの技術によって付加価値の高いサービスを拡充し、ARPU向上のみならず、音声・データの通信量に連動しないサービス手数料等の収益向上を目指す。キーとなる軸は、経営戦略で謳っている「マルチメディア化」「ユビキタス化」「グローバル化」の3点である。具体的なサービスとして、以下が挙げられる。
・おサイフケータイiモードFeliCaサービス
・テレビ電話通信サービス
・ビジュアルメールサービス
・iモード動画コンテンツサービス
・FOMAカードの差し替えによる世界共通番号の使用サービス
・FOMAカードによる新認証サービス
・高速データ通信サービス

　また、不採算事業であるPHSやクイックキャストからの撤退に加えて、FOMA端末への移行の過程で、代理店手数料の効率化策の推進、ネットワークコストの削減などによる、多数の収益性向上策も同時に推し進めている。これらの施策も今後のEBITDAマージンの向上に貢献していくこととなる。

4…NTTドコモのEBITDAマージンを評価する

　EBITDAマージンが通信業界において最も重視される経営指標の1つであることは先に解説した。では、通信事業者として世界シェアトップの英国ボーダフォン（携帯電話事業のみ）のEBITDAマージン推移をドコモのそれと比較することから始めてみよう。
　次ページの図表5-7に示すとおり、2001年、2002年（両社共に3月決算）では、ドコモのEBITDAマージンが英国ボーダフォンを上回っていた。ドコモのEBITDAマージンが38.2％というピークにあった2003年3月期でも、両

社の同比率は拮抗していた。しかし、その後ボーダフォンの数値が高い水準で推移しているのに対して、ドコモの数値は急降下している。2005年3月期には、ドコモが目標としている35％も割り込んだ。

日本市場は海外市場と異なり、通信事業者が携帯機器を在庫として抱え、販売している。2005年3月期では、ドコモの携帯機器販売の赤字額（携帯機器販売による営業収益から原価を差し引いた値）は5,740億円に及ぶため、その要素を取り除いた無線通信サービスのみでEBITDAマージンを試算すると、45.4％となり、同年度のボーダフォンをも上回る。しかし、この試算は参考値にはなるが、議論の対象には当たらないと考える。

なぜなら、国内の事業者が携帯機器を赤字前提に販売するのは、その後のメリットが見込めるからである。たとえば通信事業者は、自社の目指している技術開発の方向性や、サービスラインの拡充について、その主導権をメーカーに渡すことなく、独占的に自社で確保している。よって、携帯機器販売が赤字で

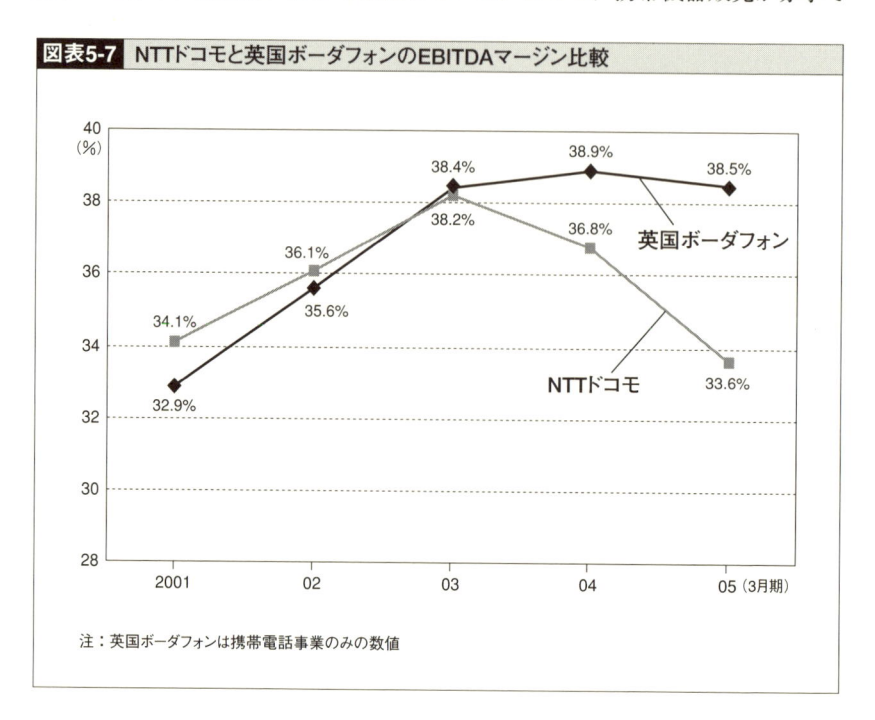

図表5-7　NTTドコモと英国ボーダフォンのEBITDAマージン比較

年度(3月期)	NTTドコモ	英国ボーダフォン
2001	32.9%	34.1%
02	35.6%	36.1%
03	38.2%	38.4%
04	36.8%	38.9%
05	33.6%	38.5%

注：英国ボーダフォンは携帯電話事業のみの数値

あるという事象をとって、それを除外して海外より優れていると言うのであれば、携帯機器販売に伴うすべてのメリットを差し引いた後にEBITDAマージンを計算して比較しなくてはならない。ドコモの携帯機器販売における赤字額5,740億円は、むしろ通信サービスの売上高を獲得するための、費用の1つとして捉えるほうが適切であろう。

　ドコモが目標として掲げる35％は、世界シェアトップのボーダフォンが過去4年間において安定的にクリアしており、ドコモ自身も過去5年間のうち、3年間はクリアしている水準である。2005年3月期は実質値下げを含めた先行投資の結果、35％を下回ったが、これは将来の果実を獲得するためのものである。収益モデルの多角化を積極的に推進しつつある現状、EBITDAマージンの長期的な目標値を35％に設定し続けるのは、経営環境と経営戦略に変更はあれど、企業として一貫して高い収益性を目指すという姿勢において評価に値すると考える。

　ドコモの減価償却費と有形固定資産売却・除却損の合計は、毎年のブレはあるものの、売上高のおおよそ15％前後の水準にある。よって、EBITDAマージンで35％を目標にするということは、売上高営業利益率で20％を目標にするということと置き換えることもできる。また、ドコモはROCE（営業利益を調達資本〈株主資本と有利子負債の合計〉で割り算）で20％を目標にしていることから、調達資本が売上高の値に近似する。いずれにしてもこの売上高営業利益率をもとに、資本コストとの比較を行い、目標とする水準の適正度について議論することもできよう。詳しくは、第4章の売上高営業利益率で述べた資本コストの解説を参照されたい（139〜140ページ）。

　一方、国内シェア第2位のKDDIにおいて、au事業のみのEBITDAマージン推移をドコモと比較したのが次ページの図表5-8である。ドコモが依然としてKDDIを10％強上回っているものの、KDDI（auのみ）がその差を徐々に詰めている。

　2005年3月期において、au事業のKDDI連結決算に占める割合は、売上高とEBITDAで7割超、営業利益では実に9割超を占めている。言わば、携帯電話事業のグループに占める重要性は、NTT以上にKDDIのほうが大きいと分かる。au事業の業績動向がKDDI全社の株価に大きな影響を与えていること

は明らかである。これは図表5-9の両社の株価の推移にも如実に表れている。

ドコモはここ2年間、ほぼ継続的に株価を下げているのに対して、KDDIは2003年に入って急上昇に転じている。初めて契約純増数でドコモを上回ったこの年は、同社の株価がほぼ右肩上がりの1年間であった。

ドコモはEBITDAマージンや営業利益率の維持を重視したばかりに、値下げ移行の意思決定がKDDIに比べて遅れたと批判されることもある。単年度ベースでの目標は時に長期的に重要な意思決定を鈍らせ、その隙に競合他社を勢いづかせることもあるという教訓であろう。しかし、だからといって、収益性目標を掲げないほうがよいということにはならない。短期的な収益性の悪化も、長期的な収益性の維持・成長のためならば、それは正しい判断のはずである。会計指標を経営指標として用いる際、特に市場の変化が激しい業界においては、このタイムフレームを同時に十分検討した上で目標設定することが重要である。

ドコモは競争激化の環境下で、短期的には収益性を悪化させる施策を矢継ぎ早に打っている。その結果、2005年3月期には目標とするEBITDAマージ

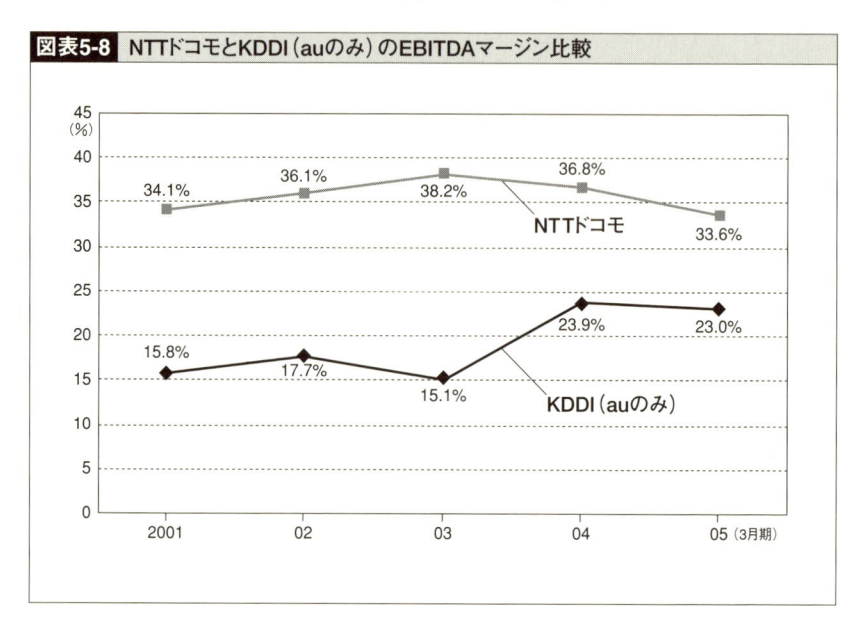

図表5-8　NTTドコモとKDDI（auのみ）のEBITDAマージン比較

年（3月期）	NTTドコモ	KDDI（auのみ）
2001	34.1%	15.8%
02	36.1%	17.7%
03	38.2%	15.1%
04	36.8%	23.9%
05	33.6%	23.0%

35％も割り込んだ。しかし、これらの施策は第3世代FOMAへのスムーズな移行とロイヤルティの高い顧客を維持・獲得することによって、付加価値の高い新サービスを浸透させ、それをもって長期的なARPUや手数料収益の維持・向上を狙うものである。FOMAへの移行が今後順調に進むにしたがって、現在行っている販売奨励金などへの投資も、徐々に抑制されてこよう。

　よって、向こう数年にわたっては、ドコモのEBITDAマージンが下落していく可能性は高い。事実、2005年3月期決算の発表と同時に開示された2006年3月期の連結業績見通しでは、EBITDAマージンがさらに0.7％下落して32.9％になると当社は予測している。しかし、EBITDAマージンの下落は、中長期的にEBITDAマージンを向上させるための先行投資が現在行われているためである。こうしたことから、短期的、長期的なEBITDAマージンの水準を分けた上で、具体的な期間と目指すべき水準を明示することが、現在のドコモには望まれていると考える。ドコモの規模、目指しているグローバル市場でのプレゼンスからしても、長期的には世界シェアトップの英国ボーダフォン並みのEBITDAマージンを目指すべきであろう。

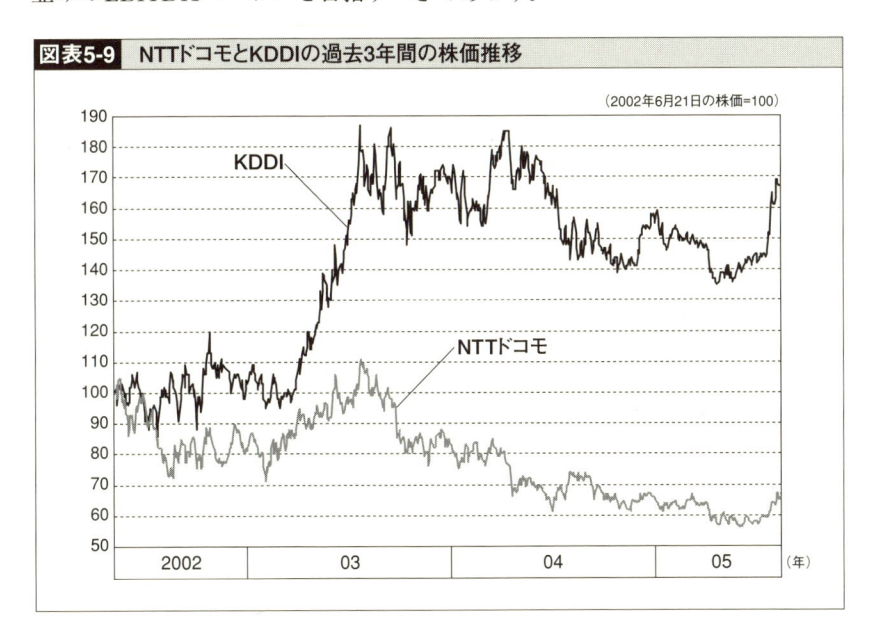

図表5-9　NTTドコモとKDDIの過去3年間の株価推移

3 ● まとめ――EBITDAマージンの役割

　売上高営業利益率と同じく、EBITDAマージンは本業にフォーカスした収益性の指標である。通信業界のように、利益水準に比べて設備投資の額が大きい業界では、標準的な収益性判断の指標として頻繁に用いられている。EBITDAという、減価償却費控除前の利益（＝本業のキャッシュフローに近い）を算出することで、設備投資の年度間格差を吸収した本業の収益性評価を行うことができる。

　EBITDAマージンは、P/Lのみから算出される収益性指標である。当面は、本業の収益性の維持・向上が、企業価値の向上のために不可欠な企業ほど、経営指標として掲げる意義は大きい。一方、企業は投資家から調達した資本があって、初めてP/Lの収益、そして利益を生み出せる。よって、経営指標からB/Sの概念を忘れてはならない。EBITDAマージンの目標とする数値を達成した暁には、資本コストを上回るのに十分な利益が生み出されたことを立証できるよう、その目標水準の設定には細心の注意を向けることが重要である。

第6章

フリー・キャッシュフロー
企業価値の最大化をもたらす指標

フリー・キャッシュフローは、企業がその本業の事業活動によって1年間に生み出す正味のキャッシュフローである。企業価値算定式の分子にも置かれるように、企業価値の向上に不可欠な指標である。「キャッシュフロー経営」を説くすべての企業が目標とすべき指標と言える。本章では、フリー・キャッシュフローを通して競争優位の源泉を語る米国アマゾン・ドットコムの事例を紹介する。

1●フリー・キャッシュフローの読み方と意義

1…フリー・キャッシュフローの算出方法

　フリー・キャッシュフロー（以下、FCF）を一言で表せば、「企業がその本業の事業活動によって1年間に生み出す、正味のキャッシュフロー」と定義できる。具体的な算定式は以下のとおりである。

$$\underbrace{\text{フリー・キャッシュフロー} = \text{営業利益} \times (1-\text{実効税率}) + \text{減価償却費}}_{\text{税引後の営業キャッシュフロー}} - \underbrace{\text{追加設備投資} - \text{追加運転資本}}_{\text{企業経営に不可欠な投資資金}}$$

　算定式に用いられている実効税率とは、企業にとっての実質的な税負担率である。税率の低い国に優良子会社が多かったり、研究開発費減税などの恩恵を受けたりした場合、法定税率（日本は42％）に比べて実効税率を下げることが可能となる。通常は年度間でのブレが存在するため、将来予測のFCFの算出においては、あくまで中長期的に達成できる税率を使用する必要がある。
　運転資本は、会社の運転に必要となる資本であり、広義では「流動資産－流動負債」で算出する。各年度においてこの金額が増加する場合、その増加分だけ新たに資金の手当を行わなければならない。これを「追加運転資本」と呼んでいる。運転資本が減少した場合には、負の追加運転資本となるので、減少分だけを足すことになる。運転資本は、狭義では「売上債権＋棚卸資産－仕入債務」で近似できる。何を運転資本に含めるかという絶対の定義は存在しない。流動資産、流動負債のなかで、会社を運転（操業）するために必要となるものを各企業が選択して含める。
　算式が示すとおり、本業で稼いだ税引後の営業キャッシュフローから、企業

経営に不可欠な投資資金を差し引くことでFCFを算出する。FCFは、株主と金融債権者に帰属するものである。簡易な式に見えるが、それぞれの項目がどういった背景から算式に組み込まれているかを正確に理解しておく必要がある。

・「正味」稼いだものなので、売上高ではなく利益ベースに着目する
・「本業の事業活動」「株主と金融債権者に帰属」なので、経常利益や純利益ではなく営業利益からスタートする。特に支払利息を差し引かないことに注意する
・「キャッシュフロー」なので、キャッシュの流出を伴わない損益計算書（P/L）上の費用である減価償却費を足し戻す
・「営業利益」を生み出すために不可欠な2種類の投資資金（設備投資と運転資本）は、各期の追加発生分を差し引く。これらは、株主や金融債権者の自由（フリー）にはならない資金と考える

なお、キャッシュフロー計算書の営業キャッシュフロー（通常はプラス）と投資キャッシュフロー（通常はマイナス）を単に足した値をフリー・キャッシュフローと呼ぶことも多い。企業価値の算定では、あくまでこれまで述べてきた算式によってFCFを計算しなくてはならないが、それ以外のケースでは各企業がFCFを実際にどのように算出しているか、確認する必要がある。

2…フリー・キャッシュフローの読み方

フリー・キャッシュフローの「フリー」の由来は、「自由」である。FCFは、営業利益算出時に控除するすべての費用、追加設備投資、そして追加運転資本を差し引いた後に残るキャッシュフローなので、経営者が自由に使えることを意味する。もちろん、「自由」と言っても勝手に使い込めるわけではなく、企業の経営環境に応じて、将来の投資（M&A、設備投資、研究開発投資など）の原資とするか、あるいはFCFの実際の所有者である株主と金融債権者に還元することとなる。

成長期待が高いか低いかの判断も、突き詰めて言えばこれまでの議論と同じ

ように、投資によって得られるリターンが資本コスト（WACC）を上回るかどうかが左右する。つまり、いくら高い成長性が見込めても、調達した資本のコストに見合わなければ成長性が十分に高いとは言えない。投資家に早く還元すべきである。

FCFは、近年特に重要な指標として企業でも着目されることが多い。その背景には、この指標が持つ以下のような特性が挙げられる。

①利益は意見、キャッシュは事実

P/L上で算出する利益は、企業が採用する会計方針によってその数値が変化し得る。つまり、企業経営者の意見の入る余地がある。例を挙げると、定率法や定額法といった減価償却方法の選択、平均法や先入れ先出し法といった棚卸資産の評価方法の選択、あるいは税効果会計の繰延税金資産の計上などは、企業側に一定の裁量が与えられている。まったく同じ企業活動をしている2社であっても、これら会計方針が異なると、算出される利益も異なる。まったく同じ企業活動をしている2社であれば、同じ数値を算出したい。このニーズを満たすものが、会計方針から直接的には影響を受けないキャッシュフローである。

②フリー・キャッシュフローはネット・キャッシュフロー

FCFはネット・キャッシュフローとも呼ばれるように、企業活動に必要な費用を差し引いた正味（＝ネット）のキャッシュフローである。つまり、企業がその活動から毎年正味どれだけの価値を世の中に生み出したのかを指す。その

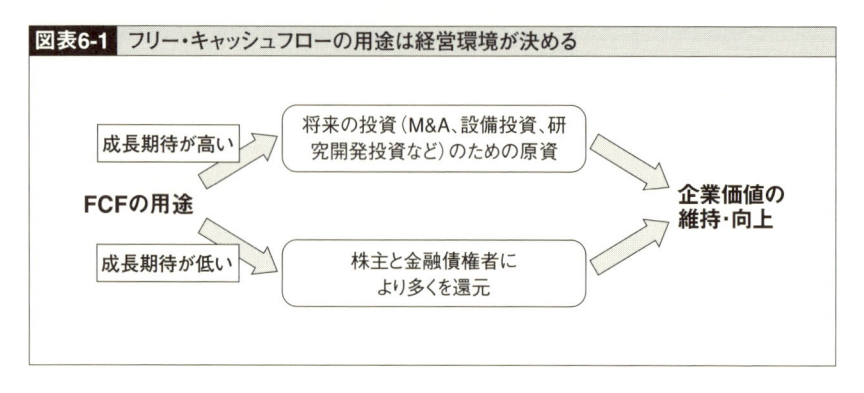

図表6-1　フリー・キャッシュフローの用途は経営環境が決める

FCFの用途

- 成長期待が高い → 将来の投資（M&A、設備投資、研究開発投資など）のための原資 → 企業価値の維持・向上
- 成長期待が低い → 株主と金融債権者により多くを還元 → 企業価値の維持・向上

対極はグロスのキャッシュ収入であるが、キャッシュの支出が収入を上回っていれば、実質的な価値を生み出したことにならない。世の中に正味生み出した価値が、その企業の究極の評価であり、それをキャッシュベースで表したのがFCFである。

③フリー・キャッシュフローは企業価値創出の源泉

序章で述べたように、FCFは企業価値を算定する際に分子に算入する。企業経営の究極の目的が企業価値の向上であるならば、FCFを経営指標として掲げ、その最大化を目指すことは、企業経営の目的と完全に合致している。企業価値算定の要素であるため、FCFはM&Aの際の価値算定などでも最初に算出されるべき指標の1つである。

ここで、FCFの構造と意義をより正確に理解するために、FCFを税引後営業利益（営業利益×〈1－税率〉）と純利益にそれぞれ比較し、一般論としてどのようなケースに両者が近似するかを見ていこう。

◉税引後営業利益との比較

FCFの式に表れる「減価償却費－追加設備投資」は、その年度における企業の固定資産の純増額である。よって、ここを「純投資」と置き換えると、FCFの算式は以下のようになる。

> フリー・キャッシュフロー ＝ 税引後営業利益 － 純投資 － 追加運転資本

ここで、事業が安定推移している企業を例に考えてみよう。事業が安定しているため巨額な設備投資は必要ないとする。仮に各年の減価償却費に相当する程度の金額の追加設備投資を継続的に行っているとすれば、毎年の純投資はゼロとなる。さらに、事業が安定推移しているため追加運転資本も特に発生しなかったとすると、FCFは税引後営業利益と等しくなる。あくまで一般論ではあるが、事業が安定推移している場合には、純投資と追加運転資本の金額は比較

的小さく、かつ安定的に推移すると予測される。こうした場合、FCFと税引後営業利益の値は近似してくると言えよう。

◉純利益との比較

FCFから純利益を逆算する簡易なプロセスは、次ページのとおりである。

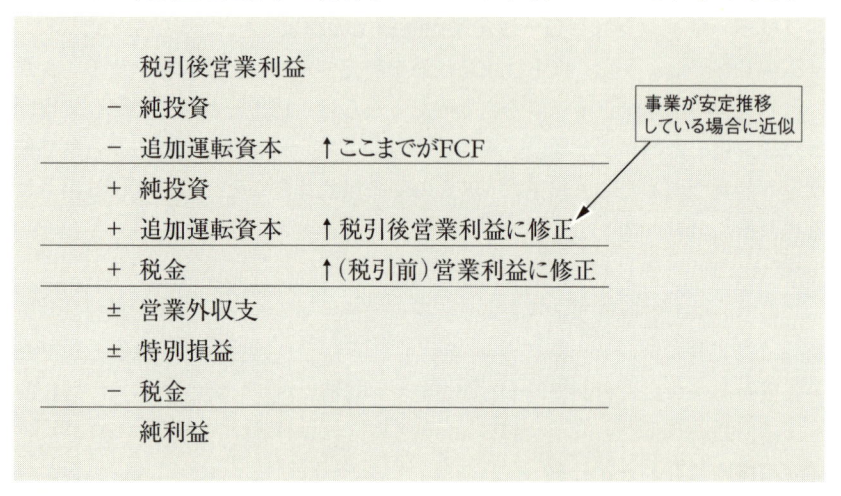

```
    税引後営業利益
  － 純投資
  － 追加運転資本    ↑ここまでがFCF
  ＋ 純投資
  ＋ 追加運転資本    ↑税引後営業利益に修正
  ＋ 税金           ↑（税引前）営業利益に修正
  ± 営業外収支
  ± 特別損益
  － 税金
    純利益
```

（事業が安定推移している場合に近似）

事業が安定推移している場合にFCFが税引後営業利益に近似されることは先に見た。その後に表れる営業外収支、特別損益、そして税金の影響が小さいほど、FCFは純利益にも近似できることが分かる。

営業外収支は主に財務活動からの収支で、受取配当金・受取利息や支払利息、為替差損益などが含まれる。財務活動からの営業外収益と営業外費用がほとんどない、あるいは両者が同額に近い場合、営業外収支はゼロに近づいていく。たとえば、株式持ち合いや有利子負債などがほとんどなく、かつ利益の株主還元を重視することから手元の預金が少ないような企業が想定できる。あるいは、有利子負債はそこそこあるため支払利息は発生しているものの、ほぼ同額の受取配当金・受取利息が安定的に得られているような企業が挙げられよう。

特別損益には、特定の投資有価証券や有形固定資産など、本来長期保有目的であったものを売却や廃棄した場合に、それに伴って発生した損益を特別な事態とみなして計上するものなどがある。特別利益と特別損失がほとんどない、

あるいは両者が同額に近い場合、特別損益はゼロに近づいていく。

　税金については、FCF算出の際に用いた実効税率と、実際のP/L上に表れる税金の差が小さいほど、FCFは純利益に近似していく。

　ここまでをまとめると、次の3つの条件が適用できるような経営環境にあるほど、その企業のFCFは純利益と近似できる。

①事業が安定推移している
②営業外収支や特別損益の影響が小さい
③FCF算出の際に用いた実効税率と、P/L上に表れる税金の差が小さい

3…日本企業と米国企業のフリー・キャッシュフロー

　日本企業のFCFは堅調な右肩上がりを示した後、2004年度に減少に転じている。ネットバブルの頂点となった2000年度は、多くの企業がP/L上は増収増益を記録したにもかかわらず、FCFは負の値となっている。これは、純利益

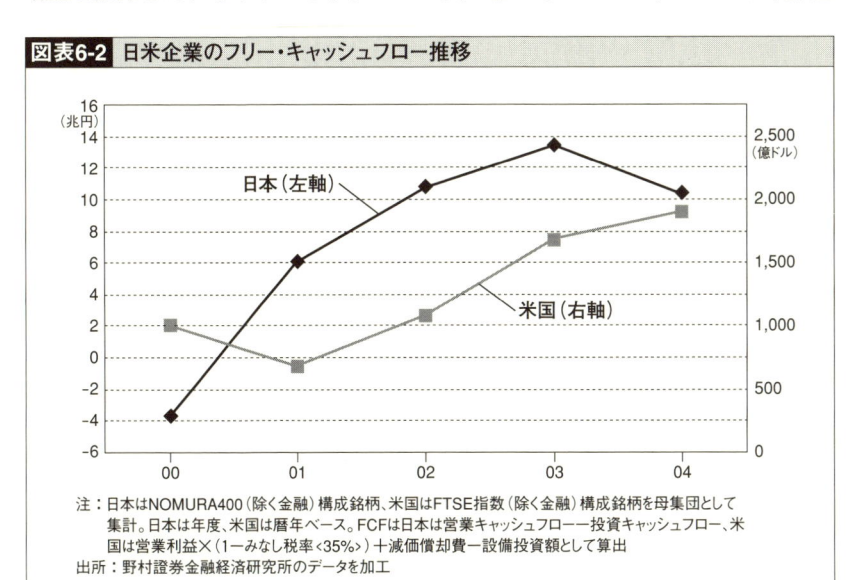

図表6-2　日米企業のフリー・キャッシュフロー推移

注：日本はNOMURA400（除く金融）構成銘柄、米国はFTSE指数（除く金融）構成銘柄を母集団として集計。日本は年度、米国は暦年ベース。FCFは日本は営業キャッシュフロー－投資キャッシュフロー、米国は営業利益×（1－みなし税率<35%>）＋減価償却費－設備投資額として算出
出所：野村證券金融経済研究所のデータを加工

の算出と異なり、FCFでは追加設備投資や追加運転資本を計算上すべて差し引くことから発生している。ネットバブル期に加速されたこれらへの投資（今となっては過剰投資であったが）がいかに大きなものであったかを示している。

逆に、2001年度以降は、企業の事業再編やリストラ、あるいは退職給付会計をはじめとする会計制度の変更によって、巨額な特別損失が計上され、P/L上では純損失となる企業も多かった。しかし、これらにはキャッシュフローの流出を伴わないものが多く、また景気の低迷から企業が設備投資や運転資本の抑制を進めたこともあって、FCF上は右肩上がりを示す結果となっている。2004年度は堅調な景気の推移によって、企業の設備投資が再び加速された結果、P/L上では多くの企業が増収増益でありながら、FCFは減少に転じている。

米国のFCFは、ネットバブルの崩壊によって2001年度は減少したものの、これを除くとおおむね右肩上がりの推移を示していることが分かる。

4…フリー・キャッシュフローを目標に掲げる意義と注意点

序章で解説したように、FCFは企業価値算定式の分子に表れるため、プラスの項目は大きく、マイナスの項目は小さくすることで、企業の目標である企業価値の向上に寄与する。具体的には、①営業利益を伸ばすこと（売上高の拡大、売上原価と販管費の圧縮）、②営業利益の増大に結びつく設備投資を目指すこと、③運転資本の圧縮を図ること（売上債権、棚卸資産の削減や、仕入債務の拡大など）である。また、実効税率の低減もFCF増加に寄与することを示している。もちろん企業はゴーイング・コンサーン（継続企業）であるため、これらを単年度ではなく、永続的に実現していくことが要求される。

FCFは、どのようなケースにおいて、経営指標としての役割を十分に発揮するのか。FCFが企業価値算定式の分子に表れる以上、すべての企業にとってFCFが大切な指標であるのは言うまでもない。永続的にFCFを向上していくことが企業価値の最大化につながる。しかし、単年度ベースの経営指標としてFCFを考えた場合には、企業によって向き不向きがある。

FCFと税引後営業利益の比較において、事業が安定推移している場合には両者が近似していくことを見た。この「安定」には2つのパターンが考えられる。

1つは文字どおり、毎年の事業の動向に大きな変化がない安定状態。すなわち、損益やキャッシュフローの動きも基本的に安定しており、ほぼ平行推移している状態である。もう1つは、「安定的な成長」をしている場合。この場合、基本的には成長している以上、損益やキャッシュフローの動きも右肩上がりを示すのが理想である。

このように、平行推移、あるいは右肩上がりの推移を問わず、FCFが一定の動きを示す傾向が見込まれる場合は、FCFの具体的な数値を経営目標として掲げる意義は大きいと考える。傾向がある程度読めるので、将来の経営目標として具体的な数値も設定しやすい。

逆に、経営目標としてFCFが馴染まないケースは、「安定」の逆を考えるとよい。つまり、サイクリカル（複数年度を周期として、定期的に好況期と不況期がやってくる）なビジネスを行っている企業が想定される。数年単位での周期的な景気の波を受ける業界においては、FCFの算定式に表れる追加設備投資などの各要素もサイクリカルな推移を示しやすい。この結果、FCFのアップダウンも比較的激しくなり、経営指標としての扱いが難しくなる。

ただ、こうした場合でも、単年度ではなく、複数年度での累計FCFで目標設定するのが代替案として有効である。実際には、いくら「安定」事業を営む企業でも、様々な内部・外部要因から、その企業活動にはサイクリカルな要素を少なからず含んでいるはずである。このことからも、FCFを単年度ベースではなく、複数年度の累計数値として目標に掲げる企業も多い。

FCFは、営業利益やEBITDAと同じく、常に黒字でかつ成長していることが理想なのか。FCFは企業価値算定式の分子に算入される以上、黒字で右肩上がりを示すのが理想ではある。ただし、営業利益やEBITDAと異なるのは、将来のFCFの成長を実現するために、手前の一時的なFCFが赤字であってもそれは良しと許容できることである。

事業拡大のために追加設備投資や追加運転資本が一時的に莫大に膨らむと、FCFは急激に減少し、場合によっては赤字になる。こうした場合でも、営業利益やEBITDAは、追加設備投資や追加運転資本がそのままの金額では差し引かれないため、FCFほどの急激な悪化は見せない。

企業価値の向上が企業経営における究極の目的であることは、FCFの永続的

な創出と成長が企業の目指すべき姿であることに結びつく。もし一時的にFCFが赤字になるほどキャッシュを使うことが、将来のFCFの創出と成長に結びつくのであれば、それは企業価値の永続的な成長という企業経営の目的とも合致している。むしろ、将来の成長の果実があるにもかかわらず、直近のP/LやCFの数値を黒字に見せたいがために必要な投資を怠るのは、企業価値向上という、経営者に課せられた最大の使命に背くことになりかねない。「投資家が満足するだけの十分なリターンが得られるか分からないので、投資を手控える」というのであれば、手元で眠っている資金は即刻投資家に還元するべきである。

では、FCFは具体的にどのような値を目指すべきであろうか。これまでに解説した営業利益やEBITDAと同様に、最終的には、事業を営むために調達した資本コストに見合ったFCFを創出することが必須となる。よって、本来であれば、FCFの実額だけではなく、事業総資産に対する比率を算出した後に資本コストの概念を組み入れて、目指すべきFCFを議論することが望まれる。

経営指標として掲げるため、あまり複雑なところまで外部に伝える必要はないが、実際にはそこまでの議論に基づいた目標設定がなされていなければならない。さもないと、仮にFCF自体が右肩上がりの成長を遂げても、FCFの所有者であり、また事業に必要な資産を購入するための資金提供者でもある株主・金融債権者の要求するリターン（企業にとっての資本コスト）にはまったく及ばない結果となりかねない。

最後に、FCFの定義はあくまで「企業がその本業の事業活動によって1年間に生み出した、正味のキャッシュフロー」である。そして、このFCFが将来の果実を得るためには、一時的にマイナスになることも許容されることを見てきた。しかしながら、企業がゴーイング・コンサーンとして将来の果実を得るためには、直近の資金繰りで倒産してしまっては元も子もない。特にFCFが初期にマイナスになるような新興企業の場合は、その金額に相当する資金をどこから調達してくるのかが、経営者にとっては最大の課題となりうる。

FCFがマイナスであるということは、見方によっては急成長の証である。将来の果実が資本コストを十分に上回るだけのリターンを生み出すと投資家を説得できる限り、FCFのマイナスを埋めるための資金は容易に調達できるはずで

ある。これが、FCFの目標数値はあくまで資本コストを前提にして考えるべきという所以である。

2 ケーススタディ——アマゾン・ドットコム

1…アマゾンにおけるフリー・キャッシュフローの推移

　米国アマゾン・ドットコム（Amazon.com）がナスダックに上場した1997年度からのFCFの推移を見ると、綺麗な右肩上がりを描いていることが分かる（図表6-3）。2002年度に初めてFCFが黒字化して以降、2003年度は前年度比156％増、2004年度は38％増の成長をそれぞれ示している。

　アマゾンはFCFを算出する際、CF計算書上の営業CFから固定資産投資額

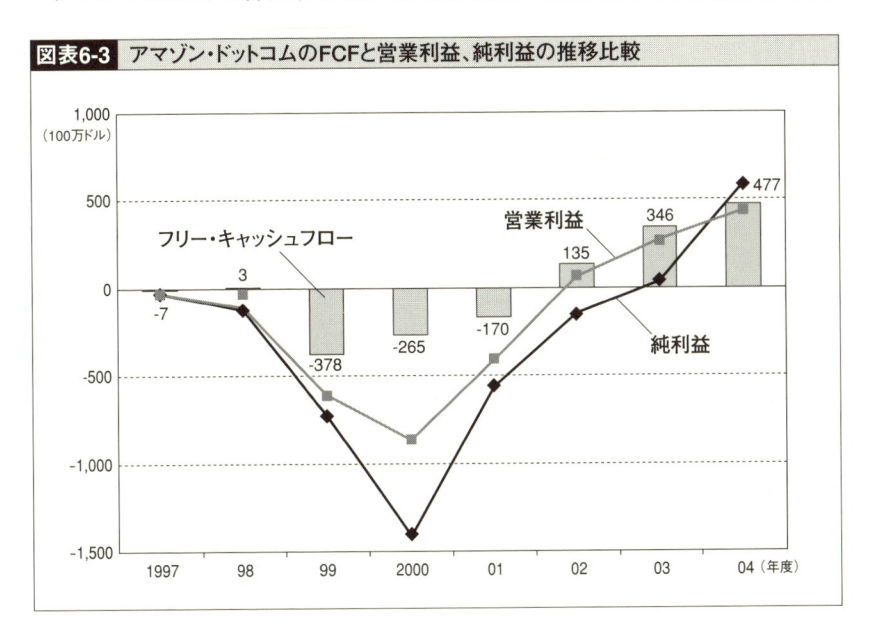

図表6-3　アマゾン・ドットコムのFCFと営業利益、純利益の推移比較

年度	1997	98	99	2000	01	02	03	04
フリー・キャッシュフロー	-7		-378	-265	-170	135	346	477
営業利益		3						

（単位：100万ドル）

(B/S上で資産計上される、内部使用目的のソフトウェア開発費とweb構築コストを含む)を差し引いて計算している。CF計算書上の営業CFでは支払利息が差し引かれているため、企業価値算定式で分子に置く、本来の株主・金融債権者に帰属するFCFとは一致しない。これは、経営指標としてのFCF算出プロセスを複雑化しないということと、借入金がそこそこ存在するからこそ、支払利息までを含めたFCFベースでの黒字額とその成長を示すことを重視したのではないかと思われる。参考までに当社の2004年度の支払利息は1億700万ドル(107億円)あり、これは当該年度の営業利益4億4,000万ドル(440億円)の約4分の1に達している。

同期間における、純利益と営業利益の推移をFCFの推移と比較してみる。

前ページの図表6-3より、過去8年間にわたって、FCFが純利益や営業利益とほぼ同じ動きを示していることが分かる。当社のような新興成長企業では、継続的に多大な投資が先行するため、P/L上の利益に比べてもFCFは長い間マイナスで低迷すると想像されがちである。ところが実際は、FCFが黒字化する前の2001年度までの期間でも、FCFのマイナス額は純利益や営業利益のマイ

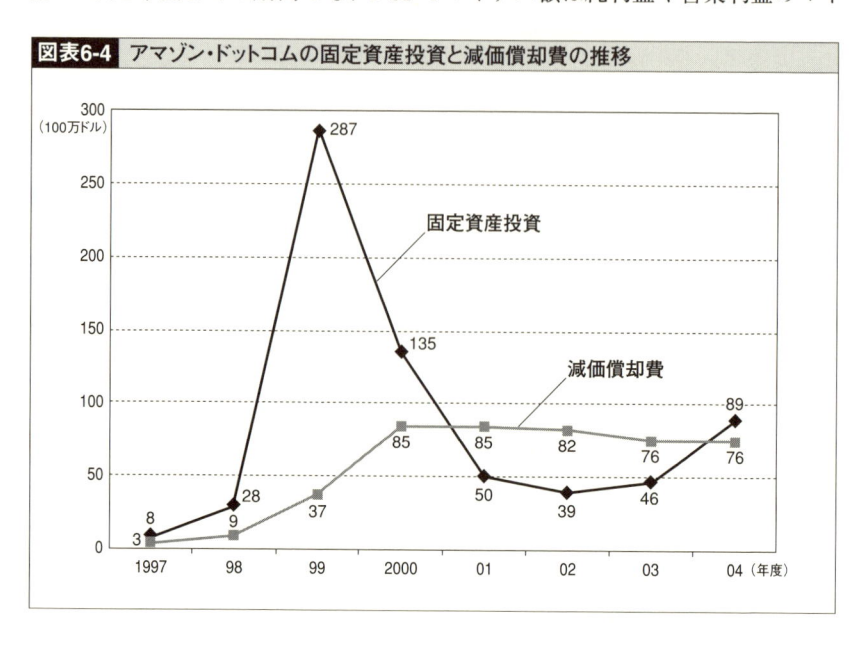

図表6-4　アマゾン・ドットコムの固定資産投資と減価償却費の推移

ナス額を下回っている。この原因を明らかにするため、各年度の固定資産投資と減価償却費の関係を見てみよう。

図表6-4より、1999年度の大型固定資産投資以外は、減価償却費と固定資産投資額の差がそれほど顕著ではないこと、2001年度から2003年度までの3年間はむしろ減価償却費の半分前後での固定資産投資に留まっていることが分かる。インターネット小売業という特性上、アマゾン・ドットコムの固定資産投資額は金額的には実は限定的である。また2004年度末現在で、当社は不動産を一切所有していない。米国内のみならず世界中の本社や倉庫、配送センターはすべて賃貸ベースである。さらに、当社が過去に多額のキャッシュを投入してきたM&Aを主とする株式への投資は、FCFの算出には含めていない。これらの要因によって、FCFのマイナス額が、営業赤字や純損失の額を下回る結果となっている。

なお、FCFを経営指標として重視することは、当社が上場以来継続的に語ってきたことであるが、1株当たりFCFを最重視すると言及したのは、2004年度のアニュアルレポートが初めてである。そこで、当社の直近の株式数の推移

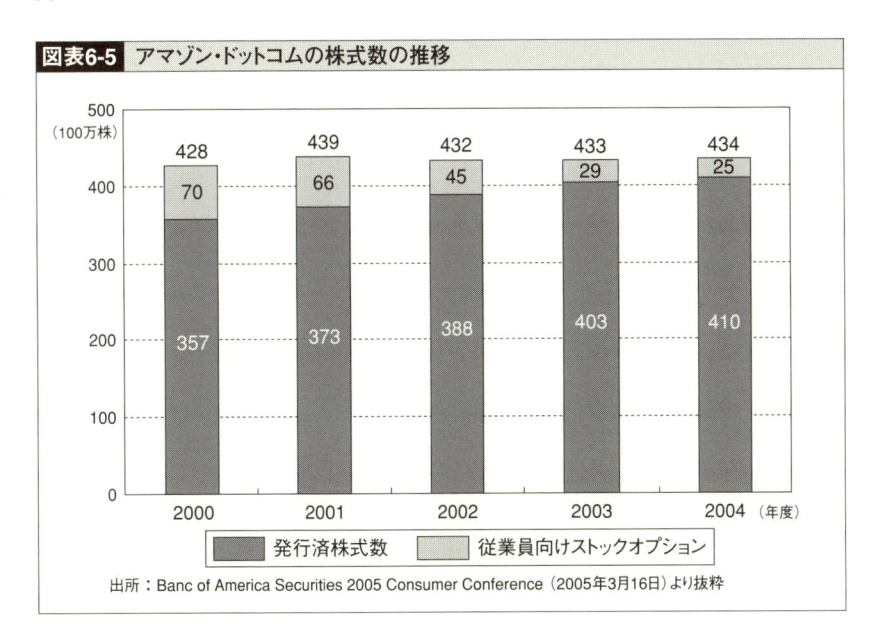

図表6-5 アマゾン・ドットコムの株式数の推移

年度	発行済株式数	従業員向けストックオプション	合計
2000	357	70	428
2001	373	66	439
2002	388	45	432
2003	403	29	433
2004	410	25	434

(単位:100万株)

出所:Banc of America Securities 2005 Consumer Conference(2005年3月16日)より抜粋

を見ておきたい。

　前ページの図表6-5が示すとおり、当社の発行済株式とストックオプション*による潜在株式の合計は、直近5年間においてほぼ同数で推移している。これには、発行済株式の増加の大部分はストックオプションの行使によるもので、ストックオプションが同数減少していること、転換社債の期限前償還を積極的に行い、株式の希薄化を回避していることなどが挙げられる。FCFが継続的に増加する一方、株式数がほぼ同数で推移しているため、FCFの成長がそのまま1株当たりFCFの成長に結びついている。

2…アマゾンの置かれた経営環境

①インターネットサービス業界を取り巻く経営環境

　アマゾン・ドットコムの業界や競合を定義するのは容易ではない。即座に頭に浮かぶ競合としては、ヤフーやイーベイなどインターネット上でサービスを提供する企業である。実際、これらの企業やその提携先企業とアマゾンは、多かれ少なかれ競合関係にある。一方、広く小売業という視点で捉えると、書店業界トップのバーンズ＆ノーブル、家電量販店最大手のベスト・バイ、さらには圧倒的な強さを誇るウォルマートまでもが競合となる。これら企業は、いずれも物理的な店舗だけでなく、インターネット上の店舗も保有している。しかし、後者に挙げた視点ではあまりに広範にわたるため、ここでは前者のインターネットサービス業界という視点を中心に議論していきたい。

　米国を代表するインターネットサービス企業として、アマゾン・ドットコムと共に頻繁に取り上げられる4社の、2004年度における売上高、営業利益、純利益、株式時価総額（2005年8月19日現在）は図表6-6のとおりである。

　このなかでアマゾンは売上が最も大きいにもかかわらず、唯一売上高営業利益率が10％を割り込んでいる。これは、当社が唯一小売業専業のためであるが、見方を変えれば、小売業の収益性の低さは、たとえインターネットがインフラとなっても変わらない事実ともとれる。

　イーベイはオークションを中心とするwebサイトの運営を行っているが、売上は手数料収入が中心のため、収益性は非常に高く見える。検索サイトとし

図表6-6　米国インターネットサービス企業4社の業績比較

(100万ドル)

	ヤフー	イーベイ	グーグル	アマゾン
売上高	3,575	3,271	3,189	6,921
営業利益	689(19.3%)	1059(32.4%)	640(20.1%)	440(6.4%)
純利益	840(19.3%)	778(23.8%)	399(12.5%)	588(8.5%)
株式時価総額(10億ドル)	48	54	78	18

注：2004年度、株式時価総額のみ2005年8月。カッコ内は利益率

て圧倒的な知名度とユーザー数を誇るヤフーは、オークションなどの手数料ビジネスへの収益モデル拡大においても成功を収めている。なお、2004年度は株式売却益が含まれており、これを除いた純利益は5億2,600万ドルに留まる。2004年度に上場したグーグルは、ヤフーと共に検索サイトとして有名であるが、売上高の大部分は検索広告収入（ユーザーが検索するために入力した語句に関する広告を表示）である。今後の収益モデルの拡大などその高い成長期待から、PER（株価収益率：株式時価総額／純利益）が4社のなかで唯一100倍を超えている。

②アマゾンの経営戦略と課題

アマゾン・ドットコムは1994年に現CEOのジェフリー・ベゾス氏によって創業され、1995年にインターネット書店を開業した新興企業である。インターネット社会到来の絶頂期（今となってはネットバブルの絶頂期でもあるが）にあった1999年には、ベゾス氏はタイム誌の「Person of the Year（今年の人）」にも選ばれている。現在ではフォーチュン500社に名を連ね、株式時価総額でも100億ドル（1兆円）を優に超えるエクセレント・カンパニーである。米国、日本をはじめ、カナダ、英国、ドイツ、フランス、そして中国向けの計7つのインターネット小売サイトを運営している。当初インターネット書店として開業したwebサイトも、現在では音楽、ソフトウェア、玩具、家電製品、日用品など、計21のカテゴリーに分かれる商品ラインを提供している。

アマゾンは自社の経営戦略として、「customer experience（＝顧客の体験）へのフォーカス」を常に謳っている。そして、そのために重要となる要素

株主の皆様へ——アマゾン・ドットコム

　我々の究極の財務指標であり、また長期にわたって成長させていきたいと考えているのは、**1株当たりのフリー・キャッシュフロー**です。

　なぜ多くの企業と同様に、利益額や1株当たり利益（EPS）、あるいは利益の成長率を、第一に、かつ最重視しないのでしょうか。簡潔に答えれば、利益がキャッシュフローには直接結びつかないからです。株式の価値は、将来のキャッシュフローの現在価値であり、将来の利益の現在価値ではありません。将来の利益は、将来の1株当たりキャッシュフローの1つのコンポーネントではありますが、唯一の重要なコンポーネントではありません。運転資本や資本的支出も重要ですし、将来の株式の希薄化もそうです。

　直感的には理解しにくいかもしれませんが、時に企業は、利益を成長させることで、株主の価値を毀損することがあります。成長に必要な投資額が、その投資から得られる将来のキャッシュフローの現在価値を上回ったときに、こうした現象が発生します。

（中略）

我々の最も重要な財務指標：1株当たりのフリー・キャッシュフロー

　アマゾン・ドットコムの財務上のフォーカスは、1株当たりのフリー・キャッシュフローを長期的に拡大していくことです。アマゾン・ドットコムのフリー・キャッシュフローは主に、営業利益の向上に加えて、運転資本と資本的支出を効率的に維持することで生み出されています。我々は、あらゆる「カスタマー・エクスペリエンス」の向上にフォーカスして、売上の成長を実現し、無駄のないコスト構造を維持することで、営業利益を高めるように努めています。

　我々は、キャッシュを生み出す営業サイクルを保持しています。なぜなら、我々の在庫の回転は速く、仕入先への支払期日が来る前に、顧客からの売上金の回収を済ませています。我々の在庫の回転が速いということは、在庫への投資を比較的低く抑えられることを意味しています。70億ドル近い売上高

がありながら、年度末の在庫は4億8,000万ドルとなっています。

　我々のビジネスモデルの資本効率は、固定資産への投資が適切に抑えられていることに表れています。2億4,600万ドルという年度末の固定資産残高は、2004年度の売上高の4%に相当しています。

　フリー・キャッシュフローは2004年度に、前年度比で1億3,100万ドル、38%成長し、4億7,700万ドルに達しました。我々は、品揃えの拡充や価格の引き下げを含めた「カスタマー・エクスペリエンス」の向上を続けると共に、効率的に業務を遂行することで、我々の存在意義とフリー・キャッシュフローをさらに拡大していくことに自信を持っています。

　株式の希薄化については、2004年度の発行済株式とストックオプションの合計数は、実質的に2003年度と変化はなく、過去3年間でも1%の下落となっています。同期間において、2009年と2010年に満期が来る予定だった6億ドルを超える転換社債を償還することで、600万株の潜在株式を消却しました。株式数を効率的に管理するのは、1株当たりフリー・キャッシュフローの改善と、株主にとってのより長期的な価値を意味しています。

　こうしたフリー・キャッシュフローへのフォーカスは、アマゾン・ドットコムにとって新しいことではありません。我々は株式上場直後の1997年、最初のアニュアルレポートでこれを明らかにしました。その際に語ったことは、次のとおりです。

「仮に、会計上の利益の最適化と、将来キャッシュフローの現在価値を最大化することの、どちらかを選択しなくてはいけないとすれば、我々はキャッシュフローを採用します」

　　　　　　　　　　　　　　　　　　　　　　　　　（後略）
　　　　　　　　　　　　　　　　　　　ジェフリー・P・ベゾスCEO（創業者）
　　　　　　　　　　　　　　　　　　　　　　　　　　アマゾン・ドットコム
　　　　　　　　　　　　　　　　　　　　　　　　　　　　　　2005年4月

出所：アマゾン・ドットコム 2004年度アニュアルレポートより抜粋

として、低価格、利便性、品揃えの大きく3つを掲げている。

　まず、低価格については、海外の書籍市場では出版社の希望価格とは異なる価格設定の権限が小売りサイドに与えられており、価格が競争上の大きな要因となり得る。もちろん書籍以外では、日本でも低価格は顧客にとって重要な購買決定の要因である。また、これはアマゾンジャパンでも提供されているサービスだが、配送手数料を無料にしたり、クーポンを配布したりするのも重要な低価格戦略の1つとなる。

　自社固有の製品の販売による高価格設定ができるわけではなく、低価格を実現するには低コスト構造が必須となる。webサイトの構築や機能の向上、配送センターの構築やその最適化など、商品の仕入れを除けば、インターネット小売業に占める大きな費用は固定費的な性質が強い。よって、大規模な固定費投資を行った後では、ビジネスの規模を拡大し、単位あたりの固定費を低減することで低価格を実現できるかが、成否の分かれ目となる。もちろん、規模の拡大によって購買交渉力も高まり、仕入コストの削減が実現する。言い換えれば、ビジネス規模の拡大に結びつくための固定費投資であるべきで、その判断基準として当社は「カスタマー・エクスペリエンス」を置いていると言えよう。

　利便性には、web機能の使いやすさ、迅速かつ信頼できるフルフィルメント（商品の発注から決済までの一連のプロセス）、顧客サービスの徹底、コンテンツの充実などのすべてを含む。これら1つ1つが、アマゾンが企業ビジョンに掲げる「most customer centric company（最も顧客中心に考える企業）」の下に開発、導入、改善されている。

　商品の品揃えについては、当社のもう1つの企業ビジョンである「Earth's Biggest Selection（地球上で最も多様な品揃え）」の下、7つのwebサイト、21のカテゴリーを提供している。この他にも、第三者がアマゾンのサイト上で自分の商品を販売できるマーケットプレイス・プログラムを提供している。顧客にとっては、それがアマゾンから提供された商品なのか、第三者から提供された商品なのかをあまり意識せずに、1つのプロセスで購買を完結できる。当社にとっては、本プログラムによって品揃えを増やすのが最大のメリットであるが、自社で在庫リスクを負わずに手数料を確実に稼げる点でも優れたプログラムとなっている。

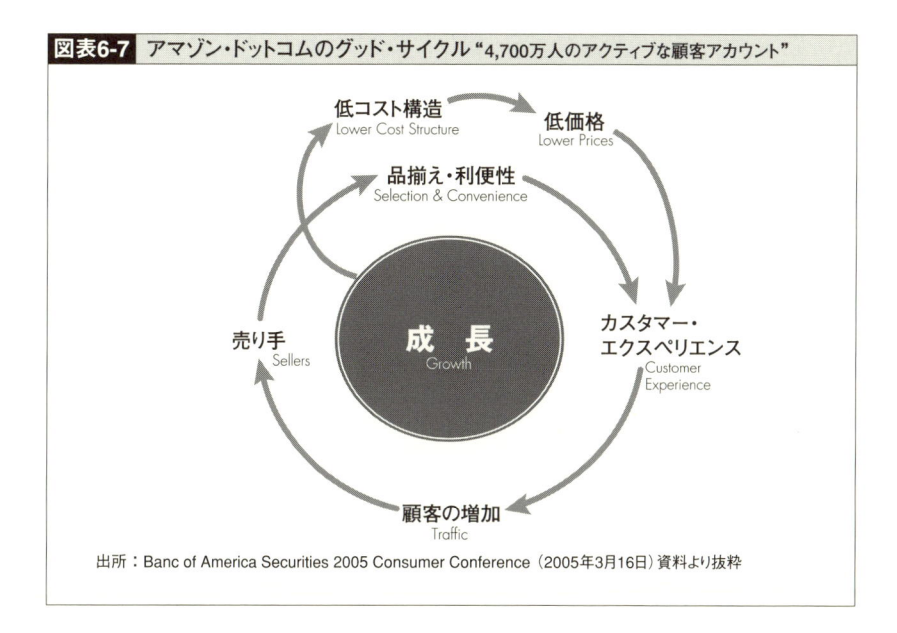

図表6-7　アマゾン・ドットコムのグッド・サイクル "4,700万人のアクティブな顧客アカウント"

低コスト構造　Lower Cost Structure
低価格　Lower Prices
品揃え・利便性　Selection & Convenience
売り手　Sellers
成長　Growth
カスタマー・エクスペリエンス　Customer Experience
顧客の増加　Traffic

出所：Banc of America Securities 2005 Consumer Conference（2005年3月16日）資料より抜粋

　ここまで見てきたように、当社が「カスタマー・エクスペリエンス」へフォーカスするということは、低価格で商品を提供し、顧客の利便性を向上し、かつ品揃えを増やすことである。当社ではこれを上のような図を用いて説明することが多い。

　アマゾンの成長を支えるもう1つの大きな要因として、グローバル市場でのビジネスの拡大が挙げられる。国ごとの詳細なデータは開示されていないが、2004年度における国際部門の売上高は全社の44.4％、営業利益は34.5％を占めている。特に、利益率や利益の成長性に限ってみると、国際部門が北米部門を大きく凌駕している。当社では、国際部門の売上高が早晩全社の50％を超えると予測している。

3…アマゾンが実施するフリー・キャッシュフロー向上策

　アマゾン・ドットコムのFCF黒字化、およびその継続的な成長には、冒頭に挙げた減価償却費内に抑えた設備投資に加えて、運転資本からのFCF創出

という、当社の最大の強みが大きく寄与している。過去8年間における運転資本の推移から見てみよう。

図表6-8では、CFがプラスにあるものはFCFに対してプラスのインパクトを、CFがマイナスにあるものはFCFに対してマイナスのインパクトを与えることを意味している。これらはすべてFCFの算定式の最後に出てくる「追加運転資本」に関連する。図のなかで、棚卸資産からのCFがほぼマイナスで推移しているということは、事業の拡大に伴って毎年棚卸資産が増加傾向にあることを示している。棚卸資産が増えるということは、増えた分だけキャッシュが棚卸資産となって喪失されるため、CFにとってはマイナスの影響となる。さらに、直近3年間でマイナスが右肩下がりとなっているのは、棚卸資産の前年度比増加額が年々大きくなっていることを表す。

逆に、仕入債務はCF上プラスの効果をもたらしていることが分かる。これは、出版社やメーカー、卸などの仕入先からの掛けによる購入残高であり、それがほぼプラスで推移しているということは、事業の拡大に伴って毎年仕入債務が増加傾向にあることを示している。こちらの右肩上がりは、仕入債務の前

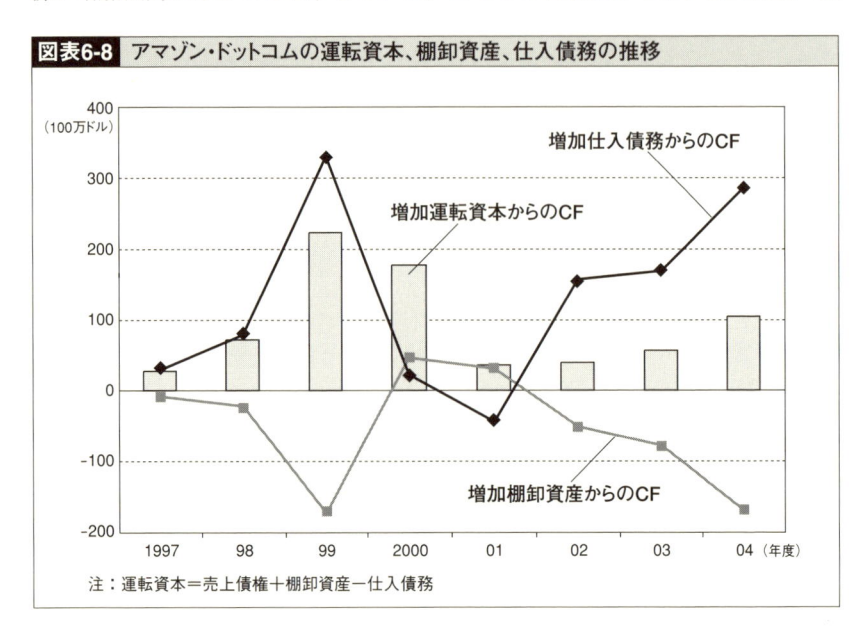

図表6-8　アマゾン・ドットコムの運転資本、棚卸資産、仕入債務の推移

注：運転資本＝売上債権＋棚卸資産－仕入債務

年度比増加額が年々大きくなっていることを表す。増加仕入債務のプラスCFの大きさが、増加棚卸資産のマイナスCFの大きさを上回り、しかもその差は拡大している。この結果、トータルの運転資本からのCFも常にプラスで推移し、かつ拡大の傾向を見せているわけである。このことは、FCF算定式の最後にある追加運転資本の金額がマイナスとなることを意味しており（つまりマイナスのマイナスでプラス）、その分だけ毎年のFCFは増加することとなる。アマゾンの資金繰り上、これは非常に重要な特徴である。実際、当社は事ある機会に、CF上優れたこの運転資本の構造について、図表6-9のようなスライドを用いて解説している。

　商品在庫で平均22日、売掛金の回収で平均3日の合計25日間分のCFが不足するのに対して、納入元への支払いは仕入後53日経ってからである。つまり、正味28日分のCFを運転資本から捻出していることになる。アマゾンの2004年度売上高69億2,100万ドルの28日分とは5億3000万ドルに相当し、これは当社の2004年度末時点の有利子負債18億3,000万ドルの実に約3割に相当する。

　運転資本からのキャッシュの創出がFCF向上に与えるプラスの影響は、直接的に表れるFCF算定式最後の追加運転資本以外にも複数ある。まず、約1ヵ月分の売上高に相当するキャッシュを運転資本から捻出できることは、その分だけ追加の資金調達をしないで済むことになる。

　当社は2004年度末においても未だ2億ドル超の債務超過（株主資本がマイナス）の状況にある。2004年度末において当社の仕入債務は11億4,000万ド

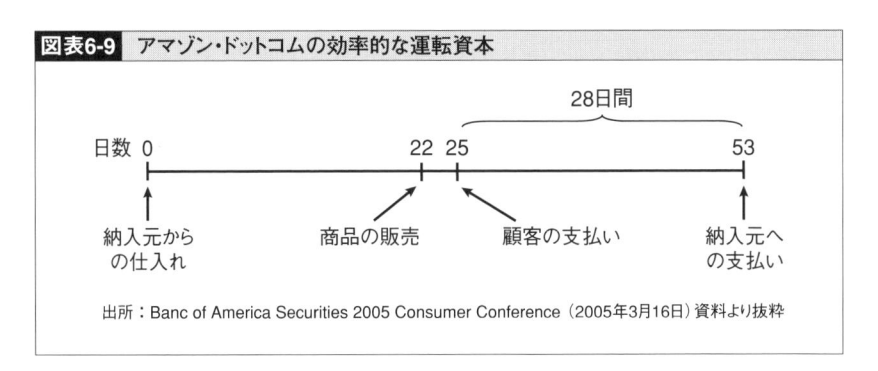

図表6-9　アマゾン・ドットコムの効率的な運転資本

出所：Banc of America Securities 2005 Consumer Conference（2005年3月16日）資料より抜粋

ルを超えており、売上債権と棚卸資産の合計額である6億7,000万ドルの2倍近い。差額の5億ドル弱は当社の有利子負債である18億3,000万ドルの約4分の1に相当するため、単純に考えても同期の支払利息である1億ドルの4分の1、つまり2,500万ドルの支払利息の発生を営業CFから回避していることとなる。アマゾン・ドットコムはFCFの計算式で支払利息を差し引いているので、この金額はそのままFCFの改善へとつながる。

次に、仕入債務の拡大によって一時的に手元に滞留するキャッシュを、短期の預金や有価証券などで運用することで受取利息が発生する。参考までに、当社の2004年度末における手元流動性は17億ドルを超えており、年間の受取利息は2,800万ドルに達している。仕入債務の拡大によって企業内に滞留するキャッシュへの受取利息の金額も、そのまま当社のFCF向上へとつながる。

さらに、売上の拡大から確かに当社の棚卸資産も拡大傾向にはあるが、その拡大のペースは売上の成長並みに抑制している。棚卸資産の回転を速めることによって、商品の陳腐化による値下げリスクを回避し、逆に商品の鮮度が高いときに顧客に低価格を提供することで、売上の拡大に結びつけることに成功している。アマゾンの扱う商品はもともと回転の速いものばかりではないが、業界一の速い回転率を確保することで商品の陳腐化による値下げリスクを回避し、得られたメリットの一部を顧客に還元している。これによって、棚卸資産回転率[*]の向上と、売上高総利益率の向上という二兎をつかむことに成功している。棚卸資産回転率と売上高総利益率の業界における傾向は、図表6-10に掲げたアマゾンのプレゼンテーション資料が示すとおりである。

アマゾンの年間の棚卸資産回転率は16倍（平均在庫期間 = 365/16 = 22日）なのに対して、米国最大手の書店であるバーンズ＆ノーブルは3倍（平均在庫期間 = 365/3 = 4ヵ月）に過ぎないという。一方、アマゾンの売上高総利益率23％に対して、バーンズ＆ノーブルは28％である。アマゾンは取扱商品が本だけでなく多岐にわたるため一概には比較できないが、圧倒的な棚卸資産の回転の速さにもかかわらず、売上高総利益率ではバーンズ＆ノーブルに劣るということは、それだけアマゾンの低価格戦略が浸透している表れとも言える。

その他のFCF向上のための施策として、変動費の抑制に着目してみたい。当社の事業では、webサイト、配送センター、あるいは人件費など、金額的

には固定費が大きいのは事実であるが、日々の販売に伴って発生する変動費の種類は多い。具体的には、商品の仕入コストに始まり、クレジットカード会社への支払い、一連の注文処理に伴う費用（注文商品の仕分け、包装、発送準備など）、配送手数料（配送無料サービスを行うということは、配送手数料はアマゾンが負担するということ）、顧客サービス費用、大部分のマーケティング費用、あるいは貸倒引当金*などである。

低価格戦略を実現するためには、これら変動費の削減も不可欠である。これまでの議論と同様に、規模の獲得による変動費の削減効果は大きい。大量仕入れによる価格交渉力の強化、出版社やメーカーとの直接取引の増加などが代表的な例として挙げられる。

また、当社のスリム化された組織体制もFCFの向上に大きく寄与している。当社はバブル崩壊以降の赤字体質を脱却するため、2001年度に大規模なリストラを行った。当時の従業員の15％に相当する1,300人のレイオフに始まり、配送センターや顧客サービスセンターの閉鎖や統合を一気に進めた。この結果、2001年度第4四半期に当社は創業以来初の最終黒字化を実現している。この

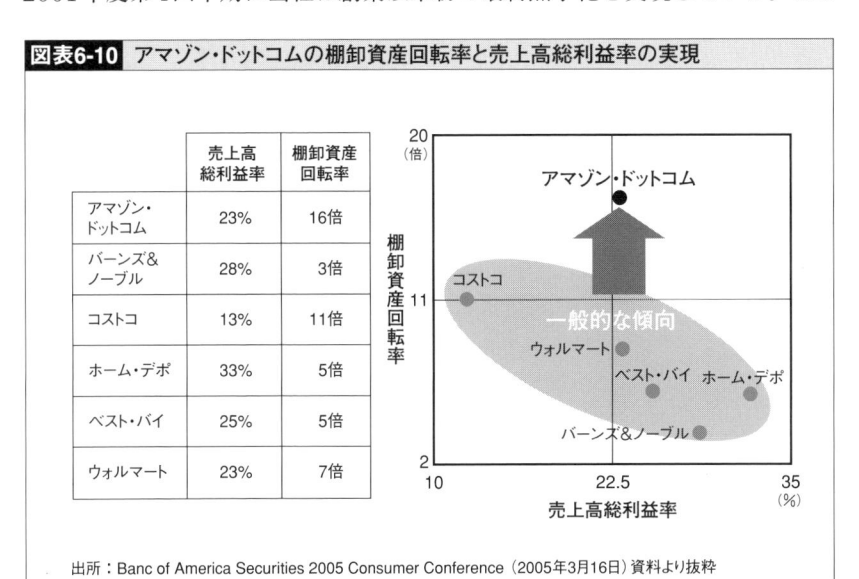

図表6-10　アマゾン・ドットコムの棚卸資産回転率と売上高総利益率の実現

	売上高総利益率	棚卸資産回転率
アマゾン・ドットコム	23%	16倍
バーンズ＆ノーブル	28%	3倍
コストコ	13%	11倍
ホーム・デポ	33%	5倍
ベスト・バイ	25%	5倍
ウォルマート	23%	7倍

出所：Banc of America Securities 2005 Consumer Conference（2005年3月16日）資料より抜粋

年は、アマゾンが「カスタマー・エクスペリエンス」の構成要素として、利便性と品揃えに次ぐ第3番目に低価格を明確に打ち出した、当社の戦略上も重要な転換点となっている。この翌年の2002年に創業以来初の年間営業利益と年間FCFの黒字化、さらにその翌年の2003年に初の最終利益の年間黒字化を実現することとなる。

4…アマゾンのフリー・キャッシュフローを評価する

　ここまでの議論をもとに、再度冒頭の2004年度アニュアルレポートにある「株主への手紙」を読めば、アマゾン・ドットコムがなぜFCFを経営指標として最重要視しているのか、その理解が大いに深まるはずである。
　アマゾンは自社の価格戦略について、「利益率を最大化するのが目的ではなく、顧客に最大の価値を提供することで、より大きなボトムライン（純利益）を長期的に実現すること」としている。これまでに見てきた売上高営業利益率やEBITDAマージンはすべて利益率としての経営指標であった。当社が利益率の最大化を目的とせずに、CFの実額を最大化することを目指すと宣言しているのは、自社がポジショニングしている市場の成長性が今後も大きいという見解の表れである。
　これはROEや売上高営業利益率の解説でも述べたが、市場が急成長している企業には収益性の指標は必ずしも馴染まないという論点と合致している。特にアマゾンが「カスタマー・エクスペリエンス」で重視しているように、競争優位の源泉である低価格や品揃えが規模の経済によって実現しているとすれば尚更である。また、利便性についても固定費投資が前提となるため、規模の獲得は必須である。規模を獲得するために一時的に追加設備投資や追加運転資本への投資がかさみ、結果的に減少あるいはマイナスになっても許容しやすい指標がFCFの特徴とも捉えられよう。
　アマゾンの経営を一語で表すとすれば、「一貫性」ではないかと考える。CEOのベゾス氏は自社の企業ビジョンと経営戦略が長期にわたって首尾一貫していることを示すため、1997年のアニュアルレポート上「株主への手紙」で3ページにわたって自ら記述したことを、毎年の「株主への手紙」のすぐ後

ろに添付している。2004年度で、実に8回目を数えた。読者にはこれに目を通すことをぜひ勧めたい。その1997年の「株主への手紙」の中で、8回にもわたって登場する言葉が、Long Term（＝長期）である。長期的な視点を持って経営を行う必要性はどんな経営者でも口にするが、7年後のアニュアルレポートに、当時の主張をそのまま添付できる経営者が一体どれだけ存在するであろうか。もちろん、その過程で企業が成長していることが前提となる。

インターネット技術がもたらした革新を受け、自らが主要な開拓者としてインターネット小売業の発展をリードするなか、当初から長期的な視点に立って市場の創出と成長を牽引してきた。インターネットだからこそ実現する価格、利便性、品揃えにおける最大の価値を顧客に提供することで、企業ビジョンを具現化してきた。その長期的視点に立った企業活動を測定する経営指標として、FCFは最大の役割を発揮するわけである。企業価値は将来FCFの現在価値である。ゴーイング・コンサーンとして永続的にFCFを創出することが、企業価値の向上、株主価値の向上につながる。

最後に、アマゾン・ドットコムの株価推移を1998年まで遡って見ておこう。

図表6-11　アマゾン・ドットコムの株価推移

インターネットバブルの崩壊と共に2000年から2001年にかけて暴落を続けた当社の株価は、2001年度第4四半期に四半期ベースで初の最終黒字を達成し、その後、年間営業利益や年間FCFの黒字化を実現することとなる2002年度に入って再び成長を示した。しかし、2004年度以降、徐々にではあるが株価の水準は再度切り下げ続けている。ここまで見てきたように、確かにFCFや純利益は継続的な成長を続けているものの、そのペースは満足レベルにない。これはインターネット小売業界内での競合だけでなく、ウォルマートなどの店舗小売業との垣根を越えた競争激化によるコスト負担増から、期待された利益（CF）の水準に至っていないためである。言い換えれば、競争激化によるコストの増加を吸収できるだけの市場の成長がないとも言える。

　今後のインターネット小売業界の市場成長は、果たしてアマゾンが言うような壮大なものであろうか。利益率よりも規模を追求するということは、「成長」がその前提となる。企業価値の向上に結びつくだけの市場の成長が約束されたものであるのか。仮にそうでないことが明らかとなった場合、アマゾンには、FCFの具体的な成長率や、収益性をより前面に打ち出した目標の設定が強く望まれよう。FCFが継続的な目標であるとしても、売上高フリー・キャッシュフロー比率や対総資産フリー・キャッシュフロー比率のような、具体的かつ踏み込んだ収益性指標での目標設定は可能である。FCFは単年度ベースではブレが大きくなる指標ではあるが、複数年度単位でのFCFの成長率や収益性指標の目標は、現在でも開示が十分可能なはずである。

　当社は上場以来、自社や市場の将来性について、常に証券アナリストと確執を繰り広げてきた企業でもある。当社の巨額の赤字を前提とした拡大を旨とする経営戦略に対して、証券業界からはネットバブルの崩壊と共に消滅して行った未曾有のネットベンチャー企業の二の舞になる可能性も数多く指摘されてきた。少なくとも現在、当社はFCF、営業利益、純利益のすべてにおいて黒字かつ右肩上がりの成長を続けている以上、これまで受けてきた当社に対する否定的な評価の多くは正しくないことを実証してきた。今後も当社は、市場に対してサプライズを送り続ける企業としてあり続けるのだろうか。当社の今後の成長性、FCFの創出に注目していきたい。

3●まとめ──フリー・キャッシュフローの役割

　FCFは企業価値を算定する際に分子に算入する。企業経営の究極の目的が企業価値の向上であるならば、FCFを経営指標として掲げ、その最大化を目指すことは、企業経営の目的と完全に合致している。にもかかわらず、企業がFCFではなく、本書で取り上げるような他の会計指標を目標に掲げるのは、FCFの馴染みのなさ、分かりにくさにも大いに起因するものであろう。

　2004年度のアマゾン・ドットコムのアニュアルレポート上「株主への手紙」において、CEOのベゾス氏はわざわざ架空のケースを用いてFCFを具体的に算出し、それがなぜP/L上で算出される利益やEBITDAより優れた指標なのかを解説している。これも裏を返せば、FCFの馴染みのなさ、分かりにくさに対して、彼が過去再三にわたって直面してきた教訓からではないかと思われる。

　FCFは企業価値算定式の分子に表れるという特性上、一時的に減少、あるいはマイナスになることも許容しやすい指標である。成長企業であれば、純投資が大きくプラス（設備投資が減価償却費を上回る）になることも、追加運転資本が大きく拡大することも十分あり得る。その結果、一時的にFCFが減少、あるいはマイナスとなっても、ゴーイング・コンサーンとしての将来FCFの現在価値、すなわち企業価値が最大化できるのであれば、それは意思決定として正しいこととなる。このことは、まだアマゾンが利益もキャッシュフローも赤字であった1997年のアニュアルレポート上「株主への手紙」でベゾス氏が記述した一文が、何よりも端的に表現している。

　「When forced to choose between optimizing the appearance of our GAAP accounting and maximizing the present value of future cash flows, we'll take the cash flows.（仮に、会計上の利益の最適化と、将来キャッシュフローの現在価値を最大化することの、どちらかを選択しなくてはいけないとすれば、我々はキャッシュフローを採用します）」

第7章

株主資本比率

企業の安全性を評価する指標

株主資本比率の読み方は、ここ数年で急速に変わってきている。企業の安全性を示す指標なのだから、大きいほど良いというのが従来の視点であった。しかし、これは債権者の見方であり、株主の見方とは必ずしも合致しない。「モノを言う株主」の時代に移行するほど、株主と債権者の両者の視点に基づいた捉え方が求められる。本章では、グループ再編で業績の急回復をとげた東京急行電鉄の株主資本比率を考察する。

1●株主資本比率の読み方と意義

1…株主資本比率の算出方法

　株主資本を、負債・少数株主持分*・株主資本の総合計（総資産合計と同額）で割って算出する。分母、分子共にバランスシート（B/S）の調達サイドのみから計算できる指標である。株主資本比率、または自己資本比率と呼ばれる。他人資本である負債に対して、自己資本である株主資本が多いほど株主資本比率は大きくなる。

$$株主資本比率 = \frac{株主資本}{負債・少数株主持分・株主資本の総合計}$$

　各国の中央銀行が出資する国際機関で、中央銀行の中央銀行とも呼ばれる国際決済銀行（BIS：Bank for International Settlement）は、民間銀行が国際的な活動を行うために8％以上の株主資本比率を維持することを世界的な統一基準として定めている。これが「BIS規制」と呼ばれるものである。

2…株主資本比率の読み方

　株主資本比率は、企業の安全性を判断する指標として頻繁に用いられており、その値が大きいほど企業の安全性が高いと評価される。
「安全性」というのは、言わば「天災が来ても、わが家は大丈夫か？」という、いざという時を想定したダウンサイドリスクの評価である。企業を取り巻くステークホルダーのなかでも特にそうした心配をするのは、企業に対して何らかの債権を持っている立場と言える。売上債権（売掛金、受取手形）の回収が発生する営業債権者、資金を提供している金融債権者（銀行、社債権者、リース

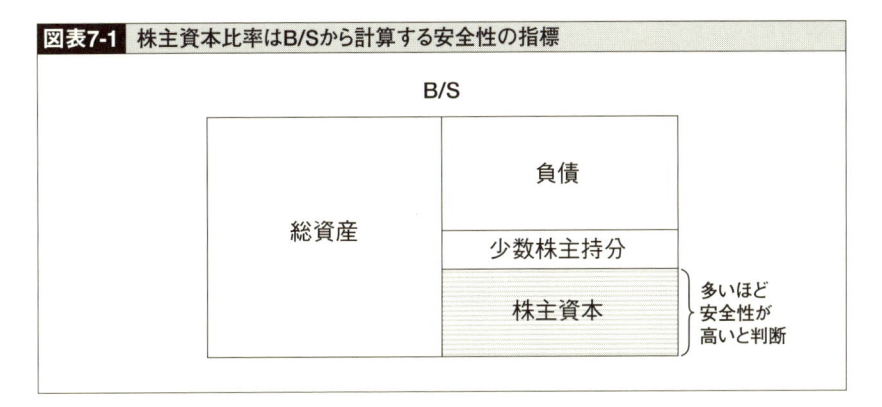

図表7-1　株主資本比率はB/Sから計算する安全性の指標

B/S

総資産	負債
	少数株主持分
	株主資本

株主資本部分：多いほど安全性が高いと判断

会社）などが挙げられる。また、原材料や商品の納入元企業に万一のことがあった場合に自らの事業に支障を来たす納入先企業、あるいは自分の職場の将来の安全性を考える従業員も広義の債権者と捉えられることから、安全性の評価は重要である。

算式が示すように、株主資本比率を向上するには、①株主資本を増やす、②負債を減らす、の2つの策が可能である。それぞれを実現するための代表的な打ち手には、以下のような選択肢が挙げられる。

①株主資本を増やす

・当期純利益から一定の金額を内部留保する
・増資する
・（未公開・非上場企業の場合）株式公開・上場する
・転換社債型新株予約権付社債を株式に転換する

※純利益の計上や、株式市場からの資金調達など、総じて企業としての確固たる事業基盤と将来性を保有していることに基づくものである。また、企業が必ずしもコントロールできるものではないが、長期保有する投資有価証券（子会社及び関連会社株式を除く）を期末に時価評価する際、含み益や含み損が出た分は「その他有価証券評価差額金」として株主資本のなかで計上する。よって、保有する投資有価証券の時価が上昇した場合には、株主資本比率が上昇することとなる

②負債を減らす

・有利子負債（銀行借入れ、社債）を削減する
・仕入債務（買掛金、支払手形）を早く支払う
・未払勘定（未払金、未払費用など）を早く支払う

※原則的に負債の削減にはどれもキャッシュが必要である。手元の現預金活用、当期純利益からの捻出、売上債権や在庫の圧縮、有形固定資産や投資有価証券などの資産売却、あるいは株式市場からの資金調達など様々な手法があるが、総じて企業の確固たる資金創出力、資金調達力に基づくものである

このように、いつかは返さなくてはいけない負債はできるだけ少なく、いつまでも返さなくてよい株主資本はできるだけ多くすることで、株主資本比率は向上する。これをもって安全な企業として評価しようとするのが、一般的な株主資本比率の考え方である。

株主資本を用いて企業の安全性を評価する代表的な指標として、その他にも「固定比率[*]」と「固定長期適合率[*]」がある。

$$固定比率 = \frac{固定資産}{株主資本}$$

$$固定長期適合率 = \frac{固定資産}{株主資本 + 固定負債}$$

長期保有が前提となる固定資産は短期間では現金化しない資産なので、それを賄う資金も短期的に返済義務が発生しないことが好ましい。分子に固定資産を置き、固定比率では分母に株主資本のみ、固定長期適合率では分母に株主資本と固定負債を置いて算出する。分母に置いた長期調達資金が、分子に置いた長期保有資産を上回る（両比率とも100％を切る）ことが、安全性判断の1つのベンチマークである。どちらも株主資本を増やすことで比率は下がるので、安全性を高めるための方向性は、株主資本比率と一致している。

ここまでは株主資本比率の一般的な読み方を解説したが、ここからは視点を

変えて複眼的に読み解いていく。上記に述べた「返さなくてはいけない負債」「返さなくてもよい株主資本」という表現は、企業経営の実態と照らし合わせると必ずしも正しくない。たとえば代表的な負債である銀行借入れは、定期的に利息を支払い、かつ満期が訪れれば返さなくてはいけないものである。しかし、企業が健全に活動している限りは、満期が来ても銀行に返すことはなく、借り換え（ロールオーバー）することも実際は多い。業績の急激な悪化など企業側に不測の事態が発生すれば銀行からの返済要求は厳しくなるであろうが、そうでなければ銀行も自らのビジネスを維持・発展させるためにも返してほしくないはずである。

　逆に株主資本は、有利子負債のように定期的な支払利息や元本の満期が存在するものではないが、配当、自己株式取得、あるいは株価の向上といった形で、恒常的にリターンを還元しなくてはいけないものである。よって、実は株主資本こそ「必ず返さなくてはいけないお金」という表現が当てはまると言える。しかも、資金提供者の立場に立てば、銀行の支払利息より株主のほうが高いリターンを期待していることは間違いない。元本保証のない株主はハイリスクを負っており、ハイリターンを得る権利を保有する。

　銀行借入れの削減によって株主資本比率を高めるのは、支払利息負担や元本返済義務をなくす（下げる）という観点から、当面の安全性を向上することに寄与する。一方、長期的な視点で捉えれば、「すぐに返さなくてもよい負債」を削減し、「恒常的に高めのリターンを返さなくてはいけない株主資本」を増やしていることとなる。つまり、株主資本比率を高めるのは、自社がより高いリターンを生み出していくと公約することにほかならない。ゴーイング・コンサーンとして企業を永続的な視点で捉えれば、株主資本比率の向上が将来における企業の「安全性」を低める行為となりかねないのである。

　この事実は、第1章でROEを「デュポンシステム」でブレークダウンした際、3つ目の財務レバレッジが株主資本比率の逆数であったことといみじくも一致している。すなわち、財務レバレッジだけを捉えると、企業は株主資本比率を下げることでROEを高めることができる。株主資本比率の向上が主に債権者の視点であれば、ROEの向上は主に株主の視点である。株主資本比率の向上（財務レバレッジの低減）は債権者にとっては喜ばしいことであるが、同

時に高すぎる株主資本比率は、株主にとって必ずしも健全な企業とは言えないことを示している。リスクマネーを企業に投入している株主が、そのリスクに見合ったリターンをきちんと確保できているという意味での「安全性」が、負債の有効活用、すなわち株主資本比率の低減によって実現されるというわけである。

3…日本企業と米国企業の株主資本比率

1970年代から、日本企業の株主資本比率はほぼ一貫して右肩上がりを続けていた。1973年に起きた石油ショックを機に、戦後長く続いた高度経済成長が終わりを告げ、安定成長期に入った。これを機に、企業は高度経済成長を支えた金融機関からの有利子負債の圧縮を進めると同時に、依然成長を続ける株式市場より、時価発行増資や転換社債の発行といったエクイティファイナンス（株式発行を伴う資金調達）を進めた。この傾向はバブル崩壊に向かった1980年代に入って一層勢いを強めることとなる。バブル崩壊以降の1990年代に入

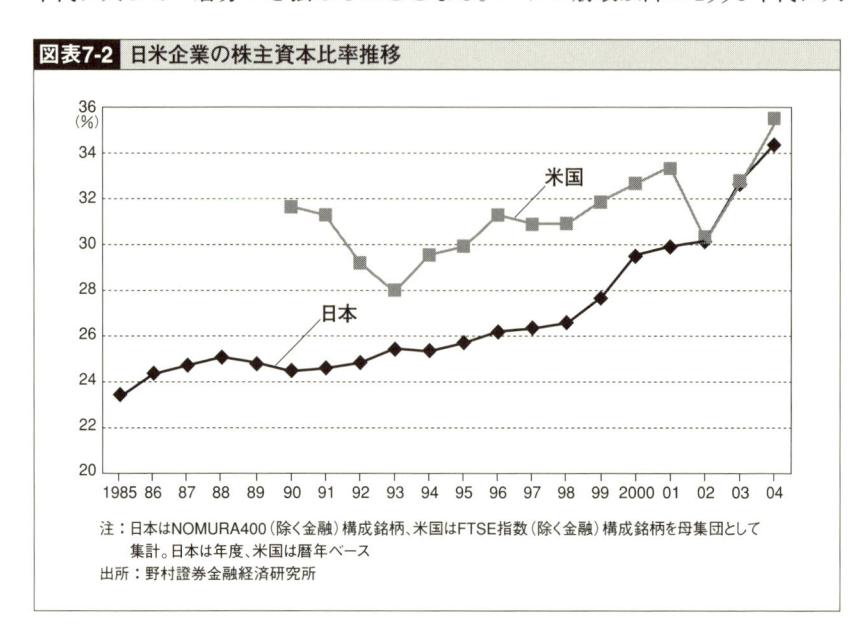

図表7-2　日米企業の株主資本比率推移

注：日本はNOMURA400（除く金融）構成銘柄、米国はFTSE指数（除く金融）構成銘柄を母集団として集計。日本は年度、米国は暦年ベース
出所：野村證券金融経済研究所

って長らく景気低迷が続くなか、企業の有利子負債削減の動きは継続し、株主資本比率はほぼ一貫して上昇を続けた。

一方、米国の株主資本比率は1990年代、30％台前半で緩やかに上昇している。日本と比べて株式市場が早い時期から発達していた米国では、エクイティファイナンスによる資金調達や内部留保が投資原資となることが多く、株主資本比率は高い状態にあった。有利子負債を調達すると支払利息が発生するため、米国で重視されるEPS（1株当たり純利益）を押し下げるマイナス要因として考えられることも多かった。しかし、自己株式取得の門戸がいち早く開放され、企業が株主資本の絶対量を自ら柔軟に調節できるようになったため、EPSありきの資本調達選択の制約からも開放された。この結果、有利子負債の活用が企業の資本調達の有効な手段として、その地位を高めることにもつながった。2004年現在、両国共に株主資本比率の平均値は35％前後の水準にある。

4…株主資本比率を目標に掲げる意義と注意点

株主資本比率の向上を目標として掲げるのは、自社の安全性を高めていくことの宣言である。よって、経営指標として採用する以上は、なぜ安全性を高める意義が自社にとって大きいのか、その明確な理由が存在するべきである。以下の2つのケースにおいて、株主資本比率の向上を目標に掲げる意義は特に大きいと考える。

①有利子負債による大型投資直後にあり、今後は投資からの利益計上が課題である

有利子負債を中心とした資金調達によって設備投資を行った場合、支払利息の増加と設備投資に伴う減価償却費負担増によって、損益計算書（P/L）の収益性は一時的に悪化する。やがて投資事業が稼働すると、創出される利益の一部を活用しながら有利子負債の削減を進めることとなる。これは設備投資に限らず、有利子負債によって調達した資金でM&Aを行った場合にも当てはまる。利益の内部留保の蓄積と有利子負債の削減によって、株主資本比率の向上を目指す。

②長年の業績不振からの事業再編・リストラが完了し、今後は着実に利益計上していくことが課題である

　多くの日本企業は長年の景気低迷と業績不振から脱却するため、自助努力によって事業再編・リストラを進めてきた。事業再編やリストラの過程でB/Sの株主資本が傷んだままの企業は、自らの利益や一部増資などを活用して株主資本を強化し、また有利子負債を削減することによって、株主資本比率の向上を目指す。

　逆に、株主資本比率の向上を目標に掲げることが必ずしもポジティブには評価できないのは、どのようなケースか。
　株主資本比率は安全性の指標なので、これ以上安全性を追求しなくても十分安全と思われる企業が該当し得る。たとえば、株主資本比率が業界の平均値を十分に上回っている企業であれば、同業他社と比べてなぜそれ以上株主資本を潤沢に持つ必要があるのか、説明責任を負うことになる。今現在は使い道がないが将来の不測の事態に備えて保有したいというのであれば、それは本来現株主の財産であるにもかかわらず、将来の不特定な株主の利益に過剰に付け替えることになる可能性が高い。あるいは、低成長、低収益性に基づく低リスクの事業を営んでいるにもかかわらず、高いリターンを期待している株主資本を潤沢に保有している企業があれば、それは株主を軽視している行動となり得る。
　配当や自己株式取得といった社外流出を抑え、一時的に内部留保として蓄えた後に、設備投資やM&Aに活用することが、株主価値の向上につながるのであれば問題ない。こうした場合は株主資本比率の向上が目標とは言わないであろうが、実質的には株主資本比率が高まっていく。しかし、株主還元は少ない、設備投資やM&Aも少ない、ただ単に将来の不足の事態に備えてというだけでは、説得力に欠ける。個人の預貯金であればいくら貯め込んでも問題はないが、経営者は株主から株主価値を高める経営を行うことを委託されたエージェントである。株主資本比率の向上を目標とするならば、なぜその行動が株主価値の向上につながるのか、明確な説明責任が求められよう。
　B/Sの調達サイドから計算される指標には、株主資本比率とD/Eレシオがある。前者は株主資本の増強、後者は有利子負債の削減に主語を置いている。両

者は二者択一ではないものの、安全性の確保が主に利益の蓄積や増資により、株主資本を増強することで実現されるのであれば、株主資本比率での目標設定が望ましい。逆に、主に過剰運転資本の削減や、遊休資産の売却により、有利子負債を削減することで実現されるのであれば、D/Eレシオでの目標設定が望ましい。

　未公開企業であれば、経営者が大株主であるケースも多く、株主資本比率がいくら高くても特に問題ないように思われる。ただし、株主資本比率を高く維持することが目的化してしまい、千載一隅の投資機会を失った結果、将来の競争優位性を失うことのないよう、株主資本比率の減少に対しても、気持ちの準備はできているべきである。

　では、株主資本比率の水準はどのように設定したらよいのか。最も分かりやすいのは、業界平均、あるいは業界有力企業の水準である。比較が容易なことから、証券アナリストなども多用する。本来企業は固有なものであるが、同業種の事業を営む以上、事業リスクは類似していると考えられる。リスクが類似していればリターンも近似しているはずであり、その結果、同程度のリターンを期待する資本が集めやすいと予測される。あくまで業界の有力企業で、かつその資本構成は自社が目指すべき水準となり得る場合に限るが、業界の株主資本比率の水準を常に意識していくことは重要であろう。

　理論的に、企業が自社の資本構成として目指すべき水準、すなわち最適資本構成はどのように考えればよいのか。実はこれはコーポレート・ファイナンスの壮大なテーマであり、これを解説するだけでも1冊の書籍が必要なほどである。本書の目的から、その詳しい解説には踏み込まないが、基本的な考え方のフレームワークのみ下記に示す。軸となる考え方はこれまでと変わらず、企業価値を高めることが最大の目的であり、分母の資本コストを下げるための最適な資本構成の検討である。これは序章で解説した、企業価値算定式の分母において、資本コスト算出に資本構成の概念が入っていたことを思い起こせば、自明である。企業価値算定式では、資本構成の概念が分母のWACCの算定のみに影響を与え、分子のフリー・キャッシュフロー（FCF）には影響しない。

①完全資本市場[注1]においては、どのような資本構成を採用しても、企業価値は変

わらない。なぜなら、企業価値を決定するのは企業が保有する資産サイド（ひいては資産から生み出されるFCF）であって、調達サイドではない。最適資本構成（目指すべき株主資本比率）は存在しない。

② 法人税が存在する社会においては、有利子負債の調達を行うと、支払利息に対する法人税の分だけ節税効果が生じる。この結果、将来予測される節税効果の現在価値に相当する分だけ、企業価値は高まる。企業は、より多くの有利子負債の調達を行うことが望まれる。

③ 有利子負債を増やすことで、企業の倒産の可能性が高まり、そのコストが徐々に増大していく。よって、②の節税効果のメリットと、③の倒産コストのデメリットがちょうど均衡するような資本構成が、企業が目指すべき最適資本構成（株主資本比率）となる。

④ 実際には、企業は資本コストの低減による企業価値の最大化だけを捉えて、常に最適資本構成を目指すわけではない。その他にも資本構成に影響を与えるものは数多い。なかでも、社債格付けとそれが影響を及ぼす資金調達余力の確保は、ゴーイング・コンサーン(注2)として重要である。一般的に、株主資本比率が下がるにつれて、社債格付けは下がる傾向にある。社債格付けが下がると、有利子負債による資金調達のコストが上昇するだけでなく、いざという時の資金調達力が弱体化する懸念が発生する。

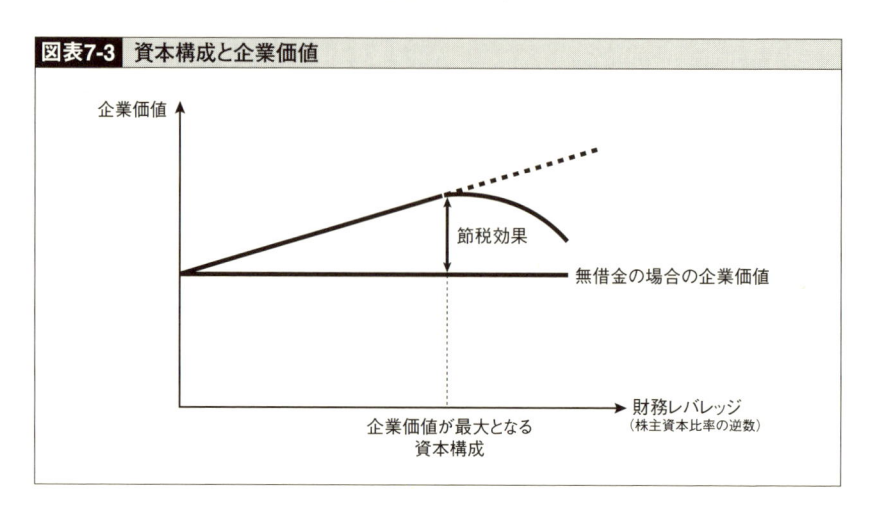

図表7-3　資本構成と企業価値

縦軸：企業価値
横軸：財務レバレッジ（株主資本比率の逆数）

節税効果
無借金の場合の企業価値
企業価値が最大となる資本構成

注1：この理論は、発表したフランコ・モジリアーニとマートン・ミラー両学者の頭文字を取って、「MM理論の第一命題」と呼ばれている。完全資本市場とは、法人税や取引コストがなく、誰もが金利や情報、流動性などにおいて平等に同条件で取引できる市場を指す。実際にはそのような市場は存在しないが、資本構成の変化によって何が企業価値に影響を及ぼすかを明確にするため、敢えてこうしたピュアな市場を設定するところから始めている。ミラー氏はMM理論の功績で1990年にノーベル経済学賞を受賞している。

注2：これを端的に表現したIBMトレジャラーのインタビュー記事（日経金融新聞1996年8月20日）がある。少々古いが、根幹となる考え方として、10年の歳月を経た今でもまったく普遍的なものである。以下に紹介しておく。

――**現在の格付けはシングルA格。トリプルAは欲しくないですか。**
「欲しくない。トリプルAは非常に安定的な産業のものだ。またトリプルAを取るためには250億ドル（著者注：2兆5,000億円）の手元資金を持たなくてはならない。それだけの手元資金を持つコストと、トリプルAをもらうメリットは見合わない」
「現在は安全をみて少し多めの資金を手元に置いているが、それでも60億―80億ドル程度だ。200億ドルくらいあると何に使うんだ、株主に返すべきだ、という要求が出る」

――**最低限維持したい格付けは。**
「現在のシングルA。使っている資本のトータルコストは、株主資本よりもコストが安い負債資本を多く利用するトリプルBの時に一番低い状態になると思う。だが、トリプルBは買収や自社株買いなど、急でまとまった資金需要への対応力が極めて乏しい財政状態だ。シングルAなら負債もある程度利用できるし、買収などに柔軟な対応も可能だ」

　企業価値算定式で触れたように、最適資本構成は時価ベースで考えるものであるが、これを簿価ベースに換算すれば、それが自社の最適な株主資本比率を提供することとなる。時価ベースから簿価ベースへの換算は、時価ベースの株主資本を、目標とするPBR（株価純資産倍率）で割って算出する。

　社債格付けや資金調達余力の確保以外にも、経営者の有利子負債に対する許容度、事業リスク度合いに対する金融機関側の姿勢、保有する資産の担保価値など、目指したい株主資本比率の決定には複雑な要因が絡み合う。このように、最適資本構成（株主資本比率）は、決して一筋縄で決まるものではない。大切

なのは、企業価値向上、資本コスト低減のための最適資本構成が軸として存在し、かつそれ以外の複雑な要因を経営環境に応じてウェイト（重み付け）を変えながらも、自社の最適資本構成を意識した経営を行うことである。

「企業価値を高める」のは分子のフリー・キャッシュフローを創出するだけが手段ではない。資本コストをできる限り下げること、そのために有利子負債を有効活用することも重要な企業行動である。企業価値算定式の分子同様に、分母も軽視されてはならない。「企業価値を高める」ために具体的にどういった最適資本構成、株主資本比率を目指しているのか、経営者には説明責任が求められる。

2 ● ケーススタディ——東京急行電鉄

1…東急電鉄における株主資本比率の推移

図表7-4をご覧いただきたい。

東京急行電鉄の株主資本比率は、1998年3月期までと1999年3月期以降の二極化を示している。これは、1999年3月期に業績不振に陥っていた東急建設の第三者割当増資を引き受け、子会社化したために、グループ連結の総資産が一気に膨らんだのが主な原因である。同期間の総資産額の推移を見ると、その影響が顕著に表れている。

一方、株主資本比率の分子の株主資本についても、同1999年3月期に東急電鉄は上場以来初の連結最終赤字を計上したことから、大きく毀損している。これは、東急建設への増資において、純資産価値以上の対価を支払ったために発生した連結調整勘定を、特別損失で一気に処理したのが主な原因である。

1999年3月期から2003年3月期までの5期では、株主資本比率が一方向に向かうような顕著な動きはないものの、毎期の凸凹は存在している。これは、この時期に東急電鉄が「健全性の回復」を最優先課題として、グループ再編を

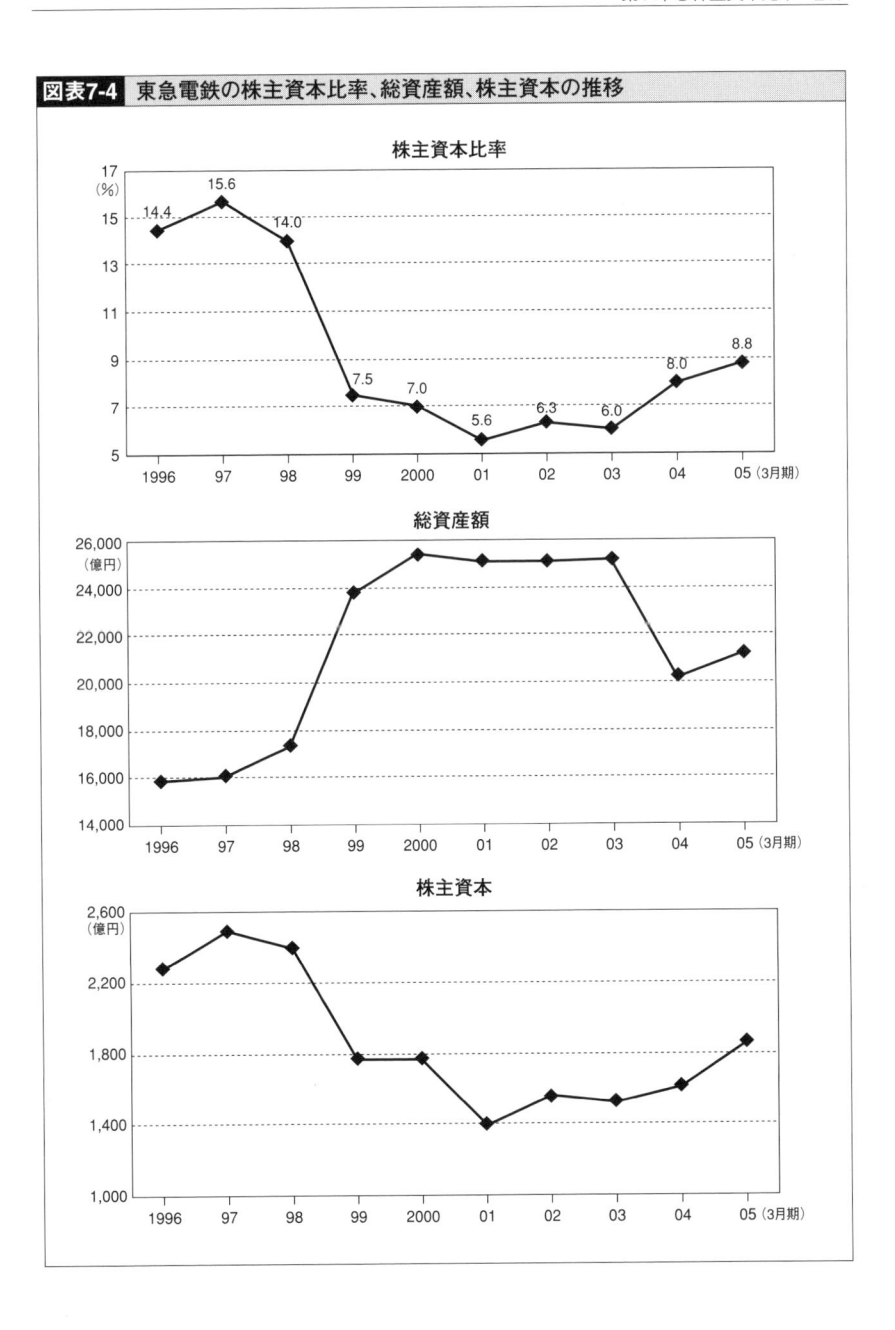

図表7-4 東急電鉄の株主資本比率、総資産額、株主資本の推移

株主資本比率

年度(3月期)	1996	97	98	99	2000	01	02	03	04	05
株主資本比率(%)	14.4	15.6	14.0	7.5	7.0	5.6	6.3	6.0	8.0	8.8

総資産額 (億円)

1996年の約15,800億円から徐々に増加し、2000年に約25,500億円のピークに達した後、2003年まで高水準を維持。2004年に約20,400億円に減少し、2005年は約21,400億円。

株主資本 (億円)

1996年約2,300億円、1997年約2,500億円のピーク後、1999年に約1,790億円まで低下。2001年に約1,410億円の最低値。その後回復し、2005年は約1,890億円。

進めたことに起因する。その後、子会社としての再生が結局は困難と判断された東急建設は、会社分割により建設事業を分離して連結から切り離すこととなった。このため、2004年3月期には再び総資産が大幅に減少し、株主資本比率が向上するという皮肉な結果となっている。

2…東急電鉄の置かれた経営環境
①私鉄業界を取り巻く経営環境

　鉄道事業は、その安定的な収益源と社会のインフラとして地域に根ざした最大の利点を生かし、シナジー効果を発揮できる事業への多角化が非常に進んでいる業界である。百貨店やスーパーといった小売りに始まり、ホテル、レジャー、不動産、建設などに鉄道会社の冠が付いた企業は実に多い。しかし、この「安定的な収益源と社会のインフラ」という事業リスクの低い業界から、小売り、ホテル、レジャー、不動産、あるいは建設といった、いずれも景気変動の影響を受けやすいリスクの高い事業に拡大することは、リスクとリターンのバランスからすると、大きな変化を意味している。

　1980年代のバブル経済下、私鉄業界は自社の安定収益と有利子負債による資金調達をもとに、こうした周辺分野への多角化を一気に進めた。その結果、1990年代に入ってバブル経済が崩壊すると、過剰投資となった負の資産を処理するために、10年もの歳月を費やすこととなる。バブル崩壊がもたらしたのは多角化事業の整理だけではない。日の丸の鉄道事業においても、総資産のかなりの部分を占める保有有形固定資産の価値が著しく下落した場合、減損会計の適用によって、大きな損失を計上することとなった。

　こうした過去の長い事業再編の出口がようやく見え始め、また景気回復局面と相まって、2005年3月期決算では私鉄大手15社のうち、12社が前年度比で経常増益を果たした。なかでも東急電鉄を含む9社は、経常利益の最高益を更新した。売上高トップ2社の近鉄と東急はどちらも15％前後の減収下での経常増益である。これは、近鉄も東急と同じように、事業再編によって不採算子会社を連結から切り離したためである。増収の企業でも、連結子会社を増やした相鉄を除いて、その増収率は前年比わずか1％程度に過ぎない。売上高が頭

図表7-5 私鉄大手15社の2005年3月期決算数値

(億円)

	売上高	経常利益	最終損益	株主資本比率
近畿日本鉄道	11,063 (▲15)	436 (30)	206 (25)	6.9%
東京急行電鉄	10,555 (▲14)	670 (27)	354 (—)	8.8%
名古屋鉄道	7,908 (1)	285 (3)	▲58 (—)	12.6%
東武鉄道	6,373 (▲4)	275 (5)	123 (▲5)	7.1%
小田急電鉄	6,279 (0)	376 (12)	40 (▲50)	13.1%
阪急電鉄	4,766 (1)	488 (27)	260 (741)	16.6%
京王電鉄	4,330 (1)	317 (2)	187 (23)	35.0%
西武鉄道	4,078 (▲2)	53 (▲30)	▲130 (—)	4.1%
京浜急行電鉄	3,166 (1)	228 (14)	109 (0)	16.9%
西日本鉄道	3,159 (1)	118 (▲5)	42 (▲36)	24.1%
相模鉄道	3,096 (18)	136 (78)	60 (—)	8.3%
阪神電気鉄道	2,990 (▲3)	162 (▲3)	49 (▲11)	21.4%
京阪電気鉄道	2,463 (▲3)	111 (8)	57 (15)	24.2%
京成電鉄	2,202 (▲4)	178 (12)	118 (837)	13.5%
南海電気鉄道	1,962 (▲9)	94 (19)	77 (139)	13.8%

注；カッコ内は前年度比％。阪急電鉄は2005年4月より阪急ホールディングス

打ちとなるなかで、私鉄業界には一層の利益体質の強化と、事業の多角化による収益源の拡大が望まれている。

　このように、私鉄業界は過去の負の処理が進み、経常最高益を達成する企業も業界の半分を占めるに至った。しかし、言わばバブル経済が始まる前のスタート地点にようやく戻った状態に過ぎない。一方、地域ごとの棲み分けから、業界内の競争はそれほど激しくなかったが、輸送人員の減少やJRとの競合環境の加速など、本体の鉄道事業も決して安泰とは言えない。特に関東圏と比べて、関西圏では状況はより深刻となってきている。

　市場の縮小と競合加速のなか、バブル経済期の過剰投資の処理にようやく一定の目処が立ち始め、各社共に攻めの経営に移行するこれからが、各企業経営者の真の実力が試される時期と言えよう。

②東急電鉄の経営戦略と課題

　東急電鉄は2005年3月末現在、297社9法人をグループ企業と呼んでいる（このうち、子会社は209社、関連会社は26社）。最も多いときには500社を

東京急行電鉄「中期3か年経営計画」

1. 実施期間　2005年4月をスタートとする3か年

2. 基本戦略

「東急線沿線での事業連携による収益構造の変革と持続的成長の実現」

○東急線沿線が『選ばれる沿線』として勝ち残るために、「鉄道」と「街づくり」という事業基盤を最大限に活用し、エリア戦略の深化やコア事業の連携により、"東急ならでは"の事業展開を行うことで、沿線価値を高め、成長戦略を推進していく。

○交通事業、不動産事業に続く第3のコア事業と位置づける「リテール関連事業」やフロー型不動産事業の推進、事業・資産ポートフォリオの組み替えなどにより、健全性を維持しつつ、収益構造の変革と持続的成長を実現する。

3. 3つの成長戦略

沿線における3つのコア事業である「交通事業」「不動産事業」「リテール関連事業」の相互連携により相乗効果を発揮し、東急グループ成長の推進力とする。

(1) エリア戦略の深化
　　東急線沿線を4つのエリアに区分し、沿線居住者分析、鉄道乗降客分析、商業・事業の現状分析により、特性に応じた事業戦略指針のもとに実効性の高い事業・施設を展開していく。

　　【4つのエリア】
　　①渋谷・山手エリア　　②田園都市エリア
　　③東横エリア　　　　　④池上・多摩川エリア

(2) 沿線拠点開発の展開
　　エリア戦略に基づき、渋谷や二子玉川、たまプラーザなど、駅を中心とした拠点　開発を進め、連携により相乗効果を発揮する事業・施設を展

開していくことで、人口や消費の定着・吸引、さらには鉄道の昼間輸送・逆輸送（ラッシュ時の乗車率の低い方向への輸送）の需要増加を図る。

(3) リテール関連事業の推進
　第3のコア事業と位置づけた沿線における「リテール関連事業」の強力な推進により、沿線消費のグループへの還流を図る。

　※リテール関連事業：百貨店業、チェーンストア業、ショッピングセンター業、およびその他小売・サービス業

①沿線における商業施設の戦略的な配置などを全体最適の観点から推進していくため、当社内に「リテール関連事業推進会議」を設置し、沿線におけるリテール関連事業の一元的なマネジメントを行なうとともに、スケールメリットの発揮と事業の機動性を高めていく。
②2006年度より東急グループポイントカードを導入し、グループ顧客基盤を強化するとともにリテール関連事業の成長をサポートする。

4. 2009年度（5年後）までに目指す連結業績水準

　○東急EBITDA　1,600億円超
　○当期純利益　400億円超
　○株主資本比率　16％超
　※東急EBITDA：営業利益＋減価償却費＋連結調整勘定償却額＋固定資産除却費

5. 2007年度（3年後）の連結目標経営指標

　○東急EBITDA　1,530億円以上
　○有利子負債　1兆1,200億円未満
　○株主資本比率　13.2％超

出所：東京急行電鉄「中期3か年経営計画」（2005年3月28日）より抜粋

超えていたことと比べると、大規模なグループ再編を進めてきたことが一目瞭然となる。2005年3月期末において、当社は6つのセグメントに事業を分類している。長らく赤字が続いていたレジャー・サービス事業とホテル事業が2004年3月期に黒字化したことで、全セグメントが営業黒字にある。

交通事業………………………鉄軌道業、バス業、貨物運送業
不動産事業……………………販売業、賃貸業、管理業
流通事業………………………百貨店業、小売業、商社業
レジャー・サービス事業…広告代理店業、ゴルフ業、有線テレビジョン放送業
ホテル事業……………………ホテル業
その他事業……………………鉄道車両関連事業

　東横線、田園都市線といったドル箱の路線を抱えることによって、安定かつ高価格帯の不動産事業への波及効果は大きく、2005年3月期においても交通事業と不動産事業からの営業利益は、全社の80％以上（交通事業が50％超、不動産事業が30％超）を占めている。

　主な会計指標について、2005年3月期の数値を用いて東急と電車・バス業界を比較したのが図表7-6である。東急の特徴が数値となって顕著に表れているが、一見して分かることは、株主資本比率と増収率が業界に対して特に大きく劣っていることである。

　株主資本比率は業界の15.6％に対して、東急は8.8％に留まっている。業界他社に比べても、バブル経済期の過剰投資の代償が大きかったことが分かる。東急は2005年3月期現在、欠損金（利益剰余金のマイナス額）202億円の状態にあり、まずはこれを早く解消したいところである。

　株主資本が毀損していることから、ROEが業界比で2倍超の水準にある。東急のROEは今後株主資本の強化と共に、徐々に下がっていくべき指標とも言える。ROA（経常利益ベース）は東急と業界平均との差が少なく、鉄道業界の特性を表している。

　売上高営業利益率で東急が業界に劣る理由は、流通事業（百貨店、小売業、商社業）の特性によるものが大きい。流通事業は、売上高の額が膨らむ一方、

P/Lの収益性が低い。東急は業界他社に比べて流通事業の売上高構成比が大きいため、その影響が全社レベルでも顕著に表れたものである。流通事業からの営業利益は全社に対して1割未満の貢献であるが、売上高では3割を超えている。流通事業の収益性の向上が課題であることが浮き彫りとなる。売上高経常利益率では、営業外収益に連結調整勘定の償却を64億円計上していることもあり、業界平均に対して差を詰めている。

成長性については、東急電鉄の減収の規模は大きい。これは東急建設や東急観光といった収益性の低い子会社を連結から切り離したためであり、減収増益決算の源泉ともなっている。

バブル経済下の過剰投資の清算にようやく目処が立ち、向こう5年間を見据えた新たな方向性として2005年3月28日に打ち出したのが、先に掲載した東急電鉄の「中期3か年経営計画」である。このなかで、3年後の2008年3月期に株主資本比率を13.2%に、その2年後の2010年3月期には同比率を16%まで高めると表明している。16%という水準は、2005年3月期の鉄道・バス業界平均にほぼ等しい。また、東急自身が直近10年で同比率の最も高かった

図表7-6　東急電鉄と電車・バス業界の主要会計指標比較(2005年3月期)

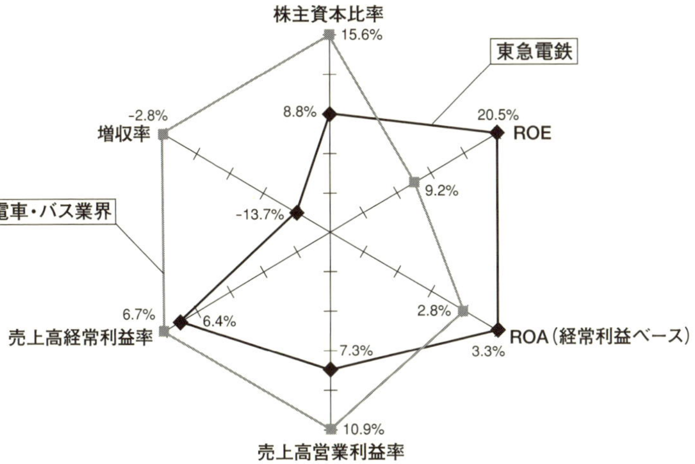
株主資本比率
15.6%
8.8%
東急電鉄
20.5%
ROE
9.2%
-2.8%
増収率
-13.7%
電車・バス業界
6.7%
6.4%
売上高経常利益率
2.8%
ROA（経常利益ベース）
3.3%
7.3%
10.9%
売上高営業利益率

出所：電車・バス業界平均値は日経財務情報より

1997年3月期（15.6％）の水準ともほぼ同一となる。また、これまで進めてきた事業の選択と集中を受けて、交通事業、不動産事業に続く第3のコア事業として「リテール関連事業」を明言し、経営資源の一層の集中を宣言している。

3…東急電鉄が実施する株主資本比率の向上策

　2001年3月期にわずか5.6％まで縮小した東急電鉄の株主資本比率は、2005年3月期に8.8％まで回復した。先に見たように東急建設の1999年の子会社化による同比率の下落と、2003年に同社を会社分割した際の同比率の上昇が、この期間における変動の最も大きな要因であった。

　東急は、その他にも数多くのグループ再編を進めてきた。しかし、東急建設関連以外では、株主資本比率の大きな改善は見えない。これは、事業再編が単なるグループ企業の切り離しだけではなく、逆に子会社化して取り込むことによる再編を目指したものも多く、これらが株主資本比率を一時的に下げる要因ともなっていることにある。

図表7-7　東急電鉄のグループ再編における「切り離し策」と「取り込み策」

	切り離し策	取り込み策
1999年		●東急建設の子会社化
2001年	●石油販売事業・地方交通事業（長野の系列タクシー会社など）の撤退及び縮小	●東急ホテルチェーンの完全子会社化
2002年	●運送事業の経営統合 ●JAL／JASの経営統合 ●非コア事業の外部売却 ●海外事業の縮小	●東急ストアの連結子会社化 ●東急車輛製造の完全子会社化
2003年	●東急建設の会社分割 ●東急文化会館の売却 ●食品製造販売子会社の売却 ●米国、カナダのホテルの売却 ●ゴルフ場2社の解散 ●箱根ターンパイクの売却 ●グランデコホテル＆スキーリゾートの営業譲渡	
2004年	●東急観光の株式85％を譲渡 ●セルリアンタワーなどビル2棟の売却	●伊豆急行の完全子会社化
2005年	●東急ロジスティックの株式売却	●東急百貨店の完全子会社化

東急の一連のグループ再編を、「切り離し策」と「取り込み策」でまとめると図表7-7のようになる。なかには渋谷セルリアンタワー売却のように、優良資産ではあっても有利子負債をこれ以上拡大しないためのキャッシュ捻出策として切り離された物件もある。これも立派な株主資本比率向上のための施策と言えよう。

各施策が株主資本比率に与える短期的な方向とその度合いについては、1つ1つ異なる。将来にわたって採算の見込めないものは切り離し、逆に電鉄との関係を強化することで収益性の向上を目指していくものは取り込んだという点において、長期的にはどれもが株主資本比率を高める施策となるはずである。

では、今後についてはどうか。東急は3ヵ年の中期経営計画のなかで、5年後の株主資本比率の目標値まで設定している。これを過去の推移と共に表したのが次ページの図表7-8である。

2006年3月期以降は、株主資本比率が継続的に上昇を続け、2010年3月期には東急建設の子会社化前の水準をも上回る16.0％に達することを目標としている。分母・分子の構成要素ごとに見てみよう。

総資産額については2006年3月期以降、大きな動きを見せていない。これは、主に鉄道事業の設備投資が減価償却費を上回るペースで進む一方、稼働率の低い資産の売却を進めることでほぼ横ばいに推移すると予測するものである。一方、株主資本は継続的な右肩上がりを予測しているが、これは本業で着実に計上する利益をもとに、内部留保の強化を図るものである。こうした安定的な利益計上の予測を立てられるのも、過去の負の資産処理に目処が付いたためと言える。東急は2005年3月期以降、700億円台の営業利益、600億円台の経常利益、300億円台の純利益を毎期見込んでいる。本来の鉄道事業が持っている「安定した利益構造」が、形となって表れるという見込みである。

4⋯東急電鉄の株主資本比率を評価する

東急電鉄が懸案のグループ事業再編を進める上で、常に経営指標としていたのが、B/Sの資本構成の再構築であった。2000年4月からの計3回にわたる中期経営改革において、それぞれ次の数値を掲げている。

図表7-8 東急電鉄の株主資本比率、総資産額、株主資本の予測

株主資本比率 (%)

年(3月期)	1996	97	98	99	2000	01	02	03	04	05	06	07	08	09	10
株主資本比率	14.4	15.6	14.0	7.5	7.0	5.6	6.3	6.0	8.0	8.8	10.3	11.6	13.2		16.0

06年以降：予測期間

総資産額 (億円)：1996年約15,800、97年約16,000、98年約17,300、99年約23,700、2000年約25,500、01年約25,100、02年約25,200、03年約25,300、04年約20,200、05年約21,200、06年約22,000、07年約21,700、08年約21,500（06年以降予測期間）

株主資本 (億円)：1996年約2,280、97年約2,490、98年約2,400、99年約1,760、2000年約1,770、01年約1,400、02年約1,550、03年約1,500、04年約1,600、05年約1,830、06年約2,230、07年約2,520、08年約2,850（06年以降予測期間）

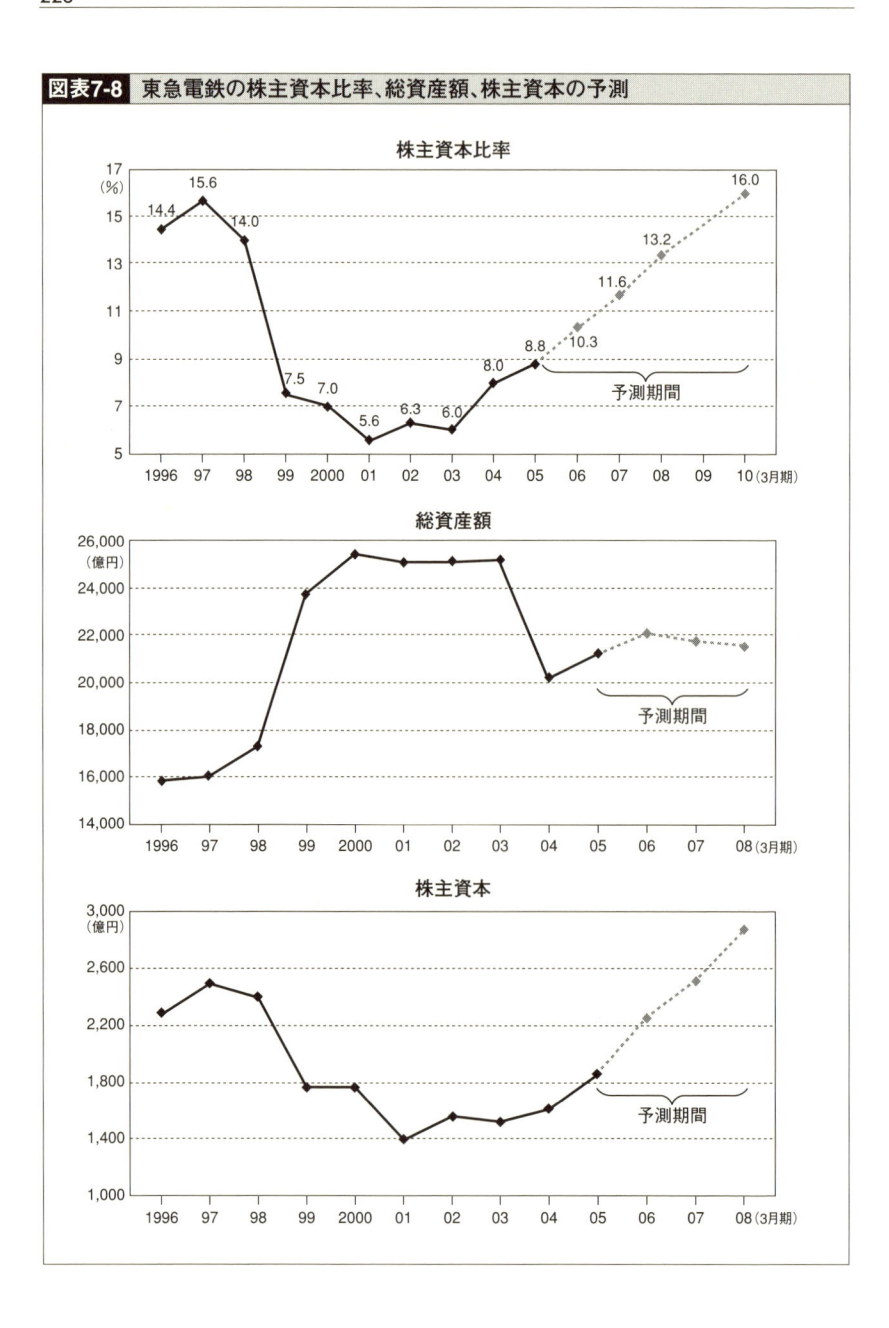

1. 2000年4月→2003年3月
   ・グループ有利子負債／EBITDA倍率＝10倍以下
2. 2003年4月→2005年3月
   ・グループ有利子負債／EBITDA倍率＝9倍未満
   ・連結純有利子負債／営業活動によるキャッシュフロー倍率＝10倍未満
3. 2005年4月→2010年3月
   ・株主資本比率16％超

　最初の2回の経営計画で掲げた、有利子負債をEBITDAで割って算出する指標は、有利子負債の金額が自社の生み出すキャッシュフローの水準に十分見合ったものかどうかを判断する際によく使用される指標である。有利子負債が多いことが問題なのではなく、身の丈に合った規模かどうかを判断しなければならない。その身の丈にEBITDAを用いている。鉄道業界のように、有利子負債の多い業界や企業に対して、10倍（10年分）という数値が1つのベンチマークとして用いられることが多い。

　東急電鉄は連結対象の子会社や持分法適用会社以外のグループ企業が非常に多く、それらもまた過剰な有利子負債と低収益性に陥っていた。その具体的な解決目標として、グループ有利子負債／EBITDA倍率を最初に掲げた意義は大きい。2度目の経営計画では、さらに連結対象企業の有利子負債に絞った上で営業活動によるCFの10倍未満を目標としている。東急が目指す「共創」が収益性を持って実現できていることを実証する目標設定となっている。

　今回の経営計画では、上記2つの指標がベンチマークを達成したこともあってか、株主資本比率を初めて主語にしている。「身の丈（＝利益創出力）に合った有利子負債の金額であるか」については、1つの目標値に達したものの、未だ欠損金を抱える株主資本は、業界他社と比べても著しく低迷している。渋谷の再開発が本格的に始まる2011年までの当面は、本経営計画の利益見込みが示しているように、東急にとっては本来の安定利益体質が継続する見込みである。この時期に業界他社比で遜色のない水準の株主資本比率へ到達することは、東急にとって過去の負の処理との訣別が本当の意味で完了した証となろう。

3 • まとめ——株主資本比率の役割

　株主資本比率は安全性の指標である。よって、株主資本比率を目標に掲げるということは、自社の財務体質が必ずしも安全ではないという前提が存在しているべきである。十分安全と思われる企業が株主資本比率をさらに高めるというのであれば、その明確な理由の説明責任を負う。
　株主資本比率を目標に掲げる意義が見出せる企業の特徴として、次の2つを挙げた。

①有利子負債による大型投資直後にあり、今後は投資からの利益計上が課題である
②長年の業績不振からの事業再編・リストラが完了し、今後は着実に利益計上していくことが課題である

　こうした企業であれば、今後利益を着実に計上しながら株主資本を強固なものとすることで、永続的に株主に貢献する会社となる宣言として、株主資本比率の向上を目標に掲げる意義は大きい。
　逆にこれらが当てはまらない企業で、かつ業界平均の株主資本比率を十分に上回っている企業が同比率を目標とするのであれば、その理由を明らかにすることを期待したい。これまでの日本的経営によると、借金はできるだけ少なく、株主資本はできるだけ多くすること、すなわち株主資本比率は高ければ高いほど良いと考えられることも多かった。しかしこれは、企業価値算定式、あるいはROEの「デュポンシステム」によるブレークダウンが示すように、株主の視点からすれば必ずしも正しくない。少なくとも株主を向いた経営、「企業価値向上の経営」という響きの良い言葉とは矛盾している可能性がある。
　株主資本比率は安全性の指標であるが、債権者的な立場からの安全性の評価指標である。株主の立場からすると、株主資本比率が過剰に高まる（企業が必

要以上の内部留保を行う）ことは、投資効率性の観点において、安全性が脅かされかねない。株主は他にも運用の手段を無限に持っているなかでその企業に投資していることを、企業側は忘れてはならない。企業が株主資本比率の向上を目標として掲げる場合には、債権者、株主の両者の視点からの「安全性」を十分検討した上で、行うことが重要である。

第8章

売上高成長率

既存事業にフォーカスした成長性の指標

本章では、売上高成長率のなかでもM&Aによる規模の拡張を除いた、既存事業の「有機的成長(=Organic Growth)」を取り上げる。M&Aを活用するにしても、その後の有機的成長が実現しない限り、企業価値の向上は持続しない。有機的成長こそ、最もシンプルで、最もアグレッシブな経営指標である。巨大複合企業を形成しながらも、なお成長を魅力的に語り続ける米国GEの「有機的成長」を検証する。

1・売上高成長率の読み方と意義

1…売上高成長率の算出方法

前年度比の売上高成長率は、次のように算出する。

$$売上高成長率 = \frac{今年度売上高 - 前年度売上高}{前年度売上高}$$

複数年度（n年）における年度当たりの平均売上高成長率（複利ベース）は、

$$売上高成長率 = \left[\frac{今年度売上高}{初年度売上高}\right]^{\frac{1}{n-1}} - 1$$

によって算出される。本書では、複数年度における、年度当たりの平均売上高成長率を、すべてこの式に基づいて算出している。たとえば、ある企業の売上高が「初年度25、2年目50、3年目80、4年目（今年度）100」で推移した場合を例にとって、今年度における売上高成長率を計算してみよう。

図表8-1　ある企業の売上高推移

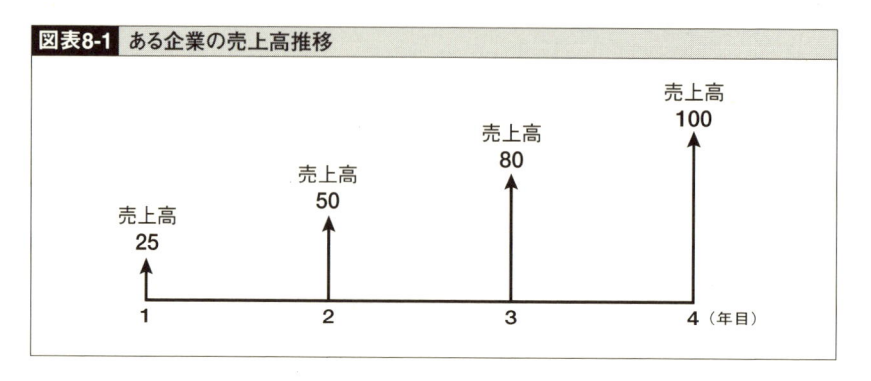

年目	1	2	3	4
売上高	25	50	80	100

昨年度比の売上高成長率

$$売上高成長率 = \frac{100 - 80}{80} = 25\%$$

過去4年間における年度当たりの平均売上高成長率（複利ベース）

$$売上高成長率 = \left[\frac{100}{25}\right]^{\frac{1}{4-1}} - 1 = 58.7\%$$

　これとは別に、複数年度における、年度当たりの平均売上高成長率は、各年度での前年度比売上高成長率を計算した上で、その平均値を取るという計算方法もある。上記の例の場合、毎年の前年度比売上高成長率である100％（2年目）、60％（3年目）、25％（4年目）を計算し、その平均値として61.7％が算出される。計算としては、後者のほうが累乗の計算がない分、容易ではあるが、各年度の売上規模の大小を無視して単純に平均値の平均を取るのは、実態と大きく乖離する数値となる可能性があるので注意を促したい。

2…売上高成長率の読み方

　売上高成長率の比較対象として最も多く用いられるのは、特定の同業他社、あるいは業界全体の売上高成長率の平均値である。業界によって置かれた経営環境や売上高の概念が異なるので、同業他社と比較して、自社が十分な企業成長を果たしているかを判断することは、妥当性が高い。

　また、1つのベンチマークとして、各国の経済成長率（GDPの成長率）と比較し、それをどの程度上回っているかを判断材料とすることも可能である。ケーススタディで取り上げる米GEは、米国経済成長率の2倍に相当する8％を自社の目標水準として定めている。2005年4月6日に世界銀行が発表した経済見通しによると、各国の実質経済成長率は次ページの図表8-2のとおりとなっている。ただし、日本については未だ経済成長率の数値が低迷しており、この数値をそのまま売上高成長率の目標として掲げるには、力不足である。

図表8-2　世界銀行の実質経済成長率の見通し

(%、一部地域を省略)

	2004年	2005年	2006年
先進国	3.2	2.4	2.6
日本	2.6	0.8	1.9
米国	4.4	3.9	3.0
ユーロ	1.8	1.2	2.2
途上国	6.6	5.7	5.2
東アジア・太平洋地域	8.3	7.4	6.9
南アジア地域	6.6	6.2	6.4
中南米地域	5.7	4.3	3.7
中東・北アフリカ地域	5.1	4.9	4.3
世界全体	3.8	3.1	3.1

出所：世界銀行

3…日本企業と米国企業の売上高成長率

　図表8-3が示すとおり、売上高成長率の推移は毎年のブレが激しいが、ほぼ周期的な動きを繰り返しており、また日米が似通った推移を示している。2004年度は、日本の製造業が5.6%、非製造業が4.9%、米国の製造業が13.4%、非製造業が9.0%となっている。1990年からの年率平均では、日本の製造業が2.7%、非製造業が▲1.0%、米国の製造業が5.8%、非製造業が7.8%である。すべてにおいて米国が勝っているのは、他の指標と同様である。これまで見てきたように、売上高の概念が業種によって異なるため、数値の水準が示す意味合いは業種ごとに慎重に判断する必要はあるが、1つのベンチマークとして参考にしたい。

4…売上高成長率を目標に掲げる意義と注意点

　売上高成長率といっても、本章ではM&Aによる規模の拡張ではなく、Organic Growth、すなわちM&Aや事業売却等を除いた、継続事業についての「有機的成長」を考えていきたい。長引く景気の低迷から、中長期的な売上

図表8-3　日米企業の売上高成長率推移

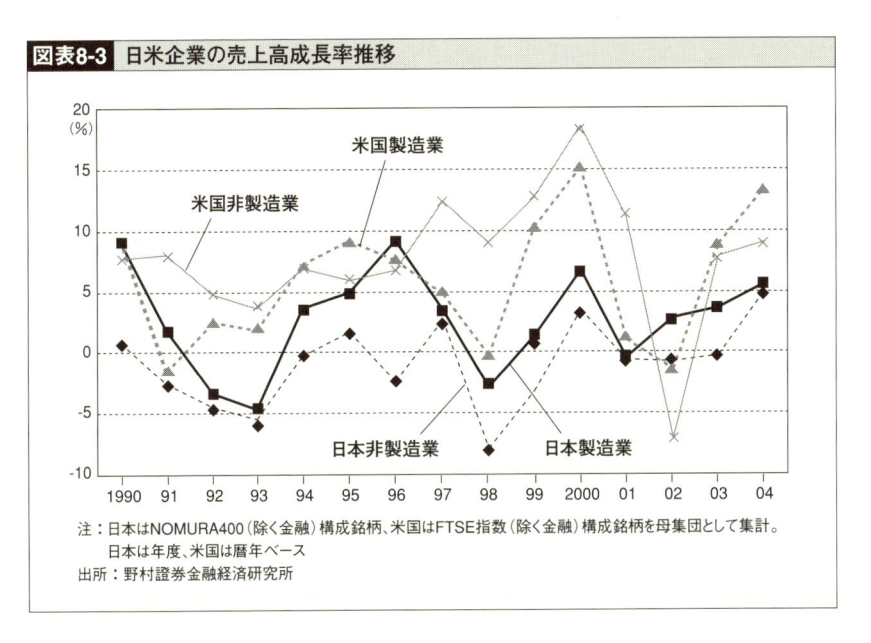

注：日本はNOMURA400（除く金融）構成銘柄、米国はFTSE指数（除く金融）構成銘柄を母集団として集計。
　　日本は年度、米国は暦年ベース
出所：野村證券金融経済研究所

　の成長を自社の目標として明言する企業は、国内ではそれほど多くはない。上場企業は通常、前年度の決算発表と同時に、今年度の売上や利益の予測を開示する。売上が成長する予測を行う企業は多いが、成長率の数値として具体的に明示するケースは決して多くない。

　これには、成長率の数値自体が低位で推移しており、成長率として明言するには魅力に乏しいこともあるが、それ以上に成長率の数値だけが一人歩きするのを予め回避しているとも受け取れる。売上高成長率は、ある意味では最も分かりやすい指標であるがゆえに、未達成が続くと経営への不信を招きやすい。裏を返せば、売上高成長率を具体的な目標として明言するのは、業界や自社の動向に関する経営者の確固たる自信の表れとも言える。

　「企業価値の向上」という言葉が昨今頻繁に用いられているのはすでに述べたとおりであるが、少々うがった見方をすると、「成長」という言葉が使いにくい企業の実情を、「企業価値の向上」という実態が分かりにくい言葉で置き換えていると取れなくもない。序章で見たように、企業価値向上の手段は、フリー・キャッシュフロー（FCF）の成長である。FCFの成長は、売上高の成長の

みによってもたらされるものではないが、それなしではジリ貧とならざるを得ない。

では、売上高の成長率であって、利益やキャッシュフロー（CF）の成長率ではないという点については、どのように捉えればよいのか。どんなに売上が増加しようとも、それが利益やCFの増加に結びつかない限り、企業価値は向上しない。それでも敢えて売上高成長率を経営指標とすることに意義があるケースとして、大きく2つの場合が挙げられる。

①売上が先、利益（CF）は後

市場が急成長している場合には、通常は投資が先行するため、利益やキャッシュフローは売上高に比べてその伸びが遅れ、最悪赤字になることもある。と同時に、毎年の投資規模の違いによって、利益やキャッシュフローは不安定にもなりやすい。こうした場合、売上高が市場成長以上に成長することを公約するのは、その市場の将来性を高く評価しているステークホルダーにとっては受け入れやすい。市場シェアのより多くを獲得することが、その市場での成功要因として重要であるほど、その意義は大きくなる。

急成長期のシェア獲得によって、やがてその市場が安定成長期や成熟期に入っても、自社が主要プレーヤーであり続けるために必要となる、確固たるブランド、流通網、人材、低コスト生産体制などを備えておくことができる。

②売上成長≒利益（CF）成長

売上高利益率が安定していれば、売上の成長と利益（CF）の成長はほぼ均衡する。こうした場合であれば、より分かりやすく、かつメッセージ性の強い売上高の成長率で公約する意義は大きいと言える。また、利益の場合、仮に未達成となれば、様々な費用項目の動向を取り上げて弁解をつくりやすいが、売上高の場合、業界全体が成長している限りは、自社の未達成がそのまま経営の巧拙と判断される可能性が高い。売上高成長率を目標に掲げるのは、それだけの自信に裏付けられたものとも判断できよう。

売上高成長率を経営目標として掲げる場合、あまりに低い数値では、仮にそ

れが現実であっても、かえってマイナスのメッセージとなりかねない。ある程度の売上高成長率、具体的には各国の経済成長率や業界の平均値は十分に上回る水準を確保していることが望まれる。

最後に、有機的成長で語る以上、売上高成長の多くが、既存する事業の成長によって実現していくステージにある企業が望ましい。M&Aによる規模の拡大を積極的に図っている企業では、有機的成長として外部に開示公約するだけのメッセージとしての重要性に欠ける。もちろんこうした場合でも、社内で既存事業の有機的成長を管理していることは言うまでもない。

2●ケーススタディ──GE

1…GEにおける前年度比成長率の推移

米国GE（General Electric Company）が目標としているのは「Organic Growth」、つまりあくまで有機的成長であるが、まずは全社レベルでの過去4年間を振り返った売上高、営業利益、純利益、営業キャッシュフローの、それぞれの前年度比成長率の推移を見ておこう（次ページ図表8-4）。

売上高については、特に2004年度の成長率が13.5％と、著しく高くなっている。これを事業セグメントごとに見ると、次ページ図表8-5のとおりである。

エナジーとインシュアランス（保険）の売上高がマイナス成長となっているが、これは両部門において事業売却を進めた結果である。その他はコンシューマー＆インダストリアルを除いて、売上高成長率がすべて2桁の水準にある。次に、全社P/L上の売上高と、そのなかで有機的成長に相当する部分の売上高を比較したのが239ページの図表8-6である。

2004年度の全社売上高成長率13.5％のうち、有機的成長が占める割合は半分以下の5.8％となっている。当社では過去10年間の有機的成長の平均値をおおよそ5％と捉えているが、この数値を8％に高めるのが経営目標である。

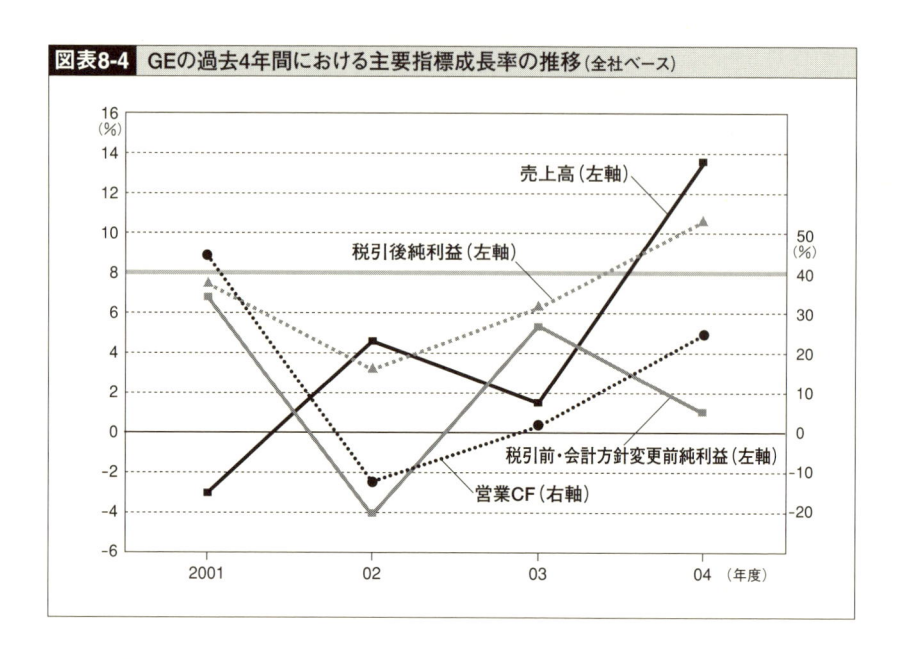

図表8-4　GEの過去4年間における主要指標成長率の推移（全社ベース）

（グラフ：2001～04年度の売上高（左軸）、税引後純利益（左軸）、税引前・会計方針変更前純利益（左軸）、営業CF（右軸）の推移）

図表8-5　GEの事業セグメント別の売上高と営業利益の成長率（2004年度）

事業セグメント	売上高	営業利益
エナジー	-9%	-31%
トランスポーテーション	15%	21%
ヘルスケア	32%	34%
インフラストラクチャー	12%	22%
NBCユニバーサル	88%	28%
コマーシャル・ファイナンス	13%	14%
コンシューマー・ファイナンス	22%	17%
コンシューマー&インダストリアル	7%	24%
アドバンス・マテリアルズ	17%	15%
インシュアランス・ソリューションズ	-12%	-73%
エクイップメント・サービス	92%	n/a

注：GE 2004年度決算説明会資料より抜粋

図表8-6　GEの2つの売上高における成長率比較

(100万ドル、%)

	2003年	2004年	成長率
売上高（全社P/L上）	134,187	152,363	13.5%
▲M&A、事業売却、外国為替	1,289	19,244	
▲インシュアランス（保険）事業	26,194	23,070	
▲エナジー事業	19,082	17,348	
売上高（有機的成長）	87,622	92,701	5.8%

注：インシュアランス事業とエナジー事業は、業績低迷から事業再編、売却などを進めているため、GEでは両事業部門の売上高全額を有機的成長の算出から外している
出所：GE 2004年度アニュアルレポートより抜粋（一部加筆）

　GEの2004年度売上高1,523億ドルは、2005年3月期のトヨタ自動車の売上高18兆円超と大きくは変わらない。一方、2005年8月時点のGEの株式時価総額3,600億ドル超は、トヨタ自動車の2倍を優に超える。これはP/L上の売上高純利益率において、GEがトヨタの2倍前後の水準にあることと、純利益に対する株価の評価（PER：株価収益率）でも、GEがやはりトヨタの2倍前後の水準にあることに起因する。両社の業界がまったく異なるため、あくまで規模の実態感を得るのに比較したまでだが、株式市場が売上高のみでなく、収益性や成長性を評価していることを表している。GEの売上高純利益率の高さ（2004年度で10.9％）は、トヨタ自動車以上に金融事業からの売上・利益貢献が大きいことも影響している。

2…GEの置かれた経営環境

①巨大複合企業（コングロマリット）を取り巻く経営環境

　様々な異なる事業を一大企業グループのなかで行うGEは、巨大複合企業（コングロマリット）と定義できる。GEの規模に匹敵するコングロマリットは存在しないが、強いて挙げるとすれば、株式時価総額がGEの5～6分の1程度にあるシーメンス、タイコ・インターナショナル、3Mなどが挙げられる。コングロマリットの性質上、各事業を各業界の代表的な企業と比較するのが一般的である。たとえばGEで大きな構成比を占める金融事業であればシティグ

ループであるし、家庭用電化製品であればフィリップスなどが挙げられる。

図表8-7は、GEとダウ・ジョーンズ平均株価を1962年まで遡って描いたグラフである。歴史的に振り返って、おおむねGEの株価推移がダウ・ジョーンズ平均株価を上回ってきたことが分かる。また両者の株価の動き方も長期的な視点で見れば、ほぼ近似している。GEの株価動向が、米国経済全体の株式市場を体現していると言っても過言ではない。

② GEの経営戦略と課題

GEは2005年8月現在、株式時価総額において世界No.1の企業である（原油や天然ガス相場の高騰から、2005年2月以降、エクソン・モービルがGEと均衡している）。2003年にマイクロソフトを抜いて首位に立って以来、その地位に君臨し続けている。GEは、フィナンシャルタイムズ紙の「世界で最も尊敬される企業」に1998年から7年連続で第1位に選ばれている。また、2005年には、フォーチュン誌の「世界で最も称賛される企業」の第1位にも選ばれた。名実共に、世界のNo.1企業と言えよう。

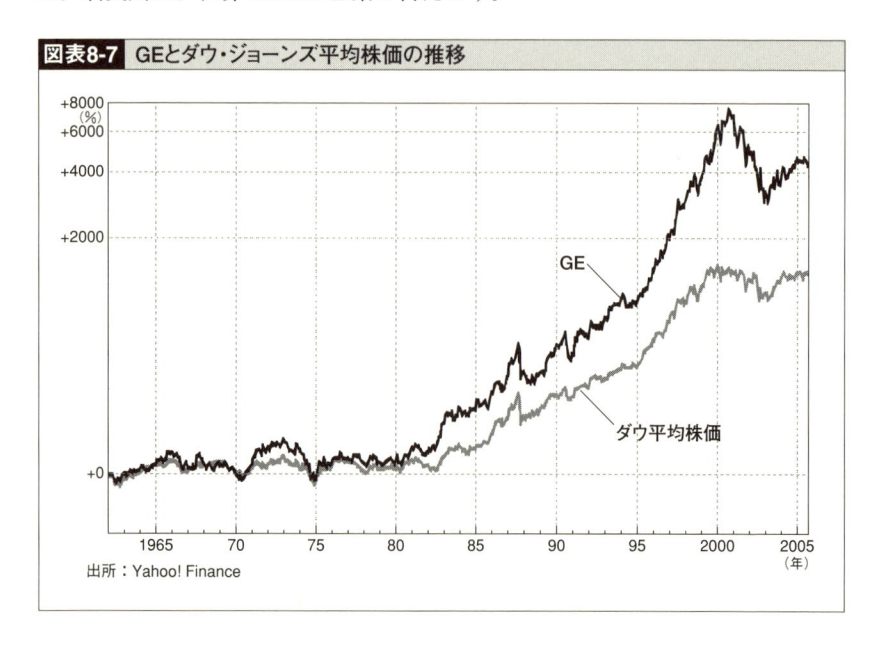

図表8-7　GEとダウ・ジョーンズ平均株価の推移

出所：Yahoo! Finance

企業の発祥は、1878年にトーマス・A・エジソンがエジソン・エレクトリック・ライト・カンパニーを設立したところにまで遡る。その後、2社が合併して1892年にGEが誕生、1896年にはダウ・ジョーンズ平均株価の採用銘柄に選ばれている。現在の同指数に含まれている企業のなかで、最も古くから選ばれているのはGEである。最も古い会社、かつ最も規模の大きい会社が、最もアグレッシブとも言える売上高成長率を目標に掲げることに、その意義の大きさを感じさせる。

　GEを一言で表現すれば、それは「巨大企業の集合体」である。航空機エンジンや鉄道、船舶といった重工に始まり、医療用画像診断装置、個人と法人向けのローン、カード、リースなど広い金融サービス、さらには放送局や映画まで手がけている。2004年度末現在、GEでは全社を大きく11の事業セグメントに分けているが、このうち10billionドル（1兆円）の売上に達する事業が、実に8つを数える。それぞれの売上高と事業利益（GEが事業特性に応じて独自に算出する事業ごとの利益）は図表8-8のとおりである。

　売上高と事業利益が共にトップにあるのはコマーシャル・ファイナンス（法

図表8-8　GEの事業セグメント別の売上高と事業利益

（2004年度、100万ドル）

	売上高	売上高構成比	事業利益	利益構成比	売上高事業利益率	区分
コマーシャル・ファイナンス	23,489	15.1%	4,465	21.2%	19.0%	GE-2
インシュアランス・ソリューションズ	23,070	14.8%	569	2.7%	2.5%	
エナジー	17,348	11.2%	2,845	13.5%	16.4%	GE-2
コンシューマー・ファイナンス	15,734	10.1%	2,520	12.0%	16.0%	GE-1
トランスポーテーション	15,562	10.0%	3,213	15.3%	20.6%	GE-2
コンシューマー&インダストリアル	13,767	8.9%	716	3.4%	5.2%	CG
ヘルスケア	13,456	8.7%	2,286	10.9%	17.0%	GE-2
NBCユニバーサル	12,886	8.3%	2,558	12.2%	19.9%	GE-2
エクイップメント・サービス	8,483	5.5%	607	2.9%	7.2%	CG
アドバンス・マテリアルズ	8,290	5.3%	710	3.4%	8.6%	CG
インフラストラクチャー	3,447	2.2%	563	2.7%	16.3%	GE-1
全社調整	(3,169)					
連結	152,363	100.0%	21,052	100.0%	13.8%	

人向け金融事業）であるが、それ以外は微妙に順位が異なる。特に、ヘルスケアとNBCユニバーサルは、売上高構成比では共に10％未満にあり、下位5事業のグループに入るのに対して、事業利益が全社に占める割合は、共に10％を超えており、2つの事業の売上高事業利益率が非常に高いことを示している。これら2つの事業に共通しているのは、M&Aによって急速な事業拡大を図ったことである。有機的成長が当社の経営指標ではあるが、そこに至るまでには積極的なM&Aによる事業の規模拡大や範囲拡大を行っていることも忘れてはならない。

　GEでは、インシュアランス・ソリューションズ（保険事業）を除く10の事業を、今後の有機的成長の大きさの見込みに応じて「Growth Engines（成長エンジン）」と「Cash Generators（キャッシュ創出）」の大きく2つに区分している。その内訳を各事業の主な商品やサービスと共に記したのが以下である。

◉Growth Engines（成長エンジン）
①GDPの3倍程度の有機的成長（図表8-8のGE-1）を目標
- GEコンシューマー・ファイナンス（クレジットカード、パーソナルローンなどの個人向け金融）
- GEインフラストラクチャー（水処理、セキュリティ、センサーなど）

②GDPの2～3倍程度の有機的成長（図表8-8のGE-2）を目標
- GEコマーシャル・ファイナンス（機器・自動車リース、不動産などの法人向け金融）
- GEエナジー（発電システムならびに関連サービス）
- GEトランスポーテーション（航空機エンジン、鉄道、船舶など）
- GEヘルスケア（医療用画像診断装置、ライフサイエンスなど）
- NBCユニバーサル（放送、エンターテイメントなど）

◉Cash Generators（キャッシュ創出）
③GDPの1～2倍程度の有機的成長（図表8-8のCG）を目標
- GEコンシューマー＆インダストリアル（家電、照明、電子部品、モーターなど）
- GEエクイップメント・サービス（コンテナリースなど）

GEの経営目標と「5つの成長戦略」

【経営目標】
　景気の循環を通して、GEが長期的に目指している財務上のゴールは、8%の年間売上高の有機的成長(Organic Growth。M&Aや事業売却、為替レートの影響を除いた、売上高の成長)、10%超の年間利益成長、営業キャッシュフローの成長が利益成長を上回ること、そして、平均投下資本利益率(ROTC：Return on average total capital)が20%を超えることである。

出所：GE 2004年度アニュアルレポートより抜粋

【5つの成長戦略】
成長と成功の鍵は、独自の戦略にあります。
GEは、5つの戦略イニシアチブを実行することにより、GDPの2倍に当たる高利益率と、リターンをもたらす内部成長を目指します。

○テクニカル・リーダーシップ
　テクノロジーとイノベーションはGEのイニシアチブの要です。テクニカル・リーダーシップにより、利益率の高い製品を生み出し、競争に打ち勝ち、新しいマーケットをつくり出すことができます。

○サービス
　テクニカル・リーダーシップは、ジェットエンジン、発電タービン、機関車、医療機器といった分野で膨大な納入実績をもたらしました。GEはこれらの納入先に対して、長期にわたるサービスを提供しています。今ではGEの総収入の約4分の1近くが、サービス関連ビジネスで占められており、今後も更なる成長の可能性を秘めています。

○お客さま重視
　GEは「縦断的な販売(vertical selling)」、すなわちお客さまに対して私たちが提供できる製品やサービスを関連づける手法を持っています。製品、サービス、情報、ファイナンスといった分野での幅広い組織力により、私たちはお客さまとの協力関係をさらに深めていくことができるでしょう。

○グローバル化
　私たちは100年にわたり、国境を越えて製品を生産し、販売してきました。

> 現在、経営陣の約3分の1は非米国人です。グローバルに成長するためには、単に製品を輸出するだけではなく、それ以上の努力が必要であると私たちは認識しています。
>
> ○成長プラットフォーム
> GEの強みは、未来を構想し、「止めることのできない」トレンドを見極め、成長するための新しい方法を開発する能力にあります。GEは体系化された成長プロセスを追求していきます。まず、広範囲の市場を分割し、小さな基盤を獲得することから始めます。次に、サービスやグローバル化のような成長イニシアチブを活用しながら、ビジネスモデルを変更します。そして最後に、財務上の強みを利用し、内部成長や、買収に投資するのです。こうすれば確実な利益を生み出しながら、急速に成長することができます。成長こそが、GEで築き上げているイニシアチブそのものであり、中核的能力そのものです。これを実現するために、これまでとは異なるリーダーを育てているのです。
>
> 出所：日本ゼネラル・エレクトリックのホームページ「5つの成長戦略」より抜粋

・GEアドバンス・マテリアルズ（プラスチックス、シリコーン、クオーツなどの素材）

　GEと言えば、前CEOのジャック・ウェルチ氏が打ち出した「ナンバーワン、ナンバーツー戦略」、すなわち、市場で1位か2位になれる事業のみを行うという経営方針が有名である。ウェルチ氏は「4位か5位でいると、ナンバーワンがくしゃみをしただけで肺炎にかかってしまう」と語っていた。他社ではなく自社がその事業を行うことで価値が最大化できるのかどうかを、事業ポートフォリオの構築と再編において、一貫して重視してきた姿勢の表明である。有機的成長8％の目標は、こうした厳しい事業ポートフォリオの取捨選択を経て残った事業について掲げているものである。このハードルをクリアできない事業であれば、いずれは事業ポートフォリオから淘汰されることになる。
　GEの成長戦略を支えるもう1つの重要なファクターは、トリプルAの保有にある。2005年3月現在、米国企業でもわずか6社（GEの他に、ユナイテッド・パーシャル・サービス、ジョンソン・エンド・ジョンソン、オートマチッ

ク・データ・プロセッシング、エクソン・モービル、ファイザー）に与えられたS&Pによる最上位の発行体格付けである。GEの産業向け事業の好業績によってトリプルAの格付けが維持され、そのトリプルAを活用した安価で良質な資金調達によって、金融事業が拡大の一途を辿り、これによって産業向けとの相乗効果がますます高まっている。産業向けと金融の両者の車輪ががっちりと組み合わさって、成長のエンジンがフル回転する構図である。

　2004年度の当社のアニュアルレポートの表題は「Our Time（我々の時代）」である。インターネットバブルの崩壊、景気の低迷、9.11テロ事件などによって、特にエネルギーやトランスポーテーション（航空機エンジン、鉄道、船舶など）市場が過去数年にわたり低迷した。保険事業での当社の拡大戦略は、結局のところ、業界を下回る業績と負債の増加をもたらす結果となった。過去数年間を全社レベルで見れば、売上、利益、キャッシュフロー共にほぼ安定的な成長を示し、株式時価総額の世界No.1であり続けた時期である。普通の判断基準から言えば、非常に優良なパフォーマンスと言えるのであろうが、市場からの当社に対する期待と比較すると、必ずしも満足水準にはなかったわけである。

　当社の展開する各市場が順調な回復傾向と今後の成長予測を示すなか、一連の大型事業再編に終止符を打ち、当社のすべての事業セグメントにおいて、目標とする水準での有機的な成長を遂げる時が到来した。その思いを込め、コーポレート・アメリカを代表する企業として、「我々の時代」の表題を付けたのであろう。

3…GEが実施する売上高成長率の向上策

　先に紹介したように、2004年度の米国の経済成長率（GDPの成長率）は4.4％、2005年度は4％弱の水準が見込まれている。つまり、有機的成長の目標値である8.0％は、GDP成長率の約2倍となり、その数値を軸にして、事業ポートフォリオの「成長エンジン」と「キャッシュ創出」が絶妙に組成されていることが分かる。

　「キャッシュ創出」の3事業に、縮小を進めている保険事業を合わせた2004

図表8-9　GEの事業ポートフォリオと売上高成長率予測

売上高成長率

- GDP×3　12%
- GDP×2　8%
- GDP×1　4%

成長エンジン 90%
- コマーシャル・ファイナンス
- エナジー
- トランスポーテーション
- ヘルスケア
- NBCユニバーサル
- コンシューマー・ファイナンス
- インフラストラクチャー

有機的成長の目標値

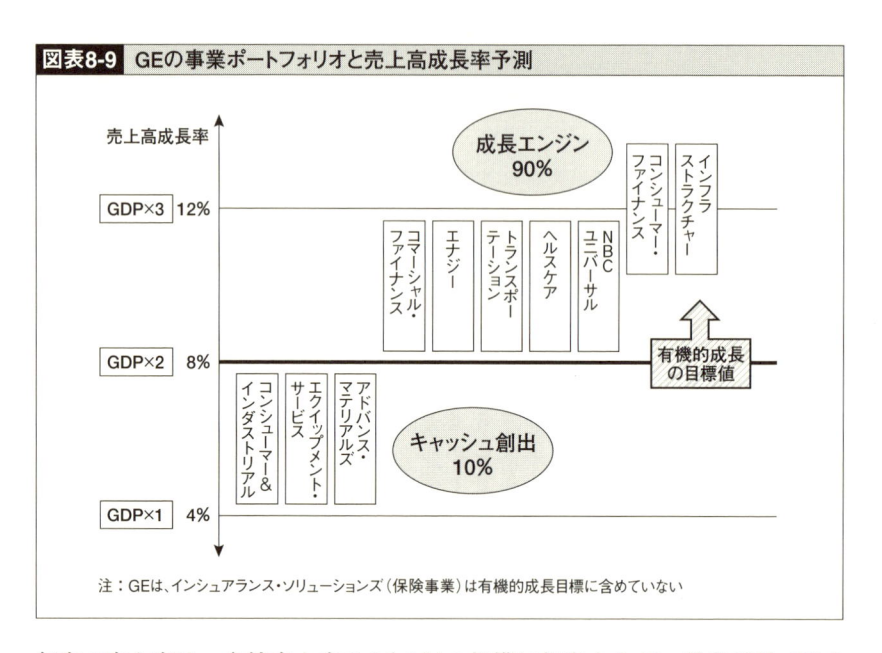

キャッシュ創出 10%
- コンシューマー＆インダストリアル
- エクイップメント・サービス
- アドバンス・マテリアルズ

注：GEは、インシュアランス・ソリューションズ（保険事業）は有機的成長目標に含めていない

年度の売上高は、全社売上高の34.5％の規模に相当するが、営業利益では全社のわずか12.4％に留まる。2000年度時点では「成長エンジン」と「キャッシュ創出」の利益構成比率がおおよそ7:3であったことと比較すると、5年間でその関係を一気に9:1まで移行したこととなる。利益貢献の大きい事業の成長予測が大きく、利益貢献の小さい事業でも安定した成長（GDPの1〜2倍程度の有機的成長）を見込み、確実なキャッシュを創出するという、理想的な事業ポートフォリオ体制が整ったこととなる。

こうして全社レベルでの有機的成長8％を実現するための事業ポートフォリオが組成されているわけだが、各事業は決してそれぞれが独立したものではない。有機的成長を実現するために、事業横断でGEの総合力が発揮される。それが、243ページの「5つの成長戦略」にも表れている、テクニカルリーダーシップ、サービスや金融による一貫したソリューションの提供、さらにはグローバル市場でのリードである。

テクニカルリーダーシップは、顧客に対してより付加価値の高い製品を提供する原動力である。サービスからの売上はすでに全社売上高の4分の1に達し

図表8-10　GEの経営戦略

```
┌─────────────────────────────────────────────┐
│  ［ 事業ポートフォリオの構築と再編 ］          │
│                                             │
│     ┌─ テクニカルリーダーシップ              │
│     │                                       │
│     ├─ サービスや金融による一貫したソリューションの提供 │
│     │                                       │
│     └─ グローバル市場でのリード              │
└─────────────────────────────────────────────┘
```

ている。テクニカルリーダーシップがサービスの質の向上をさらに加速させている。金融事業は2004年度で全社利益の40％程度を稼いでおり、事業部門を横断して、その専門性をフルに発揮している。また、グローバル市場からの売上は、2004年度ですでに全社の半分程度に達している。

　有機的成長8％の実現を事業横断で支えるこれらGEの強みは、今後も高い売上高成長が見込まれており、サービスとグローバルで10％超、バーティカル（GEでは金融を中心とする、顧客に対する垂直サービスの提供をこのように表現している）で実に20％超の成長が期待されている。

4…GEの売上高成長率を評価する

　GEの2004年度アニュアルレポート上の「ステークホルダーへの手紙」には以下のような表記がある。
「GEのような企業は大きすぎて成長できないという人が世の中にはいます。我々の仕事は、これを覆し、大きさが成長を加速することを実証することです」
　今後もGEは巨大企業の集合体であり続けることができるのか、これを自ら実証するために打ち出した目標が有機的成長8％である。GEのアニュアルレポート、各プレゼンテーション資料を見ても、最も頻繁に用いられる言葉は、この"Growth"、つまり「成長」である。そのような企業は他にも存在するだろうが、具体的に売上高、あるいは利益（CF）で何％成長するのかを明言し、かつその成長率が満足水準に十分達している企業というと、それほど多く

はないはずである。しかも、株式時価総額で40兆円前後の企業が、年間GDPの2倍のペースで成長するということは、途方もない大きさに相当する。

では、8％という水準についてまず考えてみよう。ウォルマートと同様に、株主資本コストを以下のように算出する。

株主資本コスト ＝ リスクフリーレート ＋ β × リスクプレミアム
　　　　　　　 ＝ 　　5.0％　　　　＋ 0.9 × 　7.5％　　＝ 11.75％

売上高の有機的成長で8％を目標としているので、仮に売上高純利益率、PER倍率が共に現状と同水準で推移するとした場合には、売上高の8％成長が、そのまま株価の8％成長につながることになる。

次に配当であるが、2004年度の当社アニュアルレポートによると、対株式時価総額の配当性向は2.4％である。余談だが、対株式時価総額の配当性向をわざわざ公式の書類に記述する企業はあまり多くない。当社によると、この2.4％という数値はS&P 500企業平均値の37％プレミアムに相当するということである。何度も繰り返すが、それが株式時価総額世界トップクラスの40兆円前後の企業で起きているわけである。

これらの数値を前提とすると、有機的成長から株価が8％上昇し、対株式時価総額の配当性向で2.4％のリターンを得るので、合計10.4％の株主価値の向上となる。この数値を上記の株主資本コストと単純に比較すると、1％超下回るものの、おおよそのレベルは近似している。ウォルマートの事例でも触れたように、株主資本コストを算出するための基礎データ（リスクフリーレートとリスクプレミアム）は、比較的大きめのものを使用しているため、実際にはGEの株主資本コストは11.75％以下とするのが妥当であろう。

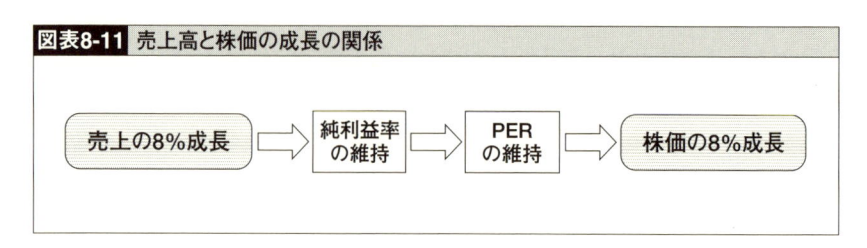

図表8-11　売上高と株価の成長の関係

売上の8％成長 → 純利益率の維持 → PERの維持 → 株価の8％成長

一方、GEの株主が期待できるリターンについては、10.4％以上となる根拠が以下のように複数存在する。

①売上高以上の利益成長を目指している

GEの経営目標（243ページ）に記載されているように、GEは有機的成長8％に対し、利益の成長を10％超と設定している。つまり、売上の成長に伴って、売上高純利益率が向上する。これは仮にPERが一定とした場合、株価の8％以上の上昇につながることとなる。

②配当の成長は10％を目指している

GEは毎年の配当額の成長（配当性向ではない）を10％としている。2004年度のキャッシュベースでの配当は82億ドルであったが、2005〜2007年度の3年間の合計を300億ドルにターゲットを置いており、これは年率10％の成長に相当する。つまり、他の条件を同一とした場合、株価の成長以上に配当が成長することとなり、その結果、対株式時価総額の配当性向は上昇することとなる。これは株主へのトータルリターンの上昇に寄与する。

③PERの成長も期待できる

ここまではPERの成長が一定と仮定してきたが、果たして株主はこうした環境をどのように捉えるのか。より高い成長期待に対して、株価はより高く上昇し、その結果、PER自体が上昇する可能性がある。

④有機的成長以外の成長

有機的成長が、より重要な意味を持つ経営環境に移行したGEではあるが、それでもM&Aがなくなるわけではない。この部分のプラス効果が認められる場合には、それがさらに株価の上昇となって現れよう。

参考までに、2004年度の当社アニュアルレポートによると、株主が2004年度に得た実際のリターン（株価の上昇分と、配当をGE株に再投資したと想定）は21％に上り、これはS&P500企業平均値の11％を大きく上回るもので

あった。
　以上、すべてポジティブなストーリーに基づいて記述しているが、もちろんM&Aなどは、場合によってはPERや利益率の低減、ひいては株価の下落につながる可能性があることを付記しておく。
　GEの有機的成長は単独の目標ではない。売上高以上の利益の成長率、利益以上の営業キャッシュフローの成長率、そしてROTC（投下資本利益率。GEでは投下資本に、有利子負債、少数株主持分、株主資本を使用）の20％超と同時に掲げたものである。それぞれの経営指標の意義については、第4章の売上高営業利益率、第6章のフリー・キャッシュフロー、そして3章のROICを参照されたい。GEにとって、どれもが売上高の有機的成長を確実に企業価値の向上、株価の向上につなげるためのガイドラインと捉えられよう。
　2004年度は有機的成長率が5％、非有機的成長率が14％であったのに対して、2005年度はこの比率が逆転し、有機的成長率8％と非有機的成長率5％が予測されている。有機的成長を追求する意義が、名実共に整ったわけである。また、とかく事業会社と比較するとバリュエーション（企業価値、株価の評価）が低く見られがちな金融事業が当社成長の牽引役としばらく見られていたが、ここに来て向こう数年にわたり事業会社として、従来になかったような成長率が見込まれる時代が来た。これらすべてに基づいた「我々の時代」の宣言であり、それを象徴する経営指標としての有機的成長8％は、「我々の時代」が確実に株主にとっての時代に結びつくまでを公約した、非常に力強いメッセージとなっている。
　「我々の時代」。自社を表現するのに、これほど力強い言葉が他にあるだろうか。取り方によっては、傲慢にさえ聞こえる。たとえば現在の日本の自動車大手3社がこのような言葉を発すれば、たちまち日米貿易摩擦問題に発展しかねない。それらすべてを包含して、「我々の時代」と宣言するGEの、世界No.1企業としての自負と責任を感じざるを得ない。こうしたGEの姿勢があるからこそ、「世界で最も尊敬される企業」に7年連続で選ばれているのである。有機的成長8％についても、一度宣言した目標として、GEであれば尊敬を持って確実に実行していくであろう。

3●まとめ——売上高成長率の役割

　企業価値の向上のための手段として、M&Aを活用することに何ら異議はない。しかし、M&Aの後には、必ず有機的成長が待っている。これが実現しない限り、持続的な「企業価値の向上」は起こりえない。そのように考えれば、少なくとも既存事業の有機的成長の水準について、いかなる経営者もそれを開示し、公約することがあっても何ら不思議はないわけである。「企業価値の向上」よりも「有機的成長8％」のほうが、誰が聞いても分かるし、白黒の判断もはっきりするものである。

　GEを見ていると、仮にある企業から「景気が悪いから」「会社の規模が大きいから」「成熟産業だから」などと言った言葉が聞こえてくれば、それはいずれも弁解に過ぎないようにさえ思わせる。そうした環境を受身として迎えるのも経営であれば、あらかじめ明確な経営指標を有機的成長、利益、キャッシュフロー、あるいはROICで設定し、そこに見合う事業や製品を取捨選別していくことも、経営に与えられた特権である。

　有機的成長は最も分かりやすく、かつ最もアグレッシブな経営指標であると言える。これを世界No.1の歴史、大きさ、そして尊敬を受ける企業が行っている以上、いずれの経営者もそれを否定することはできないであろう。経営の流行用語が「企業価値の向上」から「有機的成長」に移ったときに初めて、本当の「企業価値の向上」が実現するのではないだろうか。

第9章

EPS成長率
株主を向いた成長性の指標

EPS(1株当たり純利益)成長率は、米国では決算発表の必須アイテムであるが、日本でこれを経営言語とする企業は多くない。EPSは株主に帰属する純利益を株式数で割るので、株主のための指標と言える。株主重視の経営の意識差が当指標の扱いの違いだが、株主重視の一層の高まりに伴い、日本でもEPSの重要性は今後高まるはずである。営業利益、経常利益、純利益で増益を続ける花王のEPS成長率を取り上げる。

1●EPS成長率の読み方と意義

1…EPS成長率の算出方法

　EPSはEarnings per Shareの略で、1株当たり純利益を表す。純利益を期中平均株式数で割って算出する。そして、EPS成長率については、次のように算出する。

$$EPS（1株当たり純利益）=\frac{純利益}{期中平均株式数}$$

$$EPS成長率=\frac{今年度EPS-前年度EPS}{前年度EPS}$$

　EPSは日米両国において、企業に開示の義務がある。日本では注記でEPSを開示するのに対して、米国では損益計算書（P/L）上でEPSを開示することとなっている。おおよその計算方式において、両国に実質的な差はない。分母の期中平均株式数には、発行済み普通株式数の期中平均値（米国会計基準では加重平均）を用いる。そこから、自己株式取得によって企業が購入し、保有している期中平均自己株式数を控除する。よって、購入された自己株式は、EPSの分母の期中平均株式数を減少させるので、EPSの向上にそのまま寄与することが分かる。

$$EPS=\frac{純利益}{平均発行済株式数-平均自己株式数}$$

　また、新株予約権や転換社債が将来行使され、普通株式数が希薄化した場合

の潜在株式調整後ベースでのEPS算出も、両国において行われる。その計算式は以下のとおりである。

$$\text{EPS（潜在株式調整後）} = \frac{\text{純利益}}{\text{平均発行済株式数} - \text{平均自己株式数} + \text{潜在株式}}$$

2…EPS成長率の読み方

EPS成長率を理解するために、まずEPSの意義から理解しておこう。EPSの分子に用いる純利益は、税金を含めてすべての費用を差し引いた純粋な利益であり、これは株主に帰属するものである。EPSでは、これを株式数で割ることから、分母と分子が「株主」という共通の観点で合致している。「自己の1株当たりに対して、今年はどれだけの利益を計上してくれたのか」という視点から、EPSは株主にとって重要な指標となる。

株価の評価指標の1つとして、株価収益率（PER：Price Earnings Ratio）が多用される。

$$\text{PER} = \frac{\text{株式時価総額}}{\text{純利益}} = \frac{\text{株価} \times \text{株式数}}{\text{EPS} \times \text{株式数}} = \frac{\text{株価}}{\text{EPS}} \quad \cdots (1)$$

PERは、その算式が示すとおり、純利益をもとにして株価の評価を行うものである。株価はあくまで企業の将来についての評価なので、純利益には通常、今年度以降の予測値を用いる。一般的に、同業他社であればPERがほぼ同水準にあるとの前提の下、同業他社の株価の評価において、PERは頻繁に用いられる。

たとえば2005年8月現在、トヨタ自動車、日産自動車、本田技研工業のPERは、おおよそ10〜13倍の水準にある。3社の売上高や利益の規模、あるいは保有資産の中身はそれぞれ異なる。しかし、3社のPERがほぼ同水準にあるという事実から、株式市場の3社に対する評価を利益水準から判断すると、

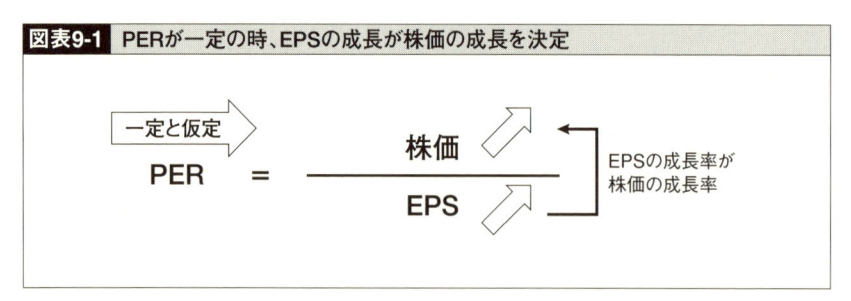

図表9-1　PERが一定の時、EPSの成長が株価の成長を決定

$$PER = \frac{株価}{EPS}$$

（一定と仮定）　EPSの成長率が株価の成長率

おおむね近似していると言うことができる。自動車会社のPERが仮にしばらくこの水準で継続するとすれば、株価を成長させる唯一の手段は、EPSを成長させることとなる。PERが一定であると仮定すると、EPSの成長率がそのまま株価の成長率となる。ここにEPS成長率を重視する大きな意義が見出せよう。

EPSの分子にある純利益の水準は、各企業の規模によってまったく異なる。同様に、EPSの分母にある株式数は、各企業の株式発行と消却、自己株式取得、潜在株式の発行など、企業の歴史そのものであり、2社として株式数が同一の企業は存在しない。よって、この分母と分子から算出されるEPSの数値自体は、同業他社比較などを行ってもほとんど意味をなさない。EPS成長率を見ることによって初めて、同業他社比較や、自社の経年比較を行う意義が見出されるものである。

EPS成長率の妥当な水準の参考値として、第8章の売上高成長率と同様に、特定の同業他社や業界全体のEPS成長率の平均値、あるいは各国の経済成長率（GDP成長率）などが挙げられよう。

一方、PERの適正な水準に関しては、確固たる理論は存在しない。前述のように日本の大手自動車3社のPERは2005年8月現在、10～13倍の水準にあるが、これは歴史的に見てもかなり低い水準に値する。この背景にはいくつかの理由が考えられるが、①長引く日本の景気低迷から、日本の株式市場全体が低迷していること、②日本の株式市場が株価の絶対値としての評価（ひいては株価をEPSで割ったPER）について、よりシビアになったこと、③自動車業界全体が安定成長、あるいは成熟業界と見られ、将来の市場の拡大について保守的に評価されていること、などが挙げられる。トヨタ自動車の奥田碩会長は、2004年11月1日に行われた経営説明会の場で「なぜ株価がいまひとつ上がら

ないのか」との質問に対して、「それは私の疑問でもある」と回答したという（「日経金融新聞」2004年11月2日）。

このようにPERの適正な水準に関しては、株式市場全体の動向なども強く影響するため、その妥当性の理論的な評価は難しいところである。しかし、企業の成長性とPERの関係性については、以下の論点に整理することができる。

まず、一定の成長率（g％）でフリー・キャッシュフロー（FCF）が永久に成長するような企業価値の算定を紹介する。下記に示すように、非常に簡易な公式によって算出することができる。

$$ 企業価値 = \frac{翌年度のFCF（=FCF_1）}{資本コスト - 成長率} \quad \cdots (2) $$

実質無借金企業の場合、株式時価総額は企業価値に等しくなる。そこで、(1)のPERの算式を以下のように置き換える。

$$ PER = \frac{株式時価総額}{純利益} = \frac{企業価値}{純利益} \quad \cdots (3) $$

(3)に(2)を代入すると、次のようになる。

$$ PER = \frac{1}{純利益} \times \frac{FCF_1}{資本コスト - 成長率} $$

この算式において、純利益は来年度の予測利益、FCF_1も来年度の予測FCFとする。ここで、FCF_1と純利益が近似できる場合（FCFと純利益の近似については、第6章のFCFを参照）、両者が打ち消しあって、以下の式が導かれる。

$$ PER = \frac{1}{資本コスト - 成長率} $$

非常に単純化されたモデルではあるが、PERが高い企業とは、右辺の分母の小さい企業、すなわち（資本コスト－成長率）が小さい企業であることが分かる。資本コストと成長率の差が小さい企業となるには、資本コストが所与の場合、永続的な成長率として想定できる値ができるだけ大きくなることを示している。よって、高い成長性が見込まれる企業のPERは高くなるという、成長性とPERの正の関係性が示される。
　EPSの成長率が十分に高いと判断されれば、その株式に対する魅力が増し、PER自体が同業他社に比べても高い水準で推移することの裏づけとなる。言い換えれば、同業他社間でPERがほぼ同水準にあるということは、他の条件をすべて一定と仮定した場合、将来の成長の魅力度も、企業間でほぼ近似していると言うことができる。

3…日本企業と米国企業のEPS成長率

　EPS成長率は純利益成長率にほぼ近似できるものの、純利益は単年度の特別損益や税効果会計などの影響を受けるので、あまり意味のある推移を見ることはできない。参考となる推移としては、第8章で描いた売上高成長率となる。一方、売上高成長率の限界は、M&Aによる売上成長も含まれていることや、売上の概念が業種によって様々であることにある。そこで、ここでは米国に絞って、売上高成長率ではなく、ビジネスウィーク誌が2005年1月10日号の特集で行った業界ごとの産出高成長（output growth）率を、1990～2004年の平均値と2005年の予測値で示すことにする（図表9-2）。この数値が業界ごとに生み出された、実質的な経済的価値の成長率を示している。
　業界内にある企業の売上高成長率の平均値を単に計算しただけでは、M&Aによる特定企業の売上高急成長といった特殊要因もすべて加算されてしまうが、本成長率は、米国企業の各業界での実質的に生み出された価値の平均成長率となっている。よって、EPS成長率、あるいは第10章で取り上げるEVAの成長率のベンチマークとして捉えることが可能となる。

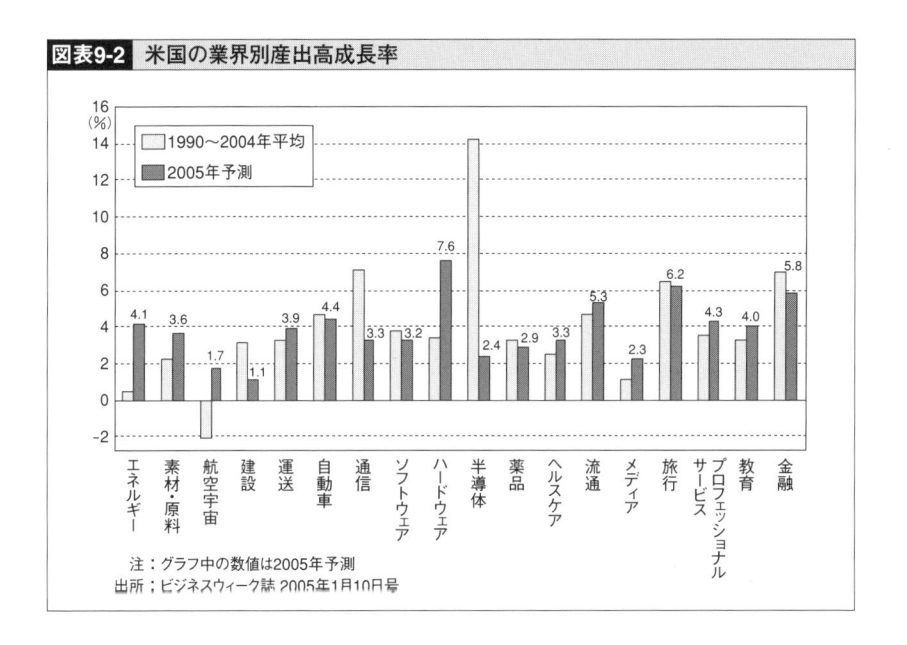

図表9-2 米国の業界別産出高成長率

- 1990〜2004年平均
- 2005年予測

業界	1990〜2004年平均	2005年予測
エネルギー	—	4.1
素材・原料	—	3.6
航空宇宙	—	1.7
建設	—	1.1
運送	—	3.9
自動車	—	4.4
通信	—	3.3
ソフトウェア	—	3.2
ハードウェア	—	7.6
半導体	—	2.4
薬品	—	2.9
ヘルスケア	—	3.3
流通	—	5.3
メディア	—	2.3
旅行	—	6.2
プロフェッショナルサービス	—	4.3
教育	—	4.0
金融	—	5.8

注：グラフ中の数値は2005年予測
出所：ビジネスウィーク誌2005年1月10日号

4…EPS成長率を目標に掲げる意義と注意点

　1株当たり純利益（EPS）ほど、日米間で温度差を感じさせる指標はない。米国の年度決算発表では、EPSがいくらになったのか、前年度比（四半期決算発表であれば、前四半期比や前年度同四半期比）でどれだけ成長したのかが、必ずと言ってよいほど語られる。一方、日本国内の決算発表では、プレゼンテーション資料などにはEPSの記載が散見されるものの、EPSがどれだけ成長したのか、今後どれだけの成長を目指していくのかを、具体的に語る企業はまだ稀である。

　企業がEPS成長率を目標に掲げる意義には、これまで解説したとおり、

①PERが一定の場合、EPSの成長が株価の成長をもたらす
②EPS成長率自体を高めることが、PER（つまり株価）を高める

という、株価の成長に直結する背景が挙げられる。そもそもEPSは、株主に帰属する純利益を期中平均株式数で割って算出するので、株主のための指標である。よって、EPS成長率を経営指標として掲げるのは、株主を向いた経営姿勢として肯定的に評価できよう。

EPSの成長は、分子の純利益を増加すること、あるいは、分母の期中平均株式数を減少することで実現する。期中平均株式数に変化がない限り、純利益の前年度比成長率が、そのままEPSの前年度比成長率となる。さらに、売上高純利益率にも変化がなければ、売上高の前年度比成長率が、そのままEPSの前年度比成長率となる。

これらのことから、経営目標として掲げたEPS成長率は、企業によってはP/L上の数値のみによって実現することも可能となる。こうした企業の場合、仮にEPS成長率を謳っていても、実質的には純利益の成長率、あるいは売上高の成長率を謳っていることになるので、その企業にとってのEPS成長率の実質的な意義を読み取ることが大切となる。

ここで、同じく株主を強く意識した指標であるROE（第1章参照）と比較

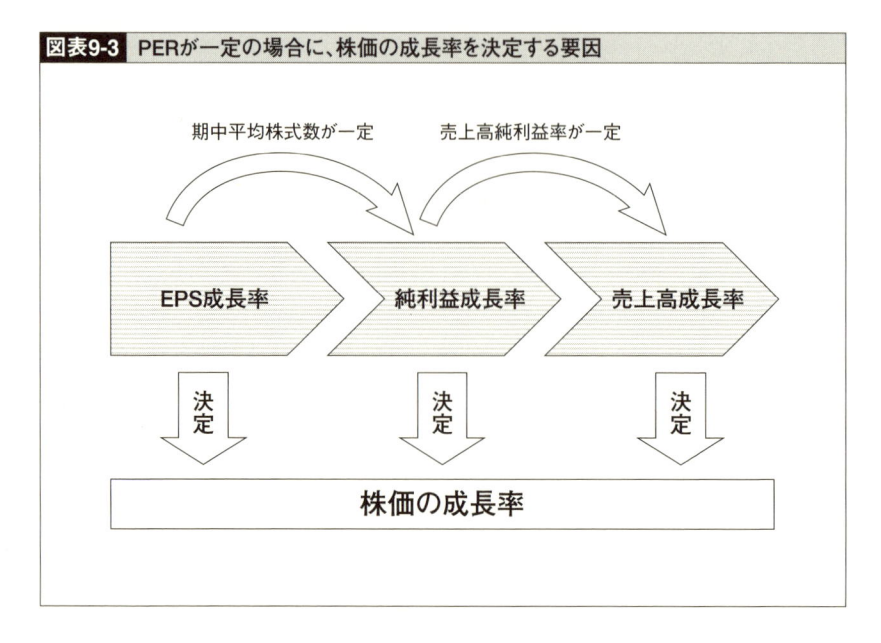

図表9-3　PERが一定の場合に、株価の成長率を決定する要因

EPS成長率 ←（期中平均株式数が一定）― 純利益成長率 ←（売上高純利益率が一定）― 売上高成長率

↓決定　　↓決定　　↓決定

株価の成長率

することによって、EPS成長率の経営指標としての意義を深掘りする。PERと並んで株価を評価する代表的な指標に、株価純資産倍率（PBR：Price Book Ratio）がある。PBRは、分母に株主価値の簿価（B/S上の株主資本、純資産とも言う）、分子に株主価値の時価（株式時価総額）を置くので、許容される株価の下限として、1倍という値を提供する。また、その倍率によって株価の高低を評価する指標としても用いられる。PBRの算式について、以下のような展開を行う。

$$PBR = \frac{株式時価総額}{株主資本} = \frac{株式時価総額}{純利益} \times \frac{純利益}{株主資本}$$

$$= PER \times ROE$$

この単純化された算式を用いて、EPS成長率とROEの関係を読み解いていく。株価が高い企業とは、B/S上の株価の簿価（株主資本）に対して、実際の市場株価が高い企業、すなわちPBRの大きい企業と定義する。この場合、上記の式から、株価を上げる手段は、PERを高めるか、ROEを高めることとなる。先に見たように、PERを高める手段は、資本コストを所与とした場合、EPSの成長率を高めることであった。そして、EPS成長率の向上には様々な手段があるものの、企業によってはP/L上の数値だけで十分に達成可能なことを見た。一方、ROEの向上を読み解くために、EPSを用いてROEを表記すると、以下のようになる。

$$ROE = \frac{純利益}{株主資本} = \frac{EPS \times 株式数}{1株当たり株主資本 \times 株式数} = \frac{EPS}{1株当たり株主資本}$$

この式から、ROEもEPSを成長させると向上することが分かる。しかし、EPSと異なるのは、ROEの場合、分子で計上される利益が、そのまま分母の株主資本の利益剰余金としても一旦組み込まれることにある。つまり、EPSが成長すれば、ROEの分子も成長するが、同時に分母も成長する。分子のEPS

の成長と、分母の株主資本の成長が独立していないので、EPSの成長がそのままROEの向上とは必ずしもならないわけである。

　以上より、EPSの成長とROEの向上は、共に株主を強く意識した、株主のための指標ではあるものの、ROEの目標達成は、EPS成長率の目標達成に比べて、一段次元の高いものであるといった評価も可能となる。ここまで見たように、EPS成長率はP/Lの数値だけで達成可能なのに対して、ROEはB/Sの株主資本がその分母に算入されるので、P/LとB/Sの両者の最適なマネジメントが要求される。生み出したEPSが、株主の要求リターンの観点からも十分に見合ったものかまでを考慮するという点において、ROEはEPS成長率を一歩上回った経営指標であるという見方ができる。

　では、EPS成長率を経営指標として掲げる意義の高い企業とは、どのようなケースか。EPSの分子には純利益を用いるので、純利益の成長がある程度の確度を持って見込まれる企業がまず想定される。言い換えると、特別損益の動向が激しい企業であれば、各年度の純利益がブレやすいので、EPS成長率を目標指標として公約するのは難しい。この場合、1株当たり営業利益や経常利益の成長率が代替指標として想定されるが、指標としての一般的な浸透度はない。

　また、設備投資や研究開発投資等の投資先行のステージにある企業は、やはり純利益の低迷が先行するので、魅力的なEPS成長率を示すことはできないかもしれない。しかし、先行投資は将来の利益を生み出すために行っているのだから、先行投資の段階からのEPS成長率によって市場に公約することは、先行投資の本来の意味からすれば、実は的を射ているとも言える。逆に、先行投資のステージにあるのでEPS成長率は公約できないという企業があるとすれば、その先行投資は、具体的にどの時点でどのような数値となって、株主にとって実を結ぶのか、問い質してみたいところでもある。

　次に、EPSの分母には株式数が用いられるので、直近で大型の増資などが見込まれる場合にも、EPS成長率の経営指標としての意義が薄くなる。逆に、今後の資本調達を、原則として内部留保と有利子負債によって行う方針であれば、増加する支払利息を補って余りある純利益の計上を継続するという点で、EPS成長率の意義がより高いものとなる。

企業が自社の新株発行を伴わずに、手元の現金によって企業買収を行ったとする。この場合、被買収企業の持ち分相当の純利益が連結損益計算書に計上されるが、EPSの分母となる株式数に変化はない。このため、買収規模によっては、経年でのEPS成長率を議論することがあまり意味をなさない事態にもなるので、この場合も注意が必要である。

　最後に、EPS成長率の数値自体は、どのように読み取ればよいのか。EPSは株主に帰属する純利益をもとに計算するものなので、その成長率も株主の要求リターン、すなわち株主資本コストと比較されるべきである。PERが一定の場合、EPS成長率が株価成長率となることは、先に見たとおりである。株主は株価の成長すなわちキャピタルゲイン*と、配当収入（インカムゲイン）の両者をもって各年度のリターンと考える。このことから、PERが一定と仮定した場合、EPS成長率のおおよその目指すべき水準として、以下の算式が導かれる。

$$株主資本コスト \leq キャピタルゲイン + インカムゲイン$$
$$\leq EPS成長率 + 配当収入$$

　先に、EPS成長率を掲げる意義の高い企業として、将来の成長性の確度が高い企業と述べた。将来性の確度が高い企業であれば、成長に伴うコストの効率化によって、売上高以上の純利益の向上（売上高純利益率の向上）を目指すのが理想である。また自己株式取得といった、EPS成長率を高めるもう1つの手段も存在する。こうしたことを鑑みると、少なくとも目標とする売上高の成長率以上のEPS成長率を目指すことが、対外的に見せる企業の姿としても、望ましいものとなる。

2●ケーススタディ──花王

　これまで取り扱った各経営指標のケース企業と異なり、花王のEPS成長率は、花王が中長期の経営指標として明言しているものではない。そもそも花王

は中長期の計画を、具体的な数値としてはあまり開示・公約しない企業の1つである。しかし、図表9-4に示すとおり、2005年3月期の決算説明会（2005年4月21日）資料でも、EPSの過去7年間の推移と2005年度の予測値を、分子の純利益、分母の期中平均株式数と共に示している。花王が株主に語りかける言語の1つとして、EPSの成長を重視しているのは間違いない。

また、2005年6月18日の日本経済新聞で、花王の星野敏雄専務は記者からの質問に次のように答えている。

——1株利益を重要な経営指標として意識したのはいつごろからか。

「ずいぶん昔からだ。以前フランス人の機関投資家と話をした時、投資の唯一の判断材料は1株利益の推移だと言っていた。投資家にとって最も分かりやすい指標の1つだし、株主への利益配分を考えたら意識して経営するのは当然だ」

——1株利益を上げるため積極的に自社株買いをしている。

「1999年に自社株買いを始めて以来、累計純利益額の80％に当たる約3,000

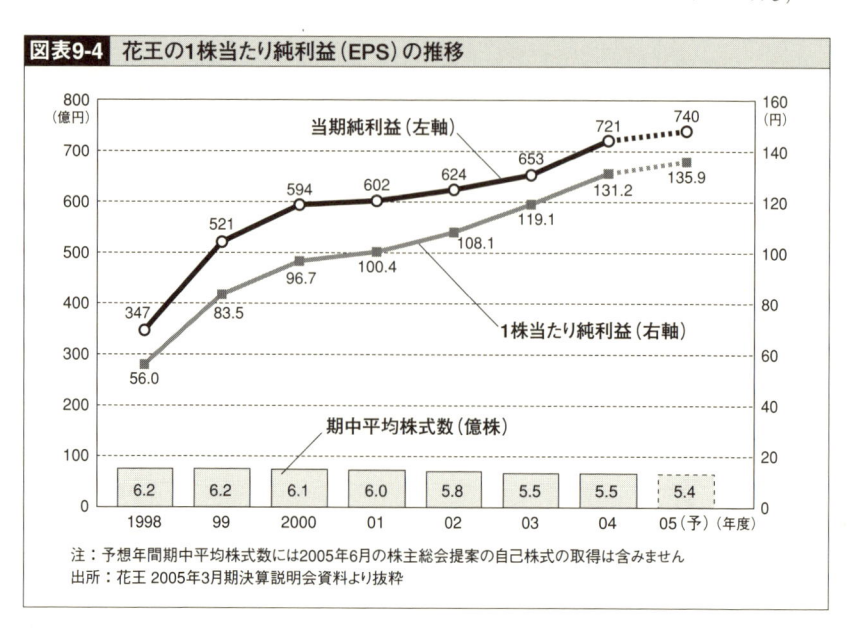

図表9-4　花王の1株当たり純利益（EPS）の推移

年度	当期純利益（億円）	1株当たり純利益（円）	期中平均株式数（億株）
1998	347	56.0	6.2
99	521	83.5	6.2
2000	594	96.7	6.1
01	602	100.4	6.0
02	624	108.1	5.8
03	653	119.1	5.5
04	721	131.2	5.5
05（予）	740	135.9	5.4

注：予想年間期中平均株式数には2005年6月の株主総会提案の自己株式の取得は含みません
出所：花王 2005年3月期決算説明会資料より抜粋

億円分を取得した。配当と合わせ利益総額を超える108％を株主に配分した。連結ベースの配当性向目標はこれまでの30％から40％に引き上げた。1株利益と配当をバランス良く上げていくことが、時価総額の向上につながる」
──事業の成長には、自社株買いより積極投資が必要では。
「もちろん既存事業への投資が最優先だ。有望な案件があれば、当然買収も検討する。だが投資家から資金を預かっている以上、有力な案件がない場合は現金をためずに株主に返すべきだ」

1…花王におけるEPS成長率の推移

花王は2005年3月期において、4期連続の増収、15期連続の営業増益、24期連続の経常増益、そして7期連続の純利益増益と1株当たり純利益（EPS）増益を達成した。また同年度末で、増配も15期連続に及んでいる。図表9-5では、7期連続の純利益増益とEPS増益が始まった、1999年3月期からの両数値の前年度比成長率の推移を示している。純利益減益後の1999年3月期と2000年3月期は、両成長率共に非常に高かったものの、その後の2002年3月

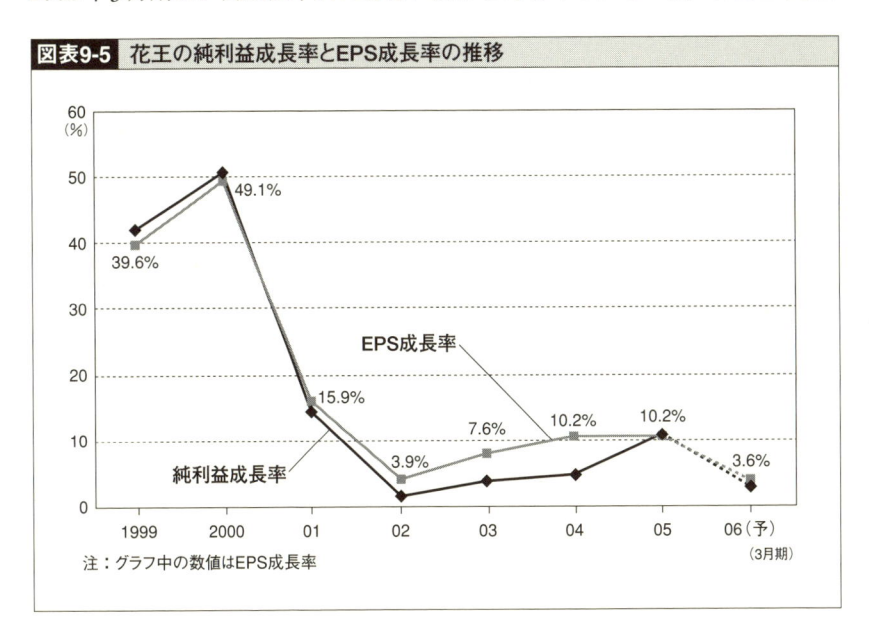

図表9-5　花王の純利益成長率とEPS成長率の推移

注：グラフ中の数値はEPS成長率

期以降は、10％またはそれを下回る水準で比較的安定して推移している。

　過去の7年度と、予測数値である2006年3月期の合計8年度において、EPS成長率は純利益成長率を5年度にわたって上回っている。つまり、これら5年度では期中平均株式数が前年度比で減少したため、純利益の成長以上にEPSが成長したこととなる。特に、両成長率が比較的安定推移した2001年3月期以降では、直近の2005年3月期を除いて、EPS成長率は常に純利益成長率を上回っている。直近において、自己株式取得が積極的に行われていることを裏付けるものである。

2…花王の置かれた経営環境

①トイレタリー・化粧品業界を取り巻く経営環境

　トイレタリー・化粧品業界は、長引く国内景気の低迷と、デフレの呪縛からなかなか抜け出せないでいる。景況感に改善は見られるものの、同業界におけるデフレ傾向には歯止めがかかっていない。この背景の1つには、小売店舗の過剰感があり、安売り競争の中心商品としてトイレタリー商品が頻繁に用いられていることが挙げられる。図表9-6は、花王が2004年度決算発表（2005年4月21日）の際に使用したプレゼンテーション資料の1枚である。価格の下落幅は3年間で5％であり、一見緩やかな下落に思える。しかし、100円単位の少額商品から扱っている業界であることを考えれば、5％の下落幅も企業への影響は並大抵のものではない。

　さらに追い討ちをかけるように原油高が影響し、天然油脂や石化製品などの原材料価格の高騰が原価率を上昇させている。各社は販売促進に多額の投資を行い、数量ベースでは前年度比で維持・向上するものの、利益額や利益率が下落基調となっている。競合を見ても、2004年度のライオンのトイレタリー事業は、営業利益30％超の大幅ダウンを計上し、資生堂のトイレタリー事業は営業赤字に陥っている。

　化粧品業界においても、市場の成熟、販促費の拡大による利益率の悪化といった、基本的な構図は変わらない。最大手の資生堂の化粧品事業は、2005年3月期において、前年度比20％に及ぶ営業減益を計上している。

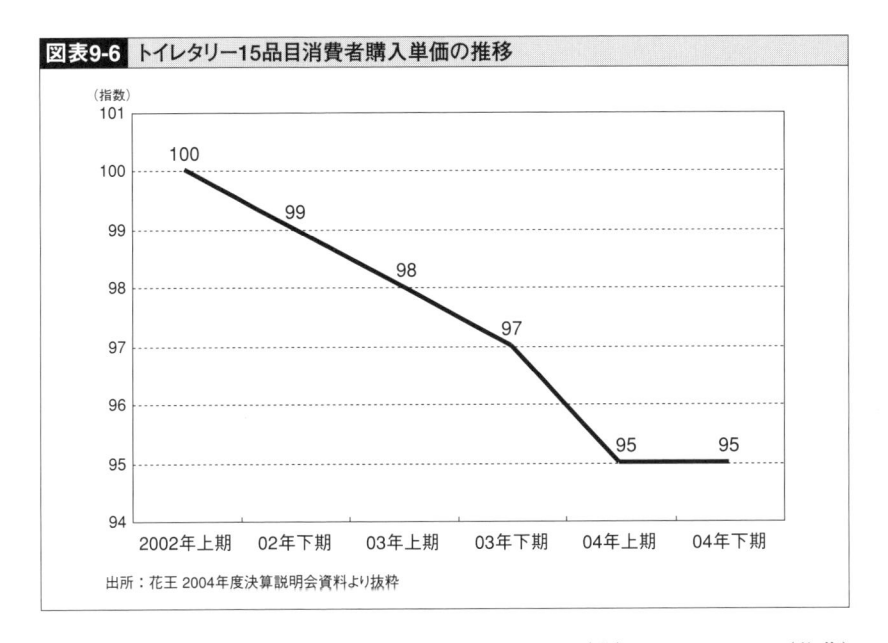

図表9-6 トイレタリー15品目消費者購入単価の推移

(指数)
- 2002年上期: 100
- 02年下期: 99
- 03年上期: 98
- 03年下期: 97
- 04年上期: 95
- 04年下期: 95

出所：花王 2004年度決算説明会資料より抜粋

　一方、同業界の海外企業に目を転じると、P&G（米）、ユニリーバ（英蘭）、ロレアル（仏）と言った、巨大企業の名前が思い浮かぶ。こうした海外の競合企業は、P&Gが2005年1月に発表した570億ドルのジレット買収に見られるように、企業やブランドの買収による積極的な規模の拡大を図っている。市場の成熟感は、欧米市場においても、日本国内と大きくは変わらない。規模の獲得によって、商品開発、物流、マーケティング面での投資原資の拡大と、効率化によるコスト削減を目指している。しかし、規模拡大の背景には、大手小売業への対策という側面も大きい。

　第2章のウォルマートで見たように、海外の大手小売業は、有機的成長と合従連衡によって、企業規模の急速な拡大を続けている。これによって、メーカーへの交渉力を強め、価格などの条件面で圧倒的な優位性を勝ち取ることに成功している。大手小売業の限られた商品棚を獲得することは、メーカーにとって自社商品の販売動向を左右する重要な競争要因である。海外の各メーカーは、規模の獲得と強力な商品ラインナップの一層の充実によって、一定の交渉力を小売業界から取り戻そうとしている側面もある。

唯一の成長有望市場として、BRICs（ブラジル、ロシア、インド、中国）のような新興成長市場への注目は高い。海外企業、日本企業を問わず、こうした市場への積極的な投資を進めている。

②花王の経営戦略と課題

先に述べたように、花王は2005年3月期において、24期連続の経常増益を達成した。これは、国内でも2位以下の企業に圧倒的な差をつけての記録更新である。花王の前身の洋小間物商「長瀬商店」の創業が1887年まで遡ることを思うと、企業は「ゴーイング・コンサーン」を前提として事業活動を行うという姿勢が、あながち外れていない好例と言える。

2005年3月期の花王の事業セグメントは、家庭用品製品事業、化粧品（ソフィーナ）事業、工業用製品事業の大きく3つに分かれている。家庭用品製品事業は、さらに3つに分かれ、パーソナルケア製品（化粧石けん、シャンプー、歯みがきなど）、ハウスホールド（衣料用洗剤、台所用洗剤など）、サニタリーほか製品（生理用品、紙おむつなど）となっている。お茶飲料「ヘルシア」や健康機能油「エコナ」といったヘルスケア製品は、当年度末時点でサニタリーほか製品に含まれている。また、海外売上高は2005年3月期に26.6％に達し、この比率を2006年3月期には30％に高めることを目標にするなど、家庭用製品というイメージとは裏腹に、花王はグローバル企業への変貌を着実に遂げている。

こうした花王の事業展開を見ていると、家庭用品と工業用品、家庭用品と化粧品、家庭用品のなかでも、紙おむつから台所、トイレ、浴槽、部屋回りまで、そして海外への事業拡張など、実に事業や製品カテゴリーの分散化（多角化）が進展していることが窺える。事業活動の分散化によって、仮に1つの事業が低迷しても他の事業がカバーするという、強力な事業ポートフォリオを作り出している。1つ1つの製品が十分な競争力を有していることが絶対の前提条件ではあるが、分散化（多角化）が花王の24期連続経常増益に貢献していることも事実である。2005年3月期を例に挙げると、デフレと原料高からハウスホールドが苦戦したほか、アジア市場が前年度比で大幅減益となったものの、ヘルスケア（「ヘルシア」などの機能食品）、工業用製品事業、欧州市場の好調

さから、24期連続の増益を達成している。

　2005年3月期の決算発表の場において花王が掲げた、今後の「利益ある成長」のための5つのポイントからも、事業ポートフォリオの最適化を目指した経営方針が読み取れる。

①国内既存事業の強化
②ヘルスケア事業のさらなる飛躍
③欧米プレミアム・ビューティケア事業の拡大
④アジア家庭用製品事業の建て直し
⑤工業用製品事業の一層の発展

　言うまでもなく、花王は、無意味に事業やブランドの拡大を図っているわけではない。2000年3月期からEVAを経営指標として導入し、事業部門ごとに、資本コストを意識した経営を徹底して行っている（EVAについては第10章を参照）。コストとリターンを意識した、明確な経営指標を社内外で浸透させることによって、企業価値に貢献する事業やブランドの創出・育成と、M&Aを実行する土壌が、経営の根底に存在する。

　EVAの追求にも関連するが、花王はトヨタ自動車と並んで、コストダウンの徹底でも有名な企業である。研究開発から製造、販売・マーケティング、物流に及ぶ「トータル・コスト・リダクション（TCR）」と呼ばれる経費削減活動によって、年間1,000件のコスト改善策に取り組み、同100億円に及ぶコスト削減を17年間続けている（「日経ビジネス」2003年7月21日号）。

　また、花王販売という強力な販社を子会社（2004年度に完全子会社化）として保有していることも、その経営戦略の優位性として特筆される。花王販売は、花王が販売する家庭用品の9割の物流や販売を手がけている。小売業界と一体となった物流網の構築によって、過剰在庫と欠品を回避し、最適なサプライチェーン・マネジメント（SCM）を自らの手で構築している。加えて、単なる物流や販売の機能だけではなく、市場動向を的確につかみ、それが研究開発部門にまでつながるような、製販一体となった新製品の開発に結びつける任務を負っている。

こうして、国内家庭用品市場では圧倒的な強さを誇り、各種の優良企業ランキングでは常に上位に位置している。しかし、成熟産業である家庭用品市場にあって、株価もここ数年はやや低迷気味である。2004年初頭にいったん合意に至ったカネボウの化粧品事業の買収も、その後の産業再生機構主導による再建に落ち着き、当面は化粧品事業が成長シナリオの礎とはならなかった。2005年8月現在、花王の株式時価総額は1兆4,000億円程度だが、P&Gの1,300億ドル（13兆円）と比べても、10分の1程度の水準に過ぎない。P&Gによるジレット買収が実現すると、その差はさらに広がる可能性が高い。

家庭用品市場というと、一見国内中心の市場であって、海外企業との比較は適正でないようにも思われる。しかし実際には、P&Gやユニリーバなどの数多くの商品が、すでに日本国内に浸透しているのが現状であり、激しいシェア争いが繰り広げられている。また前述のように、花王をはじめとする国内企業にとって、海外展開が成長戦略の重要な位置を占めており、そうした市場では海外有力企業と真っ向から対決しているのが実情である。海外有力企業の圧倒的な規模から来る、研究開発やマーケティング投資、M&Aによる規模の実現などから、国内企業が劣勢にあることは否めない。

国内市場の閉塞感の打開から、花王も海外を中心とするM&Aを積極的に実

図表9-7　花王の主なM&A

時期	買収企業またはブランド	買収金額
1988年5月	米国のThe Andrew Jergens Companyを買収	375億円
1989年5月	ドイツのGoldwell AG（現KPSS-Kao Professional Salon Services GmbH）を買収	198億円
1998年5月	Curel（スキンケア・ブランド）を買収	178億円
2002年2月	ドイツのGoldwell GmbH（現PSS-Kao Professional Salon Services GmbH）を通じて、KMSリサーチ社（KMS Research, Inc.他）を買収	100億円（推定）
2002年9月	米国のThe Andrew Jergens Companyを通じて、ジョン・フリーダ社（John Frieda Professional Hair Care, Inc.他）を買収	540億円
2005年7月	英国のMolton Brownを買収	335億円

出所：日本経済新聞（2005年7月10日）をもとに加筆修正

行している（図表9-7）。

しかし、その規模は海外競合企業によるM&A動向、あるいは花王の毎年計上する利益やCFの水準と比較しても、必ずしも巨額なものではない。この堅実さが、花王の24期連続の経常増益を実現したとも言えるが、さらなる市場の成熟化と競争激化を前にして、守りと攻めの難しい経営の手綱さばきが迫られている。

3…花王が実施するEPS成長率の向上策

EPSを成長させるたった2つの手段は、純利益を成長させるか、株式数を減少させることである。この2つを順番に見ていきたい。

$$EPS（1株当たり純利益） = \frac{純利益}{期中平均株式数}$$

まず花王の純利益の成長を理解するために、P/Lの勘定に沿って、前項で述べた花王の経営環境を中心に次ページの図表9-8に整理する。ここで、（＋）は純利益を増加させる効果、（▲）は純利益を減少させる効果を示している。

図表9-8より、厳しい経営環境の下でも、連続EPS成長記録を確実に達成する礎を、花王が確立していることを垣間見ることができよう。

次に、花王の7期連続の純利益とEPS増益記録が始まった1999年3月期から、2005年3月期までの7年度における、売上高原価率、売上高販管費率と、売上高営業利益率の推移を273ページ図表9-9に示す。

この間の売上高成長率は、年率平均にするとわずか0.2％に過ぎない（販社の花王販売が2000年3月期に連結対象になった影響として、100億円程度の増収要因が含まれている）。つまり、売上高が実質横ばいの下で、売上高営業利益率が継続的に13％台の水準で保たれていることとなる。しかし、原価率と販管費率の推移を見ると、まったく対照的な動きを示している。原価率は継続して下降を続けるなかで、販管費率は上昇を続けている。両者が相殺された結果として、営業利益率が13％台で安定推移しているわけである。

ここまで述べたように、原価率の削減の背景としては、花王が得意とするコスト削減活動と、高付加価値商品の投入による利益率改善の効果が挙げられる。デフレ傾向の激しい環境にあって、通常は売上高総利益率が下落（原価率が上昇）することが想定される。花王も2005年3月期にはその兆候が見られるものの、2004年3月期までは、継続して原価率の削減を達成している。その削減額を販売・マーケティング活動や研究開発に充てることで、直近の売上高を確保しながら、中長期的な消費者のニーズに合った製品、高付加価値製品の開発に結びつけている。

　削減された原価分の費用を、販促費などの販売活動と、将来のための研究開発費などに注ぎ込むことで、営業利益率ベースでは13％台の横ばいとなって

図表9-8　P/L勘定別に見た花王の経営環境

P/L上の勘定	2005年3月期の連続記録	花王の主な動向
売上高	4期連続の増収	● 景況感の改善と販売促進効果による販売数量の上昇（＋）
		● ヘルスケア事業に見られる高付加価値商品投入による販売単価の上昇（＋）
		● 長引くデフレによる販売単価の下落（▲）
▲売上原価		● 花王が得意とする継続的なTCRコスト削減活動（＋）
		● 原油高が引き起こす原材料価格の急騰（▲）
売上総利益		● 2005年3月期には下降するも、継続的な売上高総利益率の増加（原価率の低減）（＋）
▲販売費及び一般管理費		● 花王が得意とする継続的なTCRコスト削減活動（＋）
		● 販社内包による販売活動の効率化（＋）
		● デフレ打開のための販促費の拡大（▲）
営業利益	15期連続の営業利益増益	● 事業や製品ポートフォリオの分散によって実現する、安定的な営業利益の確保（＋）
±営業外損益		● 少額だがプラスで安定的な営業外損益（＋）
経常利益	24期連続の経常利益増益	● 少額だが営業利益を安定的に上回る経常利益（＋）
±特別損益		● 恒常的に特別損失が特別利益を上回るものの、以上すべてのトータルの結果として7期連続の純利益増益を確保（＋）
税引後当期純利益	7期連続の純利益増益	
EPS	7期連続のEPS増益	● 機動的な自己株式取得によって、純利益成長率以上のEPS成長率を実現（＋）

いる。しかしこの水準も、国内競合のライオン（2004年12月期で2.0％）や資生堂（2005年3月期で4.4％）の連結売上高営業利益率と比較すると、実に驚異的な高水準であることが分かる。一方、米P&Gの2005年6月期における同比率は19.3％に及んでおり、海外の大手競合と比較すると、花王の高い利益率でさえ、くすんで見えてしまうほどの差がついているのが実態である。

ここまでのところ、花王が生み出す営業利益の安定的な創出について見てきた。しかし、EPSはあくまで1株当たり純利益である。つまり、営業利益までが安定的に推移しても、営業外損益、特別損益、あるいは税効果会計の出入りが大きいほど、EPSの安定的な成長は難しい。

275ページ図表9-10は、同期間の花王の営業外損益（営業外収益－営業外費用）と特別損益（特別利益－特別損失）を、対売上高比率の推移で示したものである。2005年3月期を見ると、営業外損益（0.4％）と特別損益（▲0.6％）はどちらも小さい数値であり、両者でほぼ相殺し合う水準でもある。この結果、同年度の売上高営業利益率（13.0％）と売上高税引前当期純利益率（12.8％）は、ほぼ同水準にある。

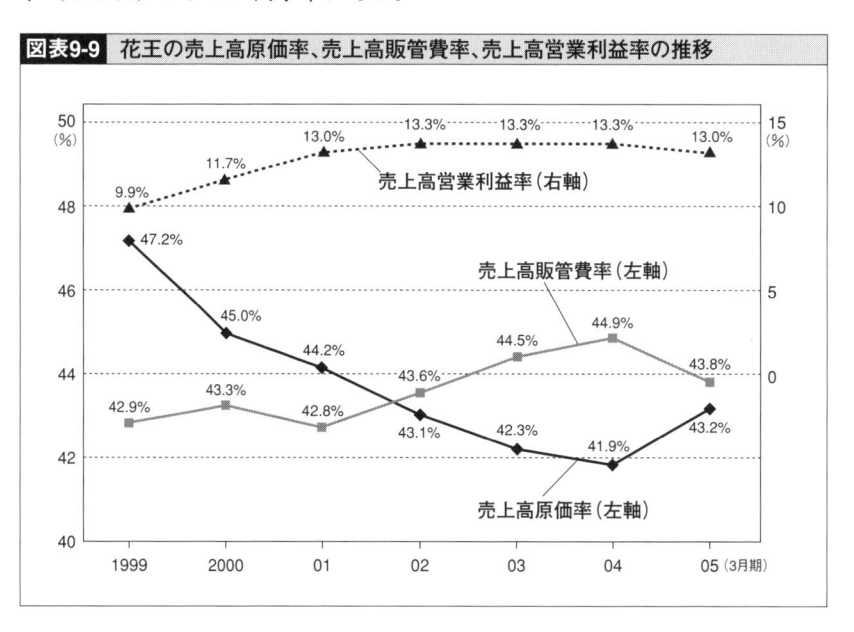

図表9-9　花王の売上高原価率、売上高販管費率、売上高営業利益率の推移

花王の特別損益が恒常的にマイナス（特別利益より特別損失が大きい）にあるのは、若干の意外感を抱くものの、少額で安定し、かつプラスの営業外損益とマイナスの特別損益が相殺し合う水準で推移していることも、花王のEPSの安定的な成長に貢献している。つまり、営業外費用を上昇させるような本業以外の事業活動や、特別損失を膨らますような不採算事業を生み出さない企業経営もまた、安定的なEPSの成長には不可欠となる。

　図表9-11は、花王の7期連続の純利益とEPS増益記録が始まった1999年3月期の各数値を1として、その後の推移をグラフ化したものである。最も成長率が高いのがEPSで、以降の順位はちょうどP/Lを下から上へさかのぼる形となっている。つまり、花王のEPSの増加は、売上高以上の売上総利益の成長、売上総利益以上の営業利益の成長、営業利益以上の経常利益の成長、経常利益以上の純利益の成長、そして純利益以上のEPSの成長によって実現されている。P/Lの下に行くほど、前年度比の成長率が高くなるということは、売上高成長以上の利益成長ということであり、P/Lの理想的な構造として評価できる。

　ここからは、EPSの分母に目を向け、期中平均株式数の推移を見ていきたい。

　277ページ図表9-12から、期中平均株式数は、ほぼ継続的に右肩下がり（年率平均2％）を続けていること、そして積極的な自己株式取得によって、それがもたらされていることが分かる。2005年3月期のみ、当期の自己株式の取得が2,700万株に及ぶが、期中平均株式数が200万株弱増加している。これは、当期の転換社債の株式への転換と花王販売の完全子会社化に伴って、自己株式を代用したことに起因する。

　こうした場合には自己株式が再び市場に流通するので、期中平均株式数の上昇要因となる。花王は、転換社債の転換や関係会社の株式保有動向に応じて、自己株式取得の水準を調整していると考えられる。EPS連続成長を達成するという命題が、毎年の自己株式取得の規模を決定する上において、重要なファクターの1つになっていることは間違いなかろう。

　積極的な自己株式の取得を支える源泉は、増益記録を更新する純利益である。しかし、冒頭に引用した当社星野専務の言葉にもあったように、1999年以来、花王は配当と自己株式取得を合わせて、純利益の108％を株主に還元してきた

第9章●EPS成長率　275

図表9-10 花王の営業外損益と特別損益の対売上高推移

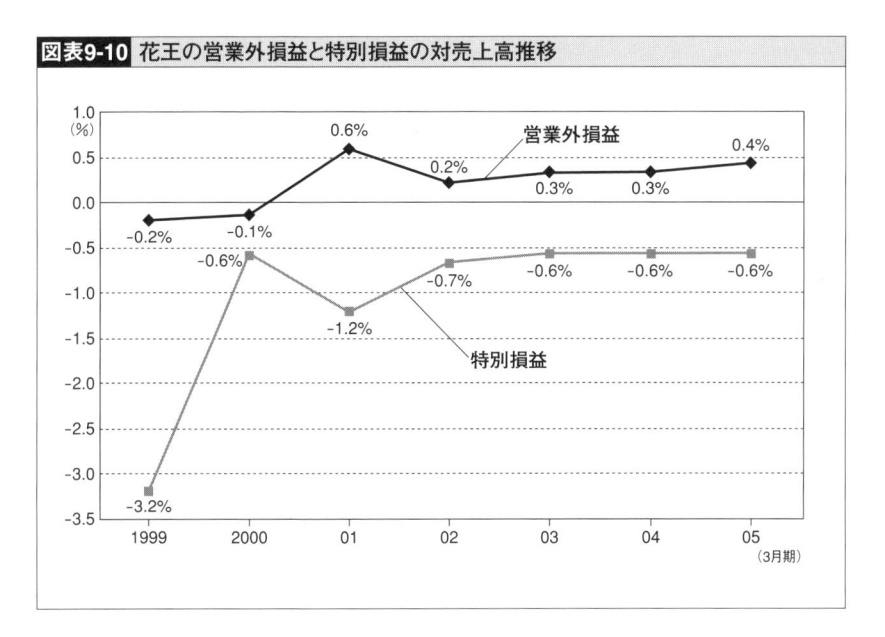

図表9-11 花王の売上高と各利益項目の推移

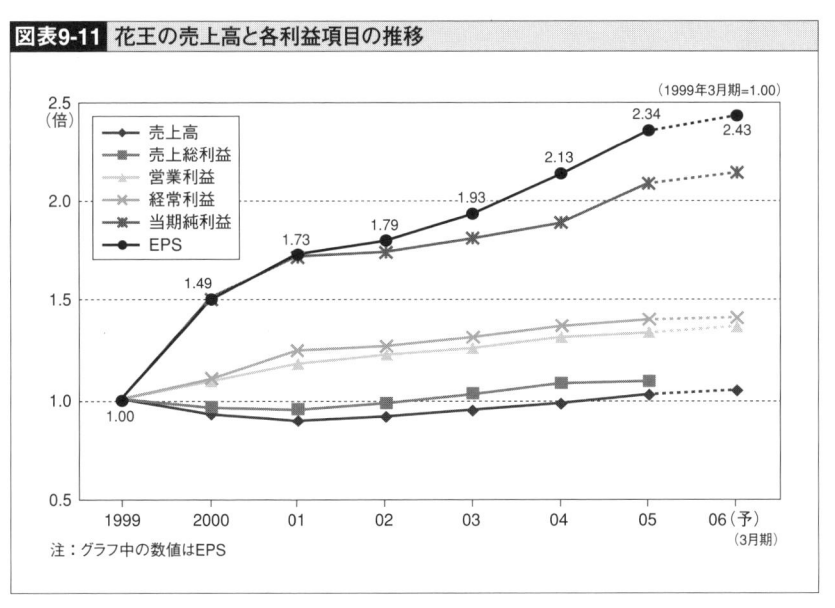

注：グラフ中の数値はEPS

企業である。つまり、株主還元のためには、純利益で足りない分は、手元の流動性の取り崩しまでも積極的に行ってきたことを示している。

図表9-13は、花王の手元流動性の推移を表したものである。連結対象会社の入り繰りなどから、単純な比較はできないものの、連続増益記録を更新する企業の手元流動性が減少傾向にあるという事実には間違いない。こうした効率的な手元流動性の推移の背景には、EVAが大きく貢献しているのである。

4…花王のEPS成長率を評価する

ここまでの解説で、花王のEPS成長率が、分子の純利益と分母の株式数の両面における経営努力によって達成されていることを見た。分子の純利益においては、その成長率の水準がP/Lの下に行くほど高い値となるなど、コスト削減や高付加価値製品による、継続的な利益率の改善を見ることができた。また、単にP/L上の純利益の成長だけではなく、株式数の適切な削減によって、純利益率以上のEPSの成長を達成していることを見た。

デフレの止まらない家庭用品を主体とする当社が、増益記録を達成するだけでも大いなる評価に値するが、純利益成長率以上のEPS成長率に見られるように、株主にまで結びつく指標としてさらに発展させている。ここに、花王のEPS成長率を高く評価すべき理由を見出すことができよう。このため、花王はEPSを成長させながら、ROEについても継続的に上昇させることに成功している（279ページ図表9-14参照）。

しかしながら、花王の株価は、ここ数年3,000円以下の水準で低迷しているのも事実である（279ページ図表9-15参照）。2005年8月時点の株価水準である2,600円台も、連続EPS増益記録が始まった1999年初頭の水準と大きく変わらない。言い換えれば、7期連続のEPS増益記録であっても、株価はほぼ横ばいという結果である。しかも、2005年4月21日に発表された今後の目標配当性向の40％への引き上げ（それまでは30％）直前までは株価は一時期2,300円台に下落しており、実質的には連結増益記録中において、株価はおおむね右肩下がりを継続していたわけである。先に導いたPBRのブレークダウンを利用して、この意味について考えてみたい。

第9章◉EPS成長率 277

図表9-12 花王の期中平均株式数と自己株式取得の推移

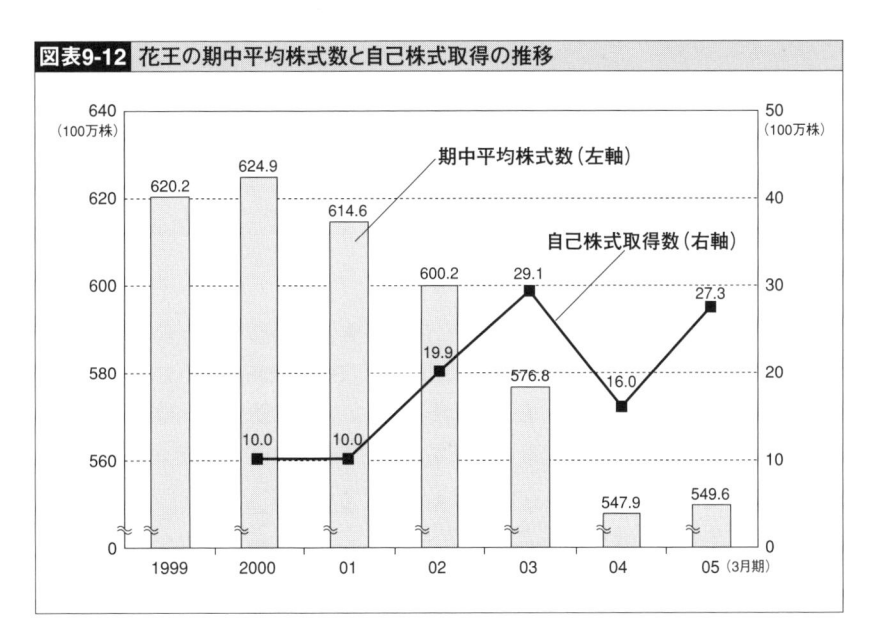

年度(3月期)	期中平均株式数(100万株)	自己株式取得数(100万株)
1999	620.2	—
2000	624.9	10.0
01	614.6	10.0
02	600.2	19.9
03	576.8	29.1
04	547.9	16.0
05	549.6	27.3

図表9-13 花王の手元流動性の推移

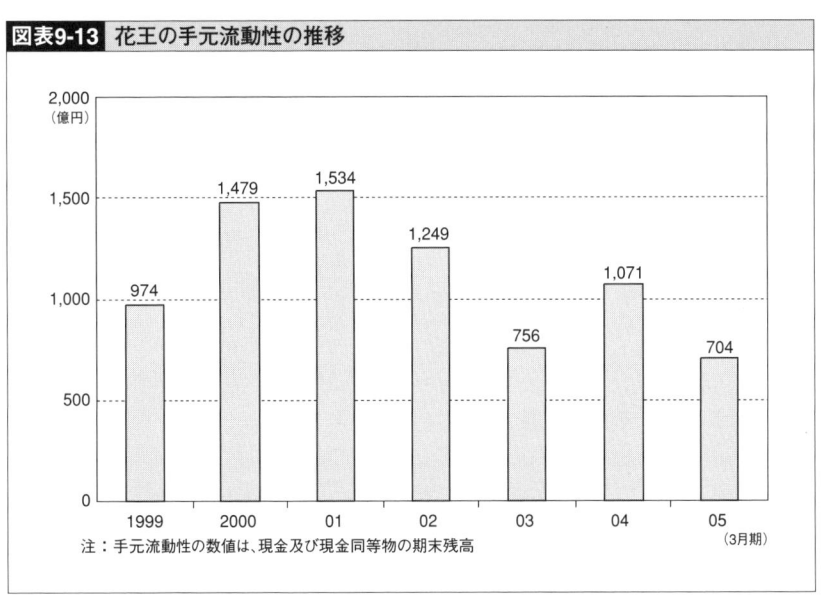

年度(3月期)	手元流動性(億円)
1999	974
2000	1,479
01	1,534
02	1,249
03	756
04	1,071
05	704

注：手元流動性の数値は、現金及び現金同等物の期末残高

$$PBR = \frac{株式時価総額}{株主資本} = \frac{株式時価総額}{純利益} \times \frac{純利益}{株主資本}$$

$$= PER \times ROE$$

　この式から、株価を上げる手段は、PERを上げるか、ROEを上げるかのいずれかであると解説した。花王のROEは恒常的に上昇しているので、PERが一定に維持されれば、花王の株価（PBR）は、ROEの成長に応じて上昇するはずである。そうならなかった理由は、PERが一定に維持されなかったためである。すなわち、PERの分母の純利益は7期連続の増益記録を達成したものの、PERの水準は切り下がったわけである。

　PERは、企業の将来の成長性に関する期待値の代替指標である。このことから、花王の将来の成長性について、市場が必ずしも肯定的には判断しなかったとも言える。このことは、280ページの図表9-16に示した、花王のPERが一貫して右肩下がりを続けてきたことが示している。連続増益記録の間にもう1つ連続していたのが、実はPERの連続下落記録であったことになる。

　また、花王が2005年4月に発表した、配当性向の40％への引き上げを契機に、株価が急上昇をしている。株主を向いた前向きな経営姿勢に対する評価であるのは間違いないが、見方を変えれば、花王が将来の成長のための投資原資として内部留保することより、株主が配当として確実にキャッシュを得ることを、花王に対する評価としているとも取ることができよう。急成長の見込めない市場だからこそ、M&Aを中心とする企業成長と、株主還元の両立が重要な要素となっていく。

　2005年8月現在、花王のβ値は0.6倍程度（ブルームバーグ社ホームページ）にある。これを用いて株主資本コストを算出すると、以下のようになる。

$$\begin{aligned}株主資本コスト &= リスクフリーレート + \beta \times リスクプレミアム \\ &= 2.0\% + 0.6 \times 5\% = 5.0\%\end{aligned}$$

第9章●EPS成長率　279

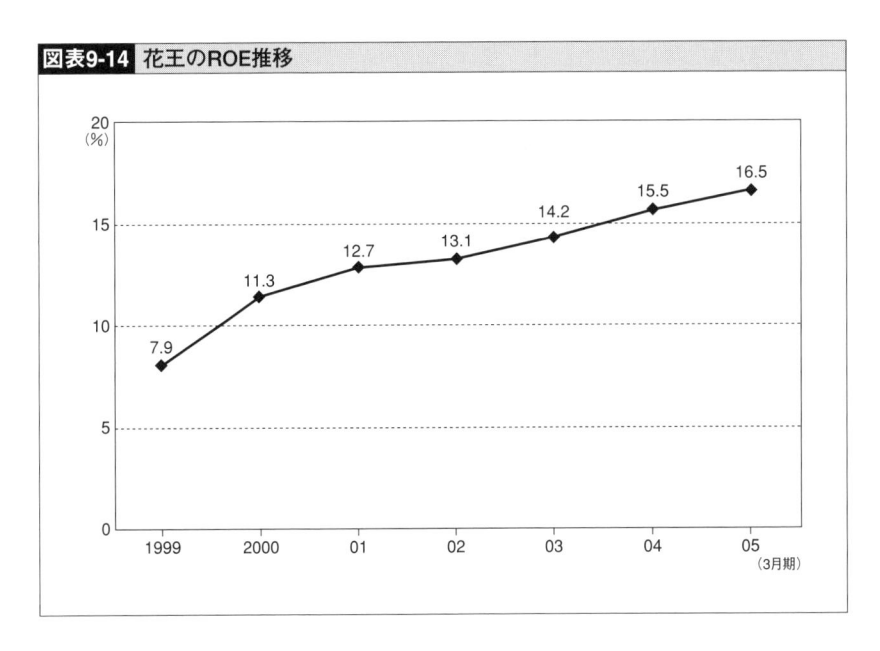

図表9-14　花王のROE推移

(%)
- 1999: 7.9
- 2000: 11.3
- 01: 12.7
- 02: 13.1
- 03: 14.2
- 04: 15.5
- 05: 16.5

(3月期)

図表9-15　花王の過去10年間の株価推移

1999年初頭

(円) 1996～05年 (年)

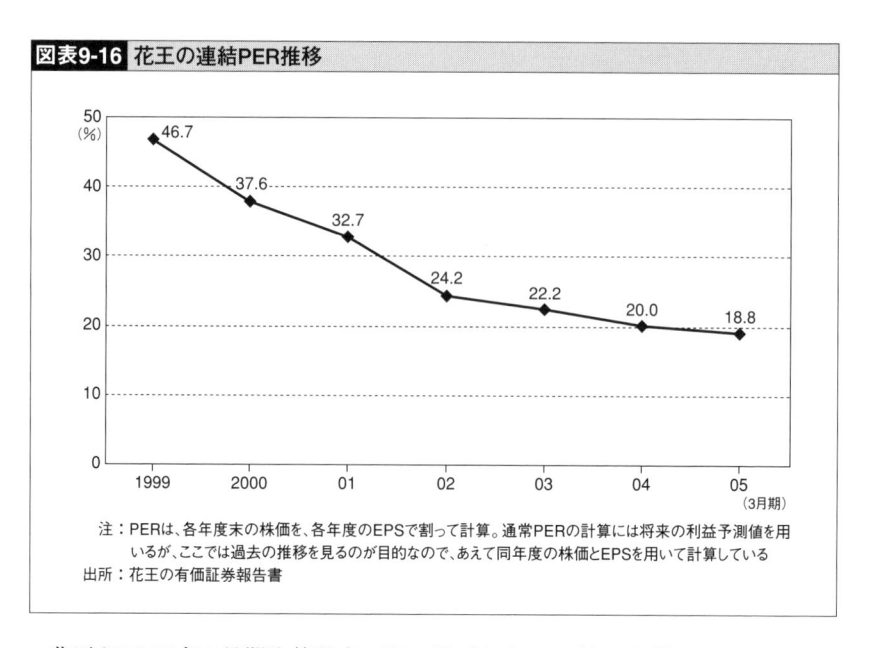

図表9-16 花王の連結PER推移

年度(3月期)	1999	2000	01	02	03	04	05
PER(%)	46.7	37.6	32.7	24.2	22.2	20.0	18.8

注：PERは、各年度末の株価を、各年度のEPSで割って計算。通常PERの計算には将来の利益予測値を用いるが、ここでは過去の推移を見るのが目的なので、あえて同年度の株価とEPSを用いて計算している
出所：花王の有価証券報告書

　花王が2005年3月期決算発表の際に開示した2006年3月期の見込みによると、1株当たり配当金は50円となる。2005年3月末の株価は2,465円である。ここから、株主資本コストの5.0％を満たすために、花王が2006年3月末に実現すべき株価を、以下の算式から逆算して求めることができる。

$$\text{株主のリターン} = \frac{(\text{今年度末株価} - \text{前年度末株価}) + \text{今年度配当収入}}{\text{前年度末株価}}$$

$$= \frac{(\text{今年度末株価} - 2{,}465) + 50}{2{,}465} \geqq 5\%$$

　この式から、今年度目標株価は2,539円と算定される。つまり、株価が2,539円を超えれば、株主資本コストとして算定された5％を十分に上回るリターンを株主に還元することが可能となる。2005年8月19日の花王の株価の終値は、ちょうど2,600円であった。この水準で株価が2005年度を終えれば、花王という企業が持つ本来のリスクに見合ったリターンを十分に上回るだけの

恩恵を、株主は手にすることとなる。

3 ● まとめ——EPS成長率の役割

　花王の星野専務が語っていたように、株主への利益配分を考えれば、その原資となる1株当たりの純利益、すなわちEPSを意識し、成長を目指して経営することは必然とも言える。EPSの成長は、企業によってはP/Lの数値のみで達成できる。しかし、純利益の成長以上にEPSを成長させるには、自己株式の取得がその手段として活用される。

　国内でEPSの推移やEPS成長率について語る企業は未だわずかであるのに対して、米国の決算発表では、その数値なしでは発表が完結しないほどの重要な指標である。株主を重視した経営が浸透するほど、EPSへの注目度合いが上昇するのは、言わば必然である。なぜなら、EPSの分子は株主に帰属する純利益、分母は株式数なので、EPSそのものが株主のために計算している指標だからである。

　EPS成長率の達成難易度は、ROEには劣る。ROEには株主資本の適正化の視点も入っているという点において、EPS成長率以上に優れた指標とも言える。企業として成長を前面に出すか、ROEという言わば資本効率性を前面に出すかは、その企業の業界動向や成長ステージによっても異なるであろうが、長期的な理想としては、両者が継続的に成長を遂げることにあるのは間違いない。

　いずれにしても、日本企業も、まずは決算発表の言語の1つとして、EPSとその成長率を入れることから始めてはどうであろうか。株主を向いた経営を浸透させる上では、株主の利益である純利益を株式数で割って算出するEPSほど、分かりやすく、かつ実質的な経営指標は他にない。

第10章

EVA®

資本コストを組み込んだ企業価値算定の指標

日本では1990年代後半から2000年初頭にかけて、EVA（経済付加価値）の導入が一時のブームとなった。その後は景況感の悪化もありブームは沈静化したものの、「企業価値の向上」が声高に叫ばれるここ1～2年、導入を始める企業が再び増えてきている。「企業価値の向上」という表現をいずれかの場で使用した企業であれば、EVAの中長期的な創出と成長によってその実証を示す義務を負っている。

1●EVA®の読み方と意義

1…EVAの算出方法

EVA®はEconomic Value Addedの略で、一般に「経済付加価値」と訳され、以下のように算出される。

$$\text{EVA（経済付加価値）} = \text{NOPAT} - \text{調達資本費用}$$

ここで、NOPAT*は、税引後営業利益（Net Operating Profit After Tax）を指す。すなわち、

$$\begin{aligned}\text{NOPAT（税引後営業利益）} &= \text{売上高} - \text{営業費用} - \text{税金} \\ &= \text{営業利益} \times (1-\text{実効税率})\end{aligned}$$

として計算される。この式から、NOPATは損益計算書（P/L）上の数値のみで完結する計算であることが分かる。一方、EVAによって算出を試みるのは、その言葉が示すとおり、実質的にもたらされた「経済的な付加価値」なので、NOPATからさらに、調達した資本の費用を差し引いて計算する。調達資本費用は、

$$\text{調達資本費用} = \text{投下資本} \times \text{資本コスト（WACC）}$$

として計算される。つまり、事業の運営のために調達したお金（投下資本）に、その調達コストである資本コストをかけたものを調達資本費用とし、これ

をNOPATから控除する。それをもって、経済的な付加価値をもたらしたかどうかを判断しようとするのがEVAとなる。

このことから、EVAは調達した資本の費用までを差し引いた、残余利益の概念であることが分かる。EVAは、米コンサルティング会社のスターン・スチュワート社が推奨した概念であり、当社の登録商標にもなっている。一方、様々な企業やコンサルティング会社によって、類似の概念の下に経営管理が行われている。経済的利益（EP：Economic Profit）と呼ばれる場合も多い。本書では、これらの類似する概念も含めて、最も広く普及しているEVAという呼称を用いる。

EVAの算定式にあるNOPATと投下資本を、具体的にどのように算出するかは、評価対象の企業や事業によって大きく異なるため、経営企画担当者や財務担当者、あるいは外部コンサルティング会社の手腕が発揮されるところである。詳細な解説はEVAの専門書に委ねることとし、ここでは基本的なポイントに絞って解説を進めたい。

●NOPAT

NOPAT（税引後営業利益）は、P/L上の数値のみから計算できるものである。ただし、P/L上では年度の費用として一括控除するような、研究開発費、広告宣伝費や販売促進費、教育訓練費などを、NOPATの算出では調整するのが一般的である。これらの費用は、会計上の保守主義の原則から、将来の恩恵を待たずに、使用時にP/L上で一括費用計上される。しかし、実際にはその恩恵は将来の複数年度にわたってもたらされるので、NOPATの計算においては、調整（一部を資産計上して、後年度に費用化）されることが多いのである。

次に、税金は実際に支払った金額だけを控除することで、より実質的な年度の費用を認識するように調整するのが一般的である。これ以外にも、貸倒引当金（債権に加算して調整）、営業権の償却（営業権に加算して調整）、LIFO引当金（棚卸資産に加算して調整）などの調整が、必要に応じて行われる。

このように、NOPATは税引後営業利益ではあるものの、企業が考える、実質的な当該年度に相当する費消分の費用のみを控除し、そうでないものは一時的に資産計上（P/L上では利益に足し戻す）して、後年度に費用化するような

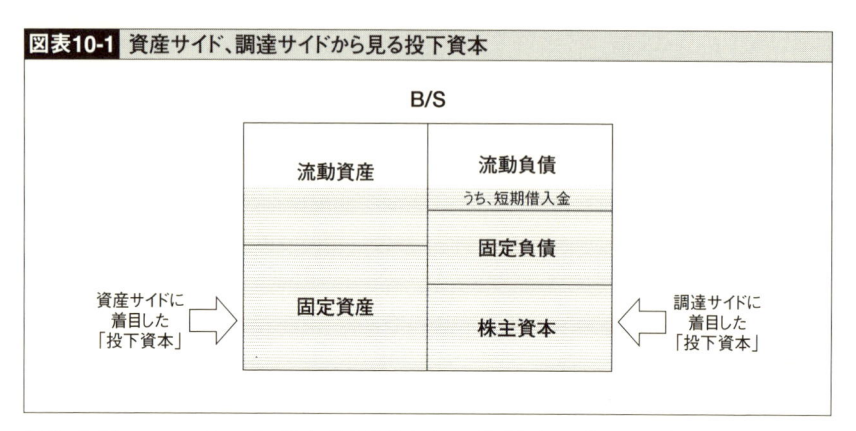

図表10-1 資産サイド、調達サイドから見る投下資本

```
                        B/S
          ┌──────────────┬──────────────┐
          │              │   流動負債    │
          │   流動資産    │ うち、短期借入金│
          │              ├──────────────┤
          │              │   固定負債    │
          ├──────────────┼──────────────┤
          │              │              │
          │   固定資産    │   株主資本    │
          └──────────────┴──────────────┘
資産サイドに                              調達サイドに
着目した                                  着目した
「投下資本」                              「投下資本」
```

調整を行っている。企業会計原則からは逸脱するものが大部分であるが、EVAは企業内で管理のために自発的に行われている計算である。よって、その企業の実態に合わせる形で、こうした調整がむしろ必然的に要求される。

●投下資本

バランスシート（B/S）の資産サイドに着目して「正味運転資本（流動資産 − 流動負債 + 短期借入金）+ 固定資産」で計算する場合と、B/Sの調達サイドに着目して「有利子負債 + 株主資本」を用いる場合がある。どちらのケースも、NOPATで紹介したような様々なP/L上の費用の調整によって発生する資産の増減を、投下資本の計算においても調整する必要がある。

では、簡単な数値を用いて、EVAを算出してみよう。ある企業X社の今年度の営業利益が500億円、投下資本が4,000億円、WACCが6％、実効税率が40％の場合、X社の今年度のEVAは、以下のように算出される。

$$
\begin{aligned}
EVA &= NOPAT - 調達資本費用 \\
&= NOPAT - 投下資本 \times 資本コスト(WACC) \\
&= 500億円 \times (1-40\%) - 4{,}000億円 \times 6\% \\
&= 300億円 - 240億円 \\
&= 60億円
\end{aligned}
$$

よって、X社は今年度に60億円のEVAを創出したこととなる。営業利益から始めているので、事業活動に要する営業費用はすでに控除されており、そこから税金、さらに事業活動に要した投下資本に伴う資本コストまで、すべての費用が差し引かれて算出された60億円である。この値がEVAであり、企業が新たに創出した経済付加価値となる。

2…EVAの読み方

　フォーチュン誌の言葉を借りれば、EVAは「価値創造を単なるスローガンからパワフルな経営のツールに変身させることを謳っている。ついに現代ファイナンス理論を教室から役員室に（そしておそらくは現場にまで）持ち込んだもの」（『新版ファイナンシャル・マネジメント』ロバート・ヒギンズ著、ダイヤモンド社刊）となる。これは、EVAの算定式そのものに、資本コスト（WACC）が組み込まれていることを評価した表現と言える。
　また、いち早くEVAを導入し、その卓越した経営手腕が評価されながら、1997年に急逝した米コカ・コーラ社のロベルト・ゴイズエタ元CEOは、「投資コストを上回るリターンをあげれば裕福になれる」（『EVA　価値創造への企業変革』ジョエル・M・スターン他著、日本経済新聞社刊）と、EVAを端的に表現する言葉を残している。
　EVAの優れた点は、その算式に資本コストが組み込まれていることにある。ここまで取り上げた各指標についても、ケース企業の指標水準の妥当性を検証するため、所々で資本コストや株主資本コストとの比較を試みた。様々な制約条件と限界を認識しながらも、各指標を資本コストと比較する意義は重要であると著者は考える。一方、その資本コストを算定式そのものに組み込んでいることから、EVAは他の指標よりも資本コストへの意識を不可避なものとしている。この点で一歩踏み込んだ経営指標である。
　EVAがプラスになるとき、企業は、その事業活動から新たな価値を創出したことになる。これは、事業より生み出されるNOPAT（税引後営業利益）から、その事業活動を行うために調達したすべての資本に伴う調達コストを差し引くことで、それ以上控除するものはないという考え方に基づく。この残余利

益が、経済的に新たに創出された付加価値、すなわちEconomic Value Added（EVA）となるわけである。

このように、EVAは企業が事業活動から単年度ベースで生み出した新たな価値である。よって、EVAの値そのものが、当該年度で実現した「企業価値の向上」と言うこともできる。こうした観点から捉えると、「企業価値の向上」といった表現を用いているすべての企業は、自社のEVAが具体的にどのように成長していくのかを、明確に語れなくてはならないことになる。

ここで、EVAの算定式の変更を以下のように試みる。

$$
\begin{aligned}
EVA &= NOPAT - 調達資本費用 \\
&= NOPAT - 投下資本 \times 資本コスト（WACC） \\
&= 投下資本 \times （NOPAT/投下資本 - WACC） \\
&= 投下資本 \times （ROIC - WACC） > 0
\end{aligned}
$$

※ROICは税引後営業利益ベース

このことから、EVAがプラスになるということは、ROICが資本コスト（WACC）を上回ることであると分かる。

3…日本企業と米国企業のEVA

日米企業の投下資本利益率（ROIC）と資本コスト（WACC）の推移を表したものが、図表10-2である。

図表では、ROICとWACCの差を「EVAスプレッド」と呼んでおり、この値がプラスであればEVAはプラスとなり、かつ値が大きいほど、より大きなEVAが生み出されていることを示している。米国企業のEVAスプレッドがおおむねプラスで推移しているのに対して、日本企業のEVAスプレッドは右肩上がりの傾向にあるとはいえ、1996年度までプラスに転じた年度はない。

これまで見てきたように、EVAは各企業固有の指標なので、日本企業全体の推移を推し量るのは容易ではない。ここでは、国内でEVAあるいはそれに類似するような資本コスト（または株主資本コスト）の概念を取り入れた指標

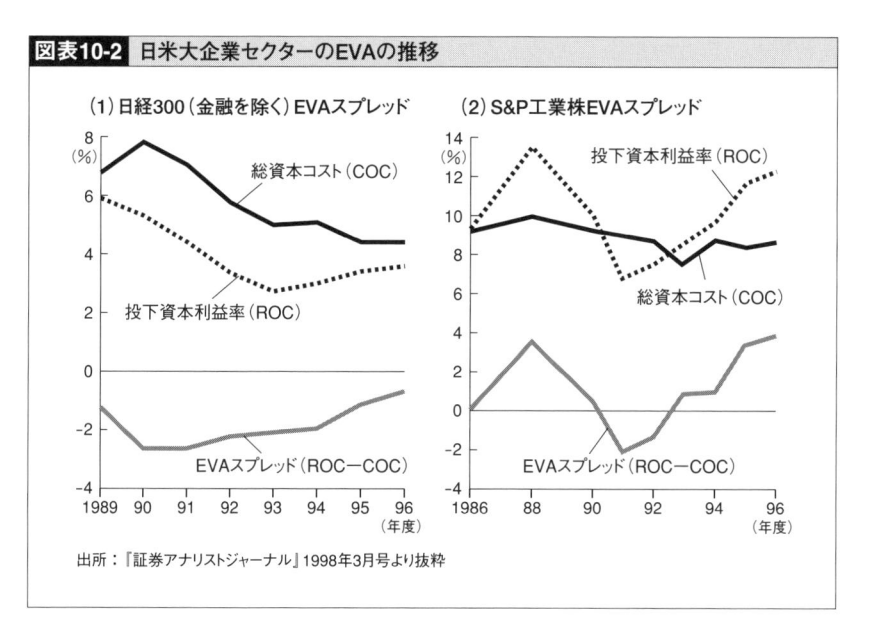

図表10-2 日米大企業セクターのEVAの推移

(1) 日経300（金融を除く）EVAスプレッド

(2) S&P工業株EVAスプレッド

出所：『証券アナリストジャーナル』1998年3月号より抜粋

を導入した企業を紹介するに留める。

（EVAを導入した国内企業）

　花王、松下電器産業、松下電工、ソニー、日立製作所、東芝、アドバンテスト、沖電気、TDK、富士写真フイルム、HOYA、旭化成、旭硝子、TOTO、アンリツ、王子製紙、三井金属、キリンビール、メルシャン、住友商事、双日ホールディングス、丸紅、三菱商事、東京急行電鉄、大阪ガス、東京ガス、関西電力、東北電力、昭栄、ニッセン、オートバックスセブン、他。

　実に様々な業界にある企業が、EVAあるいはそれに類する経営指標を掲げて、企業活動を営んでいることが分かる。EVAは企業価値向上の単年度ベースでの評価であり、資本コストの概念を含むものなので、いかなる上場・公開企業がEVAに基づいた企業経営を始めたとしても、決して驚きに値するものではない。EVAは、その算式の作り方において、各企業の固有性が強い指標なので、詳細な計算手法や推移を推し量るのは容易ではない。上記のEVA導

入企業も、自社のEVAがどのようなプロセスによって算出され、それが経年でどのように推移しているかを明確に開示している企業は、皆無である。国内で初めてEVAを導入した花王でさえ、2005年3月期の決算短信で、以下を述べるに留まっている。

「EVAは、利益を増大させる一方で、自己株式の買い入れなどにより投下資本の増加を抑制し、順調に増加しました。導入初年度である2000年3月期のEVA額を100とすると、当期は154となりました」

参考までに、花王の2000年3月期の純利益額を100とすると、2005年3月期は138となる。つまり、当該5年間において、純利益以上のEVAを創出していることになる。NOPATの向上、資産の圧縮、株主還元などに見られる、EVA向上のための花王の具体策は、第9章のEPS成長率を参照されたい。

一方、米国においてEVAを経営指標として掲げる企業のなかには、積極的にその計算プロセスや推移を開示している企業もある。開示例の参考として、米国ミシガン州の家具メーカーであるハーマン・ミラー（Herman Miller）社の、1997年度アニュアルレポートの記述を紹介する。

図表10-3 米国ハーマン・ミラー社のEVA推移

(1,000ドル)

	1995年	1996年	1997年
営業利益	9,066	74,935	130,683
調整項目：			
事業売却／特許訴訟／リストラクチャリング	43,900	16,535	14,500
オフバランスのリースに伴う支払利息	4,215	4,316	4,509
営業権の償却	1,272	4,115	4,725
その他	1,121	3,071	5,093
引当金増加額	506	6,548	18,649
資産計上されたデザインと研究費	3,450	1,984	2,819
調整後営業利益	63,530	111,504	180,978
税金（現金ベース）	-18,317	-34,561	-72,091
税引後調整後営業利益	45,213	76,943	108,887
投下資本	532,760	605,438	617,727
資本コスト（WACC）	11%	11%	11%
調達資本費用	58,604	66,598	67,950
EVA	**-13,391**	**10,345**	**40,937**

出所：ハーマン・ミラー1997年度アニュアルレポートより抜粋

NOPATの計算プロセスを見ることによって、会計上は期間の費用として一括計上しているものの、当社としては長期的な投資と考えている項目と、その金額を知ることが可能となる。ハーマン・ミラー社で言えば、たとえばデザインと研究に関する一部の費用を、調整項目として毎年利益に足し戻している（資産に計上）。その金額は、1997年度は281万ドルに及び、これは1億3,068万ドルの営業利益の2.2％に相当している。

4…EVAを目標に掲げる意義と注意点

　企業価値算定式で解説したように、企業価値とは、企業が将来にわたって生み出すすべてのフリー・キャッシュフロー（FCF）を資本コストで割り引いた現在価値である。企業価値の向上が、将来のFCFを最大化することと、資本コストを適切に低減することによって実現することは、すでに見てきた。一方、この企業価値算定式では、遠い将来に予測されるすべての事象を加味するので、単年度ベースの管理指標としては必ずしも馴染むものではない。そこで、企業が確実に資本コストに見合うだけのリターンを毎年生み出し、ひいては企業価値の向上が実現していることを、単年度ベースで一定の評価をするための指標として、EVAがその優位性を発揮することになる。

　EVAは経営目標として具体的な数値を掲げ、事業活動を行うための指標というよりも、どちらかと言うと、各年度の事業の収益性を管理するための指標としての意味合いが今のところ強いようである。つまり、将来の目標を語るための指標というより、過去の実績を管理するための指標ということである。しかし、過去の評価に使われる以上は、企業や事業部として、各年度ごとの具体的な目標値を持って活動するのが理想である。EVAの具体的な金額や成長率によって企業目標を立てるのは十分に可能なことである。純利益やEPSなどに比べても、各年度の特別損益や税効果会計などの影響を受けないので、企業成長のベンチマークとして、非常に使い勝手の良い指標である。

　前述のように、国内でEVAを導入した企業でも、その具体的な推移について開示している企業は存在しない。各企業がEVAの情報開示に消極的なのは、資本コストを含めた計算プロセスを外部の人間が理解するのが容易でないこと、

NOPATと投下資本の計算方法が企業によって異なること、さらには計算方法自体の途中変更が起こりうることなどが、その理由として挙げられる。

企業としては、数値が一人歩きしてしまうことを避ける意味もあろうが、他の指標と異なり、導入後の指標の推移が非常に見えにくいのは、この指標の欠点でもある。EVAの導入が単なる掛け声倒れで終わっていないかを、常に社内外から監視する必要がある。たとえばEVAを導入している企業が、EVAが長年にわたって赤字と思われる不採算事業の売却や撤退などの決断を下さず、そのまま何年も放置していれば、EVAの視点からの説明責任が求められよう。

EVAを高める手段は、NOPATを向上すること、投下資本を減少すること、資本コストを下げることの組み合わせとなる。前者の2つは、ROICを高める手段と同じである。また、資本コストを下げるということは、ROICがクリアしなくてはいけないハードルを下げることにつながる。このことから、EVAを高めることはROICを高めることにほかならない。そして、両指標を高めることは、企業価値の向上に結びつく。

ROICに対するEVAのメリットは、利回りベースではなく金額ベースでの算出なので、経済付加価値（つまりは企業価値）が新たにいくら生み出されたのかが分かること、資本コストの理解を避けては通れない環境を作り出すことがある。逆にデメリットとして、資本コストという一般には難解な指標の解説を

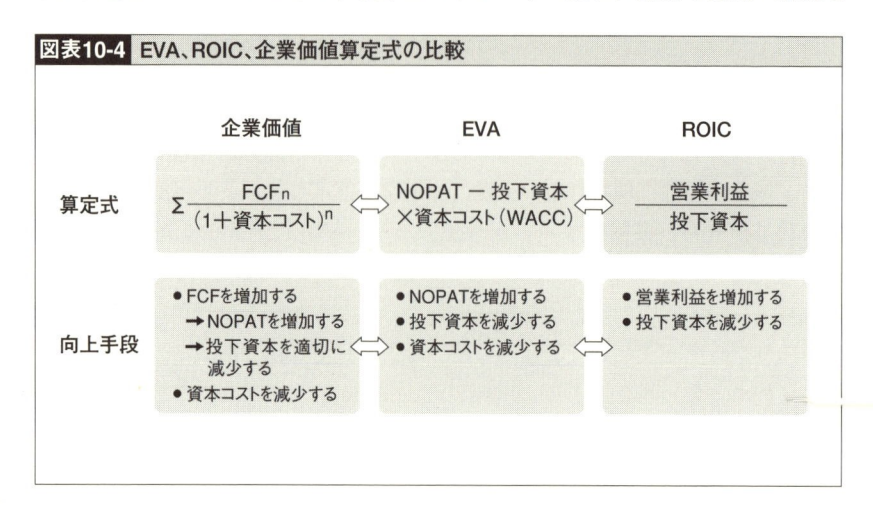

図表10-4　EVA、ROIC、企業価値算定式の比較

	企業価値	EVA	ROIC
算定式	$\sum \dfrac{FCF_n}{(1+資本コスト)^n}$	NOPAT − 投下資本 ×資本コスト（WACC）	$\dfrac{営業利益}{投下資本}$
向上手段	・FCFを増加する 　→NOPATを増加する 　→投下資本を適切に減少する ・資本コストを減少する	・NOPATを増加する ・投下資本を減少する ・資本コストを減少する	・営業利益を増加する ・投下資本を減少する

要することが挙げられる。

　EVAの向上が企業価値の向上にほぼ1:1の関係で結びつくことは、EVAの指標としての信頼性に大きな価値を与える。企業の究極の目的は企業価値の向上であるが、これを単年度ベースで確実に確認していくための指標として、資本コストの概念までを含めたEVAの意義は大きい。

　一方、本来は将来の長期に及ぶFCFが企業価値の源泉であるにもかかわらず、これを単年度ベースで評価しようとする弊害として、企業活動が短期志向に陥ることが挙げられる。これを避けるため、前述のような、長期の効果をもたらすと思われる研究開発費や広告宣伝費などを、期間費用として一括計上するのではなく、一旦資産計上した上で当該年度分のみを費用化するのである。

　EVAは異なる事業部門ごとの評価において、その真価を発揮する。企業内に存在する複数の事業は、各々のリスクが異なる。よって、企業内で単一のWACCを用いた場合、本来リスクが高く、実施してはいけない事業を承認してしまったり、あるいは本来リスクが低く、実施すべきである事業を否認してしまったりしかねない。事業ごとのリスクを見きわめ、それに見合った資本コストを用いて、事業ごとのEVAを精緻に算出することで、継続すべき事業と売却すべき事業の意思決定が、より正確に成されることとなる。EVAの適切な数値を経営指標として掲げる上でも、事業ごとの資本コストの理解と算出は、不可欠な前提条件となる。

　このことは、全社的な資本コストと企業価値の概念を各事業部単位に降ろす重要な役割を、EVAが果たしていることを示唆している。各事業部単位では、売上高至上主義、あるいは営業利益の最優先に目が行きがちであるが、それらを実現するために巨額の資本を投下しているようでは、全社的な資本の割り当て、あるいはその資本を提供している株主や金融債権者の立場に立てば、必ずしも効率の良い経営とは言えない。P/Lだけではない、B/Sの概念までを、その費用である資本コストと共に事業部単位に降ろすことのできる機能は、EVAが最も優れている。EVAの推移によって自己の報酬が左右される事業部長であれば、もはやNOPATを増やすだけではなく、B/Sの無駄な資産を持たないことにも、強い関心が自ずと向くはずである。

　事業部門ごとのリスクが異なることから、事業ごとの資本コストを見きわめ

た上で算出できるEVAは、必然的に多角化によって複数事業を営む企業に有効な指標ともなる。事業ごとのEVAを算出することで、どんぶり勘定ではない、新たな価値の創出を事業ごとに判断することが可能となる。この弊害としては、事業部ごとに部分最適化に走り、必ずしも全社最適とはならない恐れがある点にある。全社レベルでのリーダーシップが強く求められると同時に、事業ごとのEVAだけではない、部門責任者の評価手法の導入も、一緒に検討されるものとなろう。

　最後に、ROICと同様に、EVAでもNOPATや投下資本の算出には、何を計算に組み込むか、組み込まないかで、企業の恣意が入り込む余地が大きい。会計上で通常は費用とするような研究開発費や広告宣伝費の一部を資産計上するなど、ROIC以上にEVAの算出は複雑であり、恣意性が大きい。EVAには、こうした指標としての分かりにくさという限界が、常につきまとうことを念頭に置いておく必要がある。だからこそ、EVAを経営指標として掲げる企業は、EVAの導入が確実に事業価値の創出、企業価値の向上に結びついていることを、その活動において示していくことが求められるのである。

2●ケーススタディ──松下電器産業

1…松下電器の置かれた経営環境

①家電業界を取り巻く経営環境

　松下電器は、総合電機のなかでもデジタル家電と白物家電に比重が高い企業である。そこで、ここでは特に家電業界の動向に焦点を当てて、経営環境を見ていく。総合電機業界全体の経営環境については、第4章のソニーのケーススタディを参照されたい。

　デジタル家電業界は、過当競争から生じる価格競争に喘いでいる。デジタル家電を代表する薄型テレビ（液晶、プラズマ、リアプロ）、DVDレコーダー、

松下電器「躍進21計画」

松下電器では、2004〜2006年度の中期計画を「躍進21計画」として取り組んでいます。

事業ビジョンとして当社の最先端の技術で「ユビキタスネットワーク社会の実現」と「地球環境との共存」に貢献することを掲げ2010年に「お客様価値創造企業」となることを目指しています。そのマイルストーンとして、2006年度に、営業利益率5％以上、**CCMゼロ以上**(注1)を達成し、成長軌道の確保を成し遂げたいと考えています。

また、2004年度から、松下電工株式会社との包括協業をスタートさせ、新生松下グループとしてお客様視点での最適体制を構築して企業価値向上を図ります。統一されたブランドと経営戦略のもと経営資源を結集し、「生活快適ソリューション」を提供するとともに、シナジー効果の最大化、成長性の創出と生産性の向上を図り、グローバルエクセレンスへの飛躍を目指します。

注1：CCM（キャピタル・コスト・マネジメント）とは、資本コストを重視した松下電器独自の経営管理手法です。CCMがゼロ以上であれば、資本市場が期待する最低限度の利益を満たしたものと考えます。

出所：松下電器産業ホームページ「躍進21計画」より抜粋

デジタルカメラ、携帯オーディオプレーヤーなど、新製品の発売や機能の向上は、ここ数年でも格段に進んでいる。しかしながら、各製品への新規参入企業も続々と現れる一方、機能面での革新的な差別化が図れるわけではなく、製品価格の下落も同様の速さで進んでいる。また、過去に見られたような、圧倒的なブランド力によるシェアの維持といった傾向は徐々に薄れ、良い製品を、良い価格で、かつ良いタイミングで購入する消費者が増えている。企業にとっては、機能面で他社に劣ることがあってはならず、継続的な投資が要求される一方、結果として製品ライフサイクルの短命化を自ら助長しているとも言える。

　国内の景気は、満足できる水準にはないものの、着実に回復の兆しを見せており、消費者の給与所得や賞与の増加などから、デジタル家電市場そのものは拡大基調にある。しかし、その恩恵は大手量販店を中心とする小売店に主にも

たらされている状況にあり、価格競争を強いられるメーカーは苦しい台所事情を抱えている。自らが引き起こした過当競争から、小売業界が漁夫の利を得たと取れなくもない。2005年3月期では、パイオニアが主要製品で価格競争の直撃を受け、9年度ぶりの最終赤字に陥っている。

　一方の白物家電は、すでに成熟市場と言われて久しく、デジタル家電に先んじて価格競争による市場シェア争いを演じてきた。しかし、直近になり、「健康」や「環境」、あるいは「発想の転換」をキーワードにした高機能製品が、洗濯機や掃除機、オーブンなどで続々と生まれてきており、デジタル家電と比べると価格競争での一服感は見られる。しかし、白物家電についても、今日までに価格競争を十分に行ってきているため、価格帯自体が以前に比べて下落していることは否めない。

　このように見ていくと、市場が成長しているデジタル家電市場では価格競争が激化し、市場が成熟している白物家電市場では一部高機能製品の高価格帯が維持されるなど、やや特異な現象が生じている。いずれにしても、過当競争の感は否めず、2005年3月期には、三洋電機と日本ビクター（松下電器が議決権の52.7％を保有する子会社）も最終赤字に陥っている。また、総合大手電機10社の売上高営業利益率を第4章で示したが、5％を超えているのは唯一シャープだけで、その他は軒並み3％台か、それ以下である。ソニーのケースで検証したように、総合電機業界における売上高営業利益率10％は、決して高望みではなく、調達した資本のコストから鑑みて、中長期的には実現しなくてはならない水準である。

　海外企業に目を向けると、韓国サムスン電子の2004年12月期の単体売上高営業利益率は20％を超えている。かつて日本の家電業界が米国家電市場を席巻したように、良質な製品を優れたブランドによって、かつ低コストで製造できる企業の出現によっては、日本の家電業界が米国の蹉跌を踏むことも否定できない。過当競争に陥っている日本の家電業界も、早晩、合従連衡や淘汰の波が押し寄せてくる可能性が十分に考えられる。

②松下電器の経営戦略と課題

　松下電器の中村邦夫社長が「4人目の非松下家同族社長」として就任したの

は、2000年4月のことである。同年11月に発表され、その1年後の2001年度よりスタートしたのが、中期計画「創生21計画」である。そのなかで、2003年度の目標として掲げた売上高9兆円、売上高営業利益率5％など、未達成に終わった定量的目標はあるものの、①収益性・効率性向上に重点を置いた構造改革、②成長戦略の構築、といった2大テーマについては、おおむね満足できる水準に到達した。第4章で見たソニーの同時期の低迷と比べても、松下の「創生21計画」の成功は、自助努力によるものと評価できる。

　日本の戦前、戦後復興期、そして高度経済成長期における製造業の象徴として、自動車業界からトヨタ自動車を挙げるとすれば、総合電機業界は松下電器となろう。松下の場合、松下グループ企業群と呼ぶほうが、より実態を表していた。松下電器産業の他に、松下電工、松下通信工業、九州松下電器、松下精工、松下寿電子工業、松下電送システム、松下電子工業等々、「松下」を冠した独立企業は実に数多く存在していた。

　こうした「松下」企業のそれぞれについて、事業の棲み分けが明確にされているか、あるいは補完関係にあれば、特に問題はない。松下の場合、「松下」企業間での消耗戦とも言える競合環境を誘発し、事業や製品の重複を引き起こしていることが、大きな課題であった。例を挙げると、カーナビゲーションは、松下通信工業と九州松下電器で手がけていた。

　松下の健全な財務体質が、こうした経営の非効率に対する英断を遅延させる要因となったのは否めない。さらに、松下家や、創業期の番頭など、様々な人

図表10-5　松下電器産業「創生21計画」の概要

	破壊	創造
2001年度	家電流通改革 雇用構造改革 拠点統廃合	生産プロセスの改革 フラット＆ウェブ型組織
2002年度	関係会社5社の100％子会社化	CCM・キャッシュフロー経営
2003年度	事業ドメイン会社ごとの構造改革	事業ドメイン別体制の構築 新しい「しくみ」のスタート

出所：松下電器産業2003年度アニュアルレポートより抜粋

間関係がこうしたグループ企業の成り立ちや、資本関係に少なからず影響していることも、グループ全体としての最適な意思決定を遅らせた要因として挙げられる。

それでも、戦後の高度経済成長期においては、事業の多角化や事業間での相乗効果など、プラスに働く面もあった。しかし、市場が安定成長から成熟期に移行していくと、限られた市場のパイをグループ会社間でも奪い合うこととなり、グループ全体としては、疲弊感を募らせるばかりとなる。研究開発、製造、営業、マーケティングなど、あらゆる面における非効率が露呈していった。

2001年度からスタートした経営方針「創生21計画」は、こうした松下の焦燥感を打破し、再び成長を目指して前進するための改革であった。「創生21計画」については、次項の「松下電器が実施するEVA向上策」で詳しく見ていきたい。ここでは「創生21計画」が終了した、2003年度の当社アニュアルレポートに示された前ページ図表10-5を紹介するにとどめる。

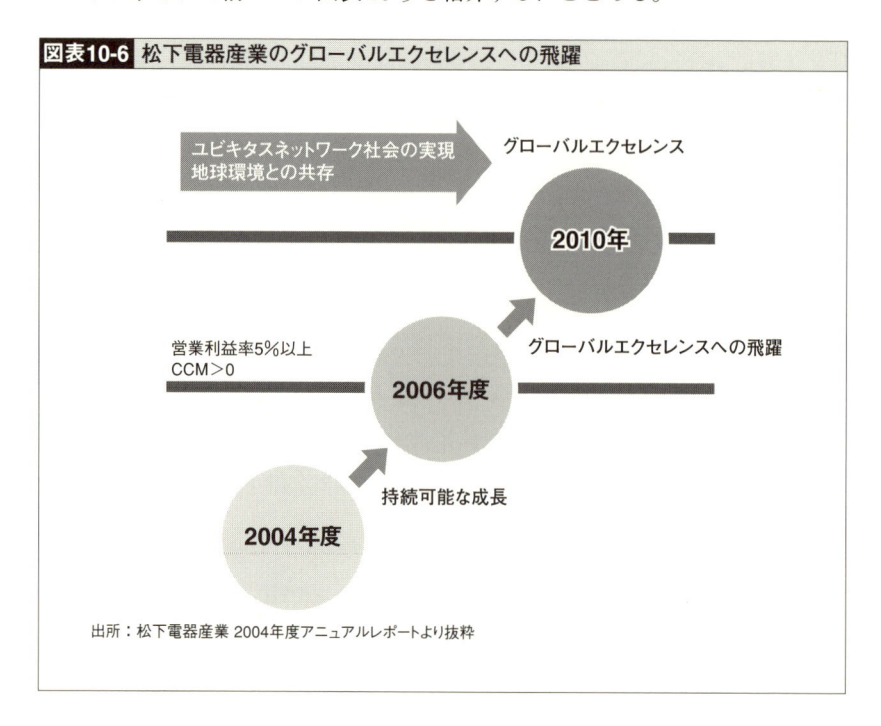

図表10-6　松下電器産業のグローバルエクセレンスへの飛躍

ユビキタスネットワーク社会の実現
地球環境との共存

グローバルエクセレンス
2010年

営業利益率5%以上
CCM>0

2006年度

グローバルエクセレンスへの飛躍

持続可能な成長

2004年度

出所：松下電器産業 2004年度アニュアルレポートより抜粋

過去を断ち切るための「破壊」と、将来の成長のための「創造」を並列していることが、松下が「創生21計画」開始時に置かれた厳しい環境と、企業として同じ蹉跌を踏まずに将来を切り開くための強い決意を示している。過去の松下の組織風土を考えると、「破壊」という言葉は、やや過激にすら思える。中村社長は「創業者の経営理念以外はすべて破壊してよし」と宣言した。聖域を設けない変革であったからこそ、大きな痛みを伴いながらも一定の成功に到達したのであろう。そして、2002年度の「創造」のなかに記述されているのが、松下版のEVAとなる「CCM」である。

「創生21計画」で一定の成功を収め、松下は2004年度から2006年度までの3ヵ年の経営方針となる「躍進21計画」を、2004年度より開始している（図表10-6）。2010年に「グローバルエクセレンス」へと発展するための重要なマイルストーンとして、具体的な定量目標を掲げると同時に、グローバル市場を成長エンジンと位置づけ、経営体質の強化としてのコスト削減を謳っている。さらに、商品・事業・技術戦略として、4つの基本方針を提示している。

---

①成長を牽引する「V商品」のポイントとして、ブラックボックス技術、ユニバーサルデザイン、省エネや省資源など環境への配慮の3つのポイントを持つ
②セットとデバイスのバリューチェーンを目指し、システムLSIへの投資を加速する
③新たなライフスタイルを提案する商品（セットにサービスを埋め込む、アイデア訴求など）を開発する
④10年先を見据えて技術力（選択と集中を進め、戦略商品への重点投資を行い、ブラックボックス技術を数多く輩出）を強化する

出所：松下電器産業 2004年度経営方針より抜粋（一部修正）

2…松下電器が実施するEVA向上策

松下電気のEVA向上のための施策を検証するに当たり、2001年度より開始した松下の「創生21計画」、及び2004年度以降の「躍進21計画」における、主な施策を概観することから始めよう。

EVA（以降、松下における呼称であるCCMを用いる）の向上は、その算式から、NOPATの向上と、調達資本費用の削減（投下資本の圧縮、資本コストの低減）によって実現する。「創生21計画」と「躍進21計画」の各施策を、CCMの各構成要素の改善をもたらすものと捉えてみると、それぞれの施策の意義が、また違った視点からよく見えてくる。

①2001年度（2002年3月期）

　「創生21計画」初年度であった2001年度は、最も抜本的な数々の施策が打たれた年度である。松下にとって大きな課題であった、組織や製品の重複をなくすことで、経営資源の集中による競争優位性の獲得、無駄な投資やコストの削減、そして組織の集中による責任体制の徹底が実現される。これらのどれもが、CCMを高めていくための必須の施策と言える。

　拠点の統廃合は、資産効率の向上の視点から、競争優位を見きわめ、グローバル最適な生産体制の構築に向けて行っている。営業費用の減少によるNOPATの向上だけではなく、資産売却などによって投下資本の圧縮にも寄与する。CCMの計算上では、ダブルのプラス効果である。

　雇用構造の改革は、デバイス、サービス・ソリューションなどの、より付加価値の高い事業に合致した人材のスキル、ノウハウの質的転換を進めると同時に、早期退職制度に相当する「特別ライフプラン支援金」を設け、従業員の削減を行っている。こうした雇用構造改革に伴う一時金として、1,641億円を特別費用として2001年度に計上している。この金額が、2001年度に松下電器のV字回復の底（純損失で4,310億円）をもたらした、主要な理由の1つである。当然ながら人件費の削減によって、以降の営業費用が減少し、CCMの向上に寄与することとなる。

　国内家電流通改革については、事業部と営業本部で重複していた営業体制を、2001年4月に新設したパナソニックマーケティング本部、ナショナルマーケティング本部に一元化してマーケティング力を強化するとともに、家電販社、クレジット・リース、物流など、国内家電流通全般に関わる機能の見直し、顧客対応力の向上、効率性向上、そして大幅なコスト削減を目指した。これら施策もまた、効率化によるコスト削減でもたらされるNOPATの向上と、非効率

図表10-7　松下電器産業の「創生21計画」と「躍進21計画」

	目的と施策
「創生21計画」 初年度：2001年度	**成長を牽引する商品や事業を創造する仕組みづくり** ● 拠点の統廃合 ● 雇用構造の改革 ● 国内家電流通改革 ● ITを駆使した生産プロセスの改革（モノづくり改革） ● 技術プラットフォーム体制の構築による研究・開発・設計体制改革（R&D改革）
「創生21計画」 第2年度：2002年度	**事業再編と「超・製造業」への革新** ● 関係会社5社（松下通信工業、九州松下電器、松下精工、松下寿電子工業、松下電送システム）を100％子会社化した上で、グループ全体の事業を14の事業ドメインに括り直し、開発・製造・販売を事業ドメインごとに一体化する事業再編を実行 ● 主戦場で占有率No.1を達成し、経営に貢献する「V商品（Victory21）」88品目を投入
「創生21計画」 第3年度：2003年度	**第2の創業：事業ドメイン会社ごとの構造改革と成長戦略の推進** ● 各事業ドメイン会社の経営成果を評価する指標として、CCMとキャッシュフローに限定し、資本市場とベクトルを合わせた経営を推進 ● V商品90品目を積極投入 ●「Panasonic」へのグローバルブランドの統一 ●「コストバスターズプロジェクト」の立ち上げ
「躍進21計画」 第4年度以降： 2004年度〜	**成長戦略の推進と事業ドメイン別の経営体質強化** ● 松下電工及びそのグループ会社を、2004年4月1日付で松下電器の連結子会社化 ●「ブラックボックス技術」「ユニバーサル・デザイン」「環境への配慮」を重視したV商品を、2004年度は71品目、2005年度は67品目を積極投入 ● 研究開発と設備投資戦略のさらなる加速 ● 成長エンジンとしての海外事業、特に中国を最重点地域として強化 ● 松下電工との協業による「コラボV商品」の連打、「生活快適ソリューション」の拡大 ● 在庫を極小化し、コスト力の強化を図る「Nextセル生産革新プロジェクト」と、第2期「全社コストバスターズプロジェクト」の立ち上げ

な資産の削減による投下資本圧縮によって、CCM向上にダブルのプラス効果をもたらすものである。

　また、松下電子工業を2001年度開始時に松下電器産業に吸収合併し、松下電子工業が保有していた各事業を松下電器内の当該事業部門に組み入れた。松下にとって大きな課題であった、事業や製品の重複、非効率なグループ内での競合環境の解消に向けたスタートである。後に振り返れば、松下電子工業の合併は、翌年度以降に本格化する、松下グループ会社の松下電器産業への取り込

みや、グループ内重複の解除に向けた、組織再編の第一歩となった。松下の場合、グループ会社間でありながら、無駄な競合環境が発生していた。抜本的な改革を行うためには、松下電器がそうしたグループ会社の組織上、あるいは株式保有比率上の支配権を握ることが必須であった。

以上解説した施策が奏功したこともあり、松下は2001年度において、売上債権を3,091億円（2000年度末残高の22.1％）、棚卸資産を2,130億円（同20.3％）、それぞれ削減している。この分、投下資本が圧縮され、CCMの向上に貢献している。

ここまでが2001年度の「創生21計画」の「破壊」であるとすれば、「創造」に相当するものが、研究・開発・設計から生産プロセスの革新まで、一貫した組織体制を構築することである。これら施策のすべてが、「強い商品」をスピーディに市場に送り出すためのものである。CCMの向上も、過去の「破壊」策だけでは限界があるし、組織も疲弊する。「破壊」と「創造」という言葉にあるように、「破壊」と同時に、成長によってCCMを高める施策を実行していることが、痛みを伴う組織変革において重要な側面となる。

やや蛇足ではあるが、松下の「創生21計画」は、日産リバイバルプランの1〜2年程度後方を走っているイメージである。V字回復の演出（日産は1999年度）や、初年度の矢継ぎ早の攻撃的な改革の実行など、両社に重なって見える部分は少なくない。日産のV字回復の成功を目の当たりにして、日産ほどではないものの、組織の閉塞感を抱き、変革が待ち望まれていた松下には、日産の成功が少なからずプラスの影響を与えたのではないかと考える。つまり、そこまでやらなければ企業の復活はありえないし、そこまでやれば長期的な未来も開けてくるという事実を、他社の実例で目の当たりにしたことは、松下の経営陣が改革を進める上での追い風になったのではないかと推察する。

② 2002年度（2003年3月期）

松下が関係会社5社（松下通信工業、九州松下電器、松下精工、松下寿電子工業、松下電送システム）を100％子会社化すると発表したのは、2001年度の末に差し掛かった2002年1月10日のことである。松下グループ内で重複や競合していた事業の一本化を図り、開発資源の最適な配分、スピーディな商品

開発、そして経営の非効率を排除していくことを本格化する狙いである。

　100％子会社化に伴う営業権（のれん）等3,150億円の計上から、松下電器の連結総資産は2002年度に増加している。しかし、過去の非効率経営と決別し、グループ全体の最適化に向けて象徴的な大きなステップを踏み出したこととなる。松下が2005年度までの目標として掲げることになる、「CCMゼロ以上」の達成を目指す最小組織単位である事業ドメイン会社が、主要関係会社5社の100％子会社化を契機に、本年度にスタートした。

　同時に、主戦場で占有率No.1達成を目標として「V商品」88品目を定義し、「創生21計画」の開始によってここまでに実現した、開発から製造、販売・マーケティングまでを一貫した組織によって、積極的な市場投入を行っている。「破壊」ではなく「創造」によるCCMの向上が、具体的な結果となって表れたのも2002年度である。

③ 2003年度（2004年3月期）

　「創生21計画」の最終年度となった2003年度は、「破壊」から「創造」に軸足を完全に移し、成長戦略に向かってまい進する最初の年度である。これを端的に表す事象として、松下は2003年度を「第2の創業」の年として位置づけている。

　事業ドメイン会社体制が整った2002年度を受け、2003年度から各事業ドメイン会社の経営成果を評価する指標として、CCMとキャッシュフローの使用を明言している。ここまでのグループ会社の吸収合併や100％子会社化、事業ドメイン会社体制の確立によって、「誰が何を行うのか、行わないのか」が明確となり、必然的に「誰が何に責任を持つのか」が明らかとなった。過去に松下が抱えていた大きな課題への解決に目処が立ったことで、ようやく「では、具体的にどのように責任を遂行し、評価するのか」を、明確化する体制ができたのである。

　そのための指標として選択されたのが、事業ドメイン会社ごとのCCMとキャッシュフローである。CCM自体は、松下電器では1999年3月に導入されたものであり、決して目新しいものではない。しかし、事業ドメイン会社における経営指標として、キャッシュフローと共に限定し、具体的な目標水準と達成

時期（2006年度にCCMゼロ以上）を明言したことは、大きなステップである。

　2003年度から、事業ドメイン会社ごとの構造改革を実施し、事業の選択と集中を進めるとともに、すべてのコストの見直しなどによって、経営体質の強化に取り組んだ。また、「コストバスターズプロジェクト」によるさらなるコスト削減活動も、2003年度より開始している。これらがNOPATの向上に寄与することは言うまでもない。さらに、最後の分断化された大物の「松下」企業である松下電工との包括的協業関係を2003年度に結び、翌2004年4月に連結子会社とするに至った。

　成長戦略の推進については、全90品目に及ぶV商品を継続して積極的に投入し、さらなる成功を収めるに至った。また、2003年度からグローバルブランドを「Panasonic」に統一し、ブランドスローガン「Panasonic ideas for life」のもと、ブランド価値の向上を進めた。過去を振り返ると、松下製品のブランドは、Panasonic、National、さらにはMatsushitaまでもが混在している状況にあった。ブランドの分散は目に見えないものである上に、分断した各組織の自主運営によって長年放置されてきた。

　事業や製品の再編に一定の目処がついた2003年度において、松下電器の強力なリーダーシップによるブランド統一を遂行し、ブランド価値の向上を実現することは、長期的に利益率の高い製品を市場に生み出すことにつながり、結果としてNOPATの向上に寄与していく。

④「躍進21計画」（2004年度〜）

「躍進21計画」では、成長戦略の推進と、事業ドメイン別の経営体質強化を、着実に進めている。後者については、2004年4月の松下電工の子会社化を契機として、グループ間の協業を進めると同時に、重複していた事業、流通について全体最適な体制を目指して再編を行った。

　また、事業ドメインごとの選択と集中、拠点再編などの事業構造改革を加速するとともに、コストや在庫の一層の削減などによって、投下資本を圧縮した。具体的な事例として、パナソニックファクトリーソリューションズ（PFSC）では、2社の統合による機種数半減、拠点再編のほか、キット化、在庫レス化、内部化の生産革新を実施するなどの構造改革を断行した結果、30％のシェア

の奪回と赤字体質の脱却に成功を収めている。事業ドメインごとのCCMゼロ以上を経営目標として課せられた各ドメイン会社においては、こうしたあらゆる施策が、CCMを向上するための前向きかつ不可欠な取り組みとなる。

　ここまでに述べた数々の施策の成功によって、中村社長が就任時に述べた2001年度からの1兆円の資産圧縮目標を大幅に上回る、1兆4,000億円の資産圧縮が2005年度末には実現する見込みとしている（2004年度末実績で1兆2000億円を削減）。松下電器は、「創生21計画」の成功に甘んじることなく、成長戦略と事業ドメイン別の経営体質強化を「躍進21計画」によって実施している。そのバックボーンとして、CCMゼロ以上が存在しており、各事業ドメイン会社の経営陣は、是が非でもNOPATの向上と、投下資本の効率化によって、その目標を達成していかなくてはならない。

3…松下電器のEVAを評価する

　中村社長は2003年度のアニュアルレポートのなかで、第1ステップとして、2005年度までにすべての事業ドメイン会社でCCMゼロ以上を確保すること、次に第2ステップとして、2006年度に営業利益率5％以上、全社連結CCMゼ

図表10-8　松下電器産業の6つの事業セグメントに属する19の事業ドメイン会社

事業セグメント	事業ドメイン会社
AVCネットワーク	パナソニックAVCネットワークス社、パナソニックコミュニケーションズ（株）、パナソニックモバイルコミュニケーションズ（株）、パナソニックオートモーティブシステムズ社、パナソニックシステムソリューションズ社、松下寿電子工業（株）
アプライアンス	ホームアプライアンスグループ、ヘルスケア社、照明社、松下エコシステムズ（株）
デバイス	半導体社、松下電池工業（株）、松下電子部品（株）、モーター社
電工・パナホーム	松下電工（株）、パナホーム（株）
日本ビクター	日本ビクター（株）
その他	パナソニックファクトリーソリューションズ（株）、松下産業情報機器（株）

出所：松下電器産業 2004年度決算概要より抜粋

ロ以上を達成して、成長軌道を確保すると語っている。

2004年度末時点の、松下の6つの事業セグメントに属する19の事業ドメイン会社は前ページの図表10-8のとおりである。

同年度末において、松下電器には627社の連結子会社と66社の持分法適用会社がある。松下はこれらを図表10-8のような事業ドメイン会社に振り分け、全事業ドメイン会社単位でのCCMゼロ以上を、2005年度の目標としている。

EVAを採用しているすべての日本企業と同様に、松下電器も全社ベース、あるいは事業ドメイン会社別の具体的なCCMや、その算定条件などを一切開示していない。有価証券報告書から入手できるのは、CCMゼロ以上の目標が課せられた事業ドメイン会社ごとの情報ではなく、それらを一括りとする6つの事業セグメントごとの売上高、事業別利益、資産等の情報のみである。

限られた情報ではあるが、それらを用いて、6つの事業セグメントにおけるEVAの算出を試みたのが図表10-9である。なお、この数値は著者が簡易な前提を置いて計算したものなので、ここからは、松下固有の用語であるCCMを用いずに、EVAという一般用語で解説を進める。

また、資本コストWACCは、以下のように算出している。

株主資本コスト ＝ リスクフリーレート ＋ β × リスクプレミアム
　　　　　　　＝　　　2.0%　　　　＋ 0.65 × 　　5.0%　　　＝ 5.25%

WACC＝時価株主資本比率×株主資本コスト＋時価負債比率×有利子負債コスト×(1−実効税率)
　　　＝　　83%　　×　5.25%　＋　17%　×　1.0%　×(1−40.5%)
　　　＝　4.46%

※β値は、東京証券取引所の「2000年4月−2005年3月」のデータをもとに算出した
※負債コストは1.0%とした
※連結有利子負債は、松下電器が2004年度末に保有している8,626億円、株式時価総額は、2005年7月15日終値ベースで算出された4兆3,419億円を採用した。その結果、時価ベースの株主資本比率は83%、同負債比率は17%としている
※税率は、2004年度の当社の法定実効税率となる40.5%を採用した

EVAを算出する上で、本来であれば、ここまで解説を進めてきたような様々な調整を行うことが必要である。

- リスクは事業ごとに異なるため、事業ごとのリスクを反映した資本コストWACCを計算した上で、EVAを算出しなくてはいけない
- 事業リスクと同時に、財務リスク、すなわち事業部ごとの資本構成（社内バランスシートに基づく、有利子負債と株主資本の構成比率）は異なる。事業リスクに加えて、財務リスクも加味した上で、各事業部のWACCを算出する必要がある
- EVAの算出では、企業が長期的な投資に相当すると考える会計上の費用を、利益に足し戻して調整するのが一般的である
- これによって足し戻された利益は、一時的な資産計上をされたと考えるので、投下資本もB/Sの数値がそのまま適用されるのではなく、調整する必要が発生する

図表10-9　松下電器産業の事業セグメント別のEVA試算（2005年3月期の数値をもとに著者算出）

事業セグメント（100万円）	AVCネットワーク	アプライアンス	デバイス	電工・パナホーム	日本ビクター	その他	小計	全社及び消去	連結計
売上高：									
外部顧客に対するもの	3,745,339	1,245,478	1,006,893	1,485,689	721,391	508,846	8,713,636		
セグメント間取引	113,442	87,298	462,114	70,374	8,818	518,277	1,260,323		
合計	3,858,781	1,332,776	1,469,007	1,556,063	730,209	1,027,123	9,973,959	-1,260,323	8,713,636
事業別利益：	127,366	77,632	57,761	63,923	9,887	38,352	374,921	-66,427	308,494
事業別資産：	2,205,663	660,841	930,315	1,346,029	483,867	883,706	6,510,421	1,546,460	8,056,881
ROA（事業別利益ベース）	5.8%	11.7%	6.2%	4.7%	2.0%	4.3%	5.8%		3.8%
売上高事業別利益	3.3%	5.8%	3.9%	4.1%	1.4%	3.7%	3.8%		3.5%
総資産回転率	1.75倍	2.02倍	1.58倍	1.16倍	1.51倍	1.16倍	1.53倍		1.08倍
資本コスト（WACC）	4.46%	4.46%	4.46%	4.46%	4.46%	4.46%	4.46%		4.46%
EVA（WACC=4.46%）	-22,560	16,726	-7,112	-21,981	-15,691	-16,582	-67,199		-175,674
IRR	3.44%	6.99%	3.69%	2.83%	1.22%	2.58%	3.43%		2.28%
スプレッド	-1.02%	2.53%	-0.76%	-1.63%	-3.24%	-1.88%	-1.03%		-2.18%

注：全社の費用に含めている主なものは、基礎的試験研究費、親会社の本社管理部門に係る費用
　　全社の資産は、現金及び現金同等物、定期預金、短期投資、投資及び貸付金及び配賦不能な費用に係るその他資産
　　無形固定資産の主なものは、特許権及びソフトウェア

このような調整は、企業の固有性が非常に強いため、外部から詳細に算出するのは実質的に不可能である。よって、ここではこうした調整が本来は必要となることを十分認識した上で、与えられた情報のみから計算できる、単純化されたEVAを算出している。

これによると、白物家電や住宅設備機器が中心となるアプライアンスのみが、EVAのゼロ以上を達成していることとなる。アプライアンスはROA（事業利益ベース）で11.7％に達しており、その構成要素となる売上高営業利益率（5.8％）と総資産回転率（2.02倍）でも、6つの事業セグメントのなかで、すべてトップである。事業別利益の金額ではAVCネットワークが唯一1,000億円超の水準にあり、大きく引き離しているが、投下資本のコストを加味すると、2004年度末時点ではアプライアンスが大きくリードしていることが分かった。

EVAのマイナスの大きさでは、売上高が最も大きいAVCネットワークの▲225億円が最大であり、次いで電工・パナホームの▲219億円、その他（電子部品実装システム、産業用ロボット及び産業機器等）の▲165億円、日本ビクターの▲156億円、そしてデバイスの▲71億円と続いている。電工・パナホームは、2004年度に共に松下電器の連結子会社化された、松下電工とパナホームが帰属している。両社は異なる事業を行っており、一緒にEVAを算出していること自体が妥当ではないが、ここでは敢えて松下電器の事業セグメントをそのまま採用してEVAを算出している。両社の子会社化後の時間経過につれて、松下電器の事業セグメントの切り方にも、変更が発生する可能性が高い。

EVAの金額ベースで見れば、規模の大きいAVCネットワークのマイナス値が最も大きくなってしまう。そこで、どの事業セグメントがEVAの黒字化に最も近く、逆にどの事業が遠いのかを見るために、EVAの金額ではなく、利回りに着目してみたい。

EVAがちょうど損益分岐する（EVAをゼロ以上にする）ことのできる利回り（ここではIRRと呼ぶ）とWACCの差を、スプレッドと呼ぶことにしよう（スプレッド＝IRR－WACC）。このスプレッドのマイナス幅が小さいほど、EVAをゼロ以上にするための距離が短いこととなる。別の言い方をすると、各事業セグメントのIRRがWACCを上回っていれば（IRR≧WACC、すなわちスプレッドがゼロ以上）、当該事業セグメントのEVAゼロ以上が達成できて

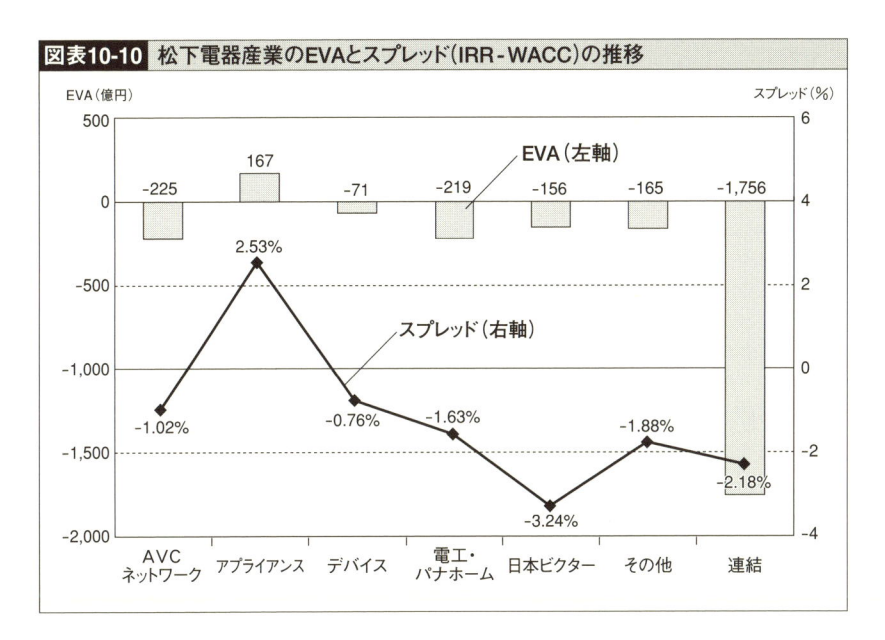

図表10-10 松下電器産業のEVAとスプレッド(IRR-WACC)の推移

区分	EVA(億円)	スプレッド(%)
AVCネットワーク	-225	-1.02%
アプライアンス	167	2.53%
デバイス	-71	-0.76%
電工・パナホーム	-219	-1.63%
日本ビクター	-156	-3.24%
その他	-165	-1.88%
連結	-1,756	-2.18%

いることとなる。

　図表10-10より、スプレッドのマイナス値(IRRがWACCを下回る)が最も大きいのは、日本ビクター(▲3.24%)であり、次いで、その他(▲1.88%)、電工・パナホーム(▲1.63%)、AVCネットワーク(▲1.02%)、そしてデバイス(▲0.76%)となっていることが分かる。唯一EVAがプラスであったアプライアンスは、スプレッドがプラスの2.53%に達しており、2%以上の余裕を持ってEVAゼロ以上を達成していることが確認できる。

　デジタル家電を主体とする日本ビクターは、2004年度に3期ぶりの最終赤字に陥っている。日本ビクターは特に海外市場のシェアが高いが、当該年度は、その海外でシェアを失い続ける結果となった。松下電器にとっては、デジタル家電のデフレの波を、自社のAVCネットワークと日本ビクターの2度にわたって影響を受けることとなる。今後の動向次第では、日本ビクターの再編も視野に入ってくる可能性は否定できないであろう。

　松下が2006年度に黒字化を目標としている全社連結のEVAは、2004年度に▲1,756億円、スプレッドは▲2.18%と算出されている。全社連結EVAの

金額が、6つの事業セグメントにおけるEVAの合算よりもマイナス値が大きいのは、6つの事業セグメントに帰属していない、全社の資産が1兆5,464億円あるためである。これら資産について松下は、「現金及び現金同等物、定期預金、短期投資、投資及び貸付金及び配賦不能な費用に係るその他資産」と説明している。

これら資産が全社資産の19.2％というかなりの金額に達しており、その結果、松下のCCMの目標設定が「2005年度までにすべての事業ドメイン会社でCCMのゼロ以上、2006年度に全社連結CCMゼロ以上」となるわけである。通常は前者が実現すれば後者は必然的に実現するように思われるが、松下の健全な財務体質と潤沢な資産ゆえの逆転現象と言える。

もちろん、こうした事業セグメントに帰属しない資産が、企業運営において必要不可欠なものなのか、あるいは遊休資産とみなされるほどの過剰な規模なのかを、常に見きわめていく必要がある。こうした全社の資産を圧縮することも、全社CCMをゼロ以上とするための重要な施策となる。その一環として松下電器は、増配や自己株式取得を通じて、株主への還元を加速させつつある。図表10-11は、2004年度アニュアルレポートに記された、当社の株主還元の2004年度実績と2005年度予定である。

ここまでの松下のEVAの分析は、非常に単純化された前提と数値を用いて行っている。松下電器社内でのCCMの計算や、目標とする「ゼロ以上」との乖離度の認識は、著者の分析とは異なる可能性もある。読者には、ここでの分析の数値そのものより、分析のプロセスを中心として参照していただけると幸いである。

こうした仮の分析も、残念ながら松下電器から事業ドメイン会社のCCMの推移に関する具体的な経過報告がないことに起因する。他の指標と比べてもEVAは企業の固有性が高いので、外部から推し量るのが実質的に不可能である。一方、固有性が強いがゆえに、算出方法も複雑化するため、国内では未だ具体的なEVAの推移を開示している企業はない。

松下の場合もCCM目標達成の最小単位の組織となる事業ドメイン会社ではなく、それらを括る事業セグメントベースでの資産金額の開示にとどまっている。変革企業の象徴として、今後CCMに関する情報開示についても、これま

での常識の「破壊」と、新たな価値観の「創造」を期待するのは、少々欲張りであろうか。

なお、松下はCCMを役員報酬にリンクさせることについては、当初から仕組みとして導入している。松下のホームページでも、次のように明言している。「取締役・役員の報酬、賞与については、平成15年度から、CCMとキャッシ

図表10-11 松下電器産業の株主還元(配当と自己株式取得)

配　　当	
2004年度	2005年度（予定）
・年間配当金　1株当たり15円 　（2003年度比2.5円増配） 　※2003年度の年間配当金14円のうち 　　記念配当1.5円を除いた額による比較 ・中間配当金　1株当たり7.5円 ・期末配当金　1株当たり7.5円	・年間配当金　1株当たり20円 　（2004年度比5円増配） ・中間配当金　1株当たり10円 ・期末配当金　1株当たり10円

自己株式取得	
2004年度	2005年度（予定）
・取得株数　　約6千万株 ・取得金額　　約937億円 ・保有株式数　約1億9千万株	・取得株数　　1億2千万株（上限） ・取得金額　　1,500億円（上限）

年度	配当＋自己株式取得（億円）
2001	1,279
2002	1,449
2003	1,033
2004	1,376
2005（予定）	2,073

出所：松下電器産業 2004年度アニュアルレポートより抜粋

ュフローによる業績評価を各人の支給額に反映させている。これにより、株主利益に立脚した新しい業績評価基準のさらなる徹底を図り、当社グループ全体の長期継続的な成長性、資本収益性の向上を図っていく」

　EVAに限らないが、経営指標として掲げた数値に対して、企業、経営陣、さらには従業員がコミットメントを十分に保有するよう、一部報酬にリンクすることは不可欠な要素である。

3●まとめ——EVAの役割

　『EVA　価値創造への企業変革』（ジョエル・M・スターン他著、日本経済新聞社刊）のなかで、EVAの登録商標を保有するスターン・スチュワート社の創業者であるジョエル・スターン氏は、「残念なことに、組織におけるビジネス手法や根本的な行動について疑問が生じるような大きな危機に瀕しているときに、EVAは最も成功を収める。つまり、すべての従業員が『いま、変革を』という言葉を叫ぶような状況である。多くはCEOが交代し、新任のCEOが行動と業績を急速に変更することを望んでいる場合である」と述べている。

　感の良い読者であれば、スターン氏が本書で述べていることが、そっくりそのまま、中村社長による松下改革に当てはまると感じるのではないだろうか。それくらい、松下電器のEVAの導入は、当社が置かれた経営環境に合致した経営指標であったと言えよう。

　松下と比較すると、同じEVAを導入しているソニーは、なぜ同時期の同業界にいながら、経営の低迷に陥ったのであろうか。ソニーの場合、EVAを導入した時期は、必ずしもスチュワート氏の言うような大きな危機に瀕した状況ではなかった。むしろ、携帯オーディオプレーヤー、ブラウン管テレビといったエレクトロニクスのみならず、映画や音楽、ゲームなどで数々の成功を収め、国内のみならずグローバル市場における圧倒的なブランド力を誇っていた。しかしこうした成功体験が、ソニーの危機感を欠如させ、その結果として数年にわたる経営の低迷を作り出したと言えなくない。

また、ソニーのこうした低迷をもたらしたのも、見方によっては、単年度ベースの管理指標であるEVAを重視し過ぎたためかもしれない。長期的な視点での薄型テレビやDVDレコーダーなど、成長市場への投資につまずく結果を導き出したことについて、EVAが少なからず悪影響を及ぼしたと取れなくもない。とすれば、大きな危機に瀕した現在のソニーだからこそ、EVAの意義と有効な活用について改めて見直すタイミングであるとも言うことができよう。

一方、国内で早くからEVAを導入した花王は、大きな危機的な状況にない企業でありながらも、EVAを着実に増加し、24期連続経常増益記録も達成している。花王を見ると、大きな危機に瀕していない企業でも、EVAが十分に機能することが分かる。その花王の会計財務部門財務部長の山本照雄氏は、『CFOのためのバリュエーションと企業価値創造』（税務経理協会刊）のなかで、花王のEVAの特色として、次の5つを挙げている。

①マネジメントがEVA経営に大変コミットしていること
②EVA連動賞与をEVA導入初年度から全従業員に対して導入していること
③SCMプロジェクトや自社株買いなどの判断基準といったマネジメントプロセスへの適用に生きていること
④コンサルティング会社を使ったこと
⑤投資家や株主の視点を取り入れた、グローバルスタンダードの経営が行われているということで、IR（インベスター・リレーションズ）上も有効に機能していること

資本コストの概念を算式に組み込んでいる点において、EVAは、これまで解説した9つの指標とは明らかに異なる。この結果として、指標の複雑さと難解さもまた、最も大きい指標であると言えよう。だからこそ、掛け声倒れでは終わらないように、目標設定後の持続的な予実フォロー、報酬へのリンク、経営の意思決定の判断基準としての常時活用など、社員1人1人が強く意識し続けることのできる環境を同時に構築することも、EVAを採用する企業の経営者には求められる。

終章

会計指標の選択とポートフォリオ

企業価値の向上を目指して

下記は、2005年3月期に、ある上場企業が決算短信上に記載した内容を、一字一句変えずに掲載したものである。

> 「目標とする経営指標」
> 当社は、経営目標には経営指標は重要であると認識しており、具体的数値も参考にすることは無論ですが、企業価値をトータルで増大させ、かつ持続することが大切であると考えております。また、当社グループは単体業績を大きく上回る連結業績であり、現状では安定性かつ継続性のある目標数値として採用できる適切な数値、及び会社が目標とする経営指標につきましては特に限定せず、各利益項目の安定確保を最重視した経営を行うことで諸経営指標の向上をめざしてまいります。

ここからどのような経営のメッセージが読み取れるであろうか。少なくとも、著者には何も読み取れない。自社の目指すべき道について言葉を濁したいときに出てくる「企業価値の云々」の典型に思えてならない。経営指標が大事だと考えるのであれば、なぜそれを設定しないのか。企業価値を増大させ、持続させることが大切だと思うのであれば、なぜ具体的な道筋を示さないのか。駆け出しのベンチャー企業であれば分からなくもないが、当社は第72期決算を迎えた、歴史のある企業である。自社の何が重要であるかを語れない企業が、果たしてステークホルダーの信頼を得ることができるのだろうか。

ここまでは、10の代表的な会計指標をケーススタディと共に解説してきた。本章では、まず「企業価値向上」の代替としての会計指標について、これまでの解説を振り返りながらまとめる。次に、企業が置かれた経営環境や業界の特性に応じて、企業はどのような基準で会計指標を選択するべきなのか。会計指標からの視点と、ケーススタディ企業からの視点の両面から考察する。これらを受けて、会計指標の理想的なポートフォリオの組み方について触れ、最後に、目標とする経営指標の達成に向けて重要となる、企業としての仕組みづくりを考察したい。

1…「企業価値向上」の代替としての会計指標

まず初めに、10の代表指標を計算する数値の出所、キャッシュフロー（CF）と資本コストの概念の有無、一般的な浸透度・分かりやすさ、そして、全社評価または事業評価の向き・不向きについて、一覧にまとめる。

株主資本比率を除く9の会計指標の計算には、損益計算書（P/L）上の数値を使用している。言うまでもないが、P/L上にある売上高、費用、利益は1年間の企業活動から生み出されたフローである。企業が1年間にどれだけのフローを生み出したのか、生み出していないのかを計算に入れることは、序章で見たように、企業価値が「企業が将来にわたって稼ぐ能力」である点と通じている。「企業価値の向上」を単年度ベースで意識し、その実績を評価する代替指標と捉えられる。

図表 終-1　10の代表指標の一覧

会計指標	計算数値の出所		CFの概念	資本コストの概念	一般的な浸透度・分かりやすさ	全社または事業評価の向き・不向き
	P/L	B/S				
1. ROE	○	○	△	×	○	全社評価
2. ROA	○	○	△	×	○ ただし計算式は企業間で異なる	全社評価、事業評価共に有効
3. ROIC	○	○	△	×	△ 計算式は企業間で異なる	事業評価
4. 売上高営業利益率	○	×	×	×	○	全社評価、事業評価共に有効
5. EBITDAマージン	○	×	○	×	△ EBITDAの説明を要する	全社評価、事業評価共に有効
6. FCF	○	×	○	×	△ 計算式は企業間で異なる	全社評価、事業評価共に有効
7. 株主資本比率	×	○	△	×	○	全社評価
8. 売上高成長率	○	×	×	×	○	全社評価、事業評価共に有効
9. EPS成長率	○	×	×	×	△ EPSの説明を要する	全社評価
10. EVA	○	○	△	○	× 計算式は企業間で異なる上に、資本コストの理解は難解	原則、事業評価。ただし全社評価への適用も可能

唯一、P/L上の数値を用いていないのは株主資本比率である。他の9の指標が、P/L上の数値を用いて「企業の稼ぐ能力」を評価しているのに対して、株主資本比率は安全性を評価する指標となる。第7章の解説で株主資本比率と共に紹介した固定比率、固定長期適合率など、企業の安全性を評価する指標には、バランスシート（B/S）のみから算出するものが少なくない。B/Sは、企業の持ち物（資産、負債、株主資本）を示すストックの情報であり、そこから安全性を評価しようというアプローチである。よって、直接的には「企業価値の向上」の単年度ベースでの代替指標にはならない。しかし、永続的な企業価値の向上のために、直近の安全性を高めることが喫緊の課題となる企業であれば、目標指標としての納得性は高い。もちろん、株主資本比率を高める手段の王道は利益の蓄積であり、これは稼ぐ能力に通じている。

企業は調達した資本をもとに企業活動を行っており、その調達資本のコストに見合ったフローを生み出していなくては、社会の資源の浪費となりかねない。調達資本が記述されているのはB/Sであるが、6の指標がB/S上の数値を用いて計算している。ROE、ROA、ROICはそれぞれ、株主資本、総資産、特定事業への投下資本に対して、1年間で計上した利益の利回りを算出するものである。目標とする利回り水準の設定において、資本コストの概念を含めることで、企業価値向上を真に意識した経営を行うことが可能となる。

フリー・キャッシュフロー（以下、FCF）の計算式では、追加設備投資や追加運転資本の算入においてB/S上の数値を用いている。どちらもROICやEVAの投下資本の計算でも算入するものであり、第10章でも解説したように、3つの指標（FCFを用いた企業価値、ROIC、EVA）の類似性を見出すことができる。FCFの成長率の設定には、資本コストの概念を含めることが求められる。「キャッシュフロー経営」という言葉が、経営における1つのキーワードとなって久しい。指標の中で直接的にCFの概念を示しているのは、EBITDAマージンとFCFである。営業利益ではなくEBITDAに着目するのは、非現金科目である減価償却費の控除を足し戻して、CFベースでの収益性を評価するものであった。FCFはその言葉が示すとおり、CFそのものである。また、企業価値算定式の分子であって、FCFを高めることが企業価値の向上につながる。

他の指標は、直接的にはCFに関係していないように見える。しかし、たとえばROICやEVAの投下資本には運転資本が算入されており、投下資本の圧縮のために運転資本を削減する（売上債権の早期回収や在庫削減など）ことは、ROICやEVAを向上することにつながる。運転資本の削減はCFを生み出し、生み出されたCFは有利子負債の返済や株主還元などにも充てられる。よって、B/Sの概念が入った会計指標は、間接的にはどれもがCFの概念を含んでいると言ってよい。企業価値の算定式の分子がFCFであることから、目標とする会計指標にCFの概念（代替としてのB/Sの概念）を含め、これを意識した経営を行うことは重要である。

　資本コストの概念を指標の中に直接組み込んでいるのは、EVAのみである。それがこの指標の難解さを増しているのだが、企業は資本コストを上回るFCFを中長期的に生み出せるとき、初めて企業価値を高めることができる。よって、EVAのように直接的ではないにしても、あらゆる会計指標の目標水準の設定では、資本コストの概念がバックグラウンドになくてはいけない。会計指標の目標水準は企業が自由に設定するものではなく、資金提供者である株主や金融債権者の要求リターンが決定するものである。

　一般的な浸透度・分かりやすさでは、ROE、ROA、売上高営業利益率、株主資本比率、売上高成長率の5つが勝る。実際、これら指標を目標に掲げる企業は実に多い。また、これらから派生する指標として、売上高営業利益率ではなく売上高経常利益率、株主資本比率ではなくD/Eレシオ（有利子負債／株主資本）、あるいは売上高成長率ではなく、営業利益や経常利益の成長率を目標として掲げる企業も多く見られる。

　最後に、全社または事業評価（事業部別、製品・サービス別など）への向き・不向きであるが、ROE、EPS成長率は株主資本や株式数が算式に組み込まれるため、全社レベルでの計算のみ可能な指標である。一方、ROICとEVAは、事業別にリスクが異なるだけでなく、計算手法もどこまでの営業利益や投下資本を算式に組み入れるかによって異なる。よって、基本的に事業評価のための指標と言える。ただし、EVAはそうした各事業部のEVAの積み上げとして全社レベルのEVAを計算し、これをもって経営指標として設定することも可能となる。そもそも、企業の中に複数の事業が存在していても、あくまで上

場・公開している株式は1つである。外部から見れば最終的に全社EVAがプラスで生み出されなければ、中長期的に企業価値が向上しないことになる。

他の6つの指標は、全社評価、事業評価共に、共存しやすいものである。事業評価においては、事業の特性やリスクに応じて、目標とする水準は自ずと異なるが、その総和である全社評価では、全社資本コストを十分に意識した目標となっていなくてはならない。全社レベルで達成しなくてはいけない会計指標の水準が、各事業の特性やリスクに基づいて、各事業にブレークダウンされることとなる。

ここまでの議論の総括として、企業価値算定式と10の会計指標の関係性を図表「終-2」にまとめる。

2…経営指標としての会計指標の選択

次に、10の会計指標を経営指標として掲げる場合、それが相応しいケースと、そうでないケースについて、これまでの議論をまとめながら解説していく。

①ROE（株主資本当期純利益率）

目標とすべき企業 ⇨ 原則、すべての上場・公開企業
優先度が低い企業 ⇨ 事業再編・リストラが完了したばかりで、株主資本が毀損している企業

ROEは株主の指標である。よって、上場・公開企業であれば、業界や業績を問わず、すべての企業が中長期的視点で目標として意識するべき指標である。上場・公開企業でなくても、自社のパートナー企業、顧客、あるいは競合に1社でも上場・公開企業があれば、それら企業の立場に立って、やはり注目しなくてはいけない指標である。少なくともそうした企業は、目標ROEを達成するように企業活動を営んでおり、それが達成できるような条件をいかなる外部企業に対しても突きつけてくるはずである。パートナー企業、顧客、あるいは競合問わず、相手企業の目標とする利回り水準を理解しておくことは、ROEに限らず、すべての指標において大切である。

図表 終-2　会計指標を用いた企業価値向上の施策

■ 分子を高める施策

⑥FCFの向上によって企業価値を高める
⑤EBITDAマージンの向上に向けて営業CFを高める

$$FCF = 営業利益 \times (1-税率) + 減価償却費 - 追加設備投資 - 追加運転資本$$

利益を高める
- ①ROEの向上に向けて営業利益を高める
- ②ROAの向上に向けて営業利益を高める
- ③ROICの向上に向けて営業利益を高める
- ④売上高営業利益率の向上に向けて営業利益を高める
- ⑧売上高の成長に向けて営業利益を高める
- ⑨EPSの成長に向けて営業利益を高める
- ⑩EVAの成長に向けて営業利益を高める

実効税率を下げる

利益を高めるための適切な設備投資を行う
- ②ROAの向上に向けて総資産を圧縮する
- ③ROICの向上に向けて投下資本を圧縮する
- ⑩EVAの向上に向けて投下資本を圧縮する

売上債権、棚卸資産、仕入債務を適切に管理する

■ 分母を低める施策

有利子負債を有効活用して、資本コスト（WACC）を下げる
- ①ROEの向上に向けて株主資本を圧縮する
- ⑨EPSの向上に向けて株主資本を圧縮する
- ⑩EVAの向上に向けてWACCを下げる

⑦株主資本比率の向上で安全性を高め、永続的に企業価値を向上する

一方、長年の業績不振からの事業再編・リストラが完了したばかりの企業は、ROEの分母の株主資本が毀損しており、ROEが高い特異値となって計算されることが多い。そうした企業は、まず安全性を高めるために、利益の積み上げによって、ROEの分母の株主資本を増加させる（株主資本比率の向上）ことの優先順位が高い。ROEは短中期的には下がるべき指標となり、目標指標とはならない。たとえば、経営不振から産業再生機構による再建支援を受けたような企業（債務超過企業の場合、ROEの計算すらできない）が相当する。第1章のコラム「トヨタ自動車のROE」で紹介したように、カルロス・ゴーン氏による経営再建以降、日産自動車のROEは継続的に右肩下がりを続けている（2001年3月期の35.1%から、2005年3月期は22.8%まで下落）。日産自動車にとって、ROICは重要な経営指標であるが、ROEは現在までのところ上昇を目指すような経営指標ではない。

②ROA（総資産利益率）

> **目標とすべき企業**⇨バランスシートが膨らむことを前提とする業界、あるいは余剰資産が大きいと思われる企業
> **優先度が低い企業**⇨バランスシートに競争優位の源泉が少ない業界・企業

　ROAはB/S上のすべての資産に対する収益性を判断する指標である。業界の特徴として有形固定資産、あるいは売上債権や棚卸資産といった運転資本を多く持つことを前提とする業界であるほど、目標に掲げる意義は大きい。広く製造業、小売り、総合商社、電力、ガス、通信、鉄道、建設、不動産、あるいはアミューズメントパークなどが該当する。また現預金や有価証券といった手元流動性、あるいは事業投資や株式持ち合いから来る投資有価証券などが大きい企業でも、それら資産が十分な利益に結びついているかを判断する上で有益な指標である。

　一方、総資産をもとに計算する指標なので、企業あるいは業界の競争優位の源泉がB/Sに少ない場合には、その重要性は劣る。たとえば、専門商社（有形固定資産が少ないという点で）、オンライン小売業、コンサルティング業など

が挙げられる。ただし、これら業界でも、個別の企業を見れば過剰な手元流動性や投資有価証券を保有していることがある。そうした場合には、むしろROAを経営指標として認識し、適切なB/Sへの圧縮が望まれる。

③ROIC（投下資本利益率）

> **目標とすべき企業**⇨ 複数事業を営んでいる企業。バランスシートが膨らむことを前提とする業界、あるいは余剰資産が大きいと思われる企業。資本コストの意識を組織内に浸透させたい企業
> **優先度が低い企業**⇨ バランスシートに競争優位の源泉が少ない業界・企業

ROICは、特定の事業に関する投資収益性を評価する指標である。よって、特定事業を抽出して評価するだけの意義がなければならない。複数事業を営んでいて、事業ごとの投資収益性を明確に判断したい場合に、ROICはその指標としての真価を発揮する。重工業界の多くの企業がROICを経営指標として掲げていることは、航空機、船舶、橋梁、ガスタービン、プラント、その他機械など、様々な製品を扱う当業界の特徴を考えた場合、納得できる。また、資本コストとの比較が本質的に正しいのは、ROEやROAではなくROICなので、資本コストとの比較を目的とする場合にも、ROICを経営指標として設定することが有益である。

一方、ROAと同様に、企業あるいは業界の競争優位の源泉がB/Sに少ない場合には、その重要性は劣る。

④売上高営業利益率

> **目標とすべき企業**⇨ 同種の製品やサービスを扱う企業間での競争環境が激しい業界
> **優先度が低い企業**⇨ 競争環境がそれほど激しくない業界。売上高営業利益率より、売上高総利益率が重要な位置を占める業界

売上高営業利益率は、P/L上のみから算出する指標である。本業の収益性を表す指標であり、計算が容易で理解しやすいことから、業界他社比較を行って、本業の競争優位性の評価を行うことが多い。よって、同種の製品やサービスを扱う企業間での競争環境が激しい業界で、かつ生き残りの条件が収益性を高めることに大きく集約される企業であるほど、目標として掲げる意義は大きい。現在の総合電機業界、トイレタリー・化粧品業界などが例として挙げられる。

　一方、競争環境がそれほど激しくない場合、あるいは同業者間でもその事業内容に差があるため、本業の収益性評価の意義が薄い場合には、業界他社と比べるより、自社としてどうかの優先順位が高くなる。この場合、B/Sの概念を含めた投資収益性の指標であるROEやROAを優先するべきである。例として、電力やガスなどが挙げられる。また、売上金額が膨らむので収益性の数値が著しく小さくなる総合商社や、薄利多売を常とする国内総合小売業などでは、売上高営業利益率の数値は目標として語るには小さく、あまり魅力的でない。こうした業界は、薄利を着実に維持・向上していることを評価する点で、売上高総利益率がむしろ重要な目標指標として考えられる。

⑤ EBITDAマージン

目標とすべき企業 ⇨	減価償却費が大きく、かつ同種の製品やサービスを扱う企業間での競争環境が激しい業界
優先度が低い企業 ⇨	減価償却費が大きくない業界。競争環境がそれほど激しくない業界

　EBITDAマージンと営業利益の違いは、減価償却費を足し戻すことにある。よって、減価償却費を足し戻すだけの意味のある有形固定資産や無形固定資産の規模を保有している業界や企業にとって、EBITDAは重要な指標となる。このEBITDAを用いて計算されるEBITDAマージンは、P/Lのみから計算される収益性を評価する指標なので、売上高営業利益率のように、同種の製品やサービスを扱う企業間での競争環境が激しい業界において、重要性が高くなる。2つの条件が合致する業界として、音声、データ、画像、あるいは地上波や衛

星を問わず、広く通信業界では常に注目される会計指標である。

一方、減価償却費を足し戻すだけの意味の薄い企業、あるいは売上高営業利益率と同様に競争環境がそれほど激しくない業界であれば、EBITDAマージンの経営指標としての重要性は低くなる。利益規模に比べて減価償却費の小さい製造業として、製薬業界が例として挙げられる。また、電力やガスなどは、減価償却費が大きいのでEBITDAを計算する意義は高いが、その収益性指標であるEBITDAマージンを目標指標として掲げることには、棲み分けされた規制業界であることからして、比較的意義が薄い。

⑥フリー・キャッシュフロー

> **目標とすべき企業**⇨ 原則、すべての企業。追加設備投資と追加運転資本において、経営として特に重要なメッセージを伝えたい企業。「キャッシュフロー経営」への意識を社内外に浸透させたい企業
> **優先度が低い企業**⇨ 追加設備投資や追加運転資本について、今後の変化がさほど予測されない企業

FCFは企業価値算定式の分子にあるので、企業価値の向上を旨とするすべての企業にとって、意識しなくてはいけない指標である。「キャッシュフロー経営」の考えが経営に根ざしていくにつれ、その象徴と言えるFCFを経営指標として掲げる企業は確かに増えてきている。しかし、指標としての浸透度の低さや分かりにくさから、FCFを目標として掲げる上では、相応の理由があってしかるべきである。アマゾン・ドットコムで見たように、追加設備投資と追加運転資本に自社の競争優位の源泉があり、経営としてそのメッセージを伝えたい場合、FCFを目標として掲げる意義は大きい。たとえば、今後の設備投資の拡大が予測されていても、確実にCFを生み出していく所存であるとき、あるいは懸案となっている過剰な売上債権や棚卸資産の圧縮を積極的に進めていく計画がある場合、それらを実証する指標として、FCFが真価を発揮する。

一方、追加設備投資や追加運転資本について、今後の変化がさほど予測され

ない場合には、敢えてFCFを目標として掲げる意義は薄い。ただし、「キャッシュフロー経営」への意識がますます高まる昨今、利益と共に敢えてキャッシュフローを謳うこと自体には意義が高い。

⑦株主資本比率

目標とすべき企業⇨安全性への懸念の高い企業
優先度が低い企業⇨十分安全と思われる企業

　株主資本比率は安全性を評価する指標なので、安全性への懸念が高い企業であるほど、経営指標としての重要性は高くなる。具体的には、有利子負債による大型投資直後にあり、今後は投資からの利益計上が課題となる企業や、長年の業績不振からの事業再編・リストラが完了し、今後は着実に利益計上していくことが課題となる企業などが挙げられる。
　一方、これ以上安全性を追求しなくても十分安全と思われる企業にとっては、株主資本比率は経営指標としての重要性は高くない。たとえば、株主資本比率が業界の平均値を十分に上回っている企業などが挙げられる。

⑧売上高成長率

目標とすべき企業⇨経済成長率や業界平均値を十分に上回る売上高成長率を示すことのできる企業
優先度が低い企業⇨売上高成長率が、経済成長率や業界平均値を当面は下回る企業。M&Aによる企業拡大が中心となる企業

　売上高成長率を目標として掲げる上では、当然ながら業界や自社の売上高が成長していることが前提となる。本書ではM&Aによる規模の拡張ではなく、有機的成長（Organic Growth）に着目し、その成長率について解説した。各国の経済成長率（GDP成長率）、あるいは業界平均値を十分に上回る成長率を示すことができる企業ほど、経営指標として掲げることで、自社を魅力的な姿

として見せることができる。

　一方、業界や自社の売上高が成長していなければ、売上高成長率を経営指標にはできない。また、成長していても、経済成長率や業界平均値を当面は下回るのであれば、これもまた経営指標としては逆効果となる。さらに、M&Aによる企業拡大を目指している企業であれば、何年後までに幾らの売上高が目標というように金額で示すことはできても、成長率として議論することは、その実態からしてあまり馴染まない。

⑨EPS成長率

> **目標とすべき企業** ⇨ 原則、すべての上場・公開企業
> **優先度が低い企業** ⇨ 特別損益の動向が激しい企業。直近で大型の増資が見込まれる企業

　ROEと同様に、EPSも株主の指標である。よって、上場・公開企業であれば、業界や業績を問わず中長期的視点で目標として意識するべき指標である。売上高成長率と同様に、各国の経済成長率、あるいは業界平均値を十分に上回る成長率を示すことができる企業ほど、経営指標として掲げることで、自社を魅力的な姿として見せることができる。ただし、日本では一般にそれほど馴染みのある会計指標ではないことに注意を要する。

　一方、P/L上の利益の中でも、純利益は最も変動が大きい。特別損益の動向が激しい企業であれば、各年度の純利益がブレやすいので、EPS成長率を目標指標として公約することは難しい。また、直近で大型の増資などが見込まれる場合にも、EPS成長率の経営指標としての意義が薄くなる。

⑩EVA（経済付加価値）

> **目標とすべき企業** ⇨ 原則、すべての上場・公開企業
> **優先度が低い企業** ⇨ 未公開の企業

EVAの算式には、企業価値算定式のコンポーネントとなる、営業利益、投下資本、そして資本コストの概念が含まれている。よって、これもまた上場・公開企業であれば、業界や業績を問わず中長期的視点で目標として意識するべき指標である。ROICと同様に、複数事業を営んでいて、事業ごとの投資収益性を判断したい場合に、EVAは特に有効である。

一方、未公開企業であれば資本コストの概念は存在しないので、EVAによる経営管理は、直接的には意義が薄い。ただし、ROEでも触れたように、自社のパートナー企業、顧客、あるいは競合に1社でも上場・公開企業があれば、それら企業の立場に立って、やはり着目しなくてはいけない指標である。未公開企業でも、同業他社で上場・公開している企業があれば、そこから自社の資本コストを割り出すことで、疑似EVA管理を行うことも十分可能である。

3…ケーススタディ企業における経営指標の評価

10の会計指標について、目標とすべき業界や企業と、必ずしもそうではない業界や企業について、まとめてきた。ここでは、それぞれの会計指標を目標に掲げた10のケーススタディ企業の視点から、ケース企業が当該指標を目標に掲げた妥当性の評価と、ケース企業にとって今後さらに重要性が高いと思われる会計指標について考察していく。

①武田薬品工業
●経営指標としてのROEの妥当性

武田薬品のような、成長性、収益性が高い企業ほど、ROEを継続的に維持・向上させることは容易ではない。よって、高い収益性を株主への還元まで結びつける姿勢として、ROEを経営指標として掲げた姿勢は評価できる。

しかし、直近2年間のROEは下落を続けており、2005年3月期は目標水準とする17%を2%以上下回った。2006年度以降の中期計画で再びROEを目標とするのか、目標とする場合には必達目標と考えるのか、その場合の水準はどの程度なのか、当社の判断を待ちたい。

また、武田の「01－05中期計画」でROEと同時に掲げられた目標は、自

社医療用医薬品売上高1兆円以上、進出地域市場シェア3.0％以上、年平均1,500億円以上の新規製品売上創出、売上高営業利益率35％以上、全社連結EPSの持続的成長年平均10％以上である。EPS成長率の分母の株式数を除き、これらすべてがP/L上での議論であり、B/Sの概念が含まれていない。

● 今後重要性が高いと思われる会計指標

継続してROEを目標として掲げることを期待したいが、売上や利益が伸張するなかで、2006年度以降、目標とする水準をどこに位置づけるのか、注目される。

武田は実質無借金企業なので、ROEとEPSを見ておけば、B/Sは十分とも考えられようが、1兆5,000億円に及ぶ手元流動性の動向を的確につかむために、手元流動性比率（〔現預金＋有価証券〕）/〔売上高/365〕）、ROAや株主還元比率（〔自己株式取得金額＋配当金額〕/純利益）などが注目される指標である。

②ウォルマート

● 経営指標としてのROAの妥当性

日本の総合小売業は収益性が低く、ROAを語るには必ずしも魅力的ではないが（イトーヨーカ堂の2005年2月期単独ベースのROAは2.5％〔経常利益ベース〕）、棚卸資産、有形固定資産や長期差入保証金が膨らむ業態を考えると、ROAを目標とする妥当性は本来高い。ウォルマートの果敢な店舗展開も、単に売上高や利益を伸ばすだけではなく、投下されたすべての資産（選別された特定の投下資本ではない）に対する高い収益性（税引後で9％程度）を維持しながら行われていることの意思表明である。

これを確実に遂行するために、店舗売上高の前年度成長率、売上高成長率を上回る営業利益成長率（つまり、売上高営業利益率の向上）、そして売上高成長率の半分以下に抑える在庫成長率の3つの経営指標が監視している。

● 今後重要性が高いと思われる会計指標

店舗売上高の前年度成長率によって「成長」を謳い、売上高営業利益率の向上によって「利益」を謳い、ROAと在庫抑制によって「投下資本に対する収益性」を謳っている。「成長」と「利益」と「投下資本収益性」が三位一体と

なった、理想的な経営指標と評価できる。今後も継続してこの経営指標への注目が行われよう。

敢えて他の視点を加味すれば、在庫が継続して減少するなかで、有形固定資産は、総資産比、売上高比ともに、増加傾向を示している。売上高に対する有形固定資産規模の妥当性を評価する指標として有形固定資産回転率（売上高／有形固定資産）の推移に着目したい。

③日産自動車
●経営指標としてのROICの妥当性

ROICは、収益性と資産効率性の相乗効果によって高まる指標である。日産リバイバルプラン以降の日産の経営努力によって、自動車業界一の収益性と、本田技研工業に次ぐ資産効率性を実現した。この2つを今後も維持していくことは、高い収益性と、これを資金提供者への還元まで結びつけることの2つの公約を意味している。

ウォルマートと同様に、日産もまた、販売台数の成長によって「成長」を謳い、売上高営業利益率の維持によって「利益」を謳い、ROICによって「投下資本に対する収益性」を謳っている。「成長」と「利益」と「投下資本収益性」が三位一体となった、理想的な経営指標と評価できる。

●今後重要性が高いと思われる会計指標

日産のROICの投下資本をブレークダウンした際、自動車事業の売上債権と仕入債務の効率性はホンダに劣り、棚卸資産の効率性はトヨタ自動車に劣ることが分かった。また、有形固定資産は、未だその水準がトヨタ、ホンダと比べて売上高比で大きい。このことから、自動車事業の売上債権回転率（売上高／売上債権）、棚卸資産回転率（売上原価／棚卸資産）、仕入債務回転率（売上原価／仕入債務）、有形固定資産回転率（売上高／有形固定資産）は、注目していきたい指標である。

また、2006年3月期より、ROICの計算から外すことにした手元現預金が、今後どのような増加の推移を示すのかを見るために、自動車事業の手元流動性比率（（現預金＋有価証券）／（売上高/365））の推移にも着目したい。

終章●会計指標の選択とポートフォリオ 331

④ソニー
● **経営指標としての売上高営業利益率の妥当性**

売上高営業利益率を目標とするに相応しい企業として述べた、「同種の製品やサービスを扱う企業間での競争環境が激しい業界」に、現在の総合電機業界はあてはまる。実際、松下電器産業、三菱電機、三洋電機が同比率5%、東芝が4%を、中期計画の目標として明言している。これらと比べてもソニーの10%は過剰であった感は否めない。しかし、第4章で解説したように、売上高営業利益率10%は、事業運営のために調達した資本へのリターンの観点から、中長期的にはソニーが達成しなくてはいけない水準である。韓国サムスン電子は、すでに同比率20%超（単体ベース）に達しており、グローバル市場での総合電機業界の勝ち組として台頭してきている。

● **今後重要性が高いと思われる会計指標**

ソニーの新中期経営計画は、2005年9月に発表される。この発表を待たずに本書を出版することは、やや悔やまれるところである。売上高営業利益率に関する言及はあるのか、その場合に中長期的にどの程度の水準を目指すのか（1つのベンチマークとして、松下電器産業の2006年度同比率5%。また、2010年度近辺の時期をターゲットにソニーは再び10%を目指していくのか）に注目していきたい。

ソニーの最重要事項はエレクトロニクスの復活にあり、売上高営業利益率が最も重要な経営指標であることは変わらない。一方、やや影が薄くなった感のあるソニーのEVAであるが、経営危機に瀕した今のソニーだからこそ、事業の選択と集中の意思決定において、EVAを前面に押し出した経営管理とステークホルダーへの開示を期待したいところである。

⑤NTTドコモ
● **経営指標としてのEBITDAマージンの妥当性**

通信業界にとってEBITDAとEBITDAマージンは最も重要な収益性指標であり、NTT（NTTドコモの親会社）、KDDI、ボーダフォン（英国、日本とも）でも、経営指標として重視している。今後もこの会計指標を中心にして、自社の収益性を管理し、外部に公約していく姿勢には変わりない。

EBITDAマージン35%以上と共にNTTドコモが経営指標として掲げているのは、ROCE（投下資本利益率）20%以上である。日産と異なり、ドコモの投下資本はB/Sの資産サイドではなく、調達サイド（有利子負債＋株主資本）から算出しているが、資金提供者に対する投資収益性を重視する姿勢は共通している。2005年3月期の同比率はEBITDAマージン同様に下落したが、積極的な自己株式取得を中心として、分母の投下資本が膨らみすぎないよう努力がはらわれている。

● 今後重要性が高いと思われる会計指標

　競争激化による実質値下げの進行と、第3世代FOMAへの移行時期が重なることから、直近の収益性、すなわちEBITDAマージンが低迷することは否めない。長期的には35%を目指すとしても、短中期的にターゲットとする水準の提示があってもよかろう。そうした環境下、2005年3月期でも、特殊要因を除けば上昇を続けたFCFの推移には着目したい。また、会計指標ではないが、第3世代FOMAへの移行状況、さらに移動通信事業者が重視するARPU（1契約当たり月間収入）の推移は、競争激化とFOMA移行時期が本格化する2005年度以降、これまでにも増して注目が集まる指標である。

⑥ アマゾン・ドットコム

● 経営指標としてのFCFの妥当性

　アマゾン・ドットコムがFCFを重視するのは、会計上の利益には直接的に表れない、減価償却費を下回る設備投資の規模と、成長に伴ってキャッシュを生み出す運転資本といった、自社の競争優位性をアピールするためのものであった。2004年度アニュアルレポートより、「1株当たり」FCFという表現に変えたことから、単に自社の優位性を訴えるだけではなく、今後もFCFが確実に右肩上がりを続けること、そしてそれが株主価値の上昇にもつながることの明言とも受け取れる。その実現のために、転換社債の早期償還を含め、新興企業にありがちな株式の急速な希薄化にも歯止めをかけている。

　一方、1株当たりFCFが具体的にどのような成長率を実現するかについての言及はない。FCFの金額ではなく、1株当たりFCFという数値にまで落とし込んだ今、目標とする具体的な水準の表明が望まれる。

● 今後重要性が高いと思われる会計指標

　アマゾン・ドットコムは、2004年度末において未だ2億ドル（200億円）超の債務超過の状況にある。そのアマゾン・ドットコムの株式時価総額は、2005年8月現在、180億ドル（1兆8,000億円）を超えている。このことが何より、企業価値（厳密に言うと、ここでは株主価値）の源泉は、企業がいま何を持っているか、いないかのストックの反映ではなく、将来稼ぐ能力があるか否かの評価であることを示している。B/Sだけを見れば、いま当社を購入した人は、現金がおまけでついてくる状況となっている。しかし、株式市場は、1,800億ドルを払わないと当社を購入できないと語っている。

　いずれにしても、当社が早晩債務超過を解消することは、安全性を示す上でも第一に望まれよう。現時点では、株主資本比率を計算することすらできないほど、安全ではない企業ともとれる。

　また、運転資本からのCFは、確かにFCFを高め、企業価値を向上させるが、ゴーイング・コンサーンが前提であっての話である。株主資本比率の向上による安全性の確保に加えて、当社が企業経営の中心に置く「成長」を端的に見るために、売上高成長率も同時に重要となる指標である。

⑦東京急行電鉄
● 経営指標としての株主資本比率の妥当性

　株主資本比率を目標に掲げる企業は国内に多い。そのなかには首を傾けたくなる企業が含まれていることも少なくないが、東急については、長年の業績不振からの事業再編・リストラが完了し、今後は着実に利益計上していくことが課題となる企業として、その妥当性は高い。

　事業再編やリストラを通して、過剰有利子負債の峠を越え、今後安全性の確保が主に利益の蓄積によって実現される見込みなので、D/Eレシオではなく、株主資本比率での目標設定にも妥当性がある。そもそも鉄道業界は多大な設備投資とそこから生み出される事業の安定性（事業リスクの低さ）から、ある程度の規模の有利子負債による調達を前提とする業界である。収益性に見合った有利子負債の規模に達すれば、それ以上有利子負債を急いで削減することを目的化する必要はない。実際、東急は2005年3月期までの中期計画では、

EBITDAや営業CFの金額に対する、有利子負債金額の倍率の低減を重視していたが、2005年4月期以降の中期計画では、これを外している。

● 今後重要性が高いと思われる会計指標

中心となる鉄道・バス事業は、競争環境が比較的少なく、収益性を語ることは多くはない。しかし、多角化として営む不動産事業、流通事業、レジャー・サービス事業、ホテル事業は、どれも競争が激しく、かつ景気に敏感な事業である。こうした事業ごとの競争優位性の評価を目的として、事業別の売上高営業利益率やEBITDAマージンの推移は注目に値する。特に、当社の株主は、一般的にはローリスク・ローリターン志向が多いはずだが、その前提を変えてしまうような変動の激しいビジネスにおいて、競争優位性を見出せていない場合には注意を要する。

⑧ GE

● 経営指標としての売上高成長率の妥当性

GEの展開する各市場が順調な回復傾向と今後の成長予測を示すなか、一連の大型事業再編に終止符を打ち、当社のすべての事業セグメントにおいて、経済成長率を上回る水準での有機的な成長を遂げようとしている。GEのような巨大企業が、最もシンプルでかつ最もインパクトのある売上高の有機的成長を目標とする意義は、GEのみならず、すべての企業にとって重要な指針を示している。

また、ウォルマートと同様にGEも、8%の有機的成長によって「成長」を謳い、10%の利益成長によって「利益」を謳い、投下資本利益率によって「投下資本に対する収益性」を謳っている。加えてGEの場合、営業利益成長を上回る営業CF成長によって、「キャッシュフロー経営」も謳っている。「成長」と「利益」と「投下資本収益性」、さらには「キャッシュフロー経営」が一体となった、理想的な経営指標と評価できる。

● 今後重要性が高いと思われる会計指標

今後の全社の売上高成長に占める有機的成長の比重が高まると予測しているGEであるが、それでもM&Aや事業売却がなくなるわけではない。また将来の有機的成長を確保する手段は、今のM&Aや事業売却でもある。こうした有

機的成長以外のGEの動きにも今後注目していきたい。

　また、2005年8月現在、原油価格の高騰からエクソン・モービルに奪われた株式時価総額世界一の地位であるが、8%の有機的成長が実現するならば、今後年間8%の株価成長があってもおかしくない。当社の株価、株式時価総額の推移も、世界一企業であるがゆえに、会計指標を超えて注目していきたい指標である。

⑨花王
●経営指標としてのEPS成長率の妥当性

　連続増収増益記録を続ける花王であれば、EPSの成長は必然とも言えるが、その連続増収増益記録がデフレの止まらないトイレタリー・化粧品業界で起きていること、そしてEPS成長率が売上高、営業利益、税引後純利益の、どの成長率をも上回っていることが、花王のEPSの成長を評価する真の意義である。事業の好調さを株主還元まで結びつける指標として、EPSを用いた株主とのコミュニケーションの姿勢は評価に値する。

　花王はEVAを経営指標として掲げ、投下資本に見合った収益の確保できる事業展開を念頭に置いている。また、ROEも継続的に向上している。P/L、B/S、そしてCFともに、申し分のない結果を導いている。

●今後重要性が高いと思われる会計指標

　すべてにわたって申し分のない結果のなかで、花王にとって唯一連続して下落しているものが、株価収益率（PER）であった。これぱかりは花王が直接的にコントロールできるものではないが、今後の景気回復局面での優良銘柄として、PERが上昇に転じるか否かに着目したい。

　また、売上高営業利益率は継続して13%を維持するなかで、右肩下がりの売上高原価率と、右肩上がりの売上高販管費率が特徴的であった。しかし、2005年3月期は、デフレの進行が加速し、両指標が逆転の動きを示している。2006年3月期以降、両指標がどのような動きを見せるのか、それでも売上高営業利益率の13%は維持できるのか、注目していきたい。

⑩松下電器産業

●経営指標としてのEVAの妥当性

　松下の経営指標は非常に明確であり、白黒の判断がはっきりする。2006年3月期に事業ドメイン会社のCCMゼロ以上、2007年3月期に売上高営業利益率5%以上と全社CCMゼロ以上を達成することである。

　売上高営業利益率は、ソニーで述べたとおり、現在の総合電機業界において、重要な会計指標の1つである。また、グループ企業間での過当な競争や、事業や製品の重複が課題であった松下が、松下電工の子会社化を目処に、事業会社の再編にほぼ終止符を打った。ここからは、事業再編の結果として、本当に松下が競争力のある企業となったのかを判断する指標として、事業ドメイン会社別のCCMゼロ以上が重要となる。2005年3月期末現在、どちらも達成には容易な道のりではないが、中村改革の総決算として、その手腕を見守りたい。

●今後重要性が高いと思われる会計指標

　CCMは計算内容の開示や経過報告がないため、果たして2005年3月期末現在、どの事業ドメイン会社でCCM黒字化がすでに達成しており、どの事業ドメイン会社では遠き道のりなのか、明確ではない。目標とする2006年3月期に、どこまでの情報を開示して目標に対する結果報告を行うのか、結果のみならず、松下の情報開示の姿勢にも注目したい。

　また、仮に売上高営業利益率5%が2007年3月期に実現した場合に、本丸とも言える売上高営業利益率10%をその後目指していくのか、その意思決定が待ち望まれる。

4…経営指標の理想的なポートフォリオ

　ここまで見てきたように、企業が経営目標として掲げるべき絶対の会計指標はない。「企業価値の向上」が全社共通の目的であるが、その手段は企業間で異なる。目標指標を定めるのは、企業の経営理念やビジョン、外部の経営環境、強み・弱み、そして今後の採るべき経営戦略である。企業は何が自社の目指すべき道なのか、その代替となる会計指標を提示することに意義がある。

　しかし、濃淡はあったとしても、企業として継続的に意識しなくてはいけな

い要素は特定できる。それは、「成長」「利益」「投下資本に対する収益性」の3つである。

①成長

企業を語る上で最も分かりやすく、かつ魅力のある言葉は、売上高や販売数量、顧客数や販売単価の「成長」である。逆に、将来の「成長」を語れない企業は、いずれジリ貧とならざるを得ない。直近の価格競争やデフレの激しい業界でも、中長期的な「成長」をどう獲得していくのか、これを経営指標で語ることは重要である。

②利益ある成長

仮に売上高が成長していても、継続的に利益が生み出せない企業であれば、企業価値は向上しない。企業価値算定式の分子はFCFであるが、FCFはあくまで企業が生み出す正味の儲けに相当するキャッシュフローである。売上高が増えても、FCFが減じている企業の企業価値は減少している。逆に売上高が減っていても、FCFが増えている企業の企業価値は向上している。理想は、利益ある成長による「企業価値の向上」となる。

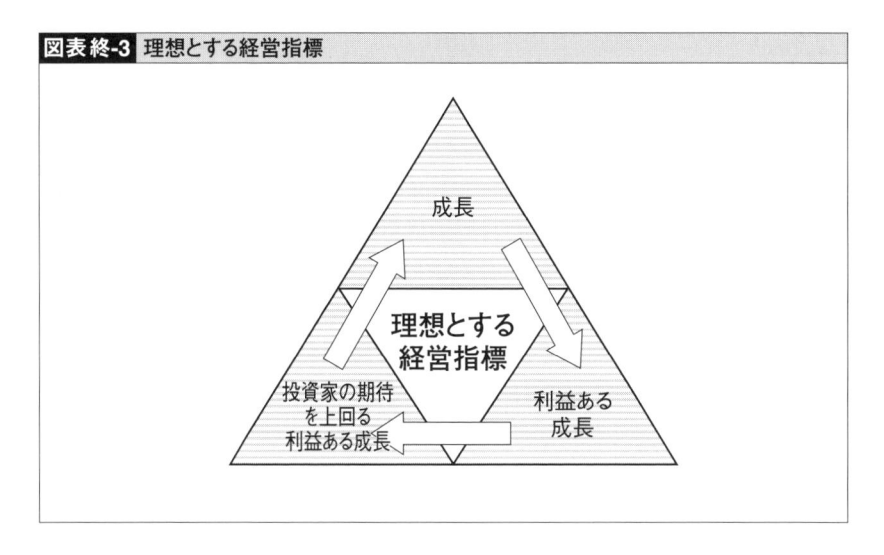

図表終-3　理想とする経営指標

```
              成長
               ↑  ↘
                    
          理想とする
           経営指標
                    
   投資家の期待            利益ある
   を上回る      →         成長
   利益ある成長
```

③投資家の期待を上回る利益ある成長

いくら利益ある成長を遂げても、そこに莫大な投下資本を要していて、その資金の提供者の要求リターンにはまったく到達しない水準の利回りであるならば、企業としては失格となる。最初の「成長」と「利益」は、P/Lのみの目標設定であるが、投資家の期待リターンの概念を含めることで、B/Sを目標に含めることになる。企業価値は株主と金融債権者に帰属するものであり、彼らの要求リターンを超えていなければ、仮に「成長」や「利益」が実現しても、企業価値の向上には至らない。

この3つを兼ね備えた理想的な会計指標のポートフォリオとして、ウォルマート、日産自動車、GEの経営指標の提示は、バランスの取れた、ステークホルダーの信頼を十分に勝ち取るものである。

また、花王は目標としては明言していないものの、結果として4期連続の増収(「成長」の実現)、24期連続の経常利益増益(「利益ある成長」の実現)を、EVA(「投資家の期待を上回る利益ある成長」の実現)の徹底によって達成している。

業界や自社の置かれた経営環境によっては、すぐに3つを同時に語ることがかえって市場の信頼を失うケースもある。しかし、「成長」と「利益」と「投

図表終-4　会計指標の理想的なポートフォリオ

	成長	利益ある成長	投資家の期待を上回る利益ある成長
ウォルマート	店舗売上高の前年度成長率	売上高営業利益率の成長	ROAの現在水準(9%程度)の維持
日産自動車	グローバル販売台数の成長	グローバル自動車業界トップの売上高営業利益率の維持	ROIC20%以上の確保
GE	8%の有機的成長(Organic Growth)	10%超の利益成長、営業利益成長を上回る営業CF成長	平均投下資本利益率20%超

下資本に対する収益性」を、会計指標のポートフォリオとして語ることは、中長期の理想的な姿であることは明言しておきたい。

それぞれの指標の設定する水準については、序章で触れたように、
妥当性：「企業価値の向上」の代替指標であること
簡便性：メッセージとしてシンプルであること
実現可能性：企業努力によって十分達成が可能であること
の3点を兼ね備えていなくてはならない。

5…目標達成に向けての仕組みづくり

会計指標の選択、理想的なポートフォリオの構築が行われても、その実現に向けた企業活動が実際に行われなければ、絵に描いた餅となってしまう。最後に、目標として掲げた会計指標の実現に向けて、大切となる5つのポイントを挙げる。

①正しい経営戦略、競争優位性のある製品・サービス

目標指標を実現するのは、正しい経営戦略であり、競争優位性のある製品・サービスである。誤った経営戦略、魅力の乏しい製品・サービスしか提供できない企業であれば、目標指標の達成は到底実現し得ない。至極当然のことであるが、経営戦略、製品・サービスあっての、会計指標である。決してその逆ではない。

②経営者のコミットメントとリーダーシップ

間違いなく、経営者のコミットメントとリーダーシップが目標指標の達成可否を決める最大の要因となる。それまで何度も事業計画を頓挫してきた日産自動車が、ゴーン氏のリーダーシップによって短期間に見事な再建を果たした現実を、我々は目の当たりにした。1人の経営者が及ぼすことのできる影響力は甚大である。

③権限委譲と責任の明確化

　しかし同時に日産自動車の例を見れば、目標達成のプロセスは1人の経営者によって実現するのではなく、強力なリーダーシップの下で、現場レベルへの権限委譲と、結果に対する責任の明確化によって実現している。経営者はその目標の達成が企業にとって不可避であることの伝道者でなければならないが、実際にそれを達成するのは現場の社員1人1人である。

④報酬との結びつけ、信賞必罰

　権限委譲と責任の明確化を徹底するために、目標指標を報酬と結びつけることは有効である。そもそも「企業価値の向上」の代替として選択された会計指標なのだから、これが達成できれば企業価値が向上していることとなる。その結果として報酬が増えるのであれば、ステークホルダーの納得性も高い。コミットメントの意識を高めるためにも、強弱はあっても、広く従業員まで報酬を連動させることが望ましい。

⑤予実管理と社内外への開示

　経営指標は、設定すること以上に、継続的な実績との比較、ズレの修正とステークホルダーへの説明責任が重要となる。目標を立てることは誰でもできる。目標に対して、実績がどの程度ずれたのか（WHAT?）、なぜずれたのか（WHY?）、経営にとっての意味合いは何なのか（SO WHAT?）、どのように対処するのか（HOW?）を常に問い続けていくことが必要となる。

●その他の会計指標一覧

下記に示す会計指標は、国内のいずれかの企業が実際に経営目標として掲げているものである。自社の置かれた経営環境に合わせて、経営指標の導入を検討する際の参考にされたい。

◉損益計算書に関する会計指標

1…市場シェア

【算定式】自社の規模（売上高または売上数量）／全市場規模

市場シェアを高めることで、売上高が大きくなるのはもちろん、規模の経済や投資余力の確保を通じて、技術・マーケティング面などで優位性が築かれ、利益率を高めることが可能となる。ただし、すでに十分に高い市場シェアを持っている場合、独占禁止法への抵触には注意が必要となる。グローバル化が進む現代にあって、世界シェアの数値を目標に掲げる企業も多い。キヤノンは「グローバル優良企業グループ構想　フェーズⅡ（2001～2005）」の中で、「すべての主力事業が世界No.1」となることを宣言している。

2…海外売上高比率

【算定式】海外売上高／自社全売上高

自社製品の国内市場が成熟ステージにある企業は、国内売上高の急激な成長は期待できない。日本と比べて成長している欧米市場や、今後の拡大が見込まれるBRICs（ブラジル、ロシア、インド、中国）などの海外売上高比率を伸ばすことで、永続的な成長を追求することが可能となる。花王は、海外売上高

比率を2006年3月期に30％まで高めることを目標に掲げている。

3…新製品売上高比率

【算定式】新製品からの売上高／自社全売上高

ライフサイクルが比較的短い製品を中心とする企業では、新製品を数多く投入し、そこから長期的に売れる主力製品やブランドを獲得していくことが重要となる。自社の全売上高に占める新製品からの売上高比率がその動向を表す指標となり、これを一定の値以上に伸ばすことを目標とする。

4…主力事業以外の売上高比率

【算定式】主力事業以外の売上高／自社全売上高

主力事業が成熟している場合、事業の多角化によって、ゴーイング・コンサーンとしての企業の活路を見出していくことが望まれる。まったく関連性のない事業への多角化は、株主や債権者の期待に必ずしも応えるものではないが、自社のコアコンピタンスを生かし、シナジー効果を十分に発揮できる事業への多角化であれば、妥当性も高い。こうした新規事業を含めた主力以外の事業の売上高比率を目標とすることで、事業の多角化を評価しやすくなる。東京電力は、中期経営方針「経営ビジョン2010」の中で、「電気事業以外の売上高・営業利益を電気事業の1割以上」とすることを目標に掲げている。

5…売上高総利益率

【算定式】売上総利益／売上高

売上高粗利益率とも呼ぶ。付加価値の高い製品を開発し、これを高価格帯で販売することが自社の事業モデルとなる企業では、P/Lの最初の利益項目となる売上高総利益率の維持・向上が重要な経営指標となる。

6…売上高原価率

【算定式】売上原価／売上高

　売上総利益ではなく売上原価に注目するのは、売上原価の削減が自社の競争優位性の維持・獲得に重要な位置を占める企業である。原価低減による利益率の向上が望まれる企業であれば、意識しなくてはならない指標である。森精機は、中期経営計画「Mori-568PLAN（2005年度～2007年度）」で、工作機械業界のグローバルワンとなる基本方針を掲げ、世界受注シェア5％、月産800万台生産体制の確立と共に、連結売上高原価率を現状の66％から60％に引き下げることを目標として掲げている。そのための施策として、部品の内製化・共通化による材料費の削減、機械稼働率の上昇や作業時間の短縮による生産性向上を挙げている。

7…売上高経常利益率

【算定式】経常利益／売上高

　経常利益は、文字通り企業の経常活動からの利益である。売上高営業利益率ではなく、売上高経常利益率を目標に掲げることは、営業外収支（主に財務活動）、なかでも支払利息や持分法投資損益に着目した、企業の経常活動における収益性を高めようとするものである。

8…売上高税引前当期純利益率

【算定式】税引前当期純利益／売上高

　米国会計基準には経常利益は存在しない。よって、米国会計基準を採用する企業で、財務活動までを含んだ企業の経常活動における収益性の維持・向上を目標としたい場合、売上高税引前当期純利益率が適切な指標となる。米国会計基準を採用する京セラは、「価値ある事業」の基準として、各事業が連結売上高税引前利益率15％以上を達成することと定めている。

9…売上高当期純利益率

【算定式】税引後当期純利益／売上高

　当期純利益は、税金を含めてすべての費用を差し引いた、株主に帰属する利益である。よって、売上高当期純利益率は、P/L上の収益性を表す指標の中でも、最も直接的に株主貢献を示す指標となる。一方、特別損益や税効果会計の影響を受ける純利益は、他の利益と比べても年度間のブレが激しいのが通常である。よって、本指標を目標とする場合、そうした科目が比較的安定推移すると見込まれる企業に限定される。

10…限界利益率

【算定式】限界利益／売上高

　限界利益は、売上原価の中で変動費のみを含み、固定費を考慮に入れないものである。よって、限界利益に着目することは、販売単価と、原材料費などの変動費を重視することを意味している。これらの動向に重点を置きたい企業であるほど、限界利益への着目は不可欠となる。たとえば、固定費には大きな変化がないなかで原材料費が高騰している場合、販売単価を上げて売上総利益の確保を検討することは、実質的に限界利益の向上を検討していることになる。

11…営業利益成長率

【算定式】（今年度営業利益－前年度営業利益）／前年度営業利益

　売上高が成長しても利益がそれ以下の成長では、売上高営業利益率は減少する。本業の利益である営業利益の成長率に着目することは、企業の存在意義に関わる成長性のコミットメントとなる。

12…経常利益成長率

【算定式】（今年度経常利益－前年度経常利益）／前年度経常利益

　営業外収支、なかでも支払利息の多い企業であれば、営業利益ではなく、経常利益がより重要な利益となる。その経常利益の成長率に着目することは、財務活動までを踏まえた、企業の経常活動の成長目標となる。

13…顧客1人当たり売上高

【算定式】売上高／顧客数

　売上高を顧客数で割ることで、顧客1人当たり売上高が算出される。売上高を増やす手段は、顧客数を増やすばかりではなく、1人当たり売上高を維持・向上することも重要となる。たとえば、クロスセル（同じ顧客に多商品を販売）や付加価値の高いサービスの提供で、顧客1人当たり売上高を高めることが考えられる。そうした顧客1人当たり売上高を向上する余地のある企業ほど、この指標を目標に掲げる意義は高い。

14…事業黒字化

【算定式】事業の収益 ＞ 事業の費用

　新規事業や長期にわたって赤字低迷している事業は、まず黒字化することが最優先課題であり、これを目標として明らかにすることが望まれる。日本航空、全日空共に、国際線旅客事業の早期黒字化を目指している。

15…売上高経費率

【算定式】経費／売上高

　一般に経費とは、原材料費、減価償却費、人件費などを除く、その他の費用（光熱費、事務用品費、出張旅費、交際費など）を指す。管理体制がしっかりしていないと、容易に膨張する費用が多い。具体的な低減目標とする数値を掲

げることで、コスト削減による利益や利益率の向上が実現される。日本電産では1億円の売上高に対して経費500万円（5％）以下をベンチマークとして考えている。

16…売上高人件費率

【算定式】人件費／売上高

売上高に占める人件費の比率を示す。事業の遂行上、人件費が巨額の費用となる業種ほど、この指標の維持・低減を目標に掲げる意義は高い。売上に結びつく人材を増やそうという意識を高めることができる。小売業や陸運業などが例として挙げられる。ヤマト運輸は、中期経営計画「ヤマトグループレボリューションプラン2007」で、トラック1台当たりの荷物の積載効率向上による1取扱い当たりの固定費負担の減少や、パート比率を上げることで、売上高人件費率を50％以下にすることを目標に掲げている。

17…売上高研究開発費率

【算定式】研究開発費／売上高

医薬品業界など、研究開発費が全費用の中でも大きな比率を占め、事業遂行上それが不可欠となる業種ほど、これを目標に掲げることで、売上に結びつく研究開発費の意識を高めることができる。同時に、研究開発費の拡大のためには、M&Aを含む規模の拡張が必須であることも示している。

18…パート比率

【算定式】パート人数／全従業員数

全従業員数に占めるパート社員の比率を示す。小売業界など、パート化を積極的に進めている業界では、パート比率の向上を目標として具体的な数値（80％超など）を掲げることが多い。

19…オペレーティング・マージン

【算定式】営業利益／売上総利益

売上総利益に対する営業利益の比率を示す。売上総利益率が経年であまり動かない企業の場合、より実態的なオペレーティング・マージンの維持・向上に着目することで、①売上高営業利益率よりも大きな数値を扱うことになり、企業努力の結果が見えやすい、②売上総利益が販管費の源泉であることを明示することになり、販管費の効率化への意識をより強固にする、といった意義が高まる。大手広告代理店などでよく用いられる指標である。

20…労働分配率

【算定式】人件費／売上総利益

売上総利益に対する人件費の比率を示す。基本的な考え方はオペレーティング・マージンと共通である。販管費に占める人件費の割合が大きい企業ほど、労働分配率の維持・低減を目標として掲げることで、利益に結びつく人材を増やそうという意識を高めることができる。モスフードサービスは中期経営計画「V.I.P.21」（2005～2007年度）で、本社の労働分配率を28%から20%に8%低減することを目標として掲げている。

21…損益分岐点比率

【算定式】損益分岐点売上高／現在の売上高

損益分岐点売上高を現在の売上高で割って算出する。この指標が100%を下回って小さいほど、より多くの利益を生み出していることとなる。この比率を下げる手段は、分子の損益分岐点売上高を下げる（売価の上昇、変動費の削減、固定費の削減）か、現在の売上高を増やす（売価の上昇、販売数量の増加）ことである。ライオンは中期経営計画「VIP II」（2005～2009年度）の中で、損益分岐点比率の90%以下達成を目標に掲げている。

22…インタレスト・カバレッジ・レシオ

【算定式】（営業利益＋金融収益）／支払利息

　有利子負債の金額が企業の身の丈に合った規模かを判断するものである。その身の丈に、企業活動からの利益（営業利益＋金融収益）を用いて、これを有利子負債によって発生する支払利息と比較している。ベンチマークとなる水準は業界によっても異なるが、一般に3倍を超えていれば、有利子負債の喫緊の過剰感はない。なお、分子には営業キャッシュフローを用いることも多い。

◉バランスシートに関する会計指標

23…総資産回転率

【算定式】売上高／総資産

　売上高はP/Lで最も大きい数値であり、総資産はB/Sで最も大きい数値である。この両者を比較することで、P/LとB/Sの規模の大小関係を評価できる。B/Sの資産勘定（現預金、運転資本、有形固定資産など）と売上高との関係性を示すこの指標を、一定の値以下に抑える目標とすることで、売上高に結びつく資産を保有しようという意識を高めることが可能となる。

24…手元流動性比率

【算定式】（現預金＋有価証券）／（売上高／365）

　手元の流動性資金が、売上高の何日分の規模に相当するかを算出する。安全性の評価では多いほど好ましいが、株主の視点からすると、過剰な手元流動性の滞留は非効率経営の象徴となる。目標として掲げる場合、両者の視点から捉えた水準を考察する必要がある。

25…売上債権回転期間

【算定式】売上債権／(売上高／365)

売上債権(売掛金＋受取手形)が、売上高の何日分に相当するかを算出する。資金繰りを考えれば少ないほど好ましいが、顧客の支払いに猶予を与える(自社の売上債権回転期間の長期化)ことで、販売量の拡大、値下げ圧力の拒否、新規顧客や新たな販売チャネルの開拓などを狙うことも可能となる。目標として掲げる場合、両者の視点から捉えた水準を考察する必要がある。

26…棚卸資産回転期間

【算定式】棚卸資産／(売上原価／365)

棚卸資産が、売上原価の何日分に相当するかを算出する。資金繰り、棚卸資産の保管費用や不良化のリスクを考えれば、少ないほど好ましいが、顧客の要求に即応するには一定の在庫が必要である。目標として掲げる場合、両者の視点から捉えた水準を考察する必要がある。また、棚卸資産を構成する、原材料、仕掛品、製品などの個別の回転期間を目標として掲げることも多い。なお、売上原価ではなく売上高を用いて計算することも多いが、売上高には粗利が上乗せされている。純然たる棚卸資産の回転期間を測定するには、売上原価を用いることが望ましい。

27…有形固定資産回転率

【算定式】売上高／有形固定資産

有形固定資産が売上高に効率的に結びついているかを算出するもので、この比率が大きいほど有形固定資産が売上高に確実に結びついていることを示す。特に設備投資の大きい企業や業界において、目標に掲げる意義は高い。

28…固定比率

【算定式】 固定資産／株主資本

　固定資産は短期間では現金化しない資産なので、それを賄う資金も短期的に返済義務が発生しないことが望ましい。固定比率が100%を切っていれば、長期の投資をすべて株主資本の範囲で行っていることになり、安全性の高い企業と判断される。

29…固定長期適合率

【算定式】 固定資産／（固定負債＋株主資本）

　固定資産は短期間では現金化しない資産なので、それを賄う資金も短期的に返済義務が発生しないことが望ましい。固定長期適合率が100%を切っていれば、長期の投資をすべて株主資本と固定負債の範囲で行っていることになり、安全性の高い企業と判断される。

30…D/Eレシオ

【算定式】（純）有利子負債／株主資本

　有利子負債を株主資本で割って算出する。有利子負債は、実際の金額をそのまま用いる場合と、手元流動性（現預金＋有価証券）を差し引いた、純有利子負債（ネット）の金額を用いる場合がある。D/Eレシオが小さいほど、安全性が高いと判断される。調達資本の手段（負債と資本）を比較して、自社の安全性の向上を目指す指標には、株主資本比率とD/Eレシオの2つがよく用いられる。前者は株主資本の増強、後者は有利子負債の削減に主語を置いている。両者は二者択一ではないものの、安全性の確保が主に利益の蓄積や増資により、株主資本を増強することで実現されるのであれば、株主資本比率での目標設定がより望ましい。逆に、主に過剰運転資本の削減や、遊休資産の売却、あるいは計上する利益によって有利子負債を削減することで安全性の向上が実現されるのであれば、D/Eレシオでの目標設定がより望ましい。複数の総合商社が

D/Eレシオ（ネット）を3倍以下とする目標を掲げている。

31…債務償還年数

【算定式】有利子負債／EBITDA

　有利子負債の金額がEBITDAの何年分に相当するかを算出するものなので、債務償還年数と呼ばれる。自社の有利子負債の金額が利益の水準に十分見合ったものかどうかを判断する指標であり、有利子負債の削減が目標となる企業では導入を検討するに値する。有利子負債が身の丈に合った規模かを判断するもので、その身の丈にEBITDAを用いている。

●キャッシュフローに関する会計指標

32…CFROI

【算定式】キャッシュフロー／投下資本

　キャッシュフローを投下資本で割って算出する。ROICは分子に営業利益を用いて算出するのが一般的であるが、営業利益は会計方針の影響を受けるので、これを排除するためCFベースで算出しようとするものである。目標とする意義は、ROICと同様に、特定の事業にフォーカスした上で、投下資本に対する収益性を高めようとするものである。

33…1株当たり営業CF

【算定式】営業キャッシュフロー／株式数

　営業キャッシュフローを平均株式数で割って算出する。本業のキャッシュフローを示す営業キャッシュフローにフォーカスして、1株当たりの金額を目標とすることで、本業のCFベースでの株主還元を意識することが可能となる。

●価値創造、株主還元を明示する会計指標

34…配当性向

【算定式】配当総額／純利益

　配当性向を目標とすることは、業績連動の配当政策の意思表示である。好業績の継続が予測される企業であれば、配当成長の魅力を株主に対して示すことができる。一方、業績連動といっても業績が悪いときに即座に減配するのは、特に安定配当の意識の強い国内では、実際には容易ではない。よって、配当性向の目標水準の設定には慎重さも要求される。花王は連結での配当性向を40％程度とする目標を掲げている。

35…株主資本配当率

【算定式】配当総額／株主資本

　配当性向がその年の利益水準のブレによって値が変動するのに対して、株主資本に対する配当額の比率とすることで、経年の特別損益の動きなどにも比較的影響されない配当水準の目標として提示できる。エーザイは、株主資本配当率を2007年度に5％とすることを目標として掲げている。

36…株主還元比率

【算定式】（配当＋自己株式取得）／純利益

　株価の動きは必ずしも企業が100％コントロールできるものではないが、配当政策と自己株式取得は、企業の裁量で判断できる。その総額を純利益で割って算出する株主還元比率は、企業が1年間に稼いだ純利益の総額に対してどれだけの株主還元を行ったかを示す指標となる。

37…株式時価総額

【算定式】株価×株式数

　株式時価総額は、株主貢献の究極の目標指標である。株価は国内の景気動向など、必ずしも自社が100%コントロールできるものではないが、これを敢えて目標とする企業が国内でも複数存在している。これほど株主にダイレクトな目標提示はないが、白黒が明確となるばかりでなく、株主の資産運用に直結する指標となる。よって、目標水準によっては過剰な期待を株主に抱かせる危険をはらむ。未達成の場合の信用喪失とならないよう、目標水準の設定には十分な注意が必要である。複数のメガバンクは、株式時価総額10兆円を目標として表明している。

● 用語解説 (50音順)

β（ベータ）

株式市場全体の動きに対する個別株式の感応度（敏感か鈍感か）を示す。マーケットポートフォリオ（日本ではTOPIX）のリスクを基準にして表した個別株式のリスク指標。仮に、ある個別株式の β が1.5であれば、株式市場全体が2％上昇するとその株式は3％上昇し、逆に株式市場全体が2％下落するとその株式は3％下落することを意味する。β はマーケットポートフォリオと、個別株式の過去の株価と配当のデータをもとにして、定量的に算出される。

業種別のβ値一覧（2000年4月-2005年3月のデータをもとに算出）

業種	β値	業種	β値	業種	β値
証券、商品先物取引業	1.80	精密機器	1.05	倉庫・運輸関連業	0.82
卸売業	1.49	小売業	1.01	鉱業	0.80
サービス業	1.42	TOPIX	1.00	石油・石炭製品	0.71
非鉄金属	1.37	不動産業	0.93	ゴム製品	0.70
情報・通信業	1.29	繊維製品	0.88	輸送用機器	0.70
ガラス・土石製品	1.27	化学	0.87	保険業	0.70
電気機器	1.26	金属製品	0.86	水産・農林業	0.60
鉄鋼	1.16	その他製品	0.86	パルプ・紙	0.51
その他金融業	1.13	海運業	0.86	食料品	0.44
機械	1.12	建設業	0.83	陸運業	0.38
銀行業	1.08	空運業	0.82	医薬品	0.37

出所：東京証券取引所
【問合先】東京証券取引所情報サービス部　TEL03-3666-0141

NOPAT

税引後営業利益（Net Operating Profit After Tax）のことで、以下の計算式で算出される。営業利益は企業が本業で稼ぐ利益であり、これを税引後ベースで見るのがNOPATである。仮に営業外収支や特別損益の金額が少ない場合、税引後当期純利益に近似できる。

$$\text{NOPAT（税引後営業利益）} = \text{売上高} - \text{営業費用} - \text{税金}$$
$$= \text{営業利益} \times (1 - \text{実効税率})$$

PBR（株価純資産倍率）

　株価を1株当たり純資産（＝株主資本）で割った値。総額ベースでは、株式時価総額を純資産で割った値とも表現できる。株価という時価を株主資本というバランスシート上の簿価で割っていることから、PBRは1倍という株価の最低目標水準を提供する。PBRで1倍を割っている株式は、バランスシート上の純資産価値（ストックとしての価値）が、市場の株価（将来のフローに対する評価価値）を上回っていることになり、理論的には会社を清算したほうが株主に多くの価値を提供できることとなる。PERほど一般的ではないが、同業他社間の比較や、特定企業の経年での推移の比較にも用いられる。

PER（株価収益率）

　株価をEPS（1株当たり当期純利益）で割った値。総額ベースでは、株式時価総額を当期純利益で割った値とも表現できる。企業が1年間に稼ぐ利益で株価を割っているため、「株価の水準が、利益の何年分の値となっているか」を計算していることとなる。株価は将来の評価なので、利益には今年度や来年度以降の予測純利益を用いる。一般に同業他社の間ではPERがほぼ同水準にあるという前提から、同業他社間の比較や、特定企業の経年での推移の比較に用いる。理論的な根拠は存在しないが、同業他社や経年比較などを容易に行うことができるので、株式市場でも株価の割高・割安の判断において最も広く用いられる指標となっている。

売上債権

　受取手形と売掛金の合計。一般に、現金商売が中心の小売業では売上債権の金額が少なく、法人相手の販売を行う製造業では、金額の多い勘定となる。1日当たりの売上高（売上高／365）で割ることによって、その企業の売上債権の平均回収サイトが計算できる。

売上高原価率

　売上原価を売上高で割って算出する。全産業の平均値は70％程度。売上原価とは、製造業では製造原価、小売業では仕入原価、サービス業ではサービス

原価を指す。売上高原価率の水準は、業種の特徴が顕著に現れる（たとえば同じ製造業でも、医薬品は30％前後であるのに対して、石油業界は90％前後）ので、業界の水準をつかみ、そのなかで業界他社での違いの意味を分析していくことが必要となる。

売上高販管費率

販売費及び一般管理費（販管費）を売上高で割って算出する。全産業の平均値は20％台前半。売上高原価率と同様に、業種の特徴が顕著に現れる（たとえば同じ製造業でも、医薬品は50％前後であるのに対して、石油業界は数％）ので、業界の水準をつかみ、そのなかで業界他社での違いの意味を分析していくことが必要となる。また、販管費の個別の科目（広告宣伝費、販売促進費など）の大小を比較することで、企業の販売やマーケティング戦略などを読み取ることができる。

運転資本

企業が事業活動を行う上で不可欠となる短期的な資金需要。運転資金とも言う。広義の運転資本は（流動資産－流動負債）で計算されるが、狭義の運転資本は（売上債権＋棚卸資産－仕入債務）で計算することも多い。企業によって、運転資本に何をどこまで含めるかは異なるものであり、事業活動と短期の資金ニーズを見きわめた上で、運転資本を算出することが望まれる。

オフバランス資産

企業が実態的には所有する資産であっても、バランスシート上には計上されないもの。代表的なオフバランス資産として、リースが挙げられる。オフバランス資産であるリースのメリットは、B/Sを用いて計算する資産効率性や投資収益性を表す指標を良く見せることができること、初期の多額の取得資金が必要ないことなどが挙げられる。デメリットには、リース料が割高となることが挙げられる。

貸倒引当金

売上債権（受取手形及び売掛金）や貸付金などの金融債権が回収できなくなる貸し倒れに備えて、P/L上あらかじめ費用と認識すると同時に、B/S上では当該債権に対して引き当てる金額。売上債権については、過去の貸倒実績率など、合理的な基準により貸倒見積高を算定する。

株式時価総額

株主価値を指し、（株価×発行済み株式数）によって計算される。発行済み株式数は企業によって異なるので、株価自体を2社間で比較することは実質的な意味をなさない。株式時価総額を計算することによって、企業間での株主価値の大小比較が可能となる。

キャッシュフロー

キャッシュとは現金であり、キャッシュフローとは一定の期間（年度決算書上であれば1年間）における現金の収支を指す。「黒字倒産」という言葉があるとおり、企業はP/Lが黒字でも、現金の収支が合わなければ最悪倒産することがある。逆に、どんなにP/L上の利益が赤字でも、株主や銀行などから現金を確保できる企業であれば、倒産はしない。このことから、P/LやB/Sだけではなく、キャッシュフローを評価・分析することは非常に重要となる。国内でも、「キャッシュフロー経営」という言葉が近年叫ばれ、企業経営の現場に根付いている。

国内では1999年4月1日以降に開始する事業年度から、連結キャッシュフロー計算書の作成が義務化されている。キャッシュフロー計算書では、営業活動によるキャッシュフロー、投資活動によるキャッシュフロー、財務活動によるキャッシュフローといった3つのキャッシュフローに分類される。

- **営業活動によるキャッシュフロー**：企業の経常的な営業活動の対象となった取引に係るキャッシュフロー、営業活動の結果としての債権、債務から生じるキャッシュフロー、投資活動と財務活動以外の取引によるキャッシュフロー

- **投資活動によるキャッシュフロー**：有形固定資産と無形固定資産の取得や売却の取引に係るキャッシュフロー、投資有価証券の取得と売却の取引に係るキャッシュフロー、資金の貸付けと回収の取引に係るキャッシュフロー
- **財務活動によるキャッシュフロー**：借入れ、株式または社債の発行による資金の調達の取引に係るキャッシュフロー、借入金の返済や社債の償還等の取引に係るキャッシュフロー、自己株式の取得や売却の取引に係るキャッシュフロー

キャピタルゲイン

　有価証券の時価と取得価額の差額で、利益が出ている場合の金額。たとえば1,000円で購入した株式が1,200円まで上昇していれば、キャピタルゲインは200円となる。逆に、損失が発生している場合には、キャピタルロスと呼ぶ。また、キャピタルゲインに対して、配当収入のことを、インカムゲインと呼ぶ。

金利カーブ

　金利の期間構造とも言う。将来にわたって、一定期間（たとえば1年間）ごとに成立している金利を描いたグラフ。一般には将来の遠い期間における一定期間の金利ほど高くなり、結果として金利カーブは右肩上がりを描く。

限界利益率

　販売単価から変動費のみを差し引いた値を、（単位当たりの）限界利益と呼ぶ。限界利益は、新たな顧客が1人訪れた場合に得ることのできる最大の利益（＝利益の限界）を示している。限界利益を販売単価で割った値を、限界利益率と呼ぶ。固定費を一定とした場合、企業が利益率を高める手段は、販売単価を上げるか変動費単価を下げること、すなわち限界利益率を高めることに集約される。

減価償却費

　長期保有を目的とする固定資産の価値（取得価額－残存価額）を、そのメリットを及ぼす期間（耐用年数）に分配して計上する費用。費用収益対応の原則

という、費用と収益をP/L上でマッチングさせる重要な考え方に基づいてP/Lは形成されている。長期保有を目的とする固定資産は、長期に及ぶ収益を生み出すはずであり、この収益と費用をP/L上でマッチングさせることで、毎年の正確な利益額を算出し、評価することが可能となる。

減損処理

収益性の低下によって、帳簿上の額を回収する見込みが立たない固定資産について、一定の条件の下で回収可能性を反映させるように減額する会計処理。時価会計と異なり、含み益は計上しない。2004年3月期と2005年3月期の早期適用可能期間を終えて、2006年3月期決算より、固定資産の減損処理は強制適用となっている。

固定比率

固定資産を株主資本で割って算出する。固定資産は短期間では現金化しない資産なので、それを賄う資金も短期的に返済義務が発生しないことが望ましい。固定比率が100%を切っていれば、長期の投資をすべて株主資本の範囲で行っていることになり、安全性の高い企業であると判断される。

固定長期適合率

固定資産を株主資本と固定負債の和で割って算出する。固定比率では分母に株主資本のみを入れたが、ある程度の有形固定資産投資が前提となる製造業では、固定比率で100%を切ることはそれほど多くない。分母に固定負債も組み入れることで、固定長期適合率が100%を切っていれば、長期の投資を株主資本と固定負債という長期の資金で賄っていることになり、安全性において特に問題のない企業と判断される。逆に、長期の投資を仕入債務や短期借入金などの流動負債を中心とする資金調達によって賄っていると、いざという時の資金繰りに不安がある。こうした企業の固定比率や固定長期適合率は100%を大幅に上回ることが多く、安全性について入念な評価・分析が必要となる。

在庫の評価法

在庫は売れたときにP/L上の売上原価として計上される。在庫の金額は、仕入値の動きの影響などから、時間の経過と共に常に変化する。よって、どの在庫の金額からP/L上に計上されるかのルールを決めておくことが必要となる。個別法（個別に評価）、先入先出法（先に受け入れたものから順に払い出す）、後入先出法（直近に受け入れたものから順に払い出す）、平均法（単純平均、移動平均、総平均）、売価還元法（小売業で用いられ、異種商品をまとめて、原価率を掛けて算出）、最終取得原価法（直近の金額を採用）などがある。

財務レバレッジ

レバレッジ（leverage）という言葉は「梃子」を意味するが、財務レバレッジと言った場合、企業が有利子負債を活用して事業展開を行っていることを表す。本文では、ROEをデュポンシステムによってブレークダウンした際、3つ目の項となる（総資産／株主資本）を財務レバレッジと表現している。式が示すように、資金調達の総額を変えず、株主資本から有利子負債に切り替えることで、財務レバレッジの数値は大きくなる。

この逆数が株主資本比率（株主資本／総資産）であるように、ROEを高める手段と、安全性を評価する指標（株主資本比率）が負の関係にある。詳しくは、本文を参照されたい。

仕入債務

支払手形と買掛金の合計。一般に、サービス業では仕入債務の金額が少なく、小売業や製造業では金額の多い勘定となる。1日当たりの売上原価（売上原価／365）で割ることによって、その企業の仕入債務の平均支払サイトが計算できる。

自己株式取得

企業が自らの株式を購入すること。自己株式取得の目的として、ROEの向上、EPS（1株当たり当期純利益）の上昇、株式市場に対する株価割安のアナウンスメント効果、あるいは取得した株式の活用（たとえばM&Aの対価、ス

トックオプションの対価）などが挙げられる。取得した自己株式が消却された場合、発行済み株式数が減少する。

実効税率

税引前当期純利益に対する実際の税負担額の割合。標準となる法定税率（日本は42%）に対して、税率の低い海外での事業展開や、医薬品会社の試験研究費の税額控除などによって、企業は実効税率を下げることができる。

資本構成

企業の資金調達における、有利子負債と株主資本の構成。企業は資本コストの低減に加えて、株主還元、事業リスクとの整合、資産の担保性、社債格付け、流動性の確保など、様々な変数をもとにして最適な資本構成を常に検討していくことが望まれる。

資本コスト（WACC）

株主や金融債権者といった資金提供者からの資金の拠出をもとに、企業活動は行われている。よって、企業活動によって生み出されるリターンは、こうした資金提供者が企業に要求している水準を上回っている必要がある。つまり、資金提供者による企業への要求リターンは、企業にとっては資本を調達したコストであり、これを資本コストと呼ぶ。株主と金融債権者の要求リターンの加重平均を取ることで、加重平均資本コスト（WACC）が算出される。

少数株主持分

100%子会社ではない子会社の場合、親会社以外の株主（＝少数株主）が存在する。子会社の株主資本のうち親会社が所有していない持分を、少数株主持分と呼ぶ。連結バランスシート（B/S）において、負債と株主資本の間に「少数株主持分」として表記される。また、損益計算書（P/L）上では当期純利益の直前に「少数株主利益（または少数株主損失）」として、少数株主に帰属する利益分を差し引いて（損失分を足して）調整する。

新株予約権
あらかじめ定めた価格によって、将来株式を取得することのできる権利。ストックオプションとしても用いられる。

ストック
フローに対するストックの概念は「スナップショット」で表現できる。あたかも企業を写真で撮ったように、「企業がいま何を保有しているか」をもとにして、企業を表現、あるいは評価しようとするものである。年度末時点の企業の資産、負債、資本の金額と明細を表すバランスシート（B/S）は、ストックを代表するものである。よって、バランスシートには、写真を保管するように、必ず日付が記載されている。

ストックオプション
あらかじめ定められた価格（行使価格）で自社の株式を購入することのできる権利。役員や従業員に対する報酬の手段として、導入する企業が多い。業績が好調で株価が行使価格を超えて上昇すれば、ストックオプションの所有者はストックオプションを行使することによって、利益を得ることができる。役員や従業員と株主の目的を揃える手段として有効であるが、ストックオプションの過度の付与は、既存株主の持ち分の希薄化を招くので、注意が必要である。

税効果会計
税引前当期純利益から税金を差し引いて税引後当期純利益は計算される。この際、財務会計上の収益や費用が、そのまま税金の計算上の益金や損金とはならない（たとえば交際費や貸倒引当金など）ので、実際に支払った税金を税引前当期純利益から差し引くのでは、必ずしも企業の実態の業績（税引後当期純利益）を表さないことになる。そこで、税効果会計の適用によって、財務会計上の税引前当期純利益に対応する税引後当期純利益が算出されるように、法人税等調整額といった科目によってP/L上で調整が行われる。調整が行われた税金の前払い分は繰延税金資産として、税金の未払い分は繰延税金負債として、それぞれB/S上に計上される。

総資産回転率

売上高を総資産で割って算出する。総資産には、今年度と前年度の平均値を用いることで、分子の売上高と同様にフローの概念に近似することが多い。売上高はP/Lで最も大きい数値であり、総資産はB/Sで最も大きい数値である。この両者を比較する総資産回転率をまず計算してみることで、企業の規模感と資産の大きさの特徴をつかむことができる。一般に小売業や商社の総資産回転率は1倍を超え、電力や通信、不動産業などの総資産回転率は1倍を下回る。同業他社であれば、総資産回転率が大きいほど、投資効率よく売上高を生み出しているといった評価もできる。

その他有価証券評価差額金

売買目的有価証券、満期保有目的の債券、子会社及び関連会社株式以外の有価証券を「その他有価証券」と呼ぶ。たとえば、持ち合い株式などがこれに該当する。その他有価証券は時価評価の対象となり、発生する評価損益は全部資本直入法ではすべて株主資本の「その他有価証券評価差額金」として計上される。部分資本直入法が選択された場合は、評価差損はP/L上に計上して、評価差益のみを株主資本の「その他有価証券評価差額金」に計上する。

第三者割当増資

特定の第三者に対して、新株を発行し引き受けさせる増資。企業が株主から新たな資金を調達するための最も一般的な手段。

棚卸資産

製品、半製品、仕掛品、原材料、貯蔵品などの、在庫残高。一般に、サービス業では棚卸資産の金額が少なく、小売業や製造業では金額の多い勘定となる。1日当たりの売上原価（売上原価／365）で割ることによって、その企業の棚卸資産の平均在庫日数（棚卸資産回転期間）が計算できる。

棚卸資産回転率

売上原価を棚卸資産で割って算出する。1年間に棚卸資産が何回転するかを

示す。棚卸資産回転率で365を割ることによって、棚卸資産の平均在庫日数（棚卸資産回転期間）が計算できる。

手元流動性

現金、および現金同等物を指す。通常はB/S上の現金、預金、有価証券の和として算出する。

投下資本回転率

売上高を投下資本で割った値。総資産回転率と同義であるが、ROICの計算では総資産ではなく選別された投下資本を用いて計算するので、ROICの構成要素である回転率も総資産回転率ではなく、投下資本回転率と呼んでいる。投下資本回転率が大きいほど、投資効率よく売上高を生み出していることを示す。

特別損益

企業活動において、経常的ではなく、臨時的に発生する損益や、過年度に発生した収益・費用を、当該年度の特別利益または特別損失として計上する。具体的には、固定資産（有形固定資産、無形固定資産、投資有価証券など）の売却・廃棄に伴う損益や、災害による損失などが含まれる。

配当性向

企業が1年間に株主に還元した配当金総額を、当期純利益で割った値。2005年3月期における日本企業の平均値は20％台前半であるのに対して、米国企業では30〜50％が一般的な水準と言われている。日本企業でも、個別の企業を見れば、配当性向30％以上の水準で公約を行う企業が増えてきている。

負債コスト

有利子負債の調達コスト。銀行からの借入金利、あるいは社債の利子率をもとに算定し、WACCの計算式に組み入れる。また、支払利息には節税効果があるので、税金分は差し引いた値をWACCの計算式に入れる。

フロー

　ストックに対するフローの概念は「ビデオテープ」で表現できる。あたかも企業をビデオテープで撮ったように、「企業が一定の期間で何を行ったか」をもとにして、企業を表現、あるいは評価しようとするものである。1年間の企業の収益と費用に関する金額と明細を表す損益計算書（P/L）は、フローを代表するものである。同様に、1年間のキャッシュの動きを表すキャッシュフロー（CF）計算書も、キャッシュを言語にして企業の1年間の活動を示すものである。よって、損益計算書、キャッシュフロー計算書ともに、ビデオテープを保管するように、必ず期間が記載されている。

持分法適用会社

　親会社が、直接的にまたは子会社などを通じて間接的に、ある企業の20％以上50％以下の議決権を所有している場合、その企業を関連会社と呼ぶ。連結決算において関連会社には原則的に持分法が適用され、関連会社が計上する利益（または損失）の持分比率に相当する金額を、P/L上の営業外収益（または費用）の「持分法による投資利益（または損失）」として計上する。このため、持分法を一行連結と呼ぶこともある。B/S上でも、投資その他の資産中で、当該関連会社株式の金額を増加させる。議決権の所有比率が20％未満であっても、一定の議決権（15％超）を保有し、かつ重要な契約の存在等により、財務及び営業の方針決定に対して影響を与えることができると認められる場合、関連会社として扱われ、持分法が適用される。

有形固定資産

　1年以上使用することを目的として所有され、物理的形態があり、かつその金額が一定額（税法上では取得価額20万円）以上の固定資産を言う。建物及び構築物、機械装置及び車両運搬具、工具器具備品、土地、建設仮勘定などを含む。

利益剰余金

　企業が計上する利益や損失が株主資本の中で蓄積される勘定。一般には利益

剰余金が多いほど安全性の高い企業と評価できるが、過度な利益剰余金は必ずしも株主にとって健全な姿とは言えない。利益剰余金を一定の金額以下に抑えるため、増配や自己株式取得などの株主還元策が活用される。

リスクフリーレート

リスクが極小化されている金融商品の取得によって、期待することのできるリターン。通常は、国債の利回りを用いる。

リスクプレミアム

個別株式を保有する株主の要求リターンは、CAPM（キャップエム：資本資産価格モデル）という算式によって計算される。

CAPMにおける（$r_m - r_f$）をリスクプレミアムと呼ぶ。リスクプレミアムは、日本国債ではなく、マーケットポートフォリオを購入した場合（リスクフリーではなく、リスクを取った場合）に期待できるリターンのプレミアムを示している。日本国内では、リスクプレミアムとしておおむね4～6%の値を用いることが多い。

●参考文献

『コーポレート・ファイナンス 第6版(上)』
　リチャード・ブリーリー、スチュワート・マイヤーズ著／藤井眞理子、国枝繁樹訳／2002年／日経BP社

『コーポレート・ファイナンス 第6版(下)』
　リチャード・ブリーリー、スチュワート・マイヤーズ著／藤井眞理子、国枝繁樹訳／2002年／日経BP社

『企業価値評価』
　マッキンゼー・アンド・カンパニー、トム・コープランド、ティム・コラー、ジャック・ミュリン著／マッキンゼー・コーポレート・ファイナンス・グループ訳／2002年／ダイヤモンド社

『企業価値評価【実践編】』
　鈴木一功著／2004年／ダイヤモンド社

『コーポレート・ファイナンス　戦略と応用』
　アスワス・ダモダラン著／三浦良造、兼広崇明、蜂谷豊彦、中野誠、松浦良行、山内浩嗣訳／2001年／東洋経済新報社

『EVA　価値創造への企業変革』
　ジョエル・M・スターン、ジョン・S・シーリー、アーヴィン・ロス著／伊藤邦雄訳／2002年／日本経済新聞社

『ビジネスゼミナール　経営財務入門』
　井手正介、高橋文郎著／2003年／日本経済新聞社

『資本市場とコーポレート・ファイナンス』
　新井富雄、渡辺茂、太田智之著／1999年／中央経済社

『実践コーポレート・ファイナンス』
　高橋文郎著／2001年／ダイヤモンド社

『MBAバリュエーション』
　森生明著／2001年／日経BP社

『CFOのためのバリュエーションと企業価値創造』
　井上貴裕、矢崎芽生、藤森裕司、本合暁詩著／2004年／税務経理協会

『新版ファイナンシャル・マネジメント』
　ロバート・C・ヒギンス著、グロービス・マネジメント・インスティテュート訳／2002年／ダイヤモンド社

『企業分析入門　第2版』
　K・G・パレプ、P・M・ヒーリー、V・L・バーナード著／斎藤静樹、筒井知彦、川本淳、八重倉孝、亀坂安紀子訳／2001年／東京大学出版会

『新版MBAマネジメント・ブック』
　グロービス・マネジメント・インスティテュート著／2002年／ダイヤモンド社

『新版MBAアカウンティング』
　グロービス・マネジメント・インスティテュート著／2004年／ダイヤモンド社

『MBAファイナンス』
　グロービス・マネジメント・インスティテュート著／1999年／ダイヤモンド社

『企業分析シナリオ』
　西山茂著／2001年／東洋経済新報社

『稲盛和夫の実学　経営と会計』
　稲盛和夫著／2000年／日本経済新聞社

『新Q&A　アメリカの会計百科』
　KPMG LLP編／間島進吾、高田英夫、瀬広圭祐、内藤哲哉、石橋武昭訳／2004年／有斐閣

『最新　日本の会計基準Q&A』
　あずさ監査法人著／2004年／清文社

『ゼミナール　現代会計入門』
　伊藤邦雄著／2005年／日本経済新聞社

●索引

●アルファベット

β	28-29, 93-94, 332
au	164-165, 173-174
CAPM	28
CCM	295, 301-306, 310-311, 336
CFROI	351
D/Eレシオ	45, 212-213, 319, 350
DCF法	26
EBITDA	156-163, 173
EBITDAマージン	155-176, 317-318, 324, 331, 334
EPS	211, 254-256, 258-264, 274
EPS成長率	253-281, 317, 319, 327, 335
EVA	130, 269, 283-313, 317-319, 327, 331, 335-336
EVAスプレッド	288
GE	137, 237-250, 237
KDDI	164-165, 167, 170, 173-175
M&A	40, 62, 160, 242, 251, 270
NOPAT	284-286, 354
NTT	75-76, 166-167
NTTドコモ	156, 161-175, 331
PBR	59, 215, 261, 355
PER	54, 191, 239, 248, 255-256, 258, 278, 335, 355
ROA	69-96, 98-103, 317-319, 322, 329
ROCE	99, 173
ROE	37-67, 70-71, 102-103, 223, 260-262, 317-320, 328
ROIC	42, 79, 97-130, 288, 292, 317-319, 323, 330
ROTC	99, 243, 250
S&P	111, 114, 245

●あ行

アマゾン・ドットコム	16, 187-202, 332
安全性	46, 210-213, 228-229
イーベイ	190-191
いすゞ自動車	46
5つの成長戦略	243, 246
イトーヨーカ堂	76, 85, 90-91, 136
医薬品業界	50-55, 80
インカムゲイン	263
インセンティブ	111, 114
インターネットサービス業界	190-191
インタレスト・カバレッジ・レシオ	348
ウォルマート	82-94, 190, 329
売上債権	32, 125, 178, 198, 355
売上債権回転期間	349
売上債権回転率	330
売上高	132, 135, 232
売上高運転資本比率	125
売上高営業利益率	53, 125-126, 131-153, 161-162, 173, 317, 319, 323, 331
売上高経常利益率	223, 319, 343
売上高経費率	345
売上高原価率	53, 271, 343, 355
売上高研究開発費率	346
売上高固定資産比率	125
売上高固定費率	133-134
売上高純利益率	39, 44, 48, 162, 344
売上高人件費率	346
売上高成長率	88, 232-251, 317, 319, 334

売上高税引後経常利益率	83-84	株主	22-24, 39, 62, 67, 212-213, 255, 260-262
売上高税引前当期純利益率	273, 343	株主価値	62, 67
売上高線	134	株主還元	60, 67, 91
売上高総利益率	146, 198-199, 342	株主還元比率	67, 329, 352
売上高販管費率	40, 53, 356	株主資本	33, 38-39, 41-43, 46, 206-209, 212, 216
売上高フリー・キャッシュフロー比率	202	株主資本コスト	41-43, 78, 102-103, 263
売上高利益率	74, 88	株主資本配当率	352
売掛金	197	株主資本比率	41, 45-46, 205-229, 317-319, 326, 333
運転資本	31-32, 109, 115, 120, 178-179, 195-197, 356	株主の要求リターン	28, 33
営業外収支	182	完全資本市場	213, 215
営業外損益	273-274	企業価値	24-30, 130, 160, 181, 213, 291-293
営業活動によるキャッシュフロー	178, 357	企業価値の向上	18-25, 30-31, 33-35, 129-130, 235, 251, 317-319
営業債権者	46	企業価値の算定	25-29, 130, 257, 291
営業利益	30, 73, 99, 109, 121, 132, 135, 178-179	企業買収	263
		議決権保有比率	135
営業利益成長率	344	期中平均株式数	254, 260, 264, 271, 274, 277
エクイティファイナンス	210-211		
エクソン・モービル	87, 240, 245	キャッシュ創出	242, 245-246
エブリデイ・ロープライス	85, 88	キャッシュフロー	25, 41, 159, 178-180, 186, 196, 236, 317, 357
おサイフケータイ	167, 171		
オフバランス資産	161, 356	キャッシュフロー経営	318
オペレーティング・マージン	136, 347	キャピタルゲイン	263, 358
		巨大複合企業	239
●か行		金融債権者	46
海外売上高比率	268, 341	金利カーブ	41, 358
会計指標の選択	317-328	金利水準	41-42, 61, 104
外国人株主	23	グーグル	191
花王	263-281, 289, 313, 335	繰延税金資産	180
花王販売	269, 274	グローバルエクセレンス	298-299
貸倒引当金	199, 357	グローバルシェア	112-114
カスタマー・エクスペリエンス	191, 194-195, 200	グローバル販売台数	112, 123
家電業界	294	経済成長率	233-234
株価	34, 63, 256	経常利益	71, 73
株式時価総額	20, 28-29, 261, 353, 357	経常利益成長率	345
株式持ち合い	22-23		

携帯通信業界　　　　　　　　163-166
携帯電話契約数　　　　　　　　163-164
限界利益率　　　　133-134, 147, 344, 358
減価償却費　　　31-32, 156-163, 178-179,
　　　　　　　　　　　188-189, 195, 358
研究開発費　　　　　　　　　　　51-52
研究開発費減税　　　　　　　　　　178
減損処理　　　　　　　　　　　167, 359
現預金　　　　　　　　　115-116, 118-120
ゴーイング・コンサーン　　19-21, 24, 268
コーポレート・ファイナンス　　　34, 213
小売業界　　　　　　75, 84, 89, 91, 190, 267
顧客1人当たり売上高　　　　　　　345
国際決済銀行（BIS）　　　　　　　206
個人株主　　　　　　　　　　　　　23
固定資産　　　99, 109, 115, 120, 125, 208
固定資産投資　　　　　　　　　188-189
固定長期適合率　　　　　208, 318, 350, 359
固定費　　　　　　　　　　　133-134, 148
固定比率　　　　　　　　208, 318, 350, 359
固定負債　　　　　　　　　　　　　208
コミットメント　　　　　　　　113, 129

● さ行
在庫の評価法　　　　　　　　　42, 360
最適資本構成　　　　　　　33, 59, 213-216
財務活動によるキャッシュフロー　　358
債務償還年数　　　　　　　　　　　351
財務レバレッジ　　　　　39-41, 45-46, 48, 56,
　　　　　　　　　　65-67, 77-78, 209, 360
サプライチェーン・マネジメント
　　　　　　　　　　　　　　　86, 269
サムスン電子　　　　　　　　142-143, 296
産出高成長率　　　　　　　　　258-259
仕入コスト　　　　　　　　　100-101, 257
仕入債務　　32, 100-101, 125, 178, 196-198,
　　　　　　　　　　　　　　　　　360
仕入債務回転率　　　　　　　　　　330
時価会計　　　　　　　　　　　　　57

事業黒字化　　　　　　　　　　　　345
事業再編　　　　　　　　80, 212, 224-225
事業評価　　　　　　　　　　　317, 319
資金調達余力　　　　　　　　　　　214
自己株式取得　　　43, 60, 65, 67, 91, 254,
　　　　　　　　　　　263, 274, 311, 360
資産効率性　　　39-40, 45, 56, 75,104, 126
自社開発医薬品　　　　　　　　　51-53
市場シェア　　　　　　　　　　236, 341
実効税率　　　28, 31, 93, 150, 178, 183, 361
私鉄業界　　　　　　　　　　　218-219
自動車業界　　　　　　　　　109-112, 256
支払利息　　　　　　　　33, 71, 179, 198
支払利息控除前経常利益　　　71-73, 98,
　　　　　　　　　　　　　　　100-101
資本構成　　　　　　33, 71, 106, 213-214, 361
資本コスト（WACC）　　4, 27-30, 33, 42, 78,
　　　　　　　102-103, 106-107, 127, 139, 180,
　　　　　　　　　　213, 287-288, 317-319, 361
資本比率　　　　　　　　　　　　　150
シャープ　　　　　　　　　142, 147, 296
社債格付け　　　　　　　　　　　　214
社内バランスシート　　　　　　　　106
収益性　　　39-40, 44, 56, 75, 104, 126, 133,
　　　　　　　　　　　　　　　157, 200
主力事業以外の売上高比率　　　　　342
純利益　　　　　　　41-43, 73, 87, 182, 271
商社　　　　　　　　　　　　　　　136
少数株主持分　　　　　　　　　206, 361
少数株主利益　　　　　　　　　　　83
正味運転資本　　　　　　　　　　　101
ジョンソン・エンド・ジョンソン
　　　　　　　　　　　　　　　60, 244
新株予約権　　　　　　　　85, 254, 362
新製品売上高比率　　　　　　　　　342
スターン・スチュワート社　　　　　285
ステークホルダー　　　　　　　　　129
ストック　　　　　　　　　　24-25, 362
ストックオプション　　　　　189-190, 362

税金	73, 183, 285	ツーカー	164-165
税効果会計	42, 180, 362	追加運転資本	31, 178-179, 184-185, 196-197
成長	91, 123, 235, 337		
成長エンジン	242, 245-246	追加設備投資	31-31, 178-179, 184-185
税引後営業利益	181	通信業界	76
税率	31	定額法	157, 180
節税効果	33, 42, 214	定率法	157, 180
設備投資	31-32, 106, 157-158, 160-161, 179, 195, 262	手元流動性	45, 50, 128, 198, 364
		手元流動性比率	329-330, 348
セブン-イレブン・ジャパン	135-136	デュポンシステム	39, 74, 104
全社評価	317, 319	転換社債	254
総合電機業界	141-143	電気機器業界	146
総資産	70, 72, 95, 98	電車・バス業界	223
総資産回転率	39-40, 45, 48, 74-76, 83-84, 90, 348, 363	トータル・コスト・リダクション	269
		トイレタリー・化粧品業界	266-268
総資産額	216, 225	投下資本	98-101, 127-129, 286
総資産フリー・キャッシュフロー比率	202	投下資本回転率	104, 125-126, 364
		投下資本税引後営業利益率	140
増収率	53, 222	東京急行電鉄	216-227, 289, 333
創生21計画	297, 300-302	投資家	20, 95-96
総費用線	134	投資活動によるキャッシュフロー	179, 358
ソニー	140-153, 289, 296, 312, 331		
ソニーショック	143	投資収益性	39, 98, 101, 104
その他有価証券評価差額金	57, 363	投資ファンド	24, 52
損益計算書(P/L)	34-35	投資部門別株式保有比率	23
損益分岐点	134	投資有価証券	120, 125
損益分岐点比率	347	特別損益	42, 73, 182, 262, 273-274, 364
		特別損失	136, 216
●た行		トヨタ自動車	16, 64-67, 110-112, 124-128, 239, 255
第三者割当増資	72, 216, 363		
第3世代FOMA	164, 166, 170-171	トランスフォーメーション60	143-148
ダウ・ジョーンズ平均株価	240-241		
武田薬品工業	47-62, 328	●な行	
棚卸資産	32, 88-91, 125, 178, 196-198, 363	日産自動車	17, 36, 64, 108-130, 255, 330
		日産バリューアップ	109-110, 112-114, 128
棚卸資産回転率	198-199, 330, 363		
棚卸資産回転期間	349	日産180	109, 113, 122-123
長期債格付け	114	日産リバイバルプラン	109, 113, 120-122
調達資本	139-140, 284, 318	日本電産	31

索引 373

日本ビクター　　　　　　296, 307, 309

●は行
パート比率　　　　　　　　　　346
バーンズ＆ノーブル　　　190, 198-199
配当　　　　　　　　　　60, 67, 311
配当性向　　56, 61, 67, 248, 278, 352, 364
バランスシート (B/S)　　　　　34-35
番号ポータビリティ導入　　　　165-166
販売金融事業　　　　　　　　　127
販売数量　　　　　　　　　　　134
販売単価　　　　　　　　　　　134
1株当たり営業CF　　　　　　　351
1株当たりフリーキャッシュフロー
　　　　　　　　　　　189-190, 192
ファイザー　　　　　　　51, 59, 245
負債　　　　　　　　　　　206-209
負債コスト　　　　　78, 93, 150, 364
負債比率　　　　　　　　　93, 150
フランチャイズ・ビジネス事業　　136
フリー・キャッシュフロー　25-32, 160,
　　　177-203, 235, 257, 317-319, 325, 332
フロー　　　　　　　　　　24-25, 365
変動費　　　　　　　　　　133, 198-99
変動費単価　　　　　　　　134, 148
変動費率　　　　　　　　　　　134
ボーダフォン（英国）　　　　　171-173
ボーダフォン（日本）　　　　　164-165
本田技研工業　64-66, 110-112, 124-128, 255

●ま行
マーケットポートフォリオ　　　　28
松下電器産業　　142-143, 151, 294-312, 336
無形固定資産　　　　　　　　　157
持分法適用会社　　48, 135, 227, 306, 365

●や行
躍進21計画　　　　　　　　　299-301
薬価の引き下げ　　　　　　　　　52
ヤフー（日本）　　　　　　　39-41, 74
ヤフー（米国）　　　　　　　　　191
有機的成長　　　234, 237, 249-250, 326, 334
有形固定資産　　76, 89, 120, 125, 157, 365
有形固定資産回転率　　　90, 330, 349
有利子負債　　　　33, 42-43, 45, 71, 122,
　　　　　　　　　211-212, 214, 218, 227
有利子負債の時価総額　　　　　　28
有利子負債の利子率　　　　　　28, 33

●ら行
利益剰余金　　　　　　　　　40, 365
利益ある成長　　　　　　　　337-338
リスクとリターン　　　　　　　　77
リスクフリーレート　　　　　28-29, 366
リスクプレミアム　　　　　　28-29, 366
リストラ　　　　　　　　　　46, 212
ルノー　　　　　　　64, 108, 113-114
労働分配率　　　　　　　　　　347
我々の時代　　　　　　　　245, 250

[著者]
大津 広一（おおつ・こういち）
株式会社オオツ・インターナショナル代表
米国公認会計士
早稲田大学ビジネススクール非常勤講師

1989年、慶應義塾大学理工学部管理工学科卒業。米国ニューヨーク州ロチェスター大学経営学修士（MBA）。株式会社富士銀行にて営業店と国際資金為替部に所属後、バークレイズ・キャピタル証券にて株式デリバティブのアナリストを歴任。その後、ベンチャーキャピタルにて、ベンチャー企業への投資・育成業務、およびベンチャー企業の経営企画担当部長として、経営企画、事業開発、財務管理に従事。
2003年、株式会社オオツ・インターナショナルを設立。経営戦略（専門は金融、教育、ソフトウェア）や会計・財務に関わるコンサルティングに従事。また、国内大手メーカー、金融機関、流通、サービス、外資系企業などに対して、アカウンティング（財務会計、管理会計）、コーポレート・ファイナンスのマネジメント教育講師を務める。早稲田大学ビジネススクール非常勤講師、東京医科歯科大学大学院非常勤講師、グロービス・マネジメント・スクール講師。

本書に関する感想やご意見、コンサルティング、企業内研修、講演等の相談は下記まで。
E-mail : ko@otsu-international.com

企業価値を創造する会計指標入門──10の代表指標をケーススタディで読み解く

2005年 9月29日　第1刷発行
2010年11月18日　第7刷発行

著　者────大津広一
発行所────ダイヤモンド社
　　　　　　〒150-8409　東京都渋谷区神宮前6-12-17
　　　　　　http://www.diamond.co.jp/
　　　　　　電話／03・5778・7232（編集）　03・5778・7240（販売）
装丁─────河原田 智
図版作成───桜井 淳
製作進行───ダイヤモンド・グラフィック社
印刷─────八光印刷(本文)・慶昌堂印刷(カバー)
製本─────ブックアート
編集担当───小川敦行

©2005 Koichi Otsu
ISBN 4-478-47076-6
落丁・乱丁本はお手数ですが小社営業局宛にお送りください。送料小社負担にてお取替えいたします。但し、古書店で購入されたものについてはお取替えできません。
無断転載・複製を禁ず
Printed in Japan

◆ダイヤモンド社の本◆

ファイナンス理論と心理学の融合
最新の実証研究を用いた市場分析ガイド

投資スタイル選択から株式価値評価、ポートフォリオ構築、リスク管理、資産配分、コーポレート・ファイナンスまで——行動ファイナンス理論の活用法。単なる理論紹介をはるかに超えた実践の書！

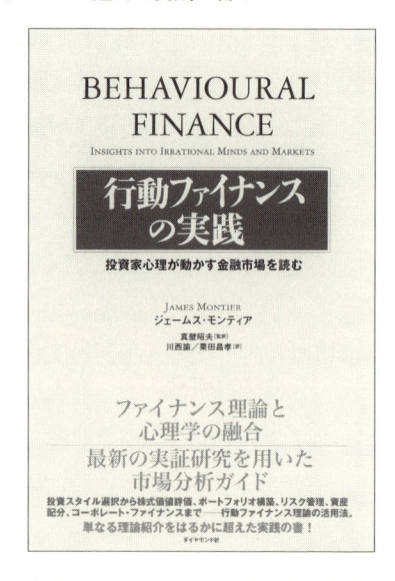

行動ファイナンスの実践
投資家心理が動かす金融市場を読む

ジェームス・モンティア［著］
真壁昭夫［監訳］川西諭／栗田昌孝［訳］

●A5判上製 ●定価3990円（税5％）

http://www.diamond.co.jp/